辽金军制

（增订本）

王曾瑜　著

商務印書館
创于1897　The Commercial Press

图书在版编目（CIP）数据
辽金军制 / 王曾瑜著. -- 增订本. -- 北京：商务印书馆，2025. -- ISBN 978-7-100-24614-9
Ⅰ. E294.6
中国国家版本馆 CIP 数据核字第 20247UW512 号

辽金军制
（增订本）
王曾瑜　著

商　务　印　书　馆　出　版
（北京王府井大街 36 号　邮政编码 100710）
商　务　印　书　馆　发　行
北京市白帆印务有限公司印刷
ISBN 978-7-100-24614-9

2025 年 8 月第 1 版　　开本 880×1240　1/32
2025 年 8 月北京第 1 次印刷　　印张 13 3/8

定价：85.00 元

增订本说明

本书最初为《金朝军制》，后加入《辽朝军制稿》，统名《辽金军制》，感谢河北大学出版社出版，编辑王红梅先生为此付出很大精力。此次蒙商务印书馆厚爱，出增订本，其内容和文字有所增补和修订。

因我年老力衰，本版校样全由史泠歌先生负责审读，谨深致真挚谢忱。

王曾瑜

2023年5月6日

目　　录

辽朝军制稿

金朝军制

辽朝军制稿

说　明

史学具有实证性，没有史料的实证，就不成其为史学。辽代史料太少，我曾写过一篇军制文章，觉得治辽史犹如治先秦史，有时没有实证，只能是猜谜式的研究。没有史料，或者史料稀缺，往往成为阻碍深入细致研究的关键。

《中国古代军制史》（军事科学出版社，1992年）的绪论曾将中国古代军制归纳为十二个方面，包括（一）军事领导体制，（二）武装力量体制，（三）军队的组织编制，（四）武器装备制度，（五）兵役制度，（六）教育训练制度，（七）军队管理制度，（八）武官选任制度，（九）军事通讯联络制度，（十）后勤保障制度，（十一）军事法制，（十二）军制思想、观点、理论的发展演变。应当说，这十二条是相当全面的。但因史料稀缺，本书肯定不能将十二条规范作面面俱到的论述，只能是量体裁衣。

我想来想去，本书只能使用一个“稿”字，不用不行。因为不仅此书的论述只能是粗线条的，而且相当比例是难以敲定的，只能作为诸种猜测中之一种，仅供人们批评和参考。本书写作特别参考了李锡厚先生《中国政治制度通史》第7卷（甲）辽朝政治制度第六章。关于辽朝北、南面官制，本书采用杨若薇先生《契丹王朝政治军事制度研究》（中国社会科学出版社，1991年）之说，北即是左，南即是右，这实际上是邓广铭师的见解。

辽朝契丹语的汉译显然没有统一规范，无论是音译，还是意译。元人修《辽史》，因年代悠远，史料短缺，而又仓促成书，特别在编纂《辽史》诸志时，在不明辽制的情况下，将各种汉语的歧译混杂，以为就是不同的机构之类。依笔者的理解，《辽史》所载的各种军事机构交叉重叠，其实大都应是汉语的歧译，因而不能死板地对汉语的词义望文生义，作循名责实的解释。这是破解辽朝军制和官制的钥匙之一，或者说是研究思路之一。本书的论述即依此展开。

第一章　辽朝中央和地方的军事指挥系统

第一节　中央军事指挥系统

契丹族可能于神册元年（公元916年）建国，其国号汉语称辽。从传世的契丹文看来，或使用“哈剌契丹”、“契丹哈剌”双国号，“哈剌”之契丹语义为“辽”。[①]辽朝的契丹人长期保存了游牧民族的习俗，虽先后建立了五京，但辽朝皇帝却有相当一部分时间不住京城宫殿，而是住在露居野营的宫帐中处置国务。宫帐又是一年四季迁徙不定。从政治地位而论，宫帐反重于五京，这与中原皇朝的皇帝常住京都的宫殿颇异。

李锡厚先生强调，辽朝“皇帝为最高军事统帅”，[②]我个人是同意的。即以辽金元三代而论，辽朝皇帝的亲征至少多于金朝。辽太祖曾任命次子耶律德光为天下兵马大元帅，[③]其实并没有取代其父作为最高统帅的地位。如天赞三年（公元924年），辽太祖亲自“大举征吐浑、党项、阻卜等部”，“诏皇太子监国，大元帅尧

---

① 关于辽之国号，参见刘凤翥先生《契丹大字〈耶律祺墓志铭〉考释》，《内蒙古文物考古》2006年第1期。以往研究以蒙古语解“哈剌契丹”，意译为“黑契丹”，系误。

② 《中国政治制度通史》第7卷第137页，人民出版社，1993年。

③ 《辽史》卷二《太祖纪》，卷三《太宗纪》。

骨（耶律德光契丹名）从行”。天显元年（公元926年）灭渤海，仍是辽太祖亲征，他命“皇太子、大元帅尧骨、南府宰相苏”等率军“围忽汗城”。[①]辽太宗天显五年（公元930年），“册皇弟李胡为寿昌皇太弟、兼天下兵马大元帅”。[②]但“太宗亲征，（李胡）常留守京师”，[③]也并未真正成为最高统帅。辽兴宗重熙二十一年（公元1052年），以“燕赵国王（耶律）洪基为天下兵马大元帅、知惕隐事”，[④]这只是确立其子的皇储地位。辽道宗清宁二年（公元1056年），“以皇太叔（耶律）重元为天下兵马大元帅”，但耶律重元亦并未成为最高统帅，后谋反不成，自杀。[⑤]辽道宗大安七年（公元1091年），“命燕国王（耶律）延禧为天下兵马大元帅，总北、南院枢密使事”，[⑥]也是为确立其皇储地位。辽天祚帝即位，“以宋魏国王（耶律）和鲁斡为天下兵马大元帅”。[⑦]天庆六年（公元1116年），即辽亡前夕，“魏国王（耶律）淳进封秦晋国王，为都元帅”，“都元帅”应是“天下兵马大元帅”之汉语歧译。耶律淳即耶律和鲁斡之子，他后来另立政权，病死。[⑧]他事实上也未成为最高统帅。

问题在于辽的最高军事机构是哪个？从职责上看，宋朝的宰相和枢密院长官对掌文武二柄，时称二府，但实际上宰相也参

---

① 《辽史》卷二《太祖纪》。
② 《辽史》卷三《太宗纪》。
③ 《辽史》卷七二《章肃皇帝李胡传》。
④ 《辽史》卷二〇《兴宗纪》，卷二一《道宗纪》。
⑤ 《辽史》卷二一《道宗纪》。
⑥ 《辽史》卷二五《道宗纪》，卷二七《天祚皇帝纪》。
⑦ 《辽史》卷二七《天祚皇帝纪》。
⑧ 《辽史》卷二八《天祚皇帝纪》，卷三〇《天祚皇帝纪》。

预军事。自金海陵王以降，金朝“枢密院虽主兵，而节制在尚书省”。[①]辽朝的北、南宰相府和北、南枢密院，在职责上似乎是前者偏重民政，后者偏重军政，实际上更加混淆不清。金末元好问说“南衙不主兵”，“北衙不理民”，[②]显然不符史实。契丹族早有宰相制度和机构。《资治通鉴》卷二八六记载，辽太宗灭后晋前，“刘晞在契丹尝为枢密使、同平章事”。[③]辽世宗天禄元年（公元947年），方开设北、南枢密院，耶律安抟任北院枢密使，“总知宿卫”，“事皆取决”，南院枢密使高勳即是“总汉军事”。[④]辽朝以武立国，宰相和枢密使，也不论是契丹人或汉人，都统兵打仗，只是有时对汉人参预军事有所限制。现代法治条件下的行政，也并非没有出现权限和职责不明的情况，更何况是古代的人治条件。辽圣宗开泰四年（公元1015年），“命北府宰相刘晟为都统，枢密使耶律世良为副，殿前都点检萧屈烈为都监，以伐高丽”，[⑤]不仅表明此役中宰相的地位高于枢密使，而且说明宰相也管军事。

一般认为，辽朝实行北、南面两套官制，北面官处置契丹等各游牧民族事务，南面官处置汉、渤海等各农耕民族事务。“辽俗东向而尚左，御帐东向”，[⑥]这与中原汉族皇帝面南而坐不同。在契丹皇帝面前，臣僚们列队，北面官即是左，而南面官即是右，北面官重于南面官。在地方行政管理系统上，游牧民族实

---

① 《金史》卷一一四《白华传》。

② 《辽史》卷四五《百官志》。

③ 《辽史》卷四七《百官志》说：“太宗入汴，因晋置枢密院。”此说似不确。

④ 《辽史》卷五《世宗纪》，卷七七《耶律安抟传》，卷八五《高勳传》。

⑤ 《辽史》卷一五《圣宗纪》。

⑥ 《辽史》卷四五《百官志》。

行部族制，而汉人、渤海人等实行州县制，分别隶属于中央的北、南面官僚机构。宋使余靖记载得非常清楚："契丹之官，领番中职事者，皆异服，谓之契丹官，枢密、宰臣则曰北枢密、北宰相；领燕中职事者，虽国人亦汉服，谓之汉官，执政者则曰南宰相、南枢密。"[①]余靖的出使是在辽兴宗重熙十二年（公元1043年）至十四年（公元1045年），系辽朝的北、南面官制定型期。

李锡厚先生认为，"枢密院是辽朝最高军事、行政机关，事无不统"，并列举了一些实例，但也强调"枢密使最重要的职权还是军权"。[②]史愿《亡辽录》记载，辽"南面汉官"的"尚书省并入枢密院"，"北面契丹枢密院，或知，或签书枢密院事"，"如兵机、差除、钱谷、群牧事等隶枢密院"。[③]

宋朝的枢密院长贰有枢密使和副使，或知枢密院事和同知枢密院事，"有使则置副，有知院则置同知院"，资历浅者则为签书枢密院事和同签书枢密院事。[④]按当时的惯例，加一"同"字，即是副职。《辽史》卷四五、卷四七《百官志》开列北、南面官的枢密院长贰的序位如下：

枢密使。

知枢密使事。

知枢密院事。

枢密副使。

同知枢密院事。

---

① 《武溪集》卷一八《契丹官仪》。

② 《中国政治制度通史》第7卷第76—77页。

③ 《三朝北盟会编》（以后简称《会编》）卷二一。

④ 《宋史》卷一六二《职官志》。

知枢密院副使事。杨皙，辽兴宗重熙十二年（公元1043年）知枢密院副使事。

签书枢密院事。[①]

此外，如枢密直学士、枢密都承旨、副都承旨、敞史、郎君、通事（翻译）、掾史、吏房承旨、兵房承旨、户房主事、厅房（工部）主事等，自吏房承旨以下，应是抄自《三朝北盟会编》卷二一史愿《亡辽录》。王师儒“加尚书刑部侍郎、知枢密副使”，[②]知枢密副使的官衔为《辽史》所失载，但可能即是上述的知枢密院副使事之汉语歧译。从张俭的仕历看来，他曾任“直枢密院”，后“知枢密直学士”，迁“正授枢密直学士”，又“迁枢密副使”，任“参知政事、同知枢密院事”，“授枢密使”，最后升宰相，又“再授枢密使，左丞相”。[③]可知同知枢密院事其实与宋朝相似，序位在枢密副使之上，《辽史》记载有误。出使北宋的宋璋任“政事舍人、直枢密（院）”。[④]辽末刘筈“从其父兄出降”，后任金朝“直枢密院事”。[⑤]金初无疑是沿用辽制，“直枢密院事”应是此官的全称。直枢密院事序位又在枢密直学士之下，其实也是枢密院的低级长官，亦为《辽史》所失载。

从今存史料看来，辽朝最早只是设枢密使和副使，到辽圣宗统和二十九年（公元1011年）三月，始以“皇弟楚国王（耶

---

① 关于《辽史·百官志》的复文，前辈傅乐焕先生早有考证，参见《辽史复文举例》（七）契丹北枢密院　契丹南枢密院　汉人枢密院，载《辽史丛考》第299—302页，中华书局，1984年。

② 《全辽文》卷一〇《王师儒墓志铭》。

③ 《考古》1980年第5期第463—464页《张俭墓志铭》。

④ 《续资治通鉴长编》（以后简称《长编》）卷九六天禧四年闰十二月庚午。

⑤ 《金史》卷七八《刘筈传》。

律）隆祐（裕）[①]权知北院枢密使事，枢密直学士高正为北院枢密副使"，又"以北院大王耶律室鲁为北院枢密使"。五月，"以刘慎行（晟）为南院枢密使，南府宰相邢抱质知南院枢密使事"。[②]张俭在辽圣宗开泰时，先"迁枢密副使"，又任参知政事、同知枢密院事，再"授枢密使"。[③]辽道宗清宁初，"以枢密副使姚景行为参知政事，翰林学士吴湛为枢密副使，参知政事、同知枢密院事韩绍文为上京留守"，[④]表明枢密副使和同知枢密院事可以同时设置，此三人可能是南面官。杨皙在"清宁初，入知南院枢密使，与姚景行同总朝政"。[⑤]姚景行时"为北府宰相"。咸雍二年（公元1066年），姚景行又"拜南院枢密使"。[⑥]辽兴宗重熙十九年（公元1050年），"以左夷离毕萧唐古为北院枢密副使"。[⑦]杨绩"累迁南院枢密使"，"清宁初，拜参知政事，兼同知枢密院事，为南府宰相"，"咸雍初，入知枢密院事。二年，乞致仕，不许，拜南院枢密使"。[⑧]清宁三年（公元1057年），"同知枢密院事萧唐古南府宰相"，[⑨]则萧唐古所任的枢密院副职为北面官。大安二年

① 耶律隆祐，《契丹国志》卷一四《齐国王隆裕》和《考古》1962年第8期《秦晋国大长公主墓志铭》作"隆裕"。据《耶律隆祐（韩德颙）墓志铭》，载刘凤翥、唐彩兰、青格勒《辽上京地区出土的辽代碑刻汇辑》第12页，社会科学文献出版社，2009年，以及《文史》2006年第4辑刘凤翥、唐彩兰、高娃、李建奎先生《辽代〈耶律隆祐墓志铭〉和〈耶律贵墓志铭〉考释》，耶律隆祐乃是韩德让之弟韩德颙改契丹姓名。可知应以耶律隆裕为准。

② 《辽史》卷一五《圣宗纪》。

③ 《考古》1980年第5期第463—464页《张俭墓志铭》。

④ 《辽史》卷二一《道宗纪》，卷九六《姚景行传》。

⑤ 《辽史》卷八九《杨皙传》。

⑥ 《辽史》卷二二《道宗纪》，卷九六《姚景行传》。

⑦ 《辽史》卷二〇《兴宗纪》。

⑧ 《辽史》卷九七《杨绩传》。

⑨ 《辽史》卷二一《道宗纪》。

（公元1086年），“以枢密副使窦景庸知枢密院事”，[1]八年（公元1092年），“以枢密副使王是敦兼知枢密院事”，十年（公元1094年），“以参知政事赵廷睦兼同知枢密院事，枢密副使王师儒参知政事、兼同知枢密院事”。[2]此类都属于升官。此外，梁颖的升迁阶梯依次为“签枢密院事、同知枢密院事、枢密副使”至宰相。[3]在大安二年五月前，“宰相梁颖”的全部头衔为“推忠同德功臣，崇禄大夫，行刑部尚书，兼门下侍郎，中书、门下平章事，监修国史，知枢密院事，上护军”，[4]则是宰相兼知枢密院事。

比较辽宋枢密院长贰的异同，第一，有的名目稍异。如辽朝知枢密使事，其实只是知枢密院事的汉语歧译。[5]辽朝不设宋朝的同签书枢密院事，宋朝不设辽朝的知枢密院副使事。第二，宋朝大多“有使则置副，有知院则置同知院”，而辽朝枢密使、知枢密院事、枢密副使和同知枢密院事可以同时设置。如辽道宗大康五年（公元1079年），“知北院枢密使事耶律霖为北院枢密使，北院枢密副使耶律特里底知北院枢密使事，左夷离毕耶律世迁同知北院枢密使事”。[6]此外，宋朝的同知枢密院事序位在枢密副使之上，从上引张俭、杨绩、萧唐古等的实例看来，辽朝与宋朝并

① 《辽史》卷二四《道宗纪》。

② 《辽史》卷二五《道宗纪》，《全辽文》卷一〇《王师儒墓志铭》作“改授参知政事、签枢密院事”。

③ 《文史》2011年第1辑杨卫东先生《辽朝梁颖墓志铭考释》所附《梁颖墓志铭》。

④ 《辽史》卷二四《道宗纪》，《全辽文》卷九《齐穀等造经题记》。

⑤ 参见杨若薇先生《契丹王朝政治军事制度研究》第138—139页的考证。如《辽史》卷二四《道宗纪》有“知枢密院事耶律斡特剌”，而卷二五《道宗纪》则作“知北院枢密使事耶律斡特剌”。

⑥ 《辽史》卷二四《道宗纪》。

无不同，似说明《辽史·百官志》的记载有误。

对于北、南枢密院，人们没有歧见。辽朝宰相制度简直是扑朔迷离，在此不作具体论述。关于宰相参预军事，宋使余靖说："契丹枢密使带平章事者，在汉宰相之上，其不带使相及虽带使相而知枢密副使事者，即在宰相下，其汉宰相必兼枢密使，乃得预闻机事。"[①]这反映了辽兴宗时的情况，然而如前所述，在余靖出使前不到三十年，北府宰相、汉人刘晟统兵出战，自然是"预闻机事"。可知即使有此制度，也未必严格执行。清宁八年（公元1062年），汉人韩涤鲁改契丹姓名的耶律宗福，"移从十乘之戎司，划万枢之公务，拜南宰相"，[②]看来也是参预军务者。人们也常用辽末张琳的例证。《契丹国志》卷一〇记载："辽国旧例，凡关军国大事，汉人不预。天祚自两战之败，意谓萧奉先不知兵，始欲改用将帅，付以东征之事。天祚遂召宰相张琳、吴庸，付以东征事。张琳等碌碌儒生，非经济才，统御无法。"又说："间有军国大事，天祚与南面宰相、执政吴庸、马人望、柴谊等参议，数人皆昏谬，不能裁决。当时国人谚曰：'五个翁翁四百岁，南面、北面顿瞌睡。自己精神管不得，有甚心情杀女直。'远近传为笑端。"《辽史》卷一〇二《张琳传》说，张琳"擢南府宰相。初，天祚之败于女直也，意谓萧奉先不知兵，乃召琳，付以东征事。琳以旧制，凡军国大计，汉人不与，辞之。上不允"。按一些学者的见解，"南府宰相"为契丹族原来即已设置，属北面官。事实上，前述北府宰相刘晟统军打高丽，即已证明此说不确。但

① 《武溪集》卷一八《契丹官仪》。

② 《故南宰相铭石墓志记》，《首届辽上京契丹·辽文化学术研讨会论文集》第219页，内蒙古文化出版社，2009年。

若将张琳本传的“南府宰相”理解为当时已成南面官，即南面官的汉人宰相不能参预军事，似尚可说得通。

前述宰相刘晟和枢密使耶律世良等统军打高丽，则宰相官位在枢密使之上。然而萧朴“拜北府宰相，迁北院枢密使”，[①]看来枢密使似又在宰相之上。上引不同记载，也可能与他们相应的虚衔高低有关。辽兴宗重熙二十一年（公元1052年），“召北府宰相萧塔烈葛、南府宰相汉王（耶律）贴不、南院枢密使萧革、知北院枢密使事（耶律）仁先等，赐坐，论古今治道”，[②]则宰相序位仍在枢密使之上。辽人称宰相为“元辅”。[③]按辽朝的特殊情况，不妨将宰相府和枢密院并列为中央最高的军事机构。

按照辽制，北枢密院自然高于南枢密院。辽朝晚年，左企弓“天庆末，拜广陵军节度使，同中书、门下平章事，知枢密院事。金兵已拔上京，北枢密院恐忤旨，不以时奏。辽故事，军政皆关决北枢密院，然后奏御。企弓以闻”，“陈守备之策”，说“国势如此，岂敢循例为自容计”，[④]即是例证。

中国在汉唐之间，文武区分并不严格，有“出将入相”之说。[⑤]宋朝文武区分严格，崇文抑武，无出将入相之可能，然而辽金却与汉唐相似。如前述辽圣宗开泰时，宰相刘晟和枢密使耶律世良等统军打高丽，即是一例。今将辽朝除皇帝亲征外，历次重大战争的统兵官统计于下：

---

① 《辽史》卷八〇《萧朴传》。

② 《辽史》卷二〇《兴宗纪》。

③ 《全辽文》卷八《耶律宗允墓志铭》。

④ 《金史》卷七五《左企弓传》。

⑤ 《北齐书》卷一三《清河王岳传》史臣曰。

顺序号	年代	战争名目	统兵官	史料出处	统兵官统计与分析						
					皇族、后族、国戚	于越、宰相	枢密使、副	夷离堇、宣徽使	林牙、惕隐	部族官长	军区官长、武将及其他
1	辽太祖三年	援沧州刘守光	皇弟耶律素、夷离堇萧敌鲁	《辽史》卷一《太祖纪》	1			1			
2	辽太祖六年	破平州	皇弟耶律剌葛	《辽史》卷一《太祖纪》	2						
3	神册五年	略地雲内、天德	皇太子耶律倍、迭剌部夷离堇汙里轸	《辽史》卷二《太祖纪》	3					1	
4	天赞二年	克平州	大元帅耶律德光	《辽史》卷二《太祖纪》	4						
5	天显三年	援定州	奚秃里太尉铁剌、惕隐涅里衮、都统查剌	《辽史》卷三《太宗纪》,《资治通鉴》卷二七六,《旧五代史》卷六四《王晏球传》,《新五代史》卷四六《王晏球传》					1	2	1
6	天显五年	占寰州	皇弟耶律李胡	《辽史》卷三《太宗纪》	5						

续表

顺序号	年代	战争名目	统兵官	史料出处	统兵官统计与分析						
					皇族、后族、国戚	于越、宰相	枢密使、副	夷离堇、宣徽使	林牙、惕隐	部族官长	军区官长、武将及其他
7	天显八年	伐党项	皇弟耶律李胡、左威卫上将军撒割	《辽史》卷三《太宗纪》	6						2
8	会同四年	破朔州	宣徽使裹古只	《辽史》卷四《太宗纪》				2			
9	应历元年	援北汉，攻晋州	彰国军节度使萧禹厥	《资治通鉴》卷二九〇							3
10	应历二年	援北汉，攻晋州	中台省右相高模翰	《辽史》卷六《穆宗纪》							4
11	应历四年	援北汉	政事令耶律敌禄、南院大王耶律挞烈	《辽史》卷六《穆宗纪》，卷七七《耶律挞烈传》		1				3	
12	应历八年、九年	御周师	南京留守萧思温	《辽史》卷六《穆宗纪》，卷七八《萧思温传》							5

续表

顺序号	年代	战争名目	统兵官	史料出处	统兵官统计与分析						
					皇族、后族、国戚	于越、宰相	枢密使、副	夷离堇、宣徽使	林牙、惕隐	部族官长	军区官长、武将及其他
13	应历十年	援北汉，救石州	大同军节度使阿剌	《辽史》卷六《穆宗纪》							6
14	应历十五年至十七年	讨乌古、室韦	枢密使雅里斯、虎军详稳楚思、林牙萧斡	《辽史》卷七《穆宗纪》，卷八四《萧斡传》			1		2		7
15	应历十八年	援北汉	西南面都统、南院大王耶律挞烈	《辽史》卷七《穆宗纪》						4	8
16	保宁五年	破党项	惕隐耶律休哥	《辽史》卷八《景宗纪》					3		
17	保宁八年	援北汉	南府宰相耶律沙、冀王耶律敌烈[①]	《辽史》卷八《景宗纪》	7	2					

① 冀王耶律敌烈为辽太宗子，见《辽史》卷六四《皇子表》。

续表

顺序号	年代	战争名目	统兵官	史料出处	统兵官统计与分析						
					皇族、后族、国戚	于越、宰相	枢密使、副	夷离堇、宣徽使	林牙、惕隐	部族官长	军区官长、武将及其他
18	乾亨元年	援北汉	南府宰相耶律沙、冀王耶律敌烈、左千卫大将军韩倖、大同军节度使耶律善补	《辽史》卷九《景宗纪》	8	3					9
19	乾亨元年	解南京围	惕隐耶律休哥、南院大王耶律斜轸	《辽史》卷九《景宗纪》，卷八三《耶律休哥传》《耶律斜轸传》					4	5	
20	乾亨元年	攻宋，满城之战	燕王韩匡嗣、南府宰相耶律沙、惕隐耶律休哥、南院大王耶律斜轸、权奚王耶律抹只	《辽史》卷九《景宗纪》，卷七四《韩匡嗣传》，卷八三《耶律休哥传》、《耶律斜轸传》，卷八四《耶律沙传》、《耶律抹只传》	9	4			5	6	

续表

顺序号	年代	战争名目	统兵官	史料出处	统兵官统计与分析						
					皇族、后族、国戚	于越、宰相	枢密使、副	夷离堇、宣徽使	林牙、惕隐	部族官长	军区官长、武将及其他
21	乾亨四年	讨阻卜	九部都详稳耶律速撒	《辽史》卷一〇《圣宗纪》，卷九四《耶律速撒》							10
22	统和元年	征党项	西南路招讨使韩德威	《辽史》卷一〇《圣宗纪》，卷八二《韩德威传》							11
23	统和二年	讨阻卜	九部都详稳耶律速撒	《辽史》卷一〇《圣宗纪》，卷九四《耶律速撒》							12
24	统和三年、四年	讨女直	枢密使耶律斜轸、驸马都尉萧恳德、林牙（萧?）勤德、（耶律）谋鲁姑、彰德军节度使萧闼览（萧挞凛）、统军使室罗、侍中（耶律）抹只、奚王府监军迪烈	《辽史》卷一〇《圣宗纪》，卷一一《圣宗纪》	10	5	2		6	7	13

续表

顺序号	年代	战争名目	统兵官	史料出处	统兵官统计与分析						
					皇族、后族、国戚	于越、宰相	枢密使、副	夷离堇、宣徽使	林牙、惕隐	部族官长	军区官长、武将及其他
25	统和十年	伐高丽	东京留守萧恒德	《辽史》卷一三《圣宗纪》，卷八八《萧恒德传》							14
26	统和十二年至十五年	征阻卜等	齐妃萧胡辇、阻卜都详稳萧挞凛	《辽史》卷一三《圣宗纪》，卷八五《萧挞凛传》，《宋会要》蕃夷一之二七，《长编》卷五五咸平六年七月己酉，《契丹国志》卷一三《景宗萧皇后》	11						15
27	统和十三、十四年	讨兀惹等部	奚王和朔奴、东京留守萧恒德	《辽史》卷一三《圣宗纪》，卷八五《奚和朔奴传》，卷八八《萧恒德传》						8	16
28	统和二十五年	讨阻卜	西北路招讨使萧图玉	《辽史》卷一四《圣宗纪》，卷九三《萧图玉传》							17

续表

顺序号	年代	战争名目	统兵官	史料出处	统兵官统计与分析						
					皇族、后族、国戚	于越、宰相	枢密使、副	夷离堇、宣徽使	林牙、惕隐	部族官长	军区官长、武将及其他
29	统和二十六年	讨甘州回鹘	西北路招讨使萧图玉	《辽史》卷一四《圣宗纪》，卷九三《萧图玉传》							18
30	统和二十八年	讨甘州回鹘，破肃州	西北路招讨使萧图玉	《辽史》卷一五《圣宗纪》，卷九三《萧图玉传》							19
31	开泰元年至四年	伐阻卜、敌烈	北枢密使耶律化哥、耶律世良，西北路招讨使萧图玉、萧孝穆	《辽史》卷一五《圣宗纪》，卷八七《萧孝穆传》，卷九三《萧图玉传》，卷九四《耶律化哥传》、《耶律世良传》			3				20
32	开泰三年、四年	讨高丽	国舅详稳萧敌烈、东京留守耶律团石	《辽史》卷一五《圣宗纪》，卷八八《萧敌烈传》，卷一一五《高丽传》	12						21

续表

顺序号	年代	战争名目	统兵官	史料出处	统兵官统计与分析						
					皇族、后族、国戚	于越、宰相	枢密使、副	夷离堇、宣徽使	林牙、惕隐	部族官长	军区官长、武将及其他
33	开泰四年、五年	讨高丽	北府宰相刘晟、枢密使耶律世良、殿前都点检萧屈烈	《辽史》卷一五《圣宗纪》，卷九四《耶律世良传》，卷一一五《高丽传》		5	4				22
34	开泰六年	伐高丽	枢密使萧合卓、汉人行宫都部署王继忠、殿前都点检萧屈烈	《辽史》卷一五《圣宗纪》，卷八一《王继忠传》、《萧合卓传》，卷一一五《高丽传》			5				23
35	开泰七年	伐高丽	东平郡王萧排押、东京留守耶律八哥、殿前都点检萧屈烈、林牙要只	《辽史》卷一六《圣宗纪》，卷八〇《耶律八哥传》，卷八八《萧排押传》，卷一一五《高丽传》	13				7		24
36	开泰八年	伐高丽	郎君曷不吕	《辽史》卷一六《圣宗纪》，卷一一五《高丽传》							25

续表

顺序号	年代	战争名目	统兵官	史料出处	统兵官统计与分析						
					皇族、后族、国戚	于越、宰相	枢密使、副	夷离堇、宣徽使	林牙、惕隐	部族官长	军区官长、武将及其他
37	太平三年	东征	统帅谐领、详稳课奴、林牙（萧）高九、裨将大匡逸	《辽史》卷一六《圣宗纪》					8		26
38	太平六年	攻女真	兵马都部署黄翩、副部署达骨只、都监赫石	《辽史》卷一七《圣宗纪》							27
39	太平六年	伐甘州回鹘	西北路招讨使萧惠	《辽史》卷一七《圣宗纪》，卷九三《萧惠传》							28
40	太平六年	讨阻卜	西北路招讨使萧惠、惕隐耶律洪古、林牙化哥、监军涅里姑、突举部节度使谐理、国舅帐太保曷不吕	《辽史》卷一七《圣宗纪》，卷九三《萧惠传》					9	9	29

续表

顺序号	年代	战争名目	统兵官	史料出处	统兵官统计与分析						
					皇族、后族、国戚	于越、宰相	枢密使、副	夷离堇、宣徽使	林牙、惕隐	部族官长	军区官长、武将及其他
41	太平九年、十年	讨东京大延琳叛乱	南京留守萧孝穆、国舅详稳萧匹敌、奚六部大王萧蒲奴	《辽史》卷一七《圣宗纪》，卷八七《萧孝穆传》、《萧蒲奴传》						10	30
42	重熙十三年	攻蒲卢毛朵部	东京留守耶律侯哂、知黄龙府事耶律欧里斯	《辽史》卷一九《兴宗纪》，卷九二《耶律侯哂传》							31
43	重熙十三年	攻党项	西南面招讨使萧普达、都监（耶律）罗汉奴、四捷军详稳张佛奴	《辽史》卷一九《兴宗纪》，卷九二《萧普达传》							32
44	重熙十七年、十八年	伐蒲奴里	殿前都点检耶律义先、忠顺军节度使夏行美、东北面详稳耶律（萧？）术者	《辽史》卷二〇《兴宗纪》，卷八七《夏行美传》，卷九〇《耶律义先传》，卷九一《萧术哲传》							33

续表

顺序号	年代	战争名目	统兵官	史料出处	统兵官统计与分析						
					皇族、后族、国戚	于越、宰相	枢密使、副	夷离堇、宣徽使	林牙、惕隐	部族官长	军区官长、武将及其他
45	重熙十八年	攻西夏	北道行军都统耶律敌鲁古	《辽史》卷二〇《兴宗纪》							34
46	重熙十九年	对西夏作战	南面林牙耶律高家奴、殿前都点检萧迭里得、西南招讨使萧蒲奴、北院大王耶律宜新、北面林牙萧撒抹、行宫都部署别古得、同知北院枢密使萧革	《辽史》卷二〇《兴宗纪》，卷八七《萧蒲奴传》，卷九二《萧夺剌传》，卷一一四《萧迭里得传》，卷一一五《西夏传》			6		10	11	35
47	咸雍五年	讨阻卜	西北路招讨使耶律仁先	《辽史》卷二二《道宗纪》，卷九六《耶律仁先传》，卷九九《萧巖寿传》，《全辽文》卷八《耶律仁先墓志铭》							36

续表

顺序号	年代	战争名目	统兵官	史料出处	统兵官统计与分析						
					皇族、后族、国戚	于越、宰相	枢密使、副	夷离堇、宣徽使	林牙、惕隐	部族官长	军区官长、武将及其他
48	咸雍七年、八年	镇压乌古、敌烈	乌古敌烈部详稳耶律巢	《辽史》卷二三《道宗纪》							37
49	大康初	讨阻卜	都统耶律赵三、西北招讨都监萧迂鲁	《辽史》卷九三《萧迂鲁传》							38
50	大安八年至寿昌六年	讨阻卜	奚六部秃里耶律郭三，西北路招讨使耶律何鲁扫古，都监萧张九，西北路招讨使耶律挞不也，行军都监耶律秃朵、撒八，北院枢密使，西北路招讨使耶律斡特剌，招讨都监耶律胡吕，倒塌岭节度使耶律那也	《辽史》卷二五《道宗纪》，卷二六《道宗纪》，卷九四《耶律那也传》、《耶律何鲁扫古传》，卷九六《耶律挞不也传》，卷九七《耶律斡特剌传》，卷九八《耶律胡吕传》			7			12	39

续表

顺序号	年代	战争名目	统兵官	史料出处	统兵官统计与分析						
					皇族、后族、国戚	于越、宰相	枢密使、副	夷离堇、宣徽使	林牙、惕隐	部族官长	军区官长、武将及其他
51	大安十年	讨达里底	山（西？）北路副部署萧阿鲁带	《辽史》卷二五《道宗纪》，卷九四《萧阿鲁带传》							40
52	寿昌元年	讨拔思母	山（西？）北路副部署萧阿鲁带	《辽史》卷二六《道宗纪》，卷九四《萧阿鲁带传》							41
53	天庆四年	对金作战	东北路都统萧嗣先[①]、副都统萧挞不也	《辽史》卷二七《天祚皇帝纪》，《契丹国志》卷一〇，《金史》卷二《太祖纪》							42

① 《金史》卷二《太祖纪》作“萧紏里”，“紏里”应为“嗣先”之契丹名。

续表

顺序号	年代	战争名目	统兵官	史料出处	统兵官统计与分析						
					皇族、后族、国戚	于越、宰相	枢密使、副	夷离堇、宣徽使	林牙、惕隐	部族官长	军区官长、武将及其他
54	天庆五年	对金作战	都统耶律斡里朵，（殿前？）副点检、左副统萧乙薛，同知南枢密院事、右副统耶律章奴，都监萧谢佛留	《辽史》卷二七《天祚皇帝纪》，卷二八《天祚皇帝纪》，《金史》卷二《太祖纪》			8				43
55	天庆五年、六年	讨耶律章奴之叛	北面林牙耶律马哥、汉人行宫都部署萧特末	《辽史》卷二八《天祚皇帝纪》					11		44
56	天庆七年	对金作战	都元帅、秦晋国王耶律淳	《辽史》卷二八《天祚皇帝纪》，卷三〇《天祚皇帝纪》，《契丹国志》卷一〇，《金史》卷二《太祖纪》	14						
总计					14	5	8	2	11	12	44

从以上的统计分析可知辽朝的文武界线不严，其出战的统兵官中，竟有不少林牙，相当于宋朝的“翰林学士”。[①]绝不可能想象，宋朝作为文官的翰林学士能带兵打仗，但辽朝却完全不同。如辽朝使宋就有“左林牙、金吾卫上将军萧日新”，[②]是武官。创建西辽的耶律大石，人称“大石林牙”。[③]

辽朝出战的统兵官中，军区司令占了最大比例。辽朝宰相、枢密使等重臣出任大军区司令是相当常见的，这也绝非左降。如辽景宗保宁三年（公元971年），“以北院枢密使（耶律）贤適为西北路招讨使”。[④]乾亨三年（公元981年），“以秦王韩匡嗣为西南面招讨使”。[⑤]辽圣宗统和二十一年（公元1003年），“以楚国王（耶律）隆祐（隆裕）为西南面招讨使”。[⑥]辽道宗时，耶律仁先“为南院枢密使”，“出为南京兵马副元帅”，又“为西北路招讨使”，“复拜南院枢密使”，升“为北院枢密使”。[⑦]大康三年（公元1077年），“以西北路招讨使、辽西郡王萧余里也为北府宰相”，而至大康五年（公元1079年），又“以北府宰相、辽西郡王萧余里也为西北路招讨使”。[⑧]最后两条记载更表明其互换性质。

---

① 《长编》卷一一〇天圣九年六月丁丑朔。

② 《宋会要》蕃夷二之一一。

③ 《辽史》卷三〇《天祚皇帝纪》耶律大石附纪。

④ 《辽史》卷八《景宗纪》，卷七九《耶律贤適传》作“西北路兵马都部署”，实为契丹文同一官名之汉文歧译。

⑤ 《辽史》卷九《景宗纪》。

⑥ 《辽史》卷一四《圣宗纪》。

⑦ 《辽史》卷九六《耶律仁先传》。

⑧ 《辽史》卷二三《道宗纪》，卷二四《道宗纪》。

第二节　地方军区

李锡厚先生已经论述了辽朝大军区的设置。[①]按今人的军区概念，辽朝设有大军区和级别较低的军区。

一、大军区

辽朝的大军区仅有数个，今分述如下。

（一）南京留守司和南京马步军都指挥使司、总管府、元帅府等。辽朝占领燕雲十六州后，会同元年（公元938年），“升幽州为南京”，[②]曾命汉人赵延寿为南京留守。天禄二年（公元948年），赵延寿死，始改任契丹人，“以中台省右相牒蠋为南京留守”。[③]南京留守应掌当地民政与军政大权，实际上也是大军区司令。辽世宗时，有“燕京留守、南面行营都统、燕王达剌”，[④]应是负责对宋军事。辽穆宗时，萧思温出任南京留守。“周师来侵，围冯母镇，势甚张。思温请益兵，帝报曰：‘敌来，则与统军司并兵拒之。敌去，则务农作，勿劳士马。’”后周世宗亲征，萧思温“不知计所出”。[⑤]由此可见，南京留守司是负责对付中原皇朝的大军区。但从上引记录看来，当时还另设一个统军司，也掌管

① 《中国政治制度通史》第7卷（甲）辽朝政治制度第六章第三节。但具体论述，本书有异。

② 《辽史》卷四《太宗纪》。

③ 《辽史》卷五《世宗纪》，卷七六《赵延寿传》。

④ 《潜研堂文集》卷一八，《辽文存》卷五《太子左卫李内贞墓志》。

⑤ 《辽史》卷七八《萧思温传》。

一部分兵力。辽穆宗应历十三年（公元963年），“宋欲城益津关，命南京留守高勳、统军使崔廷勳以兵扰之”。[①]辽景宗时，韩匡嗣“授南面行营都统、燕京留守”。[②]宋太宗北伐攻辽南京，在高梁河之战失败后，辽景宗“以权知南京留守事韩德让、权南京马步军都指挥使耶律学古、知三司事刘弘皆能安人心、捍城池，并赐诏褒奖”。[③]南京马步军都指挥使应即是上述统军使的契丹语歧译。韩德让即是辽景宗皇后公开的后夫，并数次改姓名，最终定名耶律隆运。他的政治发迹，就是从守南京开始的。上引记载表明，留守司的事务与南京马步军都指挥使的事务，最初或有分工。辽圣宗即位之初，以名将于越耶律休哥“为南京留守，仍赐南面行营总管印绶，总边事”。[④]于越为“贵官，无所职。其位居北、南大王上，非有大功德者不授”。[⑤]他以于越的身份出任，位高权重，一直镇守南疆。统和十六年（公元998年）耶律休哥病死，辽圣宗“进封皇弟恒王（耶律）隆庆为梁国王、南京留守”。[⑥]开泰九年（公元1020年），“以漆水郡王韩制心为南京留守、析津尹、兵马都总管”。[⑦]韩制心就是韩德让的侄子，故委以重任，而南京留守似必兼兵马都总管。太平三年（公元1023年）又“以北府宰相萧孝穆南京留守，封燕王”，兼“兵马都总管”。[⑧]萧孝穆是

① 《辽史》卷六《穆宗纪》。

② 刘凤翥、唐彩兰、青格勒：《辽上京地区出土的辽代碑刻汇辑》第2页《韩匡嗣墓志铭》。

③ 《辽史》卷九《景宗纪》，卷八二《耶律隆运传》。

④ 《辽史》卷一〇《圣宗纪》。

⑤ 《辽史》卷一一六《国语解》。

⑥ 《辽史》卷一四《圣宗纪》。

⑦ 《辽史》卷一六《圣宗纪》。

⑧ 《辽史》卷一六《圣宗纪》，卷八七《萧孝穆传》。

后族的重臣。太平末，因南京留守萧孝穆率军平定东京大延琳之叛，“以孝穆为东平王、东京留守”，“以权燕京留守、兼侍中萧惠为燕京统军使，前统军委窊大将军、节度使，宰相兼枢密使马保忠权知燕京留守”。[①]《辽史》卷九三《萧惠传》则说他因对阻卜战争失利，“左迁南京侍卫亲军马步军都指挥使，寻迁南京统军使”。看来应以后一记载为准。似乎可以说，在南京留守萧孝穆出征后，当地暂将两司的职权分割，由委窊任统军使，负责防务。汉人马保忠出任南京留守，不让他掌兵权，故另命萧惠为统军使。总之，辽朝非常重视南京留守的任命。到辽朝晚期，耶律淳为“南京留守、宋魏王和鲁斡之子”，“袭父守南京”。[②]

如果说有所变化的话，是南京马步军都指挥使司等汉语译名屡变。宋使路振《乘轺录》记载，统和二十六年（公元1008年），“时燕京留守、兵马大元帅、秦王（耶律）隆庆”。《辽史》卷六四《皇子表》则说耶律隆庆“开泰初，加守太师、兼政事令，寻拜大元帅”。但《辽史》则说迟至辽兴宗重熙四年（公元1035年），方“改南京总管府为元帅府”。[③]此外，重熙七年（公元1038年）的《耶律元妻晋国夫人萧氏墓志铭》记载，萧氏的兄弟萧孝先为“兵马都总管、燕京留守、晋王”，萧氏“适故南面行营都统、燕京留守子宋国王长子”耶律元。[④]然而据《辽史》卷一八《兴宗纪》，萧孝先于重熙六年（公元1037年）为“南京留守”，则在重熙四年后仍称总管。出现上述记载的歧异，估计应

① 《辽史》卷一七《圣宗纪》。

② 《辽史》卷三〇《天祚皇帝纪》耶律淳附纪。

③ 《辽史》卷一八《兴宗纪》。

④ 《全辽文》卷七。

是汉语之歧译，当然，也不能排除契丹语中即有官位高低之别。辽道宗清宁四年（公元1058年），“以吴王（耶律）仁先为南京兵马副元帅，徙封隋王”。[①]辽道宗之叔耶律重元也曾历任“南京留守、知元帅府事”。[②]说明元帅仍是南京留守的兼职。自澶渊之盟后，虽然辽宋之间长期无战事，但南京留守一直担负主持南方边防的重任。

南京留守肯定统率若干当地驻军，特别因为是汉人聚居区，有汉兵。如《乘轺录》载，辽圣宗时，南京“城中汉兵凡八营，有南北两衙兵、两羽林兵、控鹤、神武兵、雄捷兵、骁武兵”。辽朝后期，南、北皮室军镇守南边，[③]也应隶属南京留守。太平八年（公元1028年），辽圣宗“诏燕城将士，若敌至，总管备城之东南，统军守其西北，马步军备其野战，统军副使缮壁垒，课士卒各练其事”。[④]如总管、统军使、统军副使等都应是南京留守的部属。

（二）西南路招讨司。史称辽太祖神册元年（公元916年），“攻蔚、新、武、妫、儒五州，斩首万四千七百余级。自代北至河曲，逾阴山，尽有其地。遂改武州为归化州，妫州为可汗州，置西南面招讨司，选有功者领之”。[⑤]“西南面”，史籍中有时称

---

① 《辽史》卷二一《道宗纪》。

② 《辽史》卷六四《皇子表》。

③ 《会编》卷二一《亡辽录》，《辽史》卷四六《百官志》。

④ 《辽史》卷一七《圣宗纪》。

⑤ 《辽史》卷一《太祖纪》。关于“改武州为归化州，妫州为可汗州”，应在辽太宗会同元年（公元938年），参见《辽史》卷一《太祖纪》校勘记〔一六〕，卷四《太宗纪》，卷四一《地理志》。程嘉静先生在《辽朝西南路招讨司史实辨误》（《中国社会科学报》2020年12月16日）中，据归化州和可汗州的设置时间，认为西南路招讨司应设置于会同元年。然而就以下正文所引耶律鲁不古的两条记载看，辽太宗时还是沿用前设西南路招讨司的机构，而非新置。

“西南路”或“西南道”。[①]辽太宗天显十一年（公元936年），“唐河东节度使石敬瑭为其主所讨，遣赵莹因西南路招讨卢不姑求救”。会同元年（公元938年），“西南边大详稳耶律鲁不古奏党项捷”。[②]这其实应是西南路招讨司的汉语歧译，“卢不姑”又为“鲁不古”之汉语歧译，说明他数年之内，一直任此实职。随着辽朝占领雲州，建立西京道，西南路招讨司的辖区也向西南延伸。辽朝前期，明确记载隶属西南路招讨司的部族有涅剌部、迭剌迭达部、品达鲁虢部和乌古涅剌部。辽朝中期，隶属西南路招讨司的部族有涅剌越兀部、斡突盌乌古部、梅古悉部、颉的部、匿讫唐古部和鹤剌唐古部。[③]明确记载隶属西南路招讨司的州有丰州、雲内州、宁边州、东胜州、金肃州和河清军。[④]可知西南路招讨司的辖区正好是拱护西京。史愿《亡辽录》的记载，应是辽朝后期的情况：“雲中路则置西南面都招讨府，西京兵马都部署司，金肃、河清军，五花城，南、北大王府，乙室王府，山金司，控制夏国。”[⑤]其记载有不确之处，南、北王府和乙室王府所统的三支大部族军乃是辽朝的重要后备兵力，并非只“控制夏国”，也须对付宋朝。

辽太宗会同五年（公元942年），因“襄、镇、朔三州虽已平，然吐谷浑为安重荣所诱，犹未归命，宜发兵讨之，以警诸

① 《辽史》卷四六《百官志》所载“西南面安抚使司”、“西南面都招讨司”等各种机构，其实大都应是契丹语的汉语歧译，并非有多个机构。

② 《辽史》卷三《太宗纪》，卷四《太宗纪》，卷七六《耶律鲁不古传》。

③ 《辽史》卷三三《营卫志》，卷三五《兵卫志》。又品部《营卫志》说隶属西北路招讨司，而《兵卫志》说隶属西南路招讨司。

④ 《辽史》卷四一《地理志》。

⑤ 《会编》卷二一。

部”，“诏以明王隈恩代于越信恩，为西南路招讨使，以讨之”。[①]辽穆宗应历十四年（公元964年），“诏西南面招讨使挞烈进兵援汉”。四年后，“知宋欲袭河东，谕西南面都统、南院大王（耶律）挞烈豫为之备”。“西南面都统”又是“西南面招讨使”的汉语歧译。辽圣宗时，韩德威和耶律隆祐（韩德颙）“为西南面、五押招讨大将军”，或称“西南面、五押招讨使”，[②]此处又歧译为“招讨大将军”。“宋围太原，诏挞烈为兵马总管，发诸道兵救之。”[③]耶律挞烈在应历时，以南院大王之重，长期“都统西南道军”，屡次与周军、宋军对阵。[④]可见西南路招讨司的职责不仅是对付党项、吐谷浑等族，也对付南方中原皇朝。余靖说：“其西南路招讨掌河西边事。”[⑤]

西南路招讨司的地位也很高。除前述秦王韩匡嗣外，如辽景宗保宁八年（公元976年），“以西南面招讨使耶律斜轸为北院大王”，但名将耶律斜轸本传作“节制西南面诸军，仍援河东。改南院大王”。[⑥]保宁九年（公元977年）“以宋王（耶律）喜隐为西

---

① 《辽史》卷四《太宗纪》。

② 刘凤翥、唐彩兰、青格勒：《辽上京地区出土的辽代碑刻汇辑》第10页《韩德威墓志铭》，第12页《耶律隆祐（韩德颙）墓志铭》，第20页《耶律（韩）元佐墓志铭》。但第2页《韩匡嗣墓志铭》载韩德威任“西南面招讨使，兼五押、彰武军节度使”，第4页《韩匡嗣妻秦国太夫人萧氏墓志铭》同。此处的“彰武军节度使”为中京道兴中府节镇名，当是遥领虚衔，而“五押”一词费解，参见《宋史》卷二六四《宋琪传》，《辽史》卷三五《兵卫志》其实是依据宋琪奏，作“五押军”。若五押为部族名，则《辽史》卷三三《营卫志》所载部族中，并无同音者。

③ 《辽史》卷七《穆宗纪》。

④ 《辽史》卷七七《耶律挞烈传》。

⑤ 《武溪集》卷一八《契丹官仪》。

⑥ 《辽史》卷八《景宗纪》，卷八三《耶律斜轸传》。

南面招讨使”。[1]辽圣宗统和二十一年（公元1003年），“以楚国王（耶律）隆祐（隆裕）为西南面招讨使”。[2]辽圣宗初，“诏赐西南路招讨使大汉剑，不用命者得专杀”。[3]

西南路招讨司属下自然有固定的驻军，如前述辽朝中期的涅剌越兀部等六部族军，应是固定的属军，而丰州等地的驻兵，也应属西南路招讨司。辽圣宗初，“西南路招讨请益兵讨西突厥诸部，诏北王府耶律蒲奴宁以敌毕、迭烈二部兵赴之”。[4]“迭烈”应即是“敌烈”部之汉语歧译。此次增援，应理解为有北王府所属的五院部大部族军和另外两支小部族军。可知西南路招讨司属下的兵马可多可少，可增可减，并非固定不变。《辽史》卷四六《百官志》载，西南路招讨司属下有南王府、北王府、乙室王府三大部族军，三大部族军地位颇高，有自身的驻地，绝非固定隶属西南路招讨司者。上述北王府“以敌毕、迭烈二部兵”增援，即是一例。

参照宋制，招讨都监似为副职，但其上不一定都设长官招讨使，也可作为品级较低的招讨司长官。辽景宗时，耶律合住任“西南兵马都监”。[5]辽圣宗时，耶律题子“授西南面招讨都监”，与宋杨业军交战。[6]陈昭衮“历西南面招讨都监”。[7]耶律合里只

---

① 《辽史》卷九《景宗纪》。

② 《辽史》卷一四《圣宗纪》。

③ 《辽史》卷一〇《圣宗纪》。

④ 《辽史》卷一〇《圣宗纪》。

⑤ 《辽史》卷八六《耶律合住传》。

⑥ 《辽史》卷八五《耶律题子传》。

⑦ 《辽史》卷八一《陈昭衮传》。

在“重熙中，累迁西南面招讨都监”。[①]萧术哲也在重熙时，“稍迁西南面招讨都监”，到清宁初，升西北路招讨使。[②]耶律玦在重熙时，“除枢密副使，出为西南面招讨都监”，[③]可见其官位之高。此处的招讨都监也可能是招讨使的汉语歧译。辽道宗清宁二年（公元1056年），“以左夷离毕萧谟鲁知西南面招讨都监事”。[④]萧韩家奴在重熙时上奏，提及“西南（北？）副都部署”，[⑤]可能也是招讨副使之汉语歧译，其实应与都监相同。此外，耶律唐古大约在辽圣宗末或辽兴宗初，“迁西南面巡检”。[⑥]巡检是否即是都监之汉语歧译，已无可考辨。

辽末保大二年（公元1122年），“西南面招讨使耶律佛顶降金，雲内、宁边、东胜等州皆降”。[⑦]无可奈何的辽天祚帝又于保大五年（公元1125年），任命党项族首领小斛禄为西南面招讨使。[⑧]

（三）西北路招讨司。西北路招讨司设置时间不详。如前所述，辽景宗保宁三年（公元971年），“以北院枢密使（耶律）贤適为西北路招讨使”。辽圣宗统和六年（公元988年），“西北路管押详稳速撒哥以伐折立、助里二部，上所俘获”。[⑨]此处的“西北路管押详稳”应即是西北路招讨使的汉语歧译。

① 《辽史》卷八六《耶律合里只传》。
② 《辽史》卷九一《萧术哲传》。
③ 《辽史》卷九一《耶律玦传》。
④ 《辽史》卷二一《道宗纪》。
⑤ 《辽史》卷一〇三《萧韩家奴传》。
⑥ 《辽史》卷九一《耶律唐古传》。
⑦ 《辽史》卷二九《天祚皇帝纪》，《金史》卷二《太祖纪》。
⑧ 《辽史》卷三〇《天祚皇帝纪》。
⑨ 《辽史》卷一二《圣宗纪》。

西北路招讨司辖区的大扩张，是在齐妃萧胡辇[①]西征之后。统和十二年（公元994年），“诏皇太妃领西北路乌古等部兵及永兴宫分军，抚定西边，以萧挞凛督其军事”。萧挞凛是齐妃萧胡辇的从侄，时任“阻卜都详稳”，“凡军中号令，太妃并委挞凛”。此次军事行动，宋人即是明确记载“西捍达靼”，看来应是元人修《辽史》时有意删除。“皇太妃”，或认为应改作“王太妃”，即是宋人所称的“齐妃”。齐妃萧胡辇是承天皇太后的姐妹，[②]实际上，似可理解为由她出任西北路招讨使。后萧韩家奴说，“统和间，皇太妃出师西域，拓土既远，降附亦众”，“及城可敦，开境数千里”。[③]齐妃萧胡辇应是中国军事史，甚至世界军事史上的女军事英雄，她组织和指挥了“城可敦，开境数千里”的远征。

萧挞凛“上表，乞建三城，以绝边患”，[④]遂建造可敦城，成为辽朝西北路招讨司防备阻卜的据点。辽圣宗统和二十一年（公元1003年），“修可敦城”。翌年，“以可敦城为镇州，军曰建

① 齐妃之名见《辽史》卷一四《圣宗纪》统和二十四年。

② 《辽史》卷一三《圣宗纪》，卷八五《萧挞凛传》，《宋会要》蕃夷一之二七，《长编》卷五五咸平六年七月己酉，《武经总要》前集卷一六下，《契丹国志》卷一三《景宗萧皇后》。《宋会要》说齐妃是承天太后之妹，《乘轺录》、《长编》和《契丹国志》则说是姐，应有一种记载有错字。按李锡厚先生在《中国政治制度通史》第7卷第162—164页，据《耶律元妻萧氏墓志》考证，萧氏“母齐国太妃”，认为齐妃即是萧氏和萧孝穆等人之母，应姓耶律，而非萧。据《辽史》卷八七《萧孝穆传》：“淳钦皇后弟阿古只五世孙。父陶隗，为国舅详稳。”《耶律元妻萧氏墓志》则称“父讳谐里，赠魏王”。萧陶隗生前仅官至国舅详稳，死后才追赠魏王。但宋人记载之齐妃，据《辽史》卷七一《睿智皇后传》，卷七三《萧敌鲁传》，卷七八《萧思温传》，为萧思温之女，萧思温为“宰相敌鲁之族弟忽没里之子”，萧敌鲁“母为德祖女弟，而淳钦皇后又其女兄也”。齐妃“适齐王，王死，自称齐妃”，故与萧孝穆母应是两人。

③ 《辽史》卷一〇三《萧韩家奴传》。

④ 《辽史》卷八五《萧挞凛传》。

安”。[1]北方民族的首领称可汗，其妻称可敦，由来已久。“辽因突厥，称皇后曰‘可敦’。”[2]“契丹之先曰奇首可汗”，后辽朝“永州木叶山有契丹始祖庙，奇首可汗、可敦并八子像在焉”。[3]“奇首可汗在南庙，可敦在北庙，绘塑二圣并八子神像。”镇州（今蒙古哈达桑东北）“本古可敦城。统和二十二年，皇太妃奏置”，“东南至上京三千余里”。据俄罗斯学者的考古发掘，可敦城附近另有几个城的遗址，可知是按萧挞凛之议，组建了以可敦城为中心的数城联防。但《辽史》又说另有“河董城，本回鹘可敦城，语讹为河董城”，“东南至上京一千七百里”。[4]

后辽圣宗开泰时，“阻卜复叛，围（萧）图玉于可敦城，势甚张”。[5]辽兴宗时，《辽史》卷九一《耶律唐古传》载：“先是，筑可敦城，以镇西域。诸部纵民畜牧，反招寇掠。重熙四年，上疏曰：‘自建可敦城已来，西蕃数为边患，每烦远戍。岁月既久，国力耗竭。不若复守故疆，省罢戍役。’”与此大致同时，萧韩家奴也上奏说，“统和间，皇太妃出师西域，拓土既远，降附亦众。自后一部或叛，邻部讨之，使同力相制，正得驭远人之道。及城可敦，开境数千里，西北之民，徭役日增，生业日殚。警急既不能救，叛服亦复不恒。空有广地之名，而无得地之实。若贪土不已，渐至虚耗，其患有不胜言者”，“阻卜犹强”，“方今最重之役，无过西戍”，“今宜徙可敦城于近地，与西南（北?）副都部

① 《辽史》卷一四《圣宗纪》。

② 《辽史》卷七一《后妃传》。

③ 《辽史》卷三二《营卫志》。

④ 《辽史》卷三七《地理志》。《辽史》卷四一《地理志》又载雲内州有“古可敦城”。

⑤ 《辽史》卷九三《萧图玉传》。

署乌古、敌烈、隗乌古等部声援相接”。[1]可知尽管筑可敦城，但在阻卜强大的军事压力下，辽朝国力不支，似只能从镇州东撤。《辽史》所载“河董城”，可能即是“徙可敦城于近地”者，但仍名可敦城。后一可敦城位于胪朐河南，即所谓河董城，而辽之边界“北至胪朐河”。另有一“皮被河城。地控北边，置兵五百于此防托。皮被河出回纥北，东南经羽厥，入胪朐河，沿河董城北，东流合沱漉河，入于海。南至上京一千五百里”。[2]此处明确说明河董城，即后一可敦城的方位在其西。

辽朝亡后，宋人记载称降金的元帅右都监耶律余覩追击“大石林牙”，即耶律大石，“将燕、雲、女真二万骑”，“调山西、河北夫馈餫，自雲中至曷董城，经沙漠三千余里”，“至曷董城，大石林牙率余众北遁。余覩以食尽，不克穷追而还”。[3]《中兴小纪》卷一〇也记载说：“初，契丹之亡也，其族有大石林牙、佛顶林牙者，窜于漠北，据曷董城以自立。至是金〔左〕副元帅粘罕在雲中，欲图之。雲中距曷董三千里，而右都监余覩乃本土人，知其巢穴。于是粘罕遣余覩将女真及燕、雲汉军二万，往攻之，然不付以契丹兵，且留其妻子，盖疑之也。”更晚的《大金国志》卷七说，“曷董城自雲中由猫儿庄、银瓮口北去，地约三千余里，尽沙漠无人之境。是行也，三路之夫死不胜计，车牛十无一二得还”。《松漠记闻》卷上记载，耶律余覩“军合董也，失其金牌，金人疑其与林牙暗合”。《辽史》记载，耶律大石“过黑水（今蒙

---

① 《辽史》卷一〇三《萧韩家奴传》。

② 《辽史》卷三七《地理志》。

③ 文渊阁《四库全书》本《建炎以来系年要录》（以后简称《要录》）卷四三绍兴元年春，卷四七绍兴元年秋及所附金人地名考证。

古国爱毕哈河，或译为艾卜盖河）”，“西至可敦城”，[①]这当然是指作为镇州的前一可敦城，然后进兵西域。由此可见，两个可敦城都可歧译为河董城、曷董城或合董城。

统和二十五年（公元1007年）、二十六年（公元1008年），“西北路招讨使萧图玉讨阻卜”，“讨甘州回鹘”。[②]太平六年（公元1026年），“阻卜来侵，西北路招讨使萧惠破之”，“遣西北路招讨使萧惠将兵伐甘州回鹘”。[③]可知西北路招讨司的职责，是对付阻卜，即达靼、蒙古等族。故余靖说：“西北路招讨掌挞笪等边事。”[④]

辽圣宗太平八年（公元1028年），“以遥辇帐郎君陈哥为西北路巡检，与萧谐领同管二招讨地”。[⑤]由于西北路招讨司所辖边界辽阔，看来有时似分两司，如上面所引萧韩家奴奏中的“副都部署”，似亦可译为招讨副使司。辽朝前期，明确记载隶属西北路招讨司的部族有品部、楮特部和突吕不部。辽朝中期，隶属西北路招讨司的部族有奥衍女直部和室韦部。实际上，乌古部和敌烈部“时叛时服”，一部分乌古、敌烈人户又编为小部族，迭鲁敌烈部属乌古敌烈统军司。[⑥]据上引萧韩家奴奏，乌古敌烈统军司可能即是西北路“副都部署”司之别名。此外，明确记载隶属西北路招讨司的州有招州。[⑦]据《耶律宗福（韩涤鲁）墓志

① 《辽史》卷三〇《天祚皇帝纪》耶律大石附纪。
② 《辽史》卷一四《圣宗纪》，卷九三《萧图玉传》。
③ 《辽史》卷一七《圣宗纪》，卷九三《萧惠传》。
④ 《武溪集》卷一八《契丹官仪》。
⑤ 《辽史》卷一七《圣宗纪》。
⑥ 《辽史》卷三三《营卫志》，卷三五《兵卫志》。
⑦ 《辽史》卷三七《地理志》。

铭》，耶律宗福曾任西北招讨使，“西北路之所辖者，节度、金吾逮二十部，精兵勇士余二万众。地里遥而声教罕暨，民俗旷而礼让不兴。绥之斯徕，逆之斯仇。犹聚鹿之多骇，群鸡之难驱”。[①]可知所属有二十个部族或属国，“绥之斯徕，逆之斯仇”，两者没有严格区分。所谓“节度、金吾”，应是指部族或属国首领拥有辽朝封赐的节度使、金吾卫上将军、金吾卫大将军之类头衔。如果顺从辽朝，则可调集此类部族或属国兵，共有二万余人。西北路招讨司“的辖境大致是东起克鲁伦河，西至额尔齐斯河，北至色楞格河下游，南抵沙漠与西南路辖境相接”。如梅里急、粘八葛、萌古部等蒙古族也时或为其属部。[②]辽道宗时，“以萌骨子不克”，萧兴言任“西北路招讨使”等实职，“矛钺所指，罔不畏从”。[③]“萌骨子”就是蒙古。

开泰二年（公元1013年），“萧孝穆为西北路招讨使”，翌年，“以西北路招讨都监萧孝穆为北府宰相”，足见其官位之高。[④]然而《辽史》卷八七《萧孝穆传》却作任“九水诸部安抚使”。看来“招讨使”和“招讨都监”可能又是契丹语同一官职的汉语歧译。辽兴宗咸雍二年（公元1066年），“以西北路招讨使萧术者（哲）为北府宰相”，[⑤]也同样显示其官位之高。辽天祚帝时，新兴的金朝已对辽朝进行蚕食，天庆九年（公元1119年），“阻卜补疏

① 《首届辽上京契丹·辽文化学术研讨会论文集》第218页。

② 参见陈得芝先生《辽代的西北路招讨司》，载《宋辽金史论丛》第1辑，中华书局，1985年。

③ 刘凤翥、唐彩兰、青格勒：《辽上京地区出土的辽代碑刻汇辑》第100页《萧兴言墓志铭》。

④ 《辽史》卷一五《圣宗纪》。

⑤ 《辽史》卷二二《道宗纪》，卷九一《萧术哲传》。

只等叛，执招讨使耶律斡里朵，都监萧斜里得死之”。[1]此处的都监显然是副职。

史愿《亡辽录》记载辽朝后期的情况：“沙漠之北，则置西北路都招讨府、隩隗、乌隗部族衙、芦沟（胪朐）河统军司、倒挞（塌）岭部衙，以镇摄鞑靼、蒙古、迪烈诸国。”[2]《耶律宗福（韩涤鲁）墓志铭》提及“达打小邦，敢行称乱”，[3]“达打”即是鞑靼之汉语歧译。辽道宗清宁九年（公元1063年），“以北鄙达打、术不姑等部族寇边”，耶律仁先“为西北路招讨使，往讨之”，“俘其酋长图没里同瓦等”。[4]大安九年（公元1093年），耶律何鲁扫古时任“知西北路招讨司事”，派兵与阻卜酋长磨古斯交战，“都监萧张九遇贼，与战不利。二室韦、拽剌、北王府、特满、群牧、宫分等军多陷没”。[5]据前述西北路招讨司所属部族分析，除室韦部族军之外，其他军队当是临时抽调，而不是长期隶属西北路招讨司者。《辽史》卷四六《百官志》所载西北路招讨司各种歧译和所属军队，并不可信。

（四）西京留守司和西京都部署司。晚至辽兴宗重熙十三年（公元1044年），方“改雲州为西京”，[6]相应设西京留守，时距辽朝开国已一百三十多年，而距亡国为八十年。两年后，“以西京留守耶律马六为汉人行宫都部署”。[7]辽天祚帝天庆七年（公元

---

① 《辽史》卷二八《天祚皇帝纪》。

② 《会编》卷二一。

③ 《首届辽上京契丹·辽文化学术研讨会论文集》第218页。

④ 《全辽文》卷八《耶律仁先墓志铭》。《辽史》卷九六《耶律仁先传》作“阻卜塔里干叛命”。

⑤ 《辽史》卷二五《道宗纪》，卷九四《耶律何鲁扫古传》。

⑥ 《辽史》卷一九《兴宗纪》，卷四一《地理志》。

⑦ 《辽史》卷一九《兴宗纪》。

1117年)，“以西京留守萧乙薛为北府宰相”。[1]前引史愿《亡辽录》记载有“西京兵马都部署司”，除西京大同府外，奉圣州、蔚州、应州和朔州“兵事属西京都部署司”。[2]蔚州、应州和朔州与宋交界，故其边防是针对北宋的。西京都部署司与留守司的关系，应与前述的南京两机构相同。但西京留守司辖区不大，[3]地位也不如南京留守司重要。《辽史》卷四八《百官志》载有“西京都总管府”，应是西京都部署司之汉语歧译。

刘伸先后任中京、西京和南京副留守。[4]耶律燕哥“拜南府宰相，迁惕隐。大安三年(公元1087年)，为西京留守，致仕”。[5]辽朝晚期，萧乙薛被金军战败后，“出为武定军节度使，迁西京留守”。[6]可知西京留守的官位也相当高。

(五)上京留守司和上京都总管府。会同元年(公元938年)，“以皇都为上京，府曰临潢”。六年，有“上京留守耶律迪辇得晋谍”。[7]辽景宗乾亨三年(公元981年)，“上京汉军乱，劫立(宋王耶律)喜隐，不克，伪立其子留礼寿，上京留守除室擒之”。[8]可知上京留守也握有兵权。《乘轺录》说，辽圣宗时，上京由“皮室相公为留守”，可以理解为上京留守兼皮室军详稳，直接率领一支精兵，守卫上京。开泰元年(公元1012年)，任命

---

① 《辽史》卷二八《天祚皇帝纪》。

② 《辽史》卷四一《地理志》。

③ 《辽史》卷四六《百官志》说，如西南面都招讨司等“已上西京诸司，控制西夏”，不确。从今存史料看来，西南面招讨司等并未隶属西京留守。

④ 《辽史》卷九八《刘伸传》。

⑤ 《辽史》卷一一〇《耶律燕哥传》。

⑥ 《辽史》卷一〇一《萧乙薛传》。

⑦ 《辽史》卷四《太宗纪》。

⑧ 《辽史》卷九《景宗纪》，卷七二《喜隐传》。

耶律受益为上京副留守。[①]总的说来，作为辽朝龙兴之地，上京留守的官位是重要的，但上京留守司的军事职责和意义不大。但到辽朝季年，在金朝的猛烈攻击下，上京留守司的军事地位自然突出了。天庆十年（公元1120年），金太祖亲攻上京，“克外郛，留守挞不也率众出降”。[②]

《辽史》卷四八《百官志》载有“上京都总管府”，应与前述南京的体制相同，并称“五京留守司兼府尹”，其制与宋朝相似。如耶律污斡里“摄上京留守”、“行临潢尹”。[③]辽道宗时，耶律弘世先“授上京留守、判临潢尹事”，后“授西京留守、判大同尹事”。[④]前述韩制心任南京留守、析津尹。

（六）中京留守司和中京都总管府。辽太宗大同元年（公元947年），“升镇州为中京”。[⑤]辽圣宗统和十二年（公元994年），仍命“南院枢密使室昉为中京留守，加尚父”。当时室昉“病剧”，实有加恩之意。[⑥]中京大定府是辽圣宗统和二十五年（公元1007年）在辽之腹地，亦即是奚族聚居地所建之新城。[⑦]当然也按官制设中京留守，官位颇高，《辽史》卷四八《百官志》载有“中京都总管府”，应与前述南京的体制相同。但其军事意义显然不大，仍算是大军区。耶律处廉任“同知中京留守事”，

① 《辽史》卷一五《圣宗纪》。

② 《辽史》卷二八《天祚皇帝纪》，《金史》卷二《太祖纪》。

③ 刘凤翥、唐彩兰、青格勒：《辽上京地区出土的辽代碑刻汇辑》第98页《萧氏夫人墓志铭》。

④ 刘凤翥、唐彩兰、青格勒：《辽上京地区出土的辽代碑刻汇辑》第276页《耶律弘世墓志铭》。

⑤ 《辽史》卷四《太宗纪》。

⑥ 《辽史》卷一三《圣宗纪》，卷七九《室昉传》。

⑦ 《辽史》卷一四《圣宗纪》，卷三九《地理志》。

刘伸曾“权中京副留守”，[①]至少属同类职务。辽宋时“同”的词义也就是副。辽朝晚年，面对金军的进攻，中京的军事地位方趋重要。天庆四年（公元1114年），对金作战，动用了“中京禁兵及土豪二千人”。[②]九年（公元1119年），“贼张撒八诱中京射粮军”。[③]

史愿《亡辽录》记载辽后期的情况：“中、上京路则有诸军都虞候司、奚王府大详稳司、大国舅司、大常衮司、五院、六院沓温司。”[④]所谓“五院、六院”即是前引同书属“西南面都招讨府”的“南、北大王府”。其中所述，其实都是契丹和奚族的一些大部族军，聚集在中京和上京道，作为后备兵力，以备随时支持前沿。但此类部族军看来是直属辽廷，而与上京和中京留守似无隶属关系。

（七）东京留守司和东京都总管府、统军司等。辽灭渤海国后，最初在天显三年（公元929年），“升东平郡为南京”。[⑤]会同元年（公元938年），又以“南京为东京”。[⑥]《辽史》卷四八《百官志》载有“东京都总管府”。辽圣宗即位之初，“以枢密副使耶律末只兼侍中，为东京留守”，可知东京留守官位之高。统和元年（公元983年），“上将征高丽，亲阅东京留守耶律末只所总兵马”，[⑦]则证明东京留守的军事职能。宋军攻辽，耶律抹只“引兵

① 《辽史》卷九八《耶律俨传》、《刘伸传》。
② 《辽史》卷二七《天祚皇帝纪》,《会编》卷二一《亡辽录》。
③ 《辽史》卷二八《天祚皇帝纪》。
④ 《会编》卷二一。
⑤ 《辽史》卷三《太宗纪》。
⑥ 《辽史》卷四《太宗纪》。
⑦ 《辽史》卷一〇《圣宗纪》。

至南京，先缮守御备。及车驾临幸，抹只与耶律休哥逆战于涿之东，克之”。[①]他所率的军队，当然是东京留守司驻军，前往支援。统和十九年（公元1001年），“以东京统军使耶律奴瓜为南府宰相”。[②]依笔者的理解，统军使即都总管等之汉语歧译，其实也就是留守。但据太平六年（公元1026年）的记载，既有“东京留守八哥”，又“以东京统军使萧慥古为契丹行宫都部署”。[③]开泰时，东京留守有耶律八哥，但后来因攻高丽失败而罢官。[④]依笔者的理解，太平时的“八哥”大约即是萧慥古的契丹名。太平八年（公元1028年），“以渤海宰相罗汉权东京统军使”。九年（公元1029年），“东京舍利军详稳大延琳囚留守、驸马都尉萧孝先及南阳公主，杀户部使韩绍勋、副使王嘉、四捷军都指挥使萧颇得”。及至南京留守萧孝穆率军平叛成功，“以孝穆为东平王、东京留守”，[⑤]无疑又是东京留守、兼都部署。辽朝末年，奚人萧翰（或作幹、回离保）曾“改东京统军”。[⑥]

辽景宗保宁八年（公元976年），“东京统军使察邻、详稳涸奏女直袭归州五寨，剽掠而去”。[⑦]辽圣宗统和二年（公元983年），“东京留守、兼侍中耶律末只奏，女直术不直、赛里等八族乞举众内附，诏纳之”。[⑧]耶律元宁也曾“移权东京统军兵马都

---

① 《辽史》卷八四《耶律抹只传》。

② 《辽史》卷一四《圣宗纪》，卷八五《耶律奴瓜传》。

③ 《辽史》卷一七《圣宗纪》。

④ 《辽史》卷一六《圣宗纪》，卷八〇《耶律八哥传》。

⑤ 《辽史》卷一七《圣宗纪》。

⑥ 《辽史》卷一一四《奚回离保传》。

⑦ 《辽史》卷八《景宗纪》。

⑧ 《辽史》卷一〇《圣宗纪》。

监”，进攻高丽。[①]太平六年（公元1026年），“黄翩为兵马都部署，达骨只副之，赫石为都监，引军城混同江、疏木河之间。黄龙府请建堡障三、烽台十，诏以农隙筑之。东京留守八哥奏黄翩领兵入女直界徇地，俘获人、马、牛、豕，不可胜计，得降户二百七十”。[②]重熙十三年（公元1044年），东京留守耶律侯哂“与知（黄龙）府（事）萧欧里斯讨蒲卢毛朵部”。[③]后耶律仁先“迁东京留守。女直恃险，侵掠不止，仁先乞开山通道，以控制之，边民安业”。[④]

统和十年（公元992年），“以东京留守萧恒德等伐高丽”。[⑤]如前表所列，辽朝屡次攻高丽，都由东京留守统兵。

由此可见，东京留守司负责对高丽和女真两方面的军务。隶属东京都部署司的部族，在辽朝前期有楮特奥隗部，辽朝中期有耨盌爪部、稍瓦部和曷术部。[⑥]《辽史》卷三八《地理志》载，东京道一些州“兵事属东京统军司”，或作“东京都部署司”、“东京留守司”，其实应是同一机构之汉语歧译。辽兴宗重熙时，萧韩家奴主张“罢黑岭二军，并开、保州，皆隶东京，益东北戍军”。[⑦]萧孝忠“为东京留守。时禁渤海人击球，孝忠言：‘东京最为重镇，无从禽之地，若非球马，何以习武？且天子以四海为

---

① 刘凤翥、唐彩兰、青格勒：《辽上京地区出土的辽代碑刻汇辑》第284页《耶律元宁（安世）墓志铭》。

② 《辽史》卷一七《圣宗纪》。

③ 《辽史》卷一九《兴宗纪》，卷九二《耶律侯哂传》。“萧欧里斯”，《兴宗纪》作“耶律欧里斯”。

④ 《辽史》卷九六《耶律仁先传》。

⑤ 《辽史》卷一三《圣宗纪》。

⑥ 《辽史》卷三三《营卫志》，卷三五《兵卫志》。

⑦ 《辽史》卷一〇三《萧韩家奴传》。

家，何分彼此？宜弛其禁。'”皇帝“从之”。[①]可知东京在辽朝军事战略中的重要地位，监控渤海人，防止其造反，也一直是重要任务。

辽道宗时，耶律引吉“累迁东京副留守”。[②]辽末天庆六年（公元1116年），有东京副留守高清臣（清明?）。[③]至少某些时间设副留守。耶律庶箴在辽道宗咸雍时，任同知东京留守事，[④]也是副职。

（八）东北路统军司。这是专门对付女真族的军事机构，不知设置时间，设置地点应是黄龙府，汉语有不少歧译。最初显然应是隶属东京留守司者，但其地位却逐渐提高。辽朝前期，乌隗部、突吕不室韦部、乙室奥隗部和图鲁部四部族隶属东北路统军司，或歧译为“东北路招讨司”、“东北路兵马司”。辽朝中期，隗衍突厥部、北唐古部、术哲达鲁虢部、河西部、伯斯鼻骨德部、达马鼻骨德部、五国部隶属东北路统军司，或歧译为“黄龙府都部署司”。[⑤]《辽史》卷三五《兵卫志》或作“东北路女直兵马司”，则可能是此司最初的名称。辽圣宗统和三年（公元985年），“诏以东北路兵马监军妻婆底里存抚边民”。[⑥]《辽史》卷四六《百官志》说，“迪离毕部、涅剌部、乌濊

① 《辽史》卷八一《萧孝忠传》。

② 《辽史》卷九七《耶律引吉传》。

③ 《辽史》卷二八《天祚皇帝纪》，卷四八《百官志》，《契丹国志》卷一〇。

④ 《辽史》卷八九《耶律庶箴传》。

⑤ 《辽史》卷三三《营卫志》。《辽史》卷三五《兵卫志》介绍东北路统军司所属有遥里、伯德、奥里、南剋和北剋五部乃是奚王府所部，应是临时征发，执行军事任务者。

⑥ 《辽史》卷一〇《圣宗纪》。

部”“三部，隶夫人婆底里东北路管押司”，也反映了当时东北路统军司另统有三个部族军。此志又介绍有“东北路监军马司”，“东北路兵马详稳司，亦曰东北面详稳司”等，亦属汉语歧译。东北路统军司另辖有泰州、长春州和宁江州，但“兵事隶黄龙府都部署司”的信州、宾州和祥州其实也应属东北路统军司，而泰州和长春州又属上京道。[①]据高丽《大辽事迹》，辽朝“黄龙府正兵五千”。[②]

辽圣宗开泰八年（公元1019年），“以东北路详稳耶律独迭为北院大王”，可知当时东北路统军使的地位已相当高。[③]辽兴宗时，余靖说：“其东北则有挞领相公（国人呼挞字如吞字入声，领音近廪）掌黑水等边事，正东则有注展相公掌女真等边事，此皆守边者也（蕃语注展即女真也）。”[④]参照前述东京留守司的记录，可能正是在辽兴宗时，东北路统军司方才成为一个单独的军区机构。但余靖所说辽朝“东北”对付黑水与“正东”对付女真是两个机构，参照其他记载应即是一个东北路统军司。辽兴宗重熙十年（公元1041年），耶律宗教“授东北路达领将军”。[⑤]“达领”即“挞领”，看来“相公”和“将军”都可作为详稳的汉语歧译。重熙十五年（公元1046年），“前南府宰相耶律喜孙东北路详稳”。[⑥]耶律章奴在天庆四年（公元1114年），

① 《辽史》卷三七《地理志》，卷三八《地理志》。

② 《辽史》卷三六《兵卫志》。

③ 《辽史》卷一六《圣宗纪》。

④ 《武溪集》卷一八《契丹官仪》。

⑤ 《文史》2010年第4辑刘凤翥先生《契丹小字〈耶律宗教墓志铭〉考释》。

⑥ 《辽史》卷一九《兴宗纪》，卷九七《耶律喜孙传》。

“授东北路统军副使”。[①]

估计黄龙知府或可能兼任东北路统军使。从地理位置看，宁江州为对付生女真的最前沿，而黄龙府为大本营。辽圣宗开泰时，渤海人大康乂“累官南府宰相，出知黄龙府”。[②]辽兴宗重熙九年（公元1040年），“女直侵边，发黄龙府铁骊军拒之”。[③]辽道宗清宁二年（公元1056年），“北院大王耶律仙童知黄龙府事”。七年（公元1061年），“以知黄龙府事耶律阿里只为南院大王”。[④]清宁六年（公元1060年），“以东北路女直详稳高家奴为惕隐”。[⑤]咸雍二年（公元1066年），“以东北路详稳耶律韩福奴为北院大王”。翌年，“东北路详稳高八南院大王”。七年（公元1071年），“以讨五国功，加知黄龙府事蒲延”等千牛卫上将军，又“以东北路详稳（耶律）合里只为南院大王”。[⑥]萧图古辞在清宁时，“知北院枢密使事。六年，出知黄龙府。八年，拜南府宰相”。[⑦]大康三年（公元1077年），“东北路统军使萧韩家奴加尚父，封吴王”。[⑧]寿昌时，耶律特麽“为北院大王，四年，知黄龙府事”。[⑨]看来黄龙知府的地位也不低，与东北路统军使相当。天庆元年（公元1111年），萧兀纳“知黄龙府事，改东北路统军使”，[⑩]则知

① 《辽史》卷一〇〇《耶律章奴传》。
② 《辽史》卷八八《大康乂传》。
③ 《辽史》卷一八《兴宗纪》。
④ 《辽史》卷二一《道宗纪》，卷九五《耶律仙童传》。
⑤ 《辽史》卷二一《道宗纪》。
⑥ 《辽史》卷二二《道宗纪》，卷八六《耶律合里只传》。
⑦ 《辽史》卷一一一《萧图古辞传》。
⑧ 《辽史》卷二三《道宗纪》。
⑨ 《辽史》卷九五《耶律特麽传》。
⑩ 《辽史》卷九八《萧兀纳传》。

府与东北路统军使尚有分别。金朝初起兵时，天庆四年（公元1114年），辽朝“遂发浑河北诸军，益东北路统军司”，金军首攻宁江州。[①]天庆五年（公元1115年），金军的首攻目标，就是占领黄龙府，事先还向辽朝提出，“迁黄龙府于别地”。[②]金朝由占领宁江州和黄龙府，开始了灭辽战争。辽军不断战败，天庆十年（公元1120年），“以北府宰相萧乙薛为上京留守、知盐铁内省两司、东北统军司事”。[③]

《辽史》卷三六《兵卫志》说“《旧志》言兵，唯以敌宋为务”，故《兵卫志》的叙述大致是反映澶渊之盟前，或是稍后的情况。《辽史》卷三四《兵卫志》说，“凡举兵”，“乃诏诸道征兵”，“惟南、北、奚王，东京渤海兵马，燕京统军兵马，虽奉诏，未敢发兵，必以闻”。此处特别强调南王府、北王府和奚王府三部族军，另有东京和南京两处兵马“虽奉诏，未敢发兵，必以闻”，说明当时的东京道和南京道是辽朝最重要的大军区，驻有重兵。辽朝的前期至中期，边防的重点无疑是对付北宋。到辽宋澶渊之盟后，双方都不敢轻易破坏和局。其次是西南招讨司防备西夏。辽朝中期，西北的阻卜成为最大的边患。辽兴宗时，萧韩家奴谈论当时的边防大势说，“国家大敌，惟在南方”，但“高丽未宾，阻卜犹强，战守之备，诚不容已”，“渤海、女直、高丽合从连衡，不时征讨”，仍将北宋视为头号劲敌，然而“方今最重之役，无过西戍”，阻卜成了

① 《辽史》卷二七《天祚皇帝纪》。

② 《辽史》卷二八《天祚皇帝纪》，卷三八《地理志》龙州，《金史》卷二《太祖纪》，卷二四《地理志》隆州。

③ 《辽史》卷二八《天祚皇帝纪》，卷一〇一《萧乙薛传》。

大边患。[1]但到辽朝晚期，阻卜的边患暂时止息，东北路统军使萧兀纳上奏说："臣与女直接境，观其所为，其志非小。宜先其未发，举兵图之。"他"章数上，皆不听"，[2]看来当时辽廷轻视了女真的兴起，遂酿成亡国之祸。

二、小军区

从史籍上看，辽朝的小军区显然很多，一般都受上述大军区管辖，是否大致可分三类。一是各小部族，虽是游牧民族，迁徙不定，但在某个地域内，大致都可算是小军区。如"初鲁得部族"，即"楮特部"的节度使，乃是"辽国二十部族节度之最上也"。[3]

二是各州。如《辽史》卷四八《百官志》所载各州的节度使司，可排列如下：

上京道：

祖州天成军节度使司。[4]

怀州奉陵军节度使司。

庆州玄宁军节度使司。

泰州德昌军节度使司。

长春州韶阳军节度使司。

仪坤州启圣军节度使司。

---

① 《辽史》卷一〇三《萧韩家奴传》。

② 《辽史》卷九八《萧兀纳传》。

③ 刘凤翥、唐彩兰、青格勒：《辽上京地区出土的辽代碑刻汇辑》第293页《萧孝恭墓志铭》；《辽史》卷三三《营卫志》。

④ 据《辽史》卷三七《地理志》补。

龙化州兴国军节度使司。

饶州匡义军节度使司。

徽州宣德军节度使司。

成州长庆军节度使司。

懿州广顺军节度使司。

渭州高阳军节度使司。

镇州建安军节度使司。

东京道：

开州镇国军节度使司。

保州宣义军节度使司。

辰州奉国军节度使司。

兴州中兴军节度使司。

海州南海军节度使司。

渌州鸭渌军节度使司。

显州奉先军节度使司。

乾州广德军节度使司。

贵德州宁远军节度使司。

瀋州昭德军节度使司。

辽州始平军节度使司。

通州安远军节度使司。

双州保安军节度使司。

同州镇安军节度使司。

咸州安东军节度使司。

信州彰圣军节度使司。

宾州怀化军节度使司。

懿州宁昌军节度使司。

苏州安復军节度使司。

復州怀德军节度使司。

祥州瑞圣军节度使司。

中京道：

成州兴府军节度使司。

兴中府彰武军节度使司。

宜州崇义军节度使司。

锦州临海军节度使司。

川州长宁军节度使司。

建州保静军节度使司。

来州归德军节度使司。

南京道：

幽州卢龙军节度使司。

平州辽兴军节度使司。

西京道：

雲中大同军节度使司。

丰州天德军节度使司。[①]

雲内州开远军节度使司。

奉圣州武定军节度使司。

蔚州忠顺军节度使司。

应州彰国军节度使司。

朔州顺义军节度使司。

---

① 据《辽史》卷四一《地理志》补。

《辽史》卷四八《百官志》还说，各节镇州都设马步军都指挥使司等机构。如辽圣宗统和四年（公元986年），宋军北伐，“彰国军节度使艾正”等“以应州叛”。“诏遣使赐枢密使（耶律）斜轸密旨及彰国军节度使杓窊印，以趣征讨。”彰国军节度使即是应州的统兵官。辽武定军马步军都指挥使吕行德、副都指挥使张继从、马军都指挥使刘知进投降。[①]武定军并非军队番号，而是奉圣州节镇名，吕行德等即是节度营兵之统兵宫。辽穆宗时，李彦超也曾任武定军内外马步军都指挥使、兵马都部署。[②]

三是某些特殊的军事重镇或要冲，须另设小军区。如为镇压乌古和敌烈两族，设乌古敌烈统军司。[③]辽圣宗时，耶律元宁“建来远城”，并“为兵马都部署”，[④]以扼制高丽。《辽史》卷四六《百官志》记载一些小军区，其中属南京路的牛栏都统领司、距马河戍长司、监军寨统领司和石门统领司。属西京路的有“山金司，一作山阴司”，据《辽史》卷一一六《国语解》：“山金司：以阴山产金，置冶采炼，故以名司。后改统军司。”属中京路的有黑水河提辖司。[⑤]属西北路招讨司的倒塌岭统军司，无疑是防

① 《辽史》卷一一《圣宗纪》。《长编》卷二七雍熙三年三月辛卯作“定武军”，系误。

② 《全辽文》卷四《李崇菀为亡父彦超造经幢记》。

③ 《辽史》卷八九《耶律韩留传》，卷九二《萧夺剌传》，卷九四《萧阿鲁带传》。

④ 刘凤翥、唐彩兰、青格勒：《辽上京地区出土的辽代碑刻汇辑》第285页《耶律元宁（安世）墓志铭》。

⑤ 据《辽史》卷三九《地理志》，黑水河提辖司属中京路兴中府。

备阻卜的要隘。[①]应属西南路招讨司的有堨西节度使司，为“党项别部堨西，设契丹节度使治之”。[②]属东京路的有堨母城节度使司。[③]《辽史》卷三六《兵卫志》、卷四一《地理志》载，“金肃军：防秋兵一千”，“河清军：防秋兵一千”，则是防备西夏的要隘。耿延毅在统和十五年（公元997年），“国家方问罪赵宋氏，乃改授西南面招安使，旧以飞狐为理所，其副居灵丘”。西南面招安使司无疑是个小军区，完全不能与专门对付北宋的“并、代、中山之界”的西南招讨使司相提并论。[④]《辽史》卷四八《百官志》载“南面边防官”，有“易州飞狐招安使司”、“西南面招安使司”等，与此相合。另外还有平、滦、营三州处置使司等，都属此类机构。

第三节　御帐亲军和禁军指挥系统

辽朝“御帐亲军”一词，见于《辽史》卷三五《兵卫志》，

---

① 《辽史》卷二〇《兴宗纪》重熙十九年，“置倒塌岭都监”；卷二一《道宗纪》清宁三年，“置倒塌岭节度使”；卷二五《道宗纪》大安九年，“阻卜乌古札叛。达里底、拔思母并寇倒塌岭”；卷三三《营卫志》，特里特勉部“戍倒塌岭”；卷三五《兵卫志》则作讹仆括部“戍倒塌岭”；卷九四《耶律那也传》载，耶律那也曾“为倒塌岭节度使”，破阻卜。《会编》卷二一《亡辽录》则称“倒挞岭部衙，以镇摄鞑靼、蒙古、迪烈诸国”。可知倒塌岭节度使为一部族节度使之别名。

② 《辽史》卷一七《圣宗纪》太平六年二月。

③ 《辽史》卷六八《游幸表》载，辽景宗于保宁二年“幸堨母城，进幸东京”。

④ 《辽宁第一师范学院学报》1978年第3期第60页《耿延毅墓志铭》。

又有“禁军”一词。如《辽史》卷四六《百官志》有“禁军都详稳司”、“燕京禁军详稳司”，西北路招讨使司下有“禁军详稳司”、“西北路禁军都统司”。辽圣宗曾命谋鲁姑“率禁军之骁锐者南助（耶律）休哥”，“以南京禁军击杨团城”。[①]辽道宗“以南府宰相斡特剌兼西北路招讨使、禁军都统”。[②]萧忽古“甫冠，补禁军”。[③]辽末抗抵金军，曾先后动用“中京禁军三千人”，“燕、雲（西京）、平山（三）路禁军五千人”。[④]御帐亲军和禁军是否是一军二名呢？按今存史料，实难有确切判断。

辽朝有殿前都点检和侍卫亲军都指挥使两个军职。《辽史》卷四八《百官志》都作“南面军官”，似大谬不然。史籍中有关殿前都点检的记载屡见不鲜，如萧乙薛和萧十三都由殿前副点检而升都点检，[⑤]萧药师奴曾任同知殿前点检司事，[⑥]萧迂鲁曾任知殿前副点检事。[⑦]辽圣宗曾“以萨敏解里为都点检，高六副点检，耶律罗汉奴左皮室详稳，嗓姑右皮室详稳”。[⑧]辽穆宗“遇弑”后，“殿前都点检耶律夷腊〔葛〕、右皮室详稳萧乌里只宿卫不严，斩之”。[⑨]耶律仁先曾“迁殿前副点检”。[⑩]辽道宗“以永兴宫使耶律

① 《辽史》卷一一《圣宗纪》统和四年三月、十二月。

② 《辽史》卷二六《道宗纪》寿隆（寿昌）五年五月。

③ 《辽史》卷九九《萧忽古传》。

④ 《会编》卷二一《亡辽录》。《辽史》卷二七《天祚皇帝纪》天庆四年十月作“中京禁兵及土豪二千人”，稍异。

⑤ 《辽史》卷一〇一《萧乙薛传》，卷一一〇《萧十三传》。

⑥ 《辽史》卷九一《萧药师奴传》。

⑦ 《辽史》卷九三《萧迂鲁传》。

⑧ 《辽史》卷一六《圣宗纪》太平元年十月。

⑨ 《辽史》卷八《景宗纪》。

⑩ 《全辽文》卷八《耶律仁先墓志铭》，《辽史》卷九六《耶律仁先传》。

塔不也有定乱功，为同知点检司事”。[1]此处应在“点检司”之上省略“殿前”两字。余靖称辽“有大内点检、副点检之官，以备宿卫”。[2]可见辽之殿前都点检虽为仿后周和北宋军制而设，其实只负责辽帝野居之宫帐宿卫，承担宿卫任务之左、右皮室等军，应受殿前都点检之领导。辽圣宗时，降宋的李信报告，有契丹兵“五千六百〔余〕常卫戎主”，[3]应属殿前都点检统辖之御帐亲军。按宋朝记载，在清宁九年（公元1063年），耶律重元发动政变时，“殿前都点检萧福美引兵遮”护辽道宗，射杀耶律重元子耶律洪孝（涅鲁古）。[4]《辽史》卷三二《营卫志》载，辽帝宫帐“用契丹兵四千人，每日轮番千人祗直”。看来宫帐宿卫兵力或多或少，并不固定。王易在辽道宗清宁四年（公元1058年）出使，记载说：“小禁围在大禁围外东北角，内有毡帐二〔十〕三座。大禁围每一面长一百一十步，内有毡帐十座，黑毡兵幕七座。大小禁围外有契丹兵甲一万人，各执枪、刀、旗、鼓、弓箭等。”[5]如果我们由事实而及名称，估计殿前都点检所率四千人至五千六百余人，甚至上万人，就是御帐亲军。

关于侍卫亲军都指挥使，如韩倬任“侍卫亲军兵马都指挥

---

① 《辽史》卷二二《道宗纪》。《辽史》卷四八《百官志》作“耶律挞不也”，乃汉文歧译。

② 《武溪集》卷一八《契丹官仪》。

③ 《长编》卷五五咸平六年七月己酉，《宋会要》蕃夷一之二六至二七，《文献通考》卷三四六。

④ 《长编》卷一九九嘉祐八年七月，与《辽史》卷二二《道宗纪》所载有异。

⑤ 《说郛》卷三八《重编燕北录》，㔾五六《燕北录》。

使”，[①]萧守宁为“点检侍卫亲军马步军”，[②]耶律仙童“迁侍卫亲军马步军都指挥”，[③]韩椅“拜侍卫亲军步军指挥使”，“领禁旅”。[④]《辽史》卷四八《百官志》载有“侍卫亲军马步军都指挥使司”，南京和黄龙府设侍卫亲军马步军都指挥使。萧惠曾“左迁南京侍卫亲军马步军都指挥使，寻迁南京统军使”。[⑤]可知作为南京道的军区司令，其地位高于守卫南京城的侍卫亲军马步军都指挥使。地位较低者，如辽末王邃任“郑州防御使、知侍卫马军都虞候”。[⑥]

前面引《乘轺录》等记载，南京城中有神武、控鹤等兵八营，赵为佐曾任“侍卫亲军神武左厢都指挥使”。[⑦]《文献通考》卷三四六载，“分领兵马则有统军、侍卫控鹤司”等，可见南京城中神武、控鹤等军各为侍卫亲军之一支。侍卫亲军按五代和北宋惯例，可称禁军，即辽人记载中的“禁旅”，可见《百官志》中之“禁军都详稳司”和“侍卫亲军马步军都指挥使司”为一司二汉译名，乃各侍卫亲军之总机构。耶律特麽“为禁军都监”，[⑧]应即是侍卫亲军司长官。“燕京禁军详稳司”和“南京侍卫亲军马步军都指挥使司”也同样是一司二汉译名。今已知辽之中京、南京和西京都设禁军作为守军，估计东京和上京也应如此。个别

① 《辽史》卷一〇《圣宗纪》统和二年十月。
② 《辽史》卷一七《圣宗纪》太平五年十二月。
③ 《辽史》卷九五《耶律仙童传》。
④ 《满洲金石志》卷二《宣徽南院使韩椅墓志》。
⑤ 《辽史》卷九三《萧惠传》。
⑥ 《全辽文》卷一一《王安裔墓志铭》。
⑦ 《文物》1983年第9期第34页《赵匡禹墓志铭》。
⑧ 《辽史》卷九五《耶律特麽传》。

重要州府，如黄龙府、平州等守军也作为禁军。《乘轺录》说，辽圣宗时，上京由“皮室相公为留守”，则似由皮室军充禁军。至于《百官志》中西北路招讨使司下有禁军，则应是禁军临时出戍和作战之故。耶律仁先、耶律斡特剌等任西北路诏讨使，率“禁军”作战，[①]耶律弘古也在西北作战时“典禁军”。[②]

所以提出以上猜测，是因为辽朝存在着宫帐与五京并存的行政体制，而以宫帐为重。如将殿前都点检作为北面官，统御帐亲军，负责宫帐守卫，侍卫亲军都指挥使作为南面官，有时可由汉人担任，统禁军，即五京等城侍卫亲军，负责五京等城守卫，似乎还略可言之成理。宫帐重于五京，而殿前都点检的地位也显然重于侍卫亲军都指挥使。但是，辽朝的殿前和侍卫二司显然不同于后周之二司，更不同于北宋之三衙，不是分统全国军马的机构，而仅是宿卫机构。辽朝有五京留守司，揆情度理，负责五京等城守卫的侍卫亲军自然分别应隶属于留守司，但五京留守司作为大军区，侍卫亲军，即禁军应是其所统兵力的一部分。辽朝殿前司的机构为后来的金朝所继承。金朝取消了辽之宫帐和京都二元体制，殿前都点检“兼侍卫将（亲）军都指挥使”，实际上是将侍卫司合并于殿前司。[③]

① 《辽史》卷二二《道宗纪》咸雍五年正月，卷二六《道宗纪》寿隆（寿昌）五年五月。

② 《辽史》卷八八《耶律弘古传》。

③ 《金史》卷五六《百官志》。

第二章　辽军的征集和编组

本章涉及辽朝的武装力量体制、辽军的组织编制和兵役制度，因史料缺乏，只能混合叙述，较为方便。

北宋军分禁兵、厢兵、乡兵、蕃兵、土兵和弓手六类。辽军的分类，却成为一个费解的谜团。《辽史》卷四六《百官志》说："辽宫帐、部族、京州、属国各自为军，体统相承，分数秩然。"据此似可将辽军分为四类。然而《辽史》卷三五、卷三六《兵卫志》又分御帐亲军、宫卫骑军、大首领部族军、众部族军、五京乡丁、属国军和边境戍兵七个事目。《兵卫志》说："《旧志》言兵，唯以敌宋为务。"可知旧史兵卫志的记载，大致相当于《辽史》卷三四《兵卫志·兵制》的部分，至于御帐亲军等七个事目，乃是元人修《辽史》时所增添，谬误甚多。邓广铭先生的《辽史兵卫志"御帐亲军""大首领部族军"两事目考源辨误》一文，[①]已论证两事目其实来源于宋人宋琪《平燕蓟十策》，原奏中辽朝皮室军和属珊军兵力分别为三万和二万，而《兵卫志》却凭空增至三十万和二十万。此外，《辽史》卷四六、卷四八《百官志》又载有一系列辽军番号，与以上两种分类不合。辽朝各军

---

① 此文原载《北京大学学报》1956年第2期，已编入《邓广铭全集》第9卷，河北教育出版社，2005年。

驻地并不固定，时而直属辽廷，时而又属某边防军区。元朝史官对辽朝军区似懂非懂，仅据某些断简残编胡乱拼凑，又造成了军名重复、一军数名的情况。例如南、北皮室等军既列于主力军，又列于南京都元帅府之下，如此之类，不一而足。由此看来，研究辽军分类，显然不能以北宋禁兵、厢兵等分类加以生搬硬套。

第一节　征兵和募兵

辽朝实行征兵制，后来也有募兵。唐朝的府兵，“五十人为队，队有正；十人为火，火有长。火备六驮马，凡火，具乌布幕、铁马盂、布槽、锸、钁、凿、碓、筐、斧、钳、锯皆一，甲床二，镰二。队具火钻一，胸马绳一，首羁、足绊皆三。人具弓一，矢三十，胡禄、横刀、砺石、大觿、毡帽、毡装、行縢皆一，麦饭九斗，米二斗，皆自备，并其介胄、戎具藏于库。有所征行，则视其入而出给之。其番上宿卫者，惟给弓矢、横刀而已”。“凡民年二十为兵，六十而免。其能骑而射者为越骑，其余为步兵。”[①]关于辽朝的征兵，据《辽史》卷三四《兵卫志》记载：

> 凡民年十五以上，五十以下，隶兵籍。每正军一名，马三匹，打草谷、守营铺家丁各一人。人铁甲九事，马鞯辔，马甲皮、铁，视其力，弓四，箭四百，长短枪、䤹𫓹、斧钺、

① 《新唐书》卷五〇《兵志》。

小旗、鎚锥、火刀石、马盂、粆一斗，粆袋、搭毦伞各一，縻马绳二百尺，皆自备。

北宋“男夫二十为丁，六十为老”，[①]南宋时改为“民年二十一为丁，六十为老”，[②]后来的金朝“十七为丁，六十为老”。[③]可知辽朝男丁参军和退役的年龄都早于唐、宋、金。唐朝的府兵是以火（伙）为单位，自乌布幕等各种装备到弓矢，还有“麦饭九斗，米二斗”，“皆自备”。但“介胄、戎具”是“征行”时，由官府颁发。战马也同样由官府配置。辽军自备马须三匹，这使辽朝的契丹等游牧民族与汉、渤海等农耕民族的负担，自然有很大区别。即使从战马之外的其他装备看来，被征兵员的经济负担也颇重，并非所有的被征兵员都能负担得起。故可以理解为上述记载只是纸面上的规定，与实际情况必然有出入。辽朝中期兴宗时，萧韩家奴说：

乃者，选富民防边，自备粮糗。道路修阻，动淹岁月；比至屯所，费已过半；只牛单毂，鲜有还者。其无丁之家，倍直佣僦，人惮其劳，半途亡窜，故戍卒之食多不能给。求假于人，则十倍其息，至有鬻子割田，不能偿者。或逋役不归，在军物故，则复补以少壮。

诸部皆有补役之法。昔补役始行，居者、行者类皆富

① 《长编》卷四乾德元年十月庚辰，《宋会要》食货七〇之四。

② 《宋会要》食货六六之一六，《宋史全文续资治通鉴》卷二七淳熙十二年四月丙辰，《庆元条法事类》卷七五《侍丁》。

③ 《金史》卷四六《食货志》。

> 实，故累世从戍，易为更代。近岁边虞数起，民多匮乏，既不任役事，随补随缺。苟无上户，则中户当之。旷日弥年，其穷益甚，所以取代为艰也。非惟补役如此，在边戍兵亦然。譬如一抔之土，岂能填寻丈之壑！欲为长久之便，莫若使远戍疲兵还于故乡，薄其徭役，使人人给足，则补役之道可以复故也。①

尽管辽朝也制订“补役之法”，但在“民多匮乏”的情况下，被征兵员“旷日弥年，其穷益甚”，“戍卒之食多不能给”，“只牛单毂，鲜有还者”，就成为辽朝武力衰退的重要原因。

据路振《乘轺录》记载，至晚在辽圣宗时，从五京道各州征集的汉军，已“黥面、给粮如汉制”，“给衣粮者唯汉兵”。所谓“给粮”，即是募兵。辽朝出现所谓“射粮军”一词，即是指“给粮”的募兵。辽朝后期，有前述“贼张撒八诱中京射粮军”。《辽史》卷一一六《国语解》说：“射粮军：射，请也。”辽末有“松亭关戍卒二千人，号食粮军”。②辽末投降北宋者，有“契丹刺面军万余人，号食粮军”，宋朝为赡养此军，“费用钱粮不可胜计”。③另有宋人记载说，辽朝降宋的“燕山一路”有“食粮军乡兵号三十万”。④“大辽旧少食粮军，以食粮军为不足，募民兵，以民兵为不足，又募市兵，以市兵为不足，又募僧兵，是为四军。人虽多，亦皆乌合，不为用。及至溃散回归，又皆散为

① 《辽史》卷一〇三《萧韩家奴传》。
② 《鸿庆居士集》卷三三《宋故左朝请大夫直龙图阁章公墓志铭》。
③ 《会编》卷一九四《吕颐浩行状》，《景定建康志》卷四八《吕颐浩传》。
④ 《会编》卷一七《北征纪实》。

盗贼。时大辽不经残破州军各自蹂践，其实金人所破州军十无一处，其余皆溃军自行烧劫，及蹂践占据。”[①]由此可见，即使到辽末，招募的射粮军仍占军队的少数，后宋人将乡兵合计，故夸大其数。另有《契丹国志》卷一一和《裔夷谋夏录》卷二记载，辽末耶律淳称帝，时“契丹户遭金人入寇，往往窜山谷沙漠间，闻燕王立，无不内向。然人马饥甚，不能远来”，耶律淳“遂令州县招之，得万余户。户选一人为军，支赡家钱三十贯，谓之瘦军。既而散处涿、易间，侵掠平民，甚于盗贼，主兵之官纵而不问”。“瘦军”之称，“以其形瘁故也”，是由契丹人组成的募兵。故宋军攻残辽，易州汉将赵秉渊“杀契丹度军，以城来降”。[②]

第二节 辽军的征集系统

《辽史》卷三四《兵卫志》记载：

凡举兵，帝率蕃汉文武臣僚，以青牛、白马祭告天地、日神，惟不拜月。分命近臣告太祖以下诸陵及木叶山神，乃诏诸道征兵。惟南、北、奚王，东京渤海兵马，燕京统军兵马，虽奉诏，未敢发兵，必以闻。上遣大将持金鱼符，合，然后行。始闻诏，攒户丁，推户力，核籍齐众以待。自十将以上，次第点集军马、器仗。符至，兵马本司自领，使者不

① 《会编》卷一一〇《建炎通问录》。
② 《要录》卷二三建炎三年五月庚辰。

> 得与。唯再共点军马讫，又以上闻。量兵马多少，再命使充军主，与本司互相监督。又请引五方旗鼓，然后皇帝亲点将校。又选勋戚大臣，充行营兵马都统、副都统、都监各一人。

这是辽朝用兵前，征集兵员的大致情形。若仅就征集系统而言，辽军确是征自宫帐、部族、京州和属国四个系统，而互不侵紊。

一、宫帐

辽朝四时捺钵和斡鲁朵在社会生活中的重要性，傅乐焕先生等已早有精辟论证。辽朝皇帝保持游牧习俗，一年四季，大半野居露营，故有春、夏、秋、冬四时捺钵，即“行在之所”。[①]辽帝宫帐契丹语谓之斡鲁朵，据刘凤翥先生说，斡鲁朵原意为座位，后演变为帐篷、村落和宫、院。如辽景宗的宫帐，契丹语名监母（遗留之意）斡鲁朵，汉语名彰愍宫，但并非中原皇朝之豪华宫殿。辽朝前后九帝、二后、一个皇太弟和一个改契丹姓之汉族大臣耶律隆运（韩德让），置十三个斡鲁朵，汉语称十二宫一府。每个斡鲁朵有宫户等，包括平民和奴隶，包括汉、契丹等民族，并设统治机构，成为辽朝单独的行政和经济实体，不受辽廷管辖的国中之国。皇帝、皇后等去世，其斡鲁朵并不解散，而移置于某地。如辽景宗死后，其监母斡鲁朵“在合鲁河，陵寝在祖州南”。“辽国之法，天子践位，置宫卫，分州县，析部族，设官

---

① 《辽史》卷三二《营卫志》，《文昌杂录》卷六。

府，籍户口，备兵马。崩则扈从后妃宫帐，以奉陵寝。有调发，则丁壮从戎事，老弱居守。”[①]斡鲁朵机构主要分三级：一是诸行宫都部署司[②]，作为管理辽朝各代不断增多的各行宫的总机构；二是某宫都部署司[③]；三是某宫提辖司，如辽太祖算斡鲁朵便在南京、西京、奉圣州和平州设四个提辖司[④]。辽朝以武立国，斡鲁朵各机构的政治和军事职能合一，“籍户口，备兵马”，“有调发，则丁壮从戎事”，都反映了其军事职能。《辽史》卷三五《兵卫志》说：“有兵事，则五京、二州各提辖司传檄而集，不待调发州县、部族，十万骑军已立具矣。恩意亲洽，兵甲犀利，教练完习。简天下精锐，聚之腹心之中，怀旧者岁深，增新者世盛，此军制之良者也。”这段记述清楚地说明了单独的宫帐征兵系统的存在。必须指出，《兵卫志》所载“凡诸宫卫，丁四十万八千，出骑军十万一千”的数字，乃是纸面上的最高征兵额，实际上或可征集其一部分，即使全部征发，亦未必定能达到十万一千之额。

二、部族

除斡鲁朵系统外，辽朝对其臣民的统治体制不外乎三种方式，一为部族制，二为州县制，三是作为各贵族领地的头下军

① 《辽史》卷三一《营卫志》。

② 见《全辽文》卷八《秦晋国妃墓志铭》作者陈觉题衔。

③ 见《辽史》卷四五、卷四七《百官志》。按诸行宫都部署司、某宫都部署司等乃辽朝行宫机构之汉名，故宋人之译名或异。如《武溪集》卷一八《契丹官仪》作“十宫院制置司”，盖避宋英宗赵曙名讳，而将部署改为制置。

④ 《辽史》卷四五《百官志》：“某宫提辖司：官制未详。”同书卷一一六《国语解》：“提辖司：诸宫典兵官。”其实某宫某地提辖司应是某宫都部署司的分支机构，其事务也应包括民政。

州。部族制适用于契丹人、奚人和其他游牧民族。辽的部族名称和划分几经调整，至辽圣宗和辽兴宗时，大致可分（甲）辽内四部族，（乙）四大部族，（丙）四十八个小部族等部族圈。[①]《辽史》卷三二《营卫志》引《旧志》，即较原始的《营卫志》说："契丹之初，草居野次，靡有定所。至涅里始制部族，各有分地。太祖之兴，以迭剌部强炽，析为五院、六院。奚六部以下，多因俘降而置。胜兵甲者即著军籍，分隶诸路详稳、统军、招讨司。番居内地者，岁时田牧平莽间。边防紏户，生生之资仰给畜牧，绩毛饮湩，以为衣食。各安旧风，狃习劳事，不见纷华异物而迁。故家给人足，戎备整完，卒之虎视四方，强朝弱附，东逾蟠木，西越流沙，莫不率服，部族实为之爪牙云。"至于作为契丹贵族私有领地的头下军州，缺乏明确记载，《辽史》卷三六《兵卫志》只记载有上京道十六个头下军州的乡丁数，或又与《辽史》卷三七《地理志》所载各头下州的户数不相契合。但揆情度理，也应征兵，其征集的乡丁，可能应作为契丹贵族的私兵，而编入各部族军。

然而《辽史》卷三五《兵卫志》的"众部族军"事目却有不少谬误。此事目说，"众部族分隶南、北府，守卫四边，各有司存"，其下列举"北府凡二十八部"，"南府凡一十六部"。所谓南、北府，大致应是沿用契丹族原有的南、北宰相府的旧制。如《萧孝恭墓志铭》载："北朝大辽国南宰相府所官（管）初鲁得（楮特）部族。"[②]辽时南、北王府作为契丹六院部和五院

① 参见舒焚先生《辽史稿》第350—352页，湖北人民出版社，1984年。

② 刘凤翥、唐彩兰、青格勒：《辽上京地区出土的辽代碑刻汇辑》第293页。

部的统治机构，其首领即南院和北院大王。六院部和五院部属四大部族，与此两部族同级而“稍卑”者，则是乙室部和奚六部，其统治机构为乙室王府和奚王府。[①]在《兵卫志》中，属北府系统者有奚王府部、五院部和六院部，属南府系统者有乙室部。奚六部包括遥里部、伯德部、奥里部、楚里部、南剋部和北剋部，都属奚王府管辖。然而在《兵卫志》中，奚王府部作为“侍从宫帐”，而楚里部以外的五部又居然隶属“东北路统军司”，这当然只是临时统属者。此外，《兵卫志》所载各部族亦与《营卫志》互有出入。尽管如此，辽朝的部族征兵系统仍是无可怀疑的。前引《旧（营卫）志》“胜兵甲者即著军籍”，即是交待了各部族壮丁的征集，其负责机构应即是南、北王府之类，而辽廷掌部族征兵之最高机构，应是北枢密院。至于《旧（营卫）志》“分隶诸路详稳、统军、招讨司”一句，又涉及了部族战士之分配。

三、京州

京州系统是指五京道各州县征集汉族、渤海族等壮丁为军。《辽史》卷三六《兵卫志》“五京乡丁”的事目，其实应作“五京道乡丁”，而脱漏一个“道”字。此事目的记述，缺中京一道之丁额，“大约五京民丁可见者，一百一十万七千三百为乡兵”，这也是纸面上的最高征兵额。此事目中搀入金肃军和河清军防秋兵各一千，则又不属五京道乡丁之列。揆情度理，南枢密院应是京州系统征兵的最高负责机构。

① 《辽史》卷四六《百官志》,《武溪集》卷一八《契丹官仪》。

四、属国

《辽史》卷三六《兵卫志》“属国军”事目说：“辽属国可纪者五十有九，朝贡无常。有事则遣使征兵，或下诏专征，不从者讨之。助军众寡，各从其便，无常额。”然而此事目所开列之属国名单，却颇成问题。如大黄室韦和小黄室韦早在辽太祖时即已降附，而组成突吕不室韦部和涅剌拏古部，①查只底、东部奚、西奚等也是辽的部族，而非属国。敦煌与沙州回鹘，高昌与和州回鹘系重名。②至于波斯、大食等当然亦非辽之属国。

大致说来，自辽朝中期后，属国军士之征调，在辽朝军力中仅居相当次要的地位。然而当辽朝初兴时，本国兵力不足，尤须依赖和胁迫其他民族出兵助战。辽太宗时，后晋的安重荣上奏说：“臣昨据熟吐浑节度使白承福、赫连公德等，各领本族三万余帐，自应州地界奔归王化。续准生吐浑并浑葜苾、两突厥三部落，南北将沙陀、安庆、九府等，各领部族老小并牛羊、车帐、甲马，七八路慕化归奔，俱至五台及当府地界已来安泊。累据告劳，具说被契丹残害，平取生口，率略羊马，凌害至甚。又自今年二月后来，须令点检强壮，置办人马衣甲，告报上秋向南行营。诸蕃部等实恐上天不祐，杀败后随例不存家族，所以预先归顺，兼随府族，各量点检强壮人马约十万众。又准沿河党项及山前、山后、逸利、越利诸族部落等首领，并差人各将契丹所授官告、职牒、旗号来送纳，例皆号泣告劳，称被契丹凌虐，愤惋不

① 《辽史》卷三三《营卫志》。

② 参见《辽史校勘记》（上海人民出版社，1958年）三第112—113页，标点本《辽史》第436页。

已，情愿点集甲马，会合杀戮。”[①]在当时的历史条件下，辽朝向契丹族以外的部族和属国征兵，不能不具有民族压迫性质，具有很大的强制性。

除属国系统外，宫帐（斡鲁朵）、部族和京州三个系统，构成辽朝对臣民的基本统治体制，而分属诸行宫都部署司和枢密院。枢密院有北、南两枢密院，诸行宫都部署司也分北、南两都部署司，北衙统治契丹族、奚族等，南衙统治汉族、渤海族等。杨若薇先生将此概括为两面双轨体制，确为创见，上述宫帐等三个征兵系统，无疑是两面双轨制的重要组成部分。

第三节　辽军的编组状况

辽军的编组状况与宫帐、部族、京州、属国四个征集系统的关系比较复杂，大致可区分为以下几种情况。

一、按宫帐编组的辽军

《辽史》卷四六《百官志》载有“各宫分糺军”和西北路招讨使司“宫分军”。辽圣宗开泰时，“敌烈部叛”，耶律韩留“将宫分军，从枢密使耶律世良讨平之”。[②]辽道宗大安九年（公元1093年），耶律何鲁扫古“知西北路招讨司事”，派兵与阻卜酋

① 《旧五代史》卷九八《安重荣传》。《新五代史》卷五一《安重荣传》稍略，又见《资治通鉴》卷二八二。

② 《辽史》卷八九《耶律韩留传》。“敌烈”，《辽史》卷一五《圣宗纪》开泰四年正月或作“迪烈得”。

长磨古斯交战，“二室韦、拽剌、北王府、特满、群牧、宫分等军多陷没”。[①]“宫分”是指十三宫府而言的，[②]宫分军无疑是由宫帐系统征集的壮丁组成，当时隶属于西北路招讨使司作战，这应是《百官志》中所载西北路招讨使司宫分军的来源。[③]按前引《旧（营卫）志》说：“边防糺户，生生之资仰给畜牧，绩毛饮湩，以为衣食。”则“各宫分糺军”和“宫分军”似有所差别，若将“各宫分糺军”理解为各宫府所属游牧民族编组的军队，则各“宫分军”尚应包括各宫府所辖汉人编组的军队。《辽史》中使用“糺”作为军队名称，都是限于北方游牧民族，农耕的汉族等组成的军队不作“糺”。[④]

此外，在史籍中也有某宫兵的记载。辽圣宗统和四年（公元986年）五月，“诏遣详稳排亚（萧排押）率弘义宫（辽太祖算斡鲁朵）兵及南、北皮室、郎君、拽剌四军赴应、朔二州界”，与宋军作战。[⑤]“弘义宫兵”，《辽史》卷八八《萧排押传》作“永兴宫（辽太宗国阿辇斡鲁朵）分糺”，稍异。统和十二年（公元994

---

① 《辽史》卷二五《道宗纪》，卷九四《耶律何鲁扫古传》。

② 如《辽史》卷一〇八《耶律敌鲁传》：“其先本五院之族，始置宫分，隶焉。”卷九七《耶律喜孙传》说他为“永兴宫分人”，卷九八《耶律胡吕传》说他为“弘义宫分人”。

③ 《辽史》卷四六《百官志》所列次序为大室韦军、小室韦军、北王府军、特满军、群牧军、宫分军，而卷九四《耶律何鲁扫古传》作“二室韦与六院部、特满、群牧、宫分等军俱陷于敌”。除六院部应是南王府军外，其他全同。

④ 关于辽金时代的“糺”与“乣”，学者们提出各种解释，较近者可参见蔡美彪先生《乣与乣军之演变》，《元史论丛》第2辑，中华书局，1983年。蔡先生认为，辽之“糺军来源于糺户，但不等于糺户”。但将糺户仅理解为“被征服的各族分子”，愚意以为，按辽《旧志》之说，似应理解为游牧民族编组的军队，后述的“遥辇糺军”之类也应包括契丹人。

⑤ 《辽史》卷一一《圣宗纪》。

年）八月，“诏皇（王）太妃领西北路乌古等部兵及永兴宫分军，抚定西边”。[①]弘义宫兵、永兴宫兵等应是各宫分军之一支。

总的看来，辽朝虽有以宫帐作番号的军队，却不是主力军。

二、按部族和属国编组的辽军

辽内四部族有遥辇九帐族，横帐三父房族，国舅帐拔里、乙室已族和国舅别部。《辽史》卷四五、卷四六《百官志》载有“遥辇糺详稳司”、“遥辇糺军”和“遥辇剋”，卷一一六《国语解》称遥辇糺是“遥辇帐下军”，遥辇剋是“遥辇帐下掌兵官”。萧奥幹和耶律那也曾任遥辇剋。[②]辽太宗时，“遥辇敞稳”耶律海里“将遥辇糺破忽汗城”。[③]敞稳应是详稳之歧译。辽圣宗时，有“遥辇帐详稳阿果达”死于对高丽的战事。[④]辽兴宗重熙十五年（公元1046年），“罢遥辇帐戍军”。[⑤]上引记载其实都证明了一支遥辇部族军的存在。

路振《乘轺录》说：“契丹诸族曰横帐兵，惕隐相公统之，即虏相耶律英也。”他不懂辽朝制度，辽朝皇族的部族即横帐三父房族，或可简称横帐，[⑥]故《虏庭杂记》说：“王族号为横帐。”[⑦]宋人余靖也说：“其宗室为横帐。”[⑧]横帐兵即是横帐三父房族的

① 《辽史》卷一三《圣宗纪》，卷八五《萧挞凛传》。

② 拓片《萧袍鲁墓志铭》，《辽史》卷九四《耶律那也传》。

③ 《辽史》卷七三《耶律海里传》。

④ 《辽史》卷一六《圣宗纪》。

⑤ 《辽史》卷一九《兴宗纪》。

⑥ 《辽史》卷四五《百官志》，卷七三《耶律颇德传》，卷一一六《国语解》。

⑦ 《资治通鉴》卷二六九贞明二年十二月《考异》。

⑧ 《武溪集》卷一八《契丹官仪》。

部族军。《辽史》卷四五《百官志》载有“四帐都详稳司，掌四帐军马之事”，四帐都详稳司设于辽圣宗开泰六年（公元1017年），[①]其下有“横帐详稳司、孟父帐详稳司、仲父帐详稳司、季父帐详稳司”，分统四帐军马。路振称横帐兵统兵官为惕隐相公，似可推知辽朝大惕隐就是横帐兵的都详稳。辽太宗“幸南京”，“命惕隐耶律涅离骨德率万骑先驱”，[②]此万骑中应包括横帐兵。

辽世宗大同元年（公元947年），“以太后族剌只撒古鲁为国舅帐，立详稳以总焉”。[③]《辽史》卷四五、卷四六《百官志》载有“国舅帐剋军”、“国舅乙室已大翁帐详稳司”、“国舅乙室已小翁帐详稳司”、“国舅拔里大父帐详稳司”、“国舅拔里少父帐详稳司”和“国舅帐剋”，卷一一六《国语解》称国舅帐剋为“本帐下掌兵之官”。辽圣宗时，“权领国舅军桃畏请置二校，领散卒”，[④]“以国舅帐剋萧徒骨为夷离毕”，[⑤]“合拔里、乙室二国舅为一帐，以乙室夷离毕萧敌烈为详稳以总之”，萧敌烈便称“国舅详稳”。[⑥]萧敌烈之弟萧拔剌和萧朴之子萧铎剌都曾任国舅详稳。[⑦]上述记载证明了国舅部族军之存在，详稳即是其统兵官，而其下国舅乙室已大翁帐详稳司等又分统四帐军马。辽圣宗统和初大破宋军后，“第山西诸将校功过而赏罚之”，“领国舅军王六答

① 《辽史》卷一五《圣宗纪》。
② 《辽史》卷四《太宗纪》会同三年三月。
③ 《辽史》卷五《世宗纪》。
④ 《辽史》卷一一《圣宗纪》统和四年十一月。
⑤ 《辽史》卷一三《圣宗纪》统和十二年八月。
⑥ 《辽史》卷一五《圣宗纪》开泰三年六月，卷八八《萧敌烈传》。
⑦ 《辽史》卷八〇《萧朴传》，卷八八《萧拔剌传》。

五十”。[1]开泰时，“诏国舅帐详稳萧隗洼将本部兵东征高丽，其国舅司事以都监摄之”。[2]太平时，“阻卜诸部皆叛”，“国舅帐太保曷不吕死之”。[3]这些都是国舅部族军之参战记录。《文献通考》卷三四六载辽“分领兵马”者还有“国舅钤辖、遥辇裳衮诸司”。钤辖应是详稳之汉语意译，裳衮应是详稳之汉语同音歧译。

辽世宗时，“以舅氏（萧）塔列葛为国舅别部”，[4]这应表明国舅别部也有一支部族军。看来设别部始于辽世宗时。

关于四大部族军，记载最完整的，是余靖之说，“有北王府、南王府分掌契丹兵，在雲州、归化州之北”，“北王府兵刺左臂，南王府兵刺右臂”，也引进了汉人的黥刺制，“乙室王府亦掌契丹兵，然稍卑矣，其有居雁门之北，似是契丹别族”，“又有奚王府掌奚兵，在中京之南”。[5]

关于北、南王府兵的记载较多。《乘轺录》说，上京临潢府“西南至山后八军八百余里，南大王、北大王统之，皆耶律氏也，控弦之士各万人。二王陆梁难制，虏每有征发，多不从命，虏亦姑息”。辽人墓志铭中称北大王“四十万之军戎，咸归掌握”，[6]称南大王为“四十万兵马都总管”，“四十万军南大王”。[7]可知两军各号称四十万人，而实际兵力大约“各万人”。辽世宗

① 《辽史》卷一一《圣宗纪》统和四年八月。

② 《辽史》卷一五《圣宗纪》开泰六年二月。

③ 《辽史》卷一七《圣宗纪》太平六年八月。

④ 《辽史》卷六七《外戚表》。卷九一《萧塔剌葛传》作“补国舅别部敞史”。

⑤ 《武溪集》卷一八《契丹官仪》。

⑥ 《文物》1983年第9期第24页拓片《耶律万辛墓志铭》。

⑦ 《满洲金石志》卷二《宣徽南院使韩橁墓志》，《全辽文》卷七《耶律宗政墓志铭》。

称帝时，“五院夷离堇（耶律）安端（安抟）、详稳（耶律）刘哥遣人驰报，请为前锋”，与耶律李胡争夺皇位。[①]宋太宗亲征南京，“北院大王奚底”战败，辽景宗命耶律休哥“代奚底，将五院军往救”，于高梁河大败宋军。[②]“北院大王”，或作“五院糺详稳”，[③]看来两者应是同一契丹词之汉语歧译。《辽史》卷四六《百官志》“大部族”官制的事目中称“某部大王，本名夷离堇”，又有“某部节度使司”和“某部族详稳司”，看来似都为同一契丹词之汉语歧译，而“某部节度使司”也可能是五院部和六院部内如石烈等单位的分支机构之汉语译名。辽圣宗即位之初，宋军再次北上，“时北、南院、奚部兵未至，休哥力寡，不敢出战”，后得到增援，又再次大败宋军。[④]可知北王府兵、北院兵、五院军、五院糺等都是五院部部族军之异名。由于辽朝“每有征发”，北、南王府“多不从命”，辽廷有时特派监军。宋辽澶渊之盟前夕，辽“以北院大王磨鲁古、太尉老君奴监北、南王府兵”。[⑤]辽圣宗统和初，“郎君谒里为北府都监”，[⑥]太平时，“以萧台德为南王府都监”。[⑦]《辽史》卷四六《百官志》载，大部族详稳之下设都监。太平时，东京发生渤海大延琳的反抗，萧拔剌“将北、南院兵往讨”，“易两院旗帜，鼓勇力战，破之”。[⑧]辽道宗大安九年（公元

① 《辽史》卷五《世宗纪》。

② 《辽史》卷九《景宗纪》，卷八三《耶律休哥传》，卷八四《萧讨古传》，卷八五《耶律撒合传》。

③ 《辽史》卷八二《耶律隆运传》。

④ 《辽史》卷八三《耶律休哥传》。

⑤ 《辽史》卷一四《圣宗纪》统和二十二年九月。

⑥ 《辽史》卷一一《圣宗纪》统和四年四月。

⑦ 《辽史》卷一六《圣宗纪》太平三年正月。

⑧ 《辽史》卷八八《萧拔剌传》。

1093年），辽军被阻卜打败，“北王府”“等军多陷没”，但有的记载作“六院部”军“陷于敌”。[①]六院部乃南王府兵，两种记载必有一误。

有关乙室部部族军的记述较少。辽景宗乾亨初，“北院大王奚底、统军使萧讨古、乙室王撒合”，在沙河迎战宋太宗亲征军“失利”。[②]辽圣宗统和时，再次击败北上宋军，“乙室帐宰相安宁以功过相当，追告身一通”，“诏南大王与（耶律）休哥合势进讨，宰相安宁领迪离部及三剋军殿”。[③]乙室王府宰相在此战中任本部族军统兵官，又兼统迪离部军和三剋军。统和十三年（公元995年），“北、南、乙室三府请括富民马，以备军需，不许，给以官马”。[④]可知这三支部族军战马不足，辽廷允许以官马补给。

据宋人说，奚军“少马多步”，奚人“善耕种步射”，[⑤]是辽朝步军的重要组成部分。《乘轺录》说：“奚兵常温相公统之，岁籍其兵，辨其耗登，以授于虏。”常温应即常衮、详稳之歧译。[⑥]奚王府部族开始分为五部，后增置堕瑰部，“遂号六部奚”。辽圣宗统和十二年（公元994年），“诏并奚王府奥理（里）、堕隗、梅只三部为一，其二剋各分为部，以足六部之数”。[⑦]当成立南剋部和北剋部之前，辽朝已有南、北剋两军，辽太宗曾“阅北剋”、“南

① 《辽史》卷二五《道宗纪》，卷九四《耶律何鲁扫古传》。

② 《辽史》卷九《景宗纪》。

③ 《辽史》卷一一《圣宗纪》统和四年八月、十二月。

④ 《辽史》卷一三《圣宗纪》。

⑤ 《宋史》卷二六四《宋琪传》，《宋会要》蕃夷二之九。

⑥ 《辽史》卷八五《奚和朔奴传》载，在《乘轺录》作者路振出使前约二十年，和朔奴建议恢复“奚六部二宰相、二常衮”之“旧制”，则奚王、奚六部长似与常衮有别。

⑦ 《辽史》卷一三《圣宗纪》，卷三三《营卫志》。

剋兵籍”。[①]辽圣宗统和时对宋作战，奚王府军多次参战，除前引耶律休哥破宋军的记载外，奚王和朔奴（筹宁）“将本部军，由别道进击敌军于狼山”。[②]《辽史》卷三三《营卫志》说：“奚王和朔奴讨兀惹，败绩，籍六部隶北府。”据此，奚王似成空名。和朔奴讨兀惹事发生于统和十三年（公元995年）、十四年（公元996年）。[③]后统和十九年（公元1001年），“观音为奚六部大王”。[④]开泰三年（公元1014年）或四年（公元1015年），“题里姑为奚六部大王”，或称“六部奚王”。[⑤]统和二十年（公元1002年），“奚王府五帐、六节度献七金山土河川地，赐金币”。统和二十一年（公元1003年），“以奚王府监军耶律室鲁为南院大王”。[⑥]可知六节度即是遥里部等六部首领，仍隶属于奚王府。金太祖破辽时，给曾任“奚六部大王”的萧回离保（萧翰，宋人或译名夔离不、萧幹）诏说：“倘能速降，尽释汝罪，仍俾主六部族。”[⑦]奚王统奚六部之制，迄辽亡未变。辽兴宗时，契丹人耶律特麽“为北剋，累迁六部秃里太尉”，[⑧]奚人萧乐音奴“就拜（奚）舍利军详稳”，后“改本部南剋”。[⑨]在对阻卜的战事中，“南剋耶律斡里死

① 《辽史》卷三《太宗纪》天显三年正月。

② 《辽史》卷一二《圣宗纪》统和六年十月，卷八五《奚和朔奴传》。

③ 《辽史》卷一三《圣宗纪》，卷八五《奚和朔奴传》。

④ 《辽史》卷一四《圣宗纪》。

⑤ 《辽史》卷一五《圣宗纪》。

⑥ 《辽史》卷一四《圣宗纪》。

⑦ 《金史》卷六七《奚王回离保传》，《辽史》卷一一四《奚回离保传》。

⑧ 《辽史》卷九五《耶律特麽传》。秃里太尉，即《辽史》卷四六《百官志》之吐里太尉。

⑨ 《辽史》卷九六《萧乐音奴传》。

焉”。[①]萧孝恭“授随驾南剋”。[②]辽道宗时，契丹人萧敌烈“为北剋”。[③]一些契丹人任奚王府统兵官，亦为监视和控制奚人之意。文献中还有“肴里、涅哥二奚军”之番号，“遥里等十军都详稳司”之机构，[④]肴里可能即是奚六部中之遥里部。

辽朝几十个小部族由契丹人、奚人和其他民族组成。一部分部族与属国的界限其实很难区分，他们对辽朝的关系，借用古代一句话，是处于“叛服不常”的状态。今存有关小部族军和属国军的记录不多，正表明这些军队在辽朝武装力量体制中并不重要。

契丹小部族品部有多种音译，或作品卑部。[⑤]辽圣宗初大败宋军时，“频不部节度使和卢覩”“上所获兵甲”。[⑥]宋人记载说，统和末，辽军攻高丽，“召所部南、北大王、皮室、乙室、频毕太师、奚、室韦、黑水女真等赋车二千乘”。[⑦]《辽史》卷四六《百官志》则有“频必剋军”，其实应是指品部部族军。突吕不部也是契丹小部族。辽穆宗时，调拨“突吕不部军三百”，与乌古部作战。[⑧]宋太宗攻南京时，“突吕不部节度使都敏”战死，萧幹继任，率本部族军参战。[⑨]汉人改契丹姓的耶律德威曾“领突吕

---

① 《辽史》卷二〇《兴宗纪》重熙十八年十月。

② 刘凤翥、唐彩兰、青格勒：《辽上京地区出土的辽代碑刻汇辑》第293页《萧孝恭墓志铭》。

③ 《辽史》卷一一四《萧胡覩传》。

④ 《辽史》卷一六《圣宗纪》开泰八年七月，卷四六《百官志》。

⑤ 《辽史》卷四《太宗纪》会同四年正月。

⑥ 《辽史》卷一一《圣宗纪》统和四年四月。

⑦ 《宋会要》蕃夷二之三至四，《文献通考》卷三四六。

⑧ 《辽史》卷七《穆宗纪》应历十五年正月。

⑨ 《辽史》卷九《景宗纪》乾亨元年三月，卷八四《萧幹传》。

不、迭剌二糺军”。[1]突吕不室韦部和涅剌拏古部“本名大、小二黄室韦”，[2]辽太祖置“大、小鹘军，即二室韦军号”。[3]辽太祖一次“以生口六百，马二千三百分赐大、小鹘军”，后又曾一次支赐大、小鹘军战马万余匹。[4]前面介绍宫分军时，说辽道宗时与阻卜交战，“二室韦”“等军多陷没”，即是指此二军。乌古部和敌烈部“时叛时服”，一部分乌古、敌烈人户又编制于四十八个小部族中。[5]辽朝有敌烈皮室军，勇将耶律沤里思曾“总领”此军。[6]辽朝末年，耶律阿息保也“为敌烈皮室详稳”。[7]辽朝还设乌古、敌烈部都详稳，耶律直鲁衮、萧慈氏奴、萧谟鲁、耶律的琭、耶律巢、萧普达、萧迭里得等人，还有汉人韩姓改姓名的耶律涤鲁（耶律宗福），都担任此职。[8]都详稳之下，有“统军都监”，萧阿鲁带担任此职，[9]但也可能即是都详稳之汉语歧译。在东北，辽

① 《辽史》卷八二《耶律德威传》。

② 《辽史》卷三三《营卫志》。

③ 《辽史》卷四六《百官志》。按《辽史》卷一一六《国语解》作“大、小鹄军”，疑误。《百官志》在西北路招讨使司下又有“大室韦军”、“小室韦军”，亦系一军二名，军名重复。

④ 《辽史》卷一《太祖纪》七年五月，卷六〇《食货志》。

⑤ 《辽史》卷三三《营卫志》，卷四六《百官志》。

⑥ 《辽史》卷七六《耶律沤里思传》。

⑦ 《辽史》卷一〇一《耶律阿息保传》。

⑧ 《辽史》卷一七《圣宗纪》太平六年十月，卷二〇《兴宗纪》重熙十八年十月，卷二一《道宗纪》清宁五年七月，卷二三《道宗纪》咸雍八年正月，卷八二《涤鲁传》，卷八八《耶律的琭传》，卷九二《萧普达传》，卷一一四《萧迭里得传》。关于耶律涤鲁即耶律宗福，参见王青煜先生《耶律宗福墓志浅探》及所附《故南宰相铭石墓志记》，载《首届辽上京契丹·辽文化学术研讨会论文集》第208—220页。

⑨ 《辽史》卷九四《萧阿鲁带传》。

朝曾征发“黄龙府铁骊军”，与女真人作战，[1]这是以属国组军之一例。

《辽史》卷三五《兵卫志》的“大首领部族军”事目来源于宋琪奏，邓广铭先生作了考订，已如前述。按邓先生考订的辽太宗灭后晋诸军中，有南大王耶律吼军，北大王耶律洼军，于越、国舅萧翰军等，也都反映了辽朝部族军的建置。

金朝灭辽时，也有击破和降服辽朝部族军的记录。完颜挞懒（昌）破“遥辇昭古牙部族”，“昭古牙势蹙亦降”，“挞懒请以遥辇九营为九猛安”。[2]所谓九营，即是《辽史》卷四五《百官志》所载遥辇九帐，至此又纳入女真族的猛安编制。完颜“斡鲁、宗望等袭辽权六院司喝离质于白水泺，获之”。[3]完颜“宗翰袭辽帝于五院司”。[4]“达鲁古部节度使乙列已降复叛，奚马和尚讨达鲁古并五院司等诸部，诸部皆降，遂执乙列。”[5]金军“败奚王霞末，降奚部西节度讹里剌”，“霞末弃兵遁”，又“攻乙室部，败之，破其二营”。[6]

在此可与商周时代的华夏族作些对比。“商周的政权与宗族组织的紧密结合，两者可以说是二而一、一而二。”“商王室的事务，绝大多数都是通过各族族长去督率族人完成的。作为最初的行政概念的‘尹’，很早就与族长相结合，称作‘族尹’。”“族组织虽然名义上是地域或行政单位，商周的地域或行政单位名称

① 《辽史》卷一八《兴宗纪》重熙九年十一月。

② 《金史》卷七七《挞懒传》。

③ 《金史》卷二《太祖纪》天辅七年四月，卷七一《斡鲁传》。

④ 《金史》卷七三《完颜希尹传》。

⑤ 《金史》卷六七《奚王回离保传》。

⑥ 《金史》卷七二《娄室传》、《活女传》、《银术可传》。

是邑和里，而实际上族和邑、里是重合的，邑、里的实体是族。”商周“国家主力军队中是包含族军的，在不同的场合含有全称和特称的不同情况”。“族军的存在，是由当时社会结构决定的。”[①]这与辽朝的部族既是行政单位，又是军事征集和编组单位，颇为相似。“劳动愈不发展，劳动产品的数量，从而社会的财富愈受限制，社会制度就愈在较大程度上受血族关系的支配。”[②]部族制正是反映了辽朝北方各游牧部族的发展水平。相形之下，如后所述，汉军和渤海军的编组，就不可能以族为单位，也正是反映了辽朝汉人和渤海人的社会发展水平。

三、汉军、渤海军的编组

李锡厚先生考证，辽太祖神册元年（公元916年），“收山北八军”。[③]所谓“山北”，也称“山后”，这是辽朝组织汉军之始。[④]《资治通鉴》卷二八三记载，“契丹主乃集山后及卢龙兵合五万人，使（赵）延寿将之，委延寿经略”中原。看来赵延寿就是辽朝前期的汉兵统帅之一。《辽史》卷七六《赵延寿传》说，辽太宗为他“迁（南京）留守，总山南事”，灭后晋，辽太宗又对他说：“汉兵皆尔所有。”

《辽史》卷四七、卷四八《百官志》分别记录一些汉军番号，如羽林、龙虎、神武、神威等各分左、右军，还有控鹤、归圣、

① 参见王贵民先生《商周制度考信》第49、51、53、153页，河北教育出版社，2014年。

② 《马克思恩格斯选集》第4卷第2页。

③ 《辽史》卷一《太祖纪》。

④ 《中国政治制度通史》第7卷第146—150页。

宣力、四捷、天圣等军。宋军对辽作战时，曾缴获“右羽林军使印”等。[①]《乘轺录》载，辽圣宗时，南京“城中汉兵凡八营，有南北两衙兵、两羽林兵、控鹤、神武兵、雄捷兵、骁武兵”。宋方记载还说，辽“索境内汉口，有罪者配军，曰骁武”。[②]谐里在辽太宗时曾任控鹤指挥使，[③]汉人耿延毅也曾任控鹤都指挥使。[④]韩椅曾任“左第一骁骑部署”，“押领控鹤、义勇、护圣、虎翼四军”。[⑤]其中骁骑和自义勇以下三军，为《百官志》所失载。辽兴宗时，出使辽朝的宋人余靖记载说：“汉人亦有控鹤等六军。”[⑥]可知当时汉军的番号有所裁减。

余靖还说：“山后又有雲、应、蔚、朔、奉圣等五节度营兵，逐州又置乡兵。”[⑦]所谓节度营兵，是辽朝仿效五代节度使藩镇兵的一种汉人地方军编组。辽圣宗时，“诏蔚、朔等州龙卫、威胜军更戍”，当时还发生“朔州威胜军一百七人叛入宋”的事件。[⑧]辽朝汉人王悦曾“入为严胜、龙卫兵马都部署、银青崇禄大夫、检校太子宾客、兼监察御史、武骑尉”。[⑨]后四种虚衔，是五代地方军阀常有的“带职”之类。北宋元丰改制前，各州职役衙前亦兼此四种虚衔，为五代藩镇遗制。[⑩]其中银青崇禄大夫原作银

① 《宋会要》蕃夷一之二五、二八。
② 《宋会要》蕃夷二之四。
③ 《辽史》卷四《太宗纪》会同四年十二月。
④ 《辽宁第一师范学院学报》1978年第3期第60页《耿延毅墓志铭》。
⑤ 《满洲金石志》卷二《宣徽南院使韩椅墓志》。
⑥ 《武溪集》卷一八《契丹官仪》。
⑦ 《武溪集》卷一八《契丹官仪》。
⑧ 《辽史》卷一三《圣宗纪》统和十三年七月、十四年五月。
⑨ 《考古》1962年第9期第480—481页《王悦墓志铭》。
⑩ 《资治通鉴》卷二一六天宝十载二月丙辰注，《雲麓漫钞》卷三。

青光禄大夫，盖避辽太宗耶律德光名讳而改。可见龙卫军和严胜军应是蔚州忠顺军的节度营兵，威胜军应是朔州顺义军的节度营兵，王悦是蔚州地方军的统兵官，官位其实不高。《辽史》卷四六《百官志》居然将龙卫军和威胜军平列于辽朝皮室等主力军中，乃是修史者依据残编断简胡乱拼凑所致。《辽史》卷三六《兵卫志》的“边境戍兵”事目，乃转抄高丽的《大辽事迹》，实与辽军分类无关，其中“来远城宣义军营八”，分列太子营等八营正兵三千六百，则为东京道保州宣义军之节度营兵。余靖所说“逐州又置乡兵”，当是指非节度州之地方军。宋人记载中还有“幽州神武厅直并乡兵”。[①]所谓厅直，宋人田锡说：“近代侯伯〔各〕有厅直三五十人，习骑射，为腹心，每出入敌阵，得以厅直随身。”[②]神武厅直乃神武军之核心，而辽南京的乡兵与“逐州又置乡兵”一样，应是指将当地汉人乡丁征调充军，而与北宋的乡兵有异。

辽朝还以宋朝降兵组建一些汉军。辽圣宗“选宋降卒五百，置为宣力军”。[③]《辽史》卷一一六《国语解》说：“辽以宋降者分立二部，一曰四捷军，一曰归圣军。”四捷军设置较早，辽景宗乾亨二年（公元980年），四捷军详稳耶律痕德曾率部与宋作战。[④]辽圣宗时，曾任命“左祗候郎君耶律罕四捷军都监”，大延琳起兵反抗时，杀“四捷军都指挥使萧颇得”，可知此军当时驻

① 《宋会要》蕃夷一之五，《长编》卷二〇太平兴国四年六月癸酉。

② 《宋朝诸臣奏议》卷一二九《上太宗答诏论边事》，《长编》卷三〇端拱二年正月。

③ 《辽史》卷一三《圣宗纪》统和九年正月。

④ 《辽史》卷九《景宗纪》。

守东京。[①]辽兴宗时，对西夏战事失利，“四捷军详稳张佛奴殁于阵”。[②]萧拔剌也在“重熙中，迁四捷军详稳”。[③]四捷军统兵官汉语或称都指挥使，或称都监，应都是契丹语详稳之歧译。在六七十年间，此军屡用于重要战事，足见辽朝对此军之倚重。辽道宗大康时，宋朝记载说：“辽主闻南朝大阅武及藏兵于民，帐前已指挥燕京、西京等处，自今有南界投来军士，毋擅送中京顺化营，并押赴帐前。”[④]可知当时中京有顺化军，专用以收纳宋朝降人，另有“上京归化军”，[⑤]估计也相类似，而为《辽史》所失载。东京则设“归化营军千余人，河朔亡命皆籍于此”。[⑥]

五代后期和北宋军的编制，一般有厢、军、指挥和都四级，厢有左、右厢，厢下分军，军下分指挥（营），一指挥四五百人，一都约百人。辽朝汉军编制大致参照五代军制，又有所变通。前引《乘轺录》说，南京城中汉兵八营，大约即八指挥，左、右羽林军各一指挥。辽道宗时，赵为佐任“侍卫亲军神武左厢都指挥使”，[⑦]则似可推论仅为一指挥兵之神武军仍分左、右厢。辽圣宗统和六年（公元988年），“以宋降军分置七指挥，号归圣军”，归圣军各指挥分左、右厢。[⑧]又当年“侍卫马军司奏，攻祁州、新

① 《辽史》卷一六《圣宗纪》开泰八年三月，卷一七《圣宗纪》太平九年八月。

② 《辽史》卷一九《兴宗纪》重熙十三年五月。

③ 《辽史》卷八八《萧拔剌传》。

④ 《长编》卷三一一元丰四年三月乙巳。

⑤ 刘凤翥、唐彩兰、青格勒：《辽上京地区出土的辽代碑刻汇辑》第303页《庆州释迦佛舍利塔圆首建塔碑文》。

⑥ 《辽史》卷三八《地理志》。

⑦ 《文物》1983年第9期第34页《赵匡禹墓志铭》。

⑧ 《辽史》卷一二《圣宗纪》。卷四八《百官志》作统和五年，稍异。

乐，都头刘赞等三十人有功，乞加恩赏”。[1]都头为都一级统兵官，可知汉军也有都的编制。宋方记载说，辽“国中所管幽州汉兵，谓之神武、控鹤、羽林、骁武等，约万八千余骑”。[2]这当是指南京道等汉军总数，而不限于南京一城，故与大致同时的《乘轺录》南京城中汉兵八营之说没有矛盾。《萧孝恭墓志铭》载他“授燕京神军详稳”，[3]疑此处脱“武”字。据《金史》卷四四《兵志》，金朝射粮军大致依宋军编制，故在此前的辽朝射粮军也可能是同样编制，而为金朝所承袭。

关于渤海军，辽圣宗末，有“渤海太保夏行美”“总渤海军于保州”。[4]前面介绍保州宣义军的节度营兵，至少应有部分是渤海军。“来远城宣义军营八”，其编制如下：“太子营正兵三百，大营正兵六百，蒲州营正兵二百，新营正兵五百，加陀营正兵三百，王海城正兵三百，柳白营正兵四百，沃野营正兵一千。”[5]各营兵力不等。宋人刘跂使辽诗说：“列仗新罗骑，先驱渤海兵。”[6]虽有诗的语言，但也多少反映辽朝或以渤海兵为军事先驱，并且在辽军中另有新罗兵。辽末天庆六年（公元1116年），“募渤海武勇马军高永昌等二千人”，[7]看来也采用类似汉军的军名，渤

① 《辽史》卷一二《圣宗纪》。

② 《长编》卷五五咸平六年七月己酉，《宋会要》蕃夷一之二七，《文献通考》卷三四六。

③ 刘凤翥、唐彩兰、青格勒：《辽上京地区出土的辽代碑刻汇辑》第293页。

④ 《辽史》卷一七《圣宗纪》太平九年八月，卷八七《夏行美传》。

⑤ 《辽史》卷三六《兵卫志》。

⑥ 《永乐大典》卷一〇八七七《宋刘学易先生集·虏中作》（其五）。文渊阁《四库全书》本《学易集》卷三篡改为《使辽作》十四首，删其诗四首，又将“新罗骑”篡改为“东丹骑”。

⑦ 《宋会要》蕃夷二之三二，《裔夷谋夏录》卷一。

海人郭药师“初以武勇四军荐，授殿直”。[①]

天庆六年（公元1116年），“募辽东失业并驱（奴隶）转户丁壮充军，以辽东转户与女真、渤海有仇”，“转户则使从良，庶几效命敢战”，时称“怨军”。[②]“辽人始以征伐女真，为女真所败，多杀其父兄，乃立是军，使之报怨女真，故谓之怨军”，[③]“置怨军八营，募自宜州者曰前宜、后宜，自锦州者曰前锦、后锦，自乾、自显者曰乾、曰显，又有乾显大营、〔巖〕州营，凡二万八千余人，屯卫州蒺藜山”。[④]这是东京道和中京道交界处所募者。怨军后改名常胜军，[⑤]兵力减削至“二千人，为四营”。[⑥]另一记载说：“其下又有四将，号彪官，每彪五百人，则常胜军本二千人。”[⑦]可知彪即是营，当时营的兵力也多少不等。《三朝北盟会编》卷一六《宣和录》说：“郭药师领常胜军万人，驻涿州，虏中最号劲兵。”卷一六、卷一七《北征纪实》说，“常胜军郭药师铁州人，其下诸将高望等又多渤海、契丹人”，“燕山一路，有常胜军五万”。可知此军民族成分较为驳杂，其人数很可能有虚报的成分。另有记载说“郭药师所统兵二万，号曰常胜军”，[⑧]降

① 《会编》卷九《燕雲奉使录》。

② 《裔夷谋夏录》卷一，《契丹国志》卷一〇。

③ 《会编》卷一〇。

④ 《辽史》卷二八《天祚皇帝纪》，卷四六《百官志》，《会编》卷四六《中兴姓氏叛逆传》。

⑤ 《会编》卷九《燕雲奉使录》，《裔夷谋夏录》卷一，《金史》卷八二《郭药师传》。

⑥ 《会编》卷九《燕雲奉使录》。

⑦ 《会编》卷一〇。

⑧ 《会编》卷一九四《吕颐浩行状》。

宋之后，“增至二万，其后又增，号五万”，[①]号者未必实数，较为可信者多于二万人。估计郭药师以涿、易两州降宋时，常胜军的兵力也就是一万人。

四、辽朝有一部分军队，单纯从番号上看，又与民族、部族无关

皮室军和属珊军都属辽军精锐主力。辽太祖后“述律氏头下，谓之属珊”，[②]其中还“俘掠有伎艺者”，[③]如汉族文士李内贞曾“兼属珊都提举使”。[④]述律氏“摘蕃、汉精锐为属珊军”，“属珊有众二万”。[⑤]属珊人户估计即为长宁宫（蒲速盌斡鲁朵）宫户，她在政治斗争中失败后，史籍中已不见属珊军名。皮室乃“金刚”之意，[⑥]有左、右皮室及黄皮室、徒鲁古皮室军等。[⑦]此外还有敌烈皮室，已如前述。黄皮室乃由室韦人编组。[⑧]史籍中有关皮室军的记录不少。辽太祖“神册末，南伐，以（耶律）古佐右皮室详稳（耶律）老古，与唐兵战于雲碧店”。[⑨]耶律颇德在

---

① 《会编》卷一〇。

② 《宋史》卷二六四《宋琪传》。

③ 《辽史》卷三七《地理志》，卷一一六《国语解》。

④ 《辽文存》卷五《太子左卫李内贞墓志》。

⑤ 《辽史》卷三五《兵卫志》。卷四六《百官志》夸大为二十万，按邓广铭先生《辽史兵卫志“御帐亲军”“大首领部族军”两事目考源辨误》，当据《宋史》卷二六四《宋琪传》，应为二万。

⑥ 《武溪集》卷一八《契丹官仪》。

⑦ 《辽史》卷九五《耶律陈家奴传》。

⑧ 参见标点本《辽史》第767页陈述先生校勘记〔四〕；贾敬颜先生《五代宋金元人边疆行记十三种疏证稿》第128—129页，中华书局，2004年。

⑨ 《辽史》卷七三《耶律老古传》，卷七五《耶律古传》。

"天显初，为左皮室详稳，典宿卫"。[①]宋人宋琪说："晋末，契丹主头下兵谓之大帐，有皮室兵约三万，皆精甲也。"[②]这是反映辽朝前期皮室军之地位。辽道宗时，萧迂鲁"拜左皮室详稳"，后"兼统两皮室军"，又"改南京统军都监、黄皮室详稳"。[③]杨若薇先生考订，左、右皮室或称为北、南皮室。辽末，南、北皮室军仍镇守南边。[④]辽道宗清宁时诏："二女古部与世预宰相、节度使之选者，免皮室军。"[⑤]余靖也说，"〔胡人〕从行之兵"，"皆取于南、北王府、十宫院人充之"。[⑥]这些记载大致反映皮室军士不以宫帐、部族等系统为限，而是"选天下精甲"所组成。[⑦]辽军以骑兵为主，皮室军自然应是骑兵。

《辽史》卷四五、卷四六《百官志》载有"舍利军详稳司，统皇族之从军者，横帐、三父房属焉"，又在"北面皇族帐官"的事目中，也相应载有"舍利司"。此外，还有"北王府舍利军详稳司"，"南王府舍利军详稳司"，"各部族舍利司"，"郎君军详稳司，掌著帐郎君之军事"；在西北路招讨使司下，又有"奚王府舍利军详稳司"。宋人宋琪奏中称渤海大将高模翰为"渤海首领大舍利"。[⑧]辽圣宗末年，"东京舍利军详稳大延琳"举兵反

---

① 《辽史》卷七三《耶律颇德传》。

② 《宋史》卷二六四《宋琪传》。《辽史》卷三五《兵卫志》、卷四六《百官志》作三十万，系夸大其词，今依前引邓广铭先生的考证。

③ 《辽史》卷九三《萧迂鲁传》。

④ 《会编》卷二一《亡辽录》，《辽史》卷四六《百官志》。

⑤ 《辽史》卷二一《道宗纪》清宁二年正月。

⑥ 《武溪集》卷一八《契丹官仪》。

⑦ 《辽史》卷三五《兵卫志》，卷四六《百官志》。

⑧ 《宋史》卷二六四《宋琪传》。

抗，[①]其部属可能是渤海舍利军。辽圣宗时降宋的李信说辽军有“当直舍利及八部落舍利”，[②]则当时辽之舍利军共有九支。所谓舍利，乃“契丹豪民要裹头巾者，纳牛、驼十头，马百匹，乃给官名曰舍利。后遂为诸帐官，以郎君系之”。[③]宋人余靖也说：“其未有官者呼舍利，犹中国之呼郎君也。”[④]舍利军和郎君军实为同一军之契丹语和汉语二名。辽圣宗统和初，萧排押（排亚）率“郎君”等五军“收复山西所陷城邑”，另一记载则为“舍利”等五军，[⑤]即是明证。舍利亦作沙里。《辽史》卷一一六《国语解》：“沙里，郎君也。”据刘凤翥先生说，契丹小字作𘱬，音shali。辽兴宗时，“北枢密院言：南、北二王府及诸部节度侍卫、祗候郎君，皆出族帐，既免与民戍边，其祗候事，请亦得以部曲代行”。[⑥]可见各舍利军应是从各族抽调具有舍利身份的壮丁，“出族帐”，而用于辽帝宫帐的“侍卫、祗候”。舍利军与近代的军官队有些相似。辽圣宗统和初，“横帐郎君老君奴率诸郎君巡徼居庸之北”。[⑦]《百官志》中的“舍利军详稳司”，既然仅“统皇族之从军者，横帐、三父房属焉”，则应名“横帐舍利军详稳司”，而脱“横帐”两字。又“郎君军详稳司”既“掌著帐郎君之军事”，则应作“著帐舍利军详稳司”，实际上即是《百官志》“北面著帐

① 《辽史》卷一七《圣宗纪》太平九年八月。

② 《宋会要》蕃夷一之二六至二七。

③ 《辽史》卷一一六《国语解》。《说郛》卷四，弓五〇《燕北杂记》：“契丹富豪民要裹头巾〔者〕，纳牛、驼七十头，马一百匹，以给契丹名目，谓之舍利。”牛、驼数为《国语解》之七倍。

④ 《武溪集》卷一八《契丹官仪》。

⑤ 《辽史》卷一一《圣宗纪》统和四年五月，卷八八《萧排押传》。

⑥ 《辽史》卷一九《兴宗纪》重熙十年二月。

⑦ 《辽史》卷一一《圣宗纪》统和四年四月。

官”事目下之“著帐郎君院”系统，亦即李信所谓“当直舍利”。从上引记载看，“当直舍利”和“八部落舍利”似有所分工。“著帐郎君院”系统有“祗候郎君班”等，应有“祗候”的职能，而其他各部族舍利军似应偏重于“侍卫”的职能。北枢密院奏中仅主张“祗候事”可“以部曲代行”，则“侍卫”事似不得以部曲代行。总之，舍利（郎君）军应是各支舍利军之总称。[①]《百官志》的“各部族舍利司”也应作“各部族舍利军详稳司”。此志将奚王府舍利军附于西北路招讨使司下，也显然不当。辽圣宗太平时，“以国舅帐萧柳氏、徒鲁骨领西北路十二班军、奚王府舍利军”，后“以金吾萧高六为奚舍利军详稳”。[②]辽兴宗时，奚人萧乐音奴“就拜舍利军详稳”，[③]也应是指奚舍利军。上引记载都得不出奚舍利军必须隶属于西北路招讨使司的结论。

《辽史》卷四六《百官志》还载有拽剌军、旗鼓拽剌军、千拽剌军、猛拽剌军、墨离军、天云军、特满军、三剋军、九剋军等番号。辽太宗时，曾“阅皮室、拽剌、墨离三军”。[④]《资治通鉴》卷二一六载，契丹语称“曳落河”，即“壮士”。《百官志》说：“走卒谓之拽剌。”余靖则说：“辿（巡?）警者呼拽剌。”[⑤]刘凤翥先生认为，墨离契丹小字作𠃌，本意为马。辽太宗时，“墨离鹘末里使回鹘阿萨兰（喀喇汗）”，[⑥]“拽剌迪德使吴越”，[⑦]可知

① 《辽史》卷八七《萧孝穆传》载他“陈诸部及舍利军利害”，即系总称。
② 《辽史》卷一七《圣宗纪》太平六年二月、七年十二月。
③ 《辽史》卷九六《萧乐音奴传》。
④ 《辽史》卷三《太宗纪》天显三年正月。
⑤ 《武溪集》卷一八《契丹官仪》。
⑥ 《辽史》卷四《太宗纪》会同三年二月。
⑦ 《辽史》卷三《太宗纪》天显七年二月。

墨离、拽剌和舍利一样，至少成了辽军中具有某种身份和使命的人。史籍上有关上述各军的记录不少，如辽圣宗"以遥辇副使控骨离为舍利、拽剌详稳"，兼统两军。[①]陈昭衮曾"为奚拽剌详稳"，[②]此军《百官志》失载。辽朝后期，猛拽剌军仍镇守南边。[③]旗鼓拽剌军为"掌旗鼓者也"，耶律马六、萧乐音奴等曾任旗鼓拽剌详稳。[④]三剋军在辽太宗会同时已有记载。[⑤]剋是指"统军官，犹云三帅也"。[⑥]辽圣宗太平时，"西阻卜叛，袭三剋军"。[⑦]乙室王府宰相安宁曾率三剋军作战，辽道宗时拽剌、特满、宫分等军参加对阻卜战事，已如前述。又辽圣宗开泰时攻高丽，"天雲、右皮室二军没溺者众"，"天雲军详稳海里等皆死之"。[⑧]

《辽史》卷四六《百官志》还载有龙军、凤军、虎军、熊军、鹰军、大鹰军、左右铁鹞子军、铁林军等番号。《辽史》卷一一六《国语解》说，"鹰，鸷鸟，以之名军，取捷速之义"，"龙军、虎军、铁鹞军者仿此"。耶律安抟"从太祖将龙军讨阻卜、党项有功"，[⑨]辽圣宗"诏龙、凤两军老疾者代之"。[⑩]辽太祖

---

① 《辽史》卷一二《圣宗纪》统和七年五月。

② 《辽史》卷八一《陈昭衮传》。

③ 《会编》卷二一《亡辽录》,《辽史》卷四六《百官志》。

④ 《辽史》卷九五《耶律马六传》，卷九六《萧乐音奴传》，卷一一六《国语解》。

⑤ 《辽史》卷四《太宗纪》会同元年三月。

⑥ 《辽史》卷一一六《国语解》。

⑦ 《辽史》卷八五《耶律谐理传》，卷九三《萧惠传》。

⑧ 《辽史》卷一六《圣宗纪》开泰七年十二月，卷一一五《高丽传》。

⑨ 《辽史》卷七七《耶律安抟传》。

⑩ 《辽史》卷一三《圣宗纪》统和十二年六月。

曾“遣鹰军讨黑车子室韦”。[①]辽穆宗时，有虎军详稳楚思。[②]辽圣宗“改南京熊军为神军”，[③]可知此军当时驻守南边。渤海骁将高模翰“兼总左、右铁鹞子军”，[④]“谓其身被铁甲，而驰突轻疾，如鹞之搏鸟雀也”。[⑤]宋琪说：“高模翰步骑万余人，并髡发左衽，窃为契丹之饰。”[⑥]则此军应以渤海人为主。辽末，奚人萧回离保亦“迁铁鹞军详稳”。[⑦]萧阳阿“历铁林、铁鹞、大鹰三军详稳”。[⑧]《辽史》卷七六《高模翰传》载有“虎官杨覃”，杨覃非汉人，即渤海人，可知此类以鸷鸟猛兽为番号的辽军组成，亦往往不以民族和部族为限，至于大、小鹘军由室韦人组成，已如前述。

《辽史》卷四六《百官志》还载有弩手军和砲手军。这留待后面介绍。

《乘轺录》说：“虏之兵有四,一曰汉兵，二曰奚兵，三曰契丹兵，四曰渤海兵。”这是指辽军四种主要民族成分而言的。辽军或有四种民族军合编的情况。如《辽史》卷四六《百官志》载有东京“契丹、奚、汉、渤海四军都指挥使司”。《法库文物考古情况》1976年第2期《萧义墓志铭》记有“东京四军兵马都指挥使”、“东京四军副都指挥使”之职，与《百官志》相合。又耶律琮曾任“西南面招安巡□（检）使，契丹、奚、渤海、汉儿兵马

① 《辽史》卷一《太祖纪》三年十月。
② 《辽史》卷七《穆宗纪》应历十五年正月。
③ 《辽史》卷一三《圣宗纪》统和八年七月。
④ 《辽史》卷七六《高模翰传》。
⑤ 《资治通鉴》卷二八四开运二年三月癸亥注。
⑥ 《宋史》卷二六四《宋琪传》。
⑦ 《辽史》卷一一四《奚回离保传》。
⑧ 《辽史》卷八二《萧阳阿传》。

都□□（部署）”，[1]则四军合编之制，并非限于东京一地。辽末，曾为奚王的萧回离保在南京一带，“统契丹、渤海、奚、汉四军，故号四军大王”，或“四军太师”。[2]

尽管军号甚多，从今存史料看来，如皮室等军，四大部族军可算是辽军的精锐和主力。天庆五年（公元1115年），“天祚下诏亲征”女真人，“率蕃、汉兵十五万出长春路”，其中“大臣、贵族子弟千余人为硬军，扈从百司为护卫军”，[3]此类又是出征时的临时编组。

第四节　辽军兵力估计

前第二节所提供的数字，只是辽朝纸面上的可征兵额，与其常备军额出入颇大。

五代时，中原皇朝有一些契丹兵力的记载，也都是夸大其数。《旧五代史》卷二八《唐庄宗纪》天祐十四年记载：“契丹乘胜寇幽州。是时言契丹者，或云五十万，或云百万，渔阳以北，山谷之间，毡车毳幕，羊马弥漫。”[4]《资治通鉴》卷二八六记载，

① 《全辽文》卷四《耶律琮神道碑》。

② 《会编》卷六《茅斋自叙》，《宋会要》蕃夷二之三四。按回离保在天庆时“迁奚六部大王”，惟《辽史》卷一一四本传有载。宋人仅称“四军大王”，盖如前正文引《金史》所载，此时奚王已由霞末担任。《辽史》卷二九《天祚皇帝纪》保大元年正月，卷一〇二《耶律余覩传》载“四军太师萧幹”，乃转抄宋人记述，与《奚回离保传》所说的萧翰为同一人。

③ 《裔夷谋夏录》卷一。

④ 《资治通鉴》卷二六九作“声言有众百万”。晚出的《辽史》卷三四《兵卫志》称辽太祖时统兵“三十万”、“四十万”。

辽太宗自称“契丹兵三十万”。中国古代兵力数字崇尚虚夸和号称，上述数字并不可信。

宋太祖估计说，“其精兵不过十万人”，“虏数犯边，我以二十匹绢购一胡人首”，“止费我二百万匹绢，则虏尽矣”。[①]既称“精兵”，当然并非辽军之总数。

《宋朝事实》卷二〇《经略幽燕》对辽朝兵力作过估计：“兵旅大约计之，未必满三十万。且自诸京统军司及寨幕契丹兵不过十五万，奚家、渤海兵不过六万，汉儿诸指挥不过一万五千，刺字父子军五指挥，不过数千，乡兵义军不过三万，刺手背、拣不中老弱兵不过七千。”总计不足二十七万。

辽圣宗时降宋的李信报告辽朝军情说，“国中所管幽州汉兵”，“约万八千余骑”，“契丹，九女奚，南、北皮室，当直舍利及八部落舍利，山后四镇诸军约十万八千余骑，内五千六百〔余〕常卫戎主，余九万三千九百五十，即入寇之兵也”。[②]此处“山后四镇”当是指北王府等四大部族军。总计十二万六千余人，尚不包括渤海兵。但其中两个分数相加，与总数不合。

后来澶渊之盟前夕，时辽军南下，可谓倾巢而出，宋朝“北面部署奏”，“契丹自瀛州遁去，其众犹二十万”。[③]但当时的北面部署是庸将王超，可能有张大敌势的问题。

---

① 《皇朝编年纲目备要》卷二开宝三年十一月，《长编》卷一一开宝三年十一月，《宋朝诸臣奏议》卷一四八张方平《上仁宗答诏条画时务》，《文献通考》卷三四六。《文献通考》所抄录者即是宋朝纪传体《三朝国史·契丹传》。另有《太平治迹统类》卷二《太祖经略幽燕》则作“三十匹绢”和“三百万匹绢”。

② 《长编》卷五五咸平六年七月己酉，《宋会要》蕃夷一之二六至二七，《文献通考》卷三四六。

③ 《长编》卷五八景德元年十一月乙卯。

宋朝夏竦在澶渊之盟后说："前年冬，寇我北鄙，暨于澶渊，将帅之臣婴城自守，生灵膏血，腥污原草。……夫匈奴之众，胜兵者不远（过）二十万，糇粮不过数日，辎重不过数乘，长于寇钞，短于守御，利于骑斗，挫于步战，便于弓矢，拙于剑戟。以其兵则不及中国五分之一，以其用则不及中国十分之一，以其技则不及中国三分之一。比年寇虏，而疆埸之臣不能扞者，岂天时乎？抑亦将之不省兵乎？"①

《辽史》卷三六《兵卫志》说"《旧志》言兵，唯以敌宋为务"，故《兵卫志》的叙述大致是反映澶渊之盟前，或是稍后的情况。《辽史》卷三四《兵卫志》说，攻宋时，"若帝不亲征，重臣统兵不下十五万众"，或"不命都统，止遣骑兵六万"。这当然不是辽军的总数。

由此可见，辽朝的常备军大约也就是二十万左右。

---

① 《历代名臣奏议》卷三四二。"不远"，《文庄集》卷一三《计北寇》作"不过"。

第三章 辽军的若干制度和军法、军政

第一节 武官

与唐宋一样，辽朝的官员也分“文资”和“武资”，但武资，即武官并非现代意义的军官。据北宋晚期《宋会要》兵一七之一二至一三记载，辽朝的“武资”如下：

> 伪官金吾卫上将军，节度使，大将军，节度使留后，观察使，观察留后，遥防（遥郡防御使），遥团（遥郡团练使），洺、□、商三州刺史，礼宾、洛苑、六宅使，奉宸（原注：诸卫将军、小将军同）、礼宾、洛苑、六宅副使，率府〔率〕，率府副率，左、右翊卫校尉，东、西头供奉官，左、右承制，左、右直殿（按直殿应作殿直。原注：阁门祗候同），东、西班小底，三、六班奉职，在班祗候比换武功大夫遥刺、武德大夫遥刺、武德郎、武显郎、武节郎、武略郎、武经郎、武义郎、武翼郎、敦武郎、从义郎、忠训郎、保义郎、承节郎、承信郎、进武校尉、进义校尉。

按照唐制，“武散阶四十有五”，自从一品的骠骑大将军，正二品的辅国大将军，从二品的镇军大将军到正八品上的宣节校尉，正八品下的宣节副尉、怀化司戈，从八品上的御侮校尉，从八品下的御侮副尉、归德司戈，正九品上的仁勇校尉，正九品下的仁勇副尉、怀化执戟长上，从九品上的陪戎校尉，从九品下的陪戎副尉、归德执戟长上。另有左、右卫，左、右骁卫，左、右武卫，左、右威卫，左、右领军卫，左、右金吾卫，左、右监门卫，左、右千牛卫上将军、大将军和将军，称十六卫，此外还有左、右羽林军，左、右龙武，左、右神武等军大将军和将军，作为府兵制下的军职，统率军队。“东官武官”设有太子左、右卫，左、右司御，左、右清道，左、右监门，左、右内率府率和率府副率，也作为府兵制下的军职，统率一部分军队。[①]但随着府兵制的破坏，此类作为军职的武官渐成虚衔。中唐至五代，又在募兵制、藩镇制等制度下，另设许多名目的新军职。

辽朝一方面是吸收晚唐，特别是五代的制度，另一方面又效法北宋的制度，建立了自己的武官和军职制度。从前引《宋会要》的记载看来，辽朝的武官和军职制度，与唐前期差别颇大，反而接近于北宋元丰改制之前。

北宋元丰改制前仍然保留了唐朝的武散官名目，也加以修改，[②]但意义不大。前引《宋会要》记载中辽武官虚衔有“左、右翊卫校尉”，位于“东、西头供奉官”之上。按唐和北宋前期之武散官仅有翊麾校尉。[③]今存辽朝记载中有“昭信校尉、行范阳

① 《旧唐书》卷四二、卷四四《职官志》，《新唐书》卷四六《百官志》、卷四九上《百官志》，《通典》卷一九、卷二八，《唐六典》卷二八《太子左右卫及诸率府》。

② 《宋史》卷一六九《职官志》。

③ 《旧唐书》卷四二《职官志》，《新唐书》卷四六《百官志》，《宋史》卷一六九《职官志》。

县令萧拔烈"、"修武校尉、银青崇禄大夫、兼监察御史、武骑尉吴经"、"忠翊校尉、银青崇禄大夫、兼监察御史路茜"等，[①]看来辽朝确以校尉作武官虚衔，但名目不止是《宋会要》所载的一种。仅从校尉一词，也无法判断辽朝存在一套类似于唐宋的武散官。此外，在辽穆宗应历时，有"河阳军节度使、起复雲麾将军、左金吾卫将军"赵延密。[②]雲麾将军为唐宋武散官从三品，[③]这又可成为辽朝存在武散官的证据。但即使有武散官的系统，看来也意义不大。

从今存记载看来，辽朝确是保存了诸卫上将军、大将军、将军和小将军，还有率府率和率府副率，用作武官的虚衔。

据前引《宋会要》所载，即有诸卫小将军，但《宋会要》仅载"金吾卫上将军"一种武官名，也显然有缺陷。路振出使，辽朝"遣龙虎（卫）大将军耶律照里为馆伴使"。[④]萧忽古"追赠龙虎卫上将军"。[⑤]辽宗室耶律琮由右羽林大将军"复迁右龙虎卫大将军"，又授遥领昭武军（宋境利州）节度使、"兼涿州刺史"，"旋加左卫上将军"。[⑥]辽道宗时，萧兴言"加金吾卫上将军"，又"加龙虎卫上将军"。[⑦]辽朝使宋者有"左卫大将军耶

① 《全辽文》卷一二《萧拔烈造经题记》、《吴经造经题记》、《路茜妻田氏造经题记》。

② 《考古》1962年第5期《赵德钧妻赠秦国夫人种氏墓志铭》。

③ 《旧唐书》卷四二《职官志》,《新唐书》卷四六《百官志》,《宋史》卷一六九《职官志》。

④ 《乘轺录》。

⑤ 《辽史》卷九九《萧忽古传》。

⑥ 《全辽文》卷四《耶律琮神道碑》,《宋会要》方域五之七。

⑦ 刘凤翥、唐彩兰、青格勒:《辽上京地区出土的辽代碑刻汇辑》第100页《萧兴言墓志铭》。

律霸德”。[1]耿绍纪任“左武卫上将军、涿州刺史”，其子耿延毅“自十七岁荫补西头供奉官，转充御院通进，超授右骁卫将军，除控鹤都指挥使，进位左领军卫大将军”。[2]张谏“授左威卫上将军”。[3]辽朝“遣使右威卫上将军萧汉宁、广德（乾州）节度使耶律留宁，副使宗正少卿吴克昌、右金吾卫将军王式”至宋，[4]从官序的排列看，诸卫上将军位于节度使之上，与《宋会要》之记载可互相印证。“安国军节度使、金紫崇禄大夫、检校太师、左领军卫上将军、知涿州军州事萧惟平”的题衔，[5]既有节度使之虚衔，又另加诸卫上将军，说明两个武官虚衔也可叠授。“彰信军节度使、守左监门卫上将军、知涿州军州事”魏永也是同样的例证。[6]耿知新母为耶律氏，“左千牛卫小将军乃孟舅也”。[7]由此可知，唐朝之十六卫名称，辽朝予以全部继承，而如龙虎卫又是在唐制基础上增益者。辽圣宗统和二年（公元984年），“都监萧勤德献征女直捷”，授官“神武卫大将军”，又耶律元为右神武卫上将军，[8]又如耶律迷离已为威武大将军，[9]也在唐朝十六卫官名之外。

---

① 《宋会要》蕃夷一之二。

② 《辽宁第一师范学院学报》1978年第3期第60页《耿延毅墓志铭》、《耿知新墓志铭》。

③ 《满洲金石志》卷一《顺义军节院使张正嵩墓志》。

④ 《长编》卷六四景德三年十二月甲午。

⑤ 《全辽文》卷八《萧惟平造经题纪》。

⑥ 《全辽文》卷七《魏永造经题记》。

⑦ 《辽宁第一师范学院学报》1978年第3期《耿知新墓志铭》。

⑧ 《辽史》卷一〇《圣宗纪》,《全辽文》卷七《耶律元妻晋国夫人萧氏墓志铭》。

⑨ 刘凤翥、唐彩兰、青格勒:《辽上京地区出土的辽代碑刻汇辑》第284页《耶律元宁（安世）墓志铭》。

如前所述，唐朝十六卫等的官位序列，由高至低，依次是上将军、大将军和将军，宋、金的官制亦同。[①]然而《辽史》卷四七《百官志》的官位排序依次为“大将军”、“上将军”和“将军”，此应是元朝史官的错讹，将“上将军”和“大将军”的排序颠倒了。估计辽朝诸卫将军的官位排序应与唐、宋、金朝相同。

又如韩资道“清宁初，以荫授银青崇禄大夫、检校国子祭酒、行右卫率府副率”。[②]李内贞任“检校司空、兼御史大夫、上柱国，次行太子左卫率府率”。[③]丁文逌为“太子左翊卫率府率”、“潞县商麹铁都监”。[④]张岐任“太子左翊卫率府副率”、“顺州商麹都监”。[⑤]率府率和率府副率据《宋会要》所载，乃辽朝低等武官虚衔，因今存记载不多，也无从推知辽朝是否将唐制的全部东宫官名一概予以继承。

辽朝与北宋元丰改制前相似的武官虚衔，则有三类，一是自节度使到刺史的系列，二是诸司使、诸司副使等官的系列，三是閤职。以下作分别介绍。

（一）节度使、节度留后、观察使、观察留后、防御使、团练使、刺史。自中唐至五代，此类官名都是割据一方之军阀实职。辽和北宋都对此类官加以不同方式的变革。北宋将此类官名作为武将、宗室等虚衔，设节度观察留后，位观察使上，而无观

① 参见《宋史》卷一六六《职官志》和卷一六八《职官志》官品部分，《金史》卷五五《百官志》。

② 《全辽文》卷八《韩资道墓志铭》。

③ 《全辽文》卷四《李内贞墓志》。

④ 《全辽文》卷一一《丁洪墓志铭》、《丁文逌墓志铭》。

⑤ 《全辽文》卷九《马直温妻张馆墓志铭》。

察留后。自节度观察留后（后改名承宣使）以下有正任和遥郡之别，“凡未落阶官者为遥郡，除落阶官者为正任”，“遥郡、正任恩数辽绝，自遥郡迁正任者，合次第转行”，“朝谒御宴，惟正任预焉”。[①]如“定国军（节度观察）留后”曹琮、“耀州观察使夏元亨”[②]、“荣州防御使石元孙”[③]、“忻州团练使任福”[④]、“復州刺史赵振”[⑤]等，都属正任，而“六宅使、荣州防御使卢守懃”[⑥]、“四方馆使、端州团练使王仲宝”[⑦]、“宫苑使、达州刺史高志宁”[⑧]等，都属遥郡。

辽朝节度使等官有实职，也有遥领虚衔，与宋制颇有差异。林荣贵先生已著文对辽节度使之虚衔和实职作了具体说明。[⑨]辽圣宗时对宋战争，“寰州刺史赵彦章（彦辛?）以城叛，附于宋”，此为实职。“顺义军节度副使赵希赞，以朔州叛，附于宋”，朔州的节镇名即是顺义军，节度副使即副知州，也是实职。“冀州防御使大鹏翼、康州刺史马赟（颗?）”被宋军所俘，“郢州防御使吕行德”等人“以飞狐叛，附于宋”。康州和郢州在辽境，属刺史州，冀州也在辽境，属防御州。“彰国军节度使艾正、观察判官宋雄以应州叛，附于宋”，彰国军即应州节镇名，节度使即知

① 《宋史》卷一六六《职官志》。

② 《长编》卷一二七康定元年五月己卯。

③ 《长编》卷一二三宝元二年六月辛未。

④ 《长编》卷一二七康定元年六月甲午。

⑤ 《长编》卷一二二宝元元年九月庚戌。

⑥ 《长编》卷一二五宝元二年十二月乙丑。

⑦ 《长编》卷一二八康定元年九月己巳。

⑧ 《长编》卷一二六康定元年三月壬申。

⑨ 参见林荣贵先生《从房山石经题记论辽代选相任使之沿革》,《辽金史论集》第1辑，上海古籍出版社，1987年。

州。[①]以上官名都应是实职，仅郢州作为刺史州，稍有出入。郢州、冀州、康州等一州之长大约是临时率本州兵南下，以抵御宋军。但是，此类官名如《宋会要》所载，也确有遥领虚衔者，冯从顺遥授延州观察使和归义军节度使，[②]是在辽朝境外。"桂州管内观察使、知涿州军州事耶律泽"，"广州防御使、银青崇禄大夫、检校司徒、知涿州军州事萧惟忠"，"使持节安州诸军事、安州刺史、充本州团练使、知涿州军州事"耶律佶，"使持节兖州诸军事、行兖州刺史、知涿州军州事"萧福延，[③]上述自观察使至刺史是虚衔，其实职都是涿州知州。辽朝派遣使宋的有"益州观察留后刘日亨"，[④]也是武官的虚衔。辽兴宗重熙十八年（公元1049年）的《庆州释迦佛舍利塔螭首建塔碑文》中开列三名节度使："玄宁军节度使、检校太师、守右千牛卫上将军、提点张惟保，威胜军节度使、检校太师、勾当马埠，威武军节度使、检校司徒、同勾当郭进。"[⑤]此处的玄宁军节度使即是庆州知州的实职，而威胜军可能是沿用五代邓州的节镇名，威武军是福州的节镇名，[⑥]都属宋朝，乃是遥授。

应当指出，辽朝的节度使等，特别是其实职，是不分文武，都可担任的。如姚景行是"擢进士乙科"的文官，后"出为武定

① 《辽史》卷一一《圣宗纪》，卷三八、卷四一《地理志》，《长编》卷二七。

② 《满洲金石志补遗·冯从顺墓志》。

③ 《全辽文》卷七《萧惟忠造经题记》，卷八《萧福延造经题记》，卷九《宋文通等造经题记》、《齐毂等造经题记》。

④ 《长编》卷一八一至和二年十二月己酉。

⑤ 刘凤翥、唐彩兰、青格勒：《辽上京地区出土的辽代碑刻汇辑》第302页。

⑥ 参见拙作《辽宋金之节度使》，载《点滴编》第185、198—199页，河北大学出版社，2010年。

军节度使”，即任奉圣州知州，又“知兴中府，改朔方军节度使。大康初，徙镇辽兴”，[①]朔方军节镇在西夏境，辽兴军节度使即平州知州。张谏“授密直学士，转给事，除朔州顺义军节度使”，[②]他以给事中的文官虚衔任节度使实职。节度使实职或可加“判”、“知”等衔，耶律宗政“判武定军节度，奉圣、归化、儒、可汗等州观察、处置、巡检、屯田、劝农等使”，“改知辽兴军节度，平、滦、营等州观察、处置等使”。[③]耶律宗允“知匡义军节度使事”，即饶州知州。[④]赵匡禹为“遂州观察使、银青崇禄大夫、检校太保、兼御史大夫、上柱国、知临海军节度使事”，观察使为武官虚衔，知临海军节度使事，即锦州知州为实职。[⑤]由此可知，辽朝的节度使之类“武资”大致是指虚衔。

（二）诸司使、诸司副使等官。自唐至五代，一些供职于内廷的官员，如殿直、供奉官、诸司使之类，或由宦官、士人担任。在不少场合下，此类官员代表皇帝，出任监军之责。《资治通鉴》卷二七三同光二年（公元924年）正月记事说：“内诸司使，自天祐以来，以士人代之，至是复用宦者，浸干政事。既而复置诸道监军。”胡三省注说：“唐昭宗天復三年，诛宦官，以士人为内诸司使，时所存者九使而已。至梁有客省使，改小马坊使为天驥使，飞龙使，庄宅使，仪鸾使，文思使，五坊使，如

---

① 《辽史》卷四〇、卷四一《地理志》，卷九六《姚景行传》。

② 《满洲金石志》卷一《顺义军节院使张正嵩墓志》。

③ 《全辽文》卷七《耶律宗政墓志铭》。

④ 《全辽文》卷八《耶律宗允墓志铭》，《辽史》卷三七《地理志》。

⑤ 《文物》1983年第9期第34页《赵匡禹墓志铭》，《辽史》卷三九《地理志》。赵匡禹另外四个头衔可参本书对“银、酒、监、武”的解释。关于节度使，参见拙作《辽宋金之节度使》，载《点滴编》。

京使，尚食使，改御食使为司膳使，洛苑使，教坊使，东上閤门使，西上閤门使，内园裁接使，弓箭库使，大内皇墙使，武备库使，引进使，左藏库使，闲厩使，宫苑使，翰林使，大和库使，丰德库使，乾文院使。后唐虽不用梁制，而复唐之旧，内诸司使其官亦多。”又如魏丕在周世宗时，“改右班殿直，自陈本以儒进，愿受本资官，世宗曰：‘方今天下未一，用武之际，藉卿干事，勿固辞也。’未几，出监明灵砦军”。[①]卢怀忠“奏补供奉官”，“显德初，监沂州军”。[②]

北宋前期，如诸司使、供奉官、殿直等演变为武臣寄禄官名，分横行、诸司使、诸司副使、使臣等几大类。[③]北宋为管理低等武官铨选，设三班院，所谓“三班”，“国初，以供奉官、殿直、承旨为三班”，后“改殿前承旨为三班奉职”，“置内殿崇班在供奉官之上，左、右侍禁在殿直之上”，又“置内殿承制，在崇班上”。[④]于是三班院所辖扩大为自东头供奉官以下八阶，或称三班使臣。[⑤]

辽制也有类似于宋制之处，文士董匡信“学术未成，不择禄而仕。统和二十三年，始籍名于三班院”，“官终于右班殿直”。[⑥]

① 《宋史》卷二七〇《魏丕传》。

② 《宋史》卷二七四《卢怀忠传》。

③ 《宋会要》职官五六之三五至三七，《宋史》卷一六九《职官志》。

④ 《长编》卷二二太平兴国六年二月，卷三二淳化二年正月乙酉，卷七一大中祥符二年正月乙丑。

⑤ 关于宋武阶官的起源和组成，参见日本《宋代的社会和文化》友永植先生《唐、五代三班使臣》，梅原郁先生《宋代官僚制度研究》第二章“宋代的武阶”。赵冬梅先生撰有《唐五代供奉官》，载《中国史研究》2000年第1期；《唐宋诸使机构职掌考》，载《国学研究》第16卷。

⑥ 《全辽文》卷八《董匡信及其妻王氏墓志铭》。

可知辽朝也有三班院的设置，应是与宋朝相类的低等武官铨选机构，《辽史》卷四五《百官志》和卷一一六《国语解》载“左、右班并寄班为三班”，组成“三班院”，此说不一定可信。前引《宋会要》载辽之低等武官虚衔为“东、西头供奉官，左、右承制，左、右〔殿直〕(閤门祇候同)，东、西班小底，三、六班奉职，在班祇候”，似可理解为三班院所辖之武官，而东、西头供奉官和宋朝武阶官名相同。王政“统和五年，授右番殿直，次统和九年，授西头供奉官”，王希□自“右番殿直授西头供奉官、仪銮副使”，王希涛“授左番殿直”。[①]辽兴宗重熙时，有“左班殿直张玫”，[②]疑左、右班殿直为左、右番殿直之更名。自辽兴宗以后，在今存零星史料中已看不到左、右番殿直之官名。张世卿“进粟二千五百斛”，“特授右班殿直”，后兼“银青崇禄大夫、检校国子祭酒、兼监察御史、云骑尉”四种其实不高的虚衔，却从未在军中任职，[③]这是辽朝武官非军人的一例。又鲜于嗣赤任“东头供奉官、锦州商麹都监”，[④]也同样是辽朝武官非军人的一例。韩匡嗣第五子韩德威在辽景宗“保宁初”，“授西头供奉官、银青崇禄大夫、检校右散骑常侍、兼侍御史、骁骑尉”，[⑤]后四种头衔已如前述。辽末，渤海人郭药师“初以武勇四军荐，授殿直”。[⑥]

---

① 《满洲金石志》卷一《岊州刺史王邻墓志》、《赠检校太师王说墓志》。

② 《满洲金石志》卷二《宣徽南院使韩橁墓志》。

③ 《全辽文》卷一一《张世卿墓志铭》。

④ 《满洲金石志》卷二《严州观察判官王用□墓志》。

⑤ 刘凤翥、唐彩兰、青格勒:《辽上京地区出土的辽代碑刻汇辑》第9页《韩德威墓志铭》。

⑥ 《会编》卷九《燕雲奉使录》。

王慥为“内供奉班祇候、左承制”,[①]王居忠为“三班奉职”,[②]王惟善和尚君诲为“在班祇候”，王清为“西头供奉官”，[③]都可与《宋会要》的记载互相印证。辽末降金官员中，毛子廉曾“以功授东头供奉官”,[④]李三锡“录功，授左承制”,[⑤]刘筈也“授左承制”。[⑥]辽天祚帝亲征金朝，失败逃亡，“遂降诏募燕、雲汉人，护驾到广平甸，有官者转一官，白身人三班奉职”。[⑦]

《宋会要》记载辽诸司使和副使，仅有礼宾、洛苑、六宅使和副使，其实，辽朝诸司使和副使名目并不以上述三种为限。如前述王希□为仪銮副使。李知顺“统和二十四年，擢为西头供奉官”，“续授中京宫苑副使”，“开泰初，授颁给大使”。[⑧]韩资道“清宁初，以荫授银青崇禄大夫、检校国子祭酒、行右卫率府副率”，“旋加礼宾副使，次授供军副使，至于督工役，造戎器，周旋二稔，其功著矣。续迁六宅副使、检校工部尚书、宣省市买都监”。[⑨]此处的供军副使和市买都监为实职。董援“授礼宾使、西京管内都商税点检”，[⑩]其官名也是一虚一实。冯从顺曾任“颁给副使，颁给、武德、皇城等使”，“中、上两京内省使”等。[⑪]据

① 《全辽文》卷一一《王安裔墓志铭》。

② 《全辽文》卷一一《王居忠造经题记》。

③ 《全辽文》卷七《王泽墓志铭》,《文物》1961年第9期第51页《尚暐墓志铭》。

④ 《金史》卷七五《毛子廉传》。

⑤ 《金史》卷七五《李三锡传》。

⑥ 《金史》卷七八《刘筈传》。

⑦ 《契丹国志》卷一〇。

⑧ 《全辽文》卷六《李知顺墓志》。

⑨ 《全辽文》卷八《韩资道墓志铭》。

⑩ 《全辽文》卷九《董庠妻张氏墓志铭》。

⑪ 《满洲金石志补遗·冯从顺墓志》。

《满洲金石志》卷二《宣徽南院使韩橁墓志》，颁给使全称应是颁给库使。赵为春为“前永丰库副使”。[①]辽朝使宋官员名单中有“弓箭库使尧卢骨”、“鞍辔库使萧蒲骨只”、“茶床副使王琛”[②]、“东上閤门使崔禹”[③]、“西上閤门使郭撰”[④]等。韩匡嗣的第三子韩德彰为毡毯使。[⑤]韩瑜的武官虚衔由右金吾卫将军迁绛州防御使，再迁左羽林军大将军、客省使、内客省使，[⑥]可知后两种使名官位甚高。因史料所限，上引使名自然是残缺不全的，但也足见辽朝诸司使和副使名目之多，其中一部分又与宋朝同名。

值得注意者，辽朝武官中尚有与宋遥郡刺史等形似的官衔，如“西上閤门使、维州刺史秦德昌”[⑦]，“东上閤门使、海州防御使刘彦昇”[⑧]，“客省使、广州防御使刘彦温”[⑨]，“四方馆使、榆州团练使刘从正”[⑩]，“四方馆使、宁州防御使韩贻孙”[⑪]，“引进使、泰州团练使刘从备”[⑫]等。此类官衔应属武官虚衔之叠授，在前已列举类似实例，而与宋朝遥郡刺史等不同。此外，又如姚球任“西上閤门使、陇州团练使”，其弟姚玢任“登州刺史、知东上閤门副

① 《文物》1983年第9期第34页《赵匡禹墓志铭》。

② 《宋会要》蕃夷一之二至四。

③ 《长编》卷一三五庆历二年四月甲申。

④ 《长编》卷一一九景祐三年十二月己巳。

⑤ 刘凤翥、唐彩兰、青格勒：《辽上京地区出土的辽代碑刻汇辑》第2页《韩匡嗣墓志铭》，第5页《韩匡嗣妻秦国太夫人萧氏墓志铭》。

⑥ 《满洲金石志》卷一《内客省使韩瑜墓志铭》。

⑦ 《长编》卷一二九康定元年十二月丙午。

⑧ 《长编》卷四一九元祐三年闰十二月丁卯。

⑨ 《长编》卷三九三元祐元年十二月己酉。

⑩ 《长编》卷一六九皇祐二年十二月戊申。

⑪ 《长编》卷一九三嘉祐六年四月甲子。

⑫ 《长编》卷一八五嘉祐二年四月丙辰。

使”，[①]后一官衔加“知”字，按前引辽朝记载推论，可以理解为实职。“文州观察使、知客省使杜宗鄂”[②]，“夏州观察使、兼东上閤门使李仲僖”[③]等，也应作同样理解。两种官名互相易位，就有虚衔和实职之别，说明了辽朝官制的复杂性。

（三）閤职。北宋设閤门通事舍人和閤门祇候，作为閤职，是武臣的荣誉虚衔。辽朝也有同样的武官虚衔，如王政“授西头供奉官”的翌年，又“行閤门通事舍人”，[④]张思忠“始授东、西头供奉官，权閤门通事舍人”。[⑤]韩资道荫补“行右卫率府副率，次奉宣閤门祇候，绵扈宸舆”。[⑥]王德孙“承恩荫，授率府副率、閤门祇候”。[⑦]丁文远任“左班殿直、閤门祇候”。[⑧]辽末降金的刘萼，“以荫补閤门祇候”，[⑨]按《宋会要》所载辽之閤门祇候与左、右班殿直官位相等。

第二节　军职

尽管史料稀缺，但辽朝的武官似与唐宋的武官相似，并非都是军人。辽朝的武官与军职显然有所差别，军职当然是军人，一

① 《全辽文》卷一三《姚琇墓志铭》。
② 《长编》卷一八一至和二年十二月己酉。
③ 《长编》卷一七五皇祐五年十二月辛酉。
④ 《满洲金石志》卷一《嵒州刺史王邻墓志》。
⑤ 《满洲金石志》卷二《济州刺史张思忠墓志》。
⑥ 《全辽文》卷八《韩资道墓志铭》。
⑦ 《全辽文》卷一〇《王师儒墓志铭》。
⑧ 《全辽文》卷一一《丁文遒墓志铭》。
⑨ 《金史》卷七八《刘萼传》。

定级别以上的军职应拥有武官的虚衔。《辽史》卷五七《仪卫志》说:“兵部印,文曰‘兵部之印’,银铸,以印军职制诰。”证明辽朝确是使用“军职”一词,其词义应与唐宋相似。[①]

辽朝的军职也没有系统的记载。《辽史》卷三四《兵卫志》关于征兵的记载中提及“自十将以上,次第点集军马、器仗”。十将是北宋军中都一级编制单位最低等的军职。辽兴宗时,有“上京归化军什将马进、节级王贵”,[②]这显然是汉军编制的军职。但《辽史》记载中的十将不见得与北宋相同。从历史记载看来,十进位制是我国先秦氏族的组织形式、[③]商周的军事编制形式,[④]也是我国北方游牧民族的一种古老的军事编制形式。如乌桓、柔然、女真、蒙古等民族皆然,[⑤]则辽朝的十将也可能即是十夫长,十将无疑是最低等的军职,其上则可能设百夫长。百夫长所统的兵力,其实即相当于汉军的都头。

辽朝的汉军仿效五代和北宋,以指挥使作为军职。辽太宗会同四年(公元941年),“攻拔朔州,遣控鹤指挥使谐里劳军”。[⑥]这显然是以契丹人统汉军。由五代后晋投奔辽朝的赵凤,“起家

---

① 宋朝的军职不须说,唐朝也有“军职”,作为职事官的一类,掌军事。如《资治通鉴》卷二二三载:“兵马使李怀玉得众心,(平卢节度使侯)希逸忌之,因事解其军职。”

② 刘凤翥、唐彩兰、青格勒:《辽上京地区出土的辽代碑刻汇辑》第303页《庆州释迦佛舍利塔圆首建塔碑文》。

③ 参见张政烺先生《古代中国的十进制氏族组织》,《张政烺文史论集》第277—313页,中华书局,2004年。

④ 参见王贵民先生《商周制度考信》肆、商周军事制度 三 军事编制(一)十进制,第156页。

⑤ 参见周良霄先生《元史》第109—110、427页,上海人民出版社,2003年;本书《金朝军制》第五章。

⑥ 《辽史》卷四《太宗纪》。

银青光（崇）禄大夫、检校尚书右仆射、兼御史大夫、柱国，充幽州关南巡检都指挥使"，在任内"因警巡有功，转招收都指挥使，则有索铁伸钩之士，搏虎拽牛之□，诱掖多方，自远咸至，遂致国之多兵也。又加金紫光禄大夫、检校司徒，余如故。改充右羽林都指挥使，既遣管军"。辽太宗灭后晋，"为东都部署使"。[①]除虚衔外，其军职前后为幽州关南巡检都指挥使、招收都指挥使、右羽林都指挥使和东都部署使。辽圣宗统和四年（公元986年），宋将田重进军攻飞狐，"辽军与宋田重进战于飞狐，不利。冀州防御使大鹏翼、康州刺史马赟、马军指挥使何万通陷焉"。"步军都指挥使穆超以灵丘叛，附于宋。"[②]"〔武定〕军马步军都指挥使吕行德""乃与其副都指挥使张继从、马军都指挥使刘知进等举城降"。[③]韩瑜"应历中，初补天雄军衙内都指挥使"。天雄军为辽境外魏州（宋北京大名府）的节镇名，此为虚衔，其实是承袭五代作为军阀司令部的衙前之制。[④]耿延毅"自十七岁荫补西头供奉官，转充御院通进，超授右骁卫将军，除控鹤都指挥使"。[⑤]张嗣任"燕京控鹤都指挥使"。[⑥]像何万通、穆超、刘知进、韩瑜、耿延毅、张嗣等，其实都是不高的军职。辽圣宗统和六年（公元988年），侍卫马军司奏，"都头刘赞等三十

① 《赵凤墓志》，周阿根《五代墓志汇考》第547页，黄山书社，2012年。

② 《辽史》卷一一《圣宗纪》。

③ 《长编》卷二七雍熙三年三月丙申。"武定"，原作"定武"，据《辽史》卷一一《圣宗纪》改。

④ 《满洲金石志》卷一《内客省使韩瑜墓志》；参见拙作《辽宋金之节度使》，载《点滴编》第184页。

⑤ 《辽宁第一师范学院学报》1978年第3期第60页《耿延毅墓志铭》。

⑥ 《全辽文》卷九《董庠妻张氏墓志铭》。

人有功”。[①]都头为都一级统兵官，一般每都百人，当然也是低级军职。从今存记载看来，都之上应设营（指挥），而设指挥使。前述辽末常胜军“又有四将，号彪官，每彪五百人”，[②]可知彪即是营，彪官其实即是指挥使。但辽朝大概不像五代和北宋那样，在营之上设有更高的军和厢的编制单位。辽道宗时，赵为佐任“侍卫亲军神武左厢都指挥使”，[③]则似可推论仅为一指挥兵之神武军仍分左、右厢，而厢都指挥使成了比营一级更低的军职，与五代和北宋的厢都指挥使完全不是同一档次。又如前述汉人王悦“充辽兴军节度衙内都指挥使”，是平州的衙前军官，“入为严胜、龙卫兵马都部署”，是蔚州地方军的统兵官，都部署也属军职，汉语译名似大，而实际上仍属低等者。后“复受命为上京兵马部署，遂押军戎，又当征役”。[④]“故晋王孙”石瀚为“中京诸军都虞候、银青崇禄大夫、检校尚书右仆射、使持节登州诸军事、登州刺史、兼殿中侍御史、飞骑尉”。[⑤]石瀚是石敬瑭的后裔，其他官衔都是虚衔，唯有中京诸军都虞候也是军职，但应属中等的军职。

但有的指挥使官位颇高，如前面介绍的“权南京马步军都指挥使耶律学古”，[⑥]其实是守南京城的军事指挥官。辽圣宗统和二十二年（公元1004年）澶渊之盟前，“马军都指挥使耶律课

---

① 《辽史》卷一二《圣宗纪》。

② 《会编》卷一〇。

③ 《文物》1983年第9期第34页《赵匡禹墓志铭》。

④ 《考古》1962年第9期第480—481页《王悦墓志铭》，《辽史》卷四〇《地理志》。

⑤ 《文物》1961年第9期第51页《尚玮墓志铭》。

⑥ 《辽史》卷九《景宗纪》乾亨元年。

里遇宋兵于洺州，击退之”。[①]此两处的指挥使应是契丹语的汉译。前述侍卫亲军都指挥使，四捷军都指挥使，契丹、奚、汉、渤海四军都指挥使之类，当然也应是军职。此外，又如韩椅曾任“左第一骁骑部署”，“押领控鹤、义勇、护圣、虎翼四军”，[②]部署也是军职，名称虽然较低，其实显然大于前述王悦的都部署。

前面说过，如四捷军统兵官汉语或称都指挥使，或称都监，应都是契丹语详稳之歧译。《辽史》卷四六《百官志》记载了一系列军名的详稳，计有北皮室详稳、南皮室详稳、黄皮室军详稳、属珊军详稳、墨离军详稳、砲手军详稳、弩手军详稳、铁林军详稳、鹰军详稳、鹘军详稳、凤军详稳、龙军详稳、虎军详稳、熊军详稳、左铁鹞子军详稳、右铁鹞子军详稳等，此类军队的统兵官使用契丹语音译，当然也是军职。

由此可见，仅据汉语的译名，实难以判定辽朝各类军职的高低。此外，据《辽史》卷三四《兵卫志》记载，在与宋军战斗时，“于阵四面列骑为队，每队五七百人，十队为一道，十道当一面，各有主帅”。这是战时的临时编组，还是平时的固定编制，而各队的统兵官是否就是固定的军职，不易判断。

第三节　军士刺字

契丹人原来没有刺字的习俗，这是在五代时从中原皇朝学

① 《辽史》卷一四《圣宗纪》。

② 《满洲金石志》卷二《宣徽南院使韩椅墓志》。

来的。《资治通鉴》卷二八五记载："契丹获晋民，皆黥其面，曰'奉敕不杀'，纵之南走。"[①]辽太宗弟耶律李胡"性酷忍，小怒，辄黥人面，或投水火中"。[②]大约在辽圣宗统和时，又仿效北宋，设"黥面"的刑罚，"有黥刺之法"，"三犯窃盗者，黥额，徒三年；四则黥面，徒五年"。[③]统和二十九年（公元1011年），"诏帐族有罪，黥墨依诸部人例"。[④]辽兴宗时，规定"奴婢犯逃，若盗其主物，主无得擅黥其面，刺臂及颈者听。犯窃盗者，初刺右臂，再刺左，三刺颈之右，四刺左，至于五则处死"。[⑤]

与此相应，如前引《宋朝事实》卷二〇《经略幽燕》所载，辽朝汉军有"刺字父子军"，另有"刺手背、拣不中老弱兵"。辽圣宗时，辽朝从五京道各州征集的汉军，"黥面、给粮如汉制"。[⑥]宋人郑獬说，辽朝"黥两地税户（指宋、辽交界受双方统治之人户）手背"，"幽燕间乡民皆黥之，非颛以为兵也"。[⑦]辽朝沿用中原皇朝的黥刺制度，壮丁刺字，实际上便成为类似近代人预备役的标志。《宋朝诸臣奏议》卷四五任伯雨《上徽宗论月晕围昴毕》说："前年水灾，流民有入北界者，幽、蓟之间往往刺之为军。"此奏相当于辽朝后期，可知汉军黥刺制一直流行而不衰。

按宋人余靖记述，后契丹的大部族"北王府兵刺左臂，南王

① 又见《辽史》卷四《太宗纪》会同九年。

② 《辽史》卷七二《李胡传》。

③ 《辽史》卷六一《刑法志》。

④ 《辽史》卷一五《圣宗纪》。

⑤ 《辽史》卷六二《刑法志》。《能改斋漫录》卷一三《契丹之法》记载辽朝刑法："民为盗者，一犯文其腕，为'贼'字，再犯文其臂，三犯文其肘，四犯文其肩，五犯则斩。"与《刑法志》异。

⑥ 《乘轺录》。

⑦ 《历代名臣奏议》卷二二〇。

府兵刺右臂”，[1]可知黥刺制也至少部分地引入了契丹军。

第四节　军礼、占卜和射鬼箭

古代的军事行动，不免夹带占卜等迷信活动，而辽朝尤甚，用兵行师，很注重占卜。“行军不择日，用艾和马粪，于白羊琵琶骨上炙，炙破便出行，不破即不出。”[2]“凡举兵，帝率蕃汉文武臣僚，以青牛、白马祭告天地、日神，惟不拜月。分命近臣告太祖以下诸陵及木叶山神，乃诏诸道征兵。”[3]《辽史》卷五一《礼志》记载：

> 皇帝亲征仪：常以秋冬，应敌制变或无时。将出师，必先告庙。乃立三神主祭之：曰先帝，曰道路，曰军旅。刑青牛、白马，以祭天地。其祭，常依独树；无独树，即所舍而行之。或皇帝服介胄，祭诸先帝宫庙，乃阅兵。将行，牝、牡麃各一为禡祭。将临敌，结马尾，祈拜天地而后入。下城克敌，祭天地，牲以白、黑羊。班师，以所获牡马、牛各一，祭天地。出师以死囚，还师以一谍者，植柱缚其上，于所向之方乱射之，矢集如猬，谓之“射鬼箭”。

《辽史》卷一一六《国语解》有进一步的解释：“射鬼箭：凡帝亲

① 《武溪集》卷一八《契丹官仪》。
② 《契丹国志》卷二七《行军》。
③ 《辽史》卷三四《兵卫志》。

征，服介胄，祭诸先帝，出则取死囚一人，置所向之方，乱矢射之，名‘射鬼箭’，以祓不祥。及班师，则射所俘。后因为刑法之用。”射鬼箭既是军礼，更是残忍的迷信和刑罚。今将射鬼箭的记录开列于下：

耶律阿保机七年（公元913年），“次弥里，〔闻〕诸弟面木叶山，射鬼箭厌禳”，“至库里，以青牛白马祭天地”，“以养子涅里思附诸弟叛，以鬼箭射杀之”。[①]

辽太祖天赞二年（公元923年），“讨叛奚胡损，获之，射以鬼箭”。

天赞四年（公元925年），“以青牛、白马祭天地于乌山”，“次撒葛山，射鬼箭”。[②]

辽太宗天显十二年（公元937年），攻下后唐雲州，“射鬼箭于雲州北”。[③]

会同二年（公元939年），“以南王府二刺史贪蠹，各杖一百，仍系虞候帐，备射鬼箭”。[④]

辽景宗乾亨二年（公元980年），“将南伐，祭旗鼓”，“次南京”，“获敌人，射鬼箭”，“次固安，以青牛、白马祭天地”。[⑤]

辽圣宗统和四年（公元986年）五月，大败宋军于岐沟关，“次固安南，以青牛、白马祭天地”，“以所俘宋人射鬼箭”。十一月，“遣谋鲁姑、萧继远沿边巡徼。以所获宋卒射鬼箭”，“以青

① 《辽史》卷一《太祖纪》。
② 《辽史》卷二《太祖纪》。
③ 《辽史》卷三《太宗纪》。
④ 《辽史》卷四《太宗纪》。
⑤ 《辽史》卷九《景宗纪》。

牛、白马祭天地”。①

统和七年（公元989年），“以青牛、白马祭天地”，“次岐沟，射鬼箭”。②

统和十七年（公元999年），“幸南京”，“南伐”，“射鬼箭”。

统和十九年（公元1001年），“南伐”，两次祭青牛和白马，一次祭黑羊和白羊。十月和十一月两次“射鬼箭”。

统和二十二年（公元1004年），澶渊之盟前，“南伐”，“以所获谍者射鬼箭”，“以青牛、白马祭天地”，“以黑、白羊祭天地”。③

辽兴宗重熙十三年（公元1044年），对西夏战争，“祭天地”，“获党项侦人，射鬼箭”。④

《辽史》本纪的记事简略且单薄，却将祭青牛、白马、黑羊、白羊和射鬼箭当作大事记录下来。今人看来是惨无人道的杀害战俘，而辽朝契丹统治阶级却将射鬼箭视为天经地义的隆重军礼大典。

第五节　符契

在某种意义上，符契即是通信和传令制度。《辽史》卷五七《仪卫志》载：

---

① 《辽史》卷一一《圣宗纪》。
② 《辽史》卷一二《圣宗纪》。
③ 《辽史》卷一四《圣宗纪》。
④ 《辽史》卷一九《兴宗纪》。

自大贺氏八部用兵，则合契而动，不过刻木为胖合。太祖受命，易以金鱼。

金鱼符七枚，黄金铸，长六寸，各有字号，每鱼左右判合之。有事，以左半先授守将，使者执右半，大小、长短、字号合同，然后发兵。事讫，归于内府。

银牌二百面，长尺，刻以国字，文曰“宜速”，又曰“敕走马牌”。国有重事，皇帝以牌亲授使者，手札给驿马若干。驿马阙，取它马代。法，昼夜驰七百里，其次五百里，所至如天子亲临，须索更易，无敢违者。使回，皇帝亲受之，手封牌印郎君收掌。

木契，正面为阳，背面为阴，閤门唤仗则用之。朝贺之礼，宣徽使请阳面木契下殿，至于殿门，以契授西上閤门使云：“授契行勘。”勘契官声喏，跪受契，举手勘契同，俯、兴，鞠躬，奏“内外勘契同”。閤门使云：“准敕勘契，行勘。”勘契官执阴面木契声诺，平身立，少退，近后，引声云“军将门仗官”，齐声喏。勘契官云：“内出唤仗木契一只，准敕，付左、右金吾仗行勘。”勘契官云“合不合”，门仗官云“合”，凡再。勘契官云“同不同”，门仗官云“同”，亦再。勘契官近前鞠躬，奏：“勘官左金吾引驾仗、勾画（当?）都知某官某，对御勘同。”平身，少退，近后，右手举契云：“其契谨付閤门使进入。”閤门使引声喏，门仗官下声喏。勘契官跪，以契授閤门使，上殿纳契，宣徽使受契。閤门使下殿，奉敕唤仗。

木箭，内箭为雄，外箭为雌，皇帝行幸则用之。还宫，勘箭官执雌箭，东上閤门使执雄箭，如勘契之仪。

此处介绍的符契当然并非全是军用者。王巩《甲申杂记》说："大辽谓天使为'赦例郎君'，依赦例，日行五百里也。"这是非军用者，看来军情紧急，应是按"昼夜驰七百里"的规定。《类说》卷一三和《说郛》卷三《使辽录》记载："银牌，形如方响，刻蕃书'宣速'[1]二字，使者执牌驰马，日行数百里，〔牌〕所至，如〔国〕主（此虏）亲到，须索更易，无敢违者。"也说及银牌的效用。辽道宗清宁四年（公元1058年）的《燕北录》[2]记载更加详细，也与上引《辽史·仪卫志》不同，应是反映当时的辽制：

银牌〔有十〕三道，上是番书"朕"字，用金镀银（钑?）成，见在内侍左承宣宋（朱?）璘处收掌。用黑漆匣盛，每日于戎主前呈封一遍。或有紧急事宜，用此牌带在项上，走马，于南、北大王处抽发兵马，余事即不用也。

长牌七十二道，上是番书"敕走马"字，用金镀银（钑?）成，见在南内司收掌。每遇下五京等处取索物色，及进南朝野味、鹿茸、果子，用此牌信带在腰间左边，走马。

又木刻子牌约有一十二道，上是番书"急"字，左面刻作七刻，取其本国已历七世也。右面刻作一刻，旁是番书"永"字。其字用金镀银叶陷成，长一尺二寸已来。每遇往女真、达靼国取要物色，抽发兵马，即用此牌信带在腰间左

① "宣"，《契丹国志》卷二五作"宜"。

② 《说郛》卷三八《重编燕北录》，弓五六《燕北录》。

边，走马。其二国验认为信。[①]

可知无论是银牌，还是木牌，都供调动军队使用。今吉林博物馆和辽上京博物馆藏有辽朝的银牌和铜牌。

第六节　军法和军政

辽朝立国的二百零九年中，除了最后的十二年，一直保持着东亚第一军事强国的地位。辽军是一支富有侵略性和掠夺性的军队，同历史上所有此类军队一样，必须以烧杀抢掠维系其士气。早在辽朝建国前，耶律阿保机"伐河东代北，攻下九郡，获生口九万五千，驼、马、牛、羊不可胜纪"。[②]又有一次，"以生口六百，马二千三百分赐大、小鹘军"，以激励士气。神册四年（公元919年），"次乌古部。天大风雪，兵不能进。上祷于天，俄顷而霁。命皇太子将先锋军进击，破之。俘获生口万四千二百，牛马、车乘、庐帐、器物二十余万。自是举部来附"。[③]辽太宗会同七年（公元944年），契丹军"陷贝州，所杀且万人"，[④]"及败于戚城及马家口，忿恚，所得民，皆杀之，得军士，燔炙之。由是晋人愤怒，戮力争奋"。[⑤]辽圣宗统和四年（公元986年），"枢

① 以《辽史拾遗》卷一五参校。
② 《辽史》卷一《太祖纪》。
③ 《辽史》卷二《太祖纪》。
④ 《资治通鉴》卷二八三。
⑤ 《资治通鉴》卷二八四。

密使耶律斜轸、林牙勤德等上讨女直所获生口十余万、马二十余万及诸物”。[①]

从史料看来，辽朝可能也制订军法。辽太宗会同九年（公元946年），进攻后晋，“诏征诸道兵，敢伤禾稼者以军法论”。[②]此处所谓“军法”，同中原汉族皇朝使用“军法”一词同义，等于施行军队的重刑。辽太宗严禁在本土南京道等农耕地区蹂践禾稼，但一旦进入后晋地界，辽军的侵略和掠夺本性便暴露无遗。灭后晋之后，“赵延寿请给上国兵廪食”，辽太宗说：“吾国无此法。”“乃纵胡骑四出，以牧马为名，分番剽掠，谓之‘打草穀’。丁壮毙于锋刃，老弱委以沟壑，自东、西两畿及郑、滑、曹、濮，数百里间，财畜殆尽。”辽军攻破相州，“悉杀城中男子，驱其妇女而北，胡人掷婴孩于空中，举刃接之以为乐”。辽太宗“留高唐英守相州。唐英阅城中，遗民男女得七百余人。其后节度使王继弘敛城中髑髅瘗之，凡得十余万”。“所过城邑丘墟”，结果招致中原军民的激烈反抗，辽军也就被逐出中原。辽太宗总结失败的教训：“我有三失，宜天下之叛我也！诸道括钱，一失也；令上国人打草穀，二失也；不早遣诸节度使还镇，三失也。”[③]

辽太宗死，耶律洼与耶律吼“定策立世宗，乃令诸将曰：‘大行上宾，神器无主，永康王人皇王之嫡长，天人所属，当立。有不从者，以军法从事。’诸将皆曰：‘诺。’”[④]这也是行军法的一例。

---

① 《辽史》卷一一《圣宗纪》。
② 《辽史》卷四《太宗纪》，卷五九《食货志》。
③ 《资治通鉴》卷二八六。
④ 《辽史》卷七七《耶律洼传》。

辽圣宗统和二十二年（公元1004年）澶渊之盟前夕，因辽军攻城“累战不利”，萧挞凛“因号令部下，凡获男子年十五以上者，皆杀之”。汉“民被驱掠甚众”。[①]河北“诸州多被蹂践，通利军创残尤甚”。[②]“解甲后，幽州亦遭劫掠财物，迫夺妇女，发掘坟墓，燕人苦之”，[③]辽军即使回本国地界，也是军纪荡然。

辽朝末年，“萧得里底以都统率兵与金人战，败绩”，耶律棠古“请以军法论”，[④]也是同样含义。辽朝“又为枭磔、生瘗、射鬼箭、砲掷、支解之刑。归于重法，闲民使不为变耳”。[⑤]其中也包括了军法。辽末军法废弛，军纪很坏，“至于覆军失城者，第免官而已”。[⑥]“耶律女古等暴横不法，劫掠妇女、财、畜”，统帅耶律章奴“不能制”。[⑦]

① 《长编》卷五八景德元年十二月壬午。

② 《长编》卷五八景德元年十二月戊申。

③ 《宋朝诸臣奏议》卷一三五余靖《上仁宗论契丹请绝元昊进贡事》。

④ 《辽史》卷一〇〇《耶律棠古传》。

⑤ 《辽史》卷六一《刑法志》。

⑥ 《辽史》卷六二《刑法志》。

⑦ 《辽史》卷一〇〇《耶律章奴传》。

第四章　辽军的战术特点、装备和后勤

第一节　辽军的战术特点

辽朝的契丹等族是游牧民族，以骑兵为主力，“习俗便乘马，生男薄负锄”。[①]这与中原皇朝以步兵为主有重大差别。《辽史》卷三四《兵卫志》特别对辽军攻宋的战术，记载颇详：

> 皇帝亲征，留亲王一人在幽州，权知军国大事。既入南界，分为三路，广信军、雄州、霸州各一。驾必由中道，兵马都统、护驾等军皆从。各路军马遇县镇，即时攻击。若大州军，必先料其虚实、可攻次第而后进兵。沿途民居、园囿、桑柘，必夷伐焚荡。至宋北京，三路兵皆会，以议攻取。及退亦然。三路军马前后左右有先锋。远探拦子马各十数人，在先锋前后二十余里，全副衣甲，夜中每行十里或五里，少驻，下马侧听无有人马之声。有则擒之；力不可敌，飞报先锋，齐力攻击。如有大军，走报主帅。敌中虚实，动必知之。军行当道州城，防守坚固，不可攻击，引兵过之。恐敌人出城邀阻，乃围射鼓噪，诈为攻击。敌方闭城固守，

---

① 《永乐大典》卷一〇八七七《宋刘学易先生集·虏中作》(其四)。

前路无阻，引兵进，分兵抄截，使随处州城隔绝不通，孤立无援。所过大小州城，至夜，恐城中出兵突击，及与邻州计会军马，甲夜，每城以骑兵百人去城门左右百余步，被甲执兵，立马以待。兵出，力不能加，驰还，勾集众兵与战。左右官道、斜径、山路、河津，夜中并遣兵巡守。其打草穀家丁，各衣甲持兵，旋团为队，必先斫伐园林，然后驱掠老幼，运土木，填壕堑。攻城之际，必使先登，矢、石、檑木并下，止伤老幼。又于本国州县，起汉人乡兵万人，随军专伐园林，填道路。御寨及诸营垒，唯用桑、柘、梨、栗。军退，纵火焚之。敌军既阵，料其阵势小大，山川形势，往回道路，救援捷径，漕运所出，各有以制之。然后于阵四面列骑为队，每队五七百人，十队为一道，十道当一面，各有主帅。最先一队走马大噪，冲突敌阵。得利，则诸队齐进；若未利，引退，第二队继之。退者息马，饮水粆。诸道皆然。更退迭进，敌阵不动，亦不力战。历二三日，待其困惫，又令打草穀家丁马施双帚，因风疾驰，扬尘敌阵，更互往来。中既饥疲，目不相睹，可以取胜。若阵南获胜，阵北失利，主将在中，无以知之，则以本国四方山川为号，声以相闻，得相救应。

军入南界，步骑车帐不循阡陌。三道将领各一人，率拦子马各万骑，支散游弈百十里外，更迭觇逻。及暮，以吹角为号，众即顿舍，环绕御帐。自近及远，折木稍屈，为弓子铺，不设枪营、堑栅之备。

每军行，鼓三伐，不问昼夜，大众齐发。未遇大敌，不乘战马，俟近敌师，乘新羁马，蹄有余力。成列不战，退则乘之。多伏兵断粮道，冒夜举火，上风曳柴。馈饷自赍，散而复聚。善战，能寒。此兵之所以强也。

《兵卫志》的后一段，显然是编录宋人宋琪奏。在《兵卫志》的记录中，“正军”和“打草穀家丁”应是两等军士，后者大约是由契丹等族的奴隶，或是汉军、渤海军组成。

《雲麓漫钞》卷六说：“契丹用兵，步骑车帐，不从阡陌，东西一概而行，大帐前及东、西两面，差大首领三人，各率万骑，分散游奕，百十里外，交相巡逻，谓之栏子马。戎主吹角为号，众即顿舍，环绕穹庐，以近及远，只折木梢屈之，为三（弓）子铺，不设枪营、堑栅之备。或闻人声〔斫〕寨，皆不实也。每军行，听鼓三伐，不问昏昼，一发便行。未逢大敌，不乘战马，俟敌近，即竞乘之，所以战蹄有力也。其用兵之术，成列而战，休兵而乘之，多伏兵，断粮道，互相举火，馈饷自赍，退败无耻，散而复聚。”此段文字较前引《兵卫志》稍详。

宋人称辽军的特点是：“轻而不整，贪而无亲，胜不相让，败不相救。以驰骋为容仪，以弋猎为耕钓。栉风沐雨，不以为劳；露宿草行，不以为苦。”[①]“退败无耻，散而复聚，寒而益坚。”[②]“虏兵入界则整，若败而出塞，则纷然散走，无复行阵，易为驱除矣。”[③]这与《辽史·兵卫志》之说可以互相印证。辽军回避打硬仗，比较散漫，“力不可敌，飞报先锋，齐力攻击”，“得利，则诸队齐进；若未利，引退，第二队继之”，“更退迭进，敌

① 《宋史》卷二七三《何承矩传》。

② 《宋史》卷二六四《宋琪传》。

③ 《宋朝诸臣奏议》卷一三五富弼《上仁宗河北守御十三策》。

阵不动，亦不力战”，“成列不战，退则乘之”。说明其坚忍性和顽强性不如后来的金军。

但也不应忽视，辽军另有其严整的一面。《资治通鉴》卷二七一龙德二年，即辽太祖天赞元年（公元922年）的记载说：“会大雪弥旬，平地数尺，契丹人马无食，死者相属于道。契丹主举手指天，谓卢文进曰：‘天未令我至此。’乃北归。晋王引兵蹑之，随其行止，见其野宿之所，布藁于地，回环方正，皆如编剪，虽去，无一枝乱者，叹曰：‘虏用法严，乃能如是，中国所不及也。’”①

《能改斋漫录》卷一三《契丹之法》：“司马文正公言：‘契丹之法，有简要可尚者。将战，则选兵为三等，骑射最精者给十分衣甲，处于阵后；其次给五分衣甲，处于中间；其下者不给衣甲，处于前行。故未尝教阅，而民皆习于骑射。’”司马光之说，颇可补《辽史》记载之不足。联系前引刘跂使辽诗说：“列仗新罗骑，先驱渤海兵。”②战斗时，辽朝大约是以渤海人、“汉人乡兵”等为前列，而契丹等族的骑兵居后，待敌人疲劳而后出击。辽圣宗统和二十二年（公元1004年）澶渊之盟前夕，辽军攻打瀛州城，“大设攻具，驱奚人负板秉烛，乘墉而上”，激战之余，仍未攻破。③此又是以奚兵为前驱，而契丹骑兵尽量避免参加攻城战。

宋人记载说辽军“谍知王师不敢擅离本处，多尽力偏攻一面，既众寡不敌，罕能成功”。④“夷狄用兵，每弓骑暴集，偏攻

---

① 《旧五代史》卷一三七《外国列传》记载相同。

② 《永乐大典》卷一〇八七七《宋刘学易先生集·虏中作》（其五）。

③ 《长编》卷五八景德元年十月。

④ 《长编》卷五六景德元年七月乙未。

大阵一面，捍御不及，则有奔突之患。”[1]此种在野战中集中优势兵力，“弓骑暴集”，攻敌一面的战术，是经常采用的。辽太宗时，攻击后晋，“以精骑左右略陈，晋军不动，万弩齐发，飞矢蔽地。契丹稍却；又攻晋陈之东偏，不克。苦战至暮，两军死者不可胜数。昏后，契丹引去，营于三十里之外”。[2]

辽太宗天显三年（公元928年），后唐的定州军阀王都叛变，辽朝命秃馁带兵增援，王都“悉其众与契丹五千骑合万余人”，与王晏球等军战于曲阳，“晏球集诸将校，令之曰：‘王都轻而骄，可一战擒也。今日，诸君报国之时也。悉去弓矢，以短兵击之，回顾者斩！’于是骑兵先进，奋楇挥剑，直冲其阵，大破之，僵尸蔽野；契丹死者过半，余众北走；都与秃馁得数骑，仅免”。[3]在战斗中，辽朝的骑兵有时也不得不舍马步战。辽太宗攻后晋，将晋军包围于白团卫村，“围之数重”，“命铁鹞四面下马，拔鹿角而入，奋短兵以击晋军，又顺风纵火扬尘，以助其势”。愤怒的晋“步兵尽拔鹿角出斗，步骑俱进，逐北二十余里。铁鹞既下马，苍皇不能复上，皆委弃马及铠仗蔽地”。[4]说明当两军短兵相接时，辽军便丧失优势。

尔后在与宋军的战斗中，辽圣宗统和七年（公元989年），宋“北面缘边都巡检尹继伦率领步骑千余人，按行塞上”。辽朝名将、于越耶律休哥率军南下，“率精锐数万骑”，尹继伦“适

① 《武经总要》前集卷七。

② 《资治通鉴》卷二八四。

③ 《资治通鉴》卷二七六，《旧五代史》卷六四《王晏球传》，《新五代史》卷四六《王晏球传》。《辽史》卷三《太宗纪》交待的统兵官为“奚秃里铁剌”、“惕隐涅里衮、都统查剌”，情节稍异，但承认辽军战败。

④ 《资治通鉴》卷二八四。

领兵巡徼，路与寇直，于越径趋大军，过继伦军，不顾而去”，他轻视小股敌人，认为不足介意。尹继伦却“令军中秣马，俟夜，人持短兵，潜蹑其后，行数十里，至唐河、徐河间。天未明，〔于越〕去（宋方）大军四五里，会食讫，将战”。宋将李继隆“方阵于前以待，继伦从后急击，杀其将皮室一人。皮室者，契丹相也。皮室既擒，众遂惊溃。于越方食，失箸，为短兵中其臂，创甚，乘善马先遁。寇兵随之大溃。相蹂践，死者无数，余党悉引去”。[①]所谓“皮室者，契丹相也”，其实就是皮室军详稳。前引《乘轺录》说，辽圣宗时，上京由“皮室相公为留守”。可知“详稳”可能是“相公”的音译。[②]由于出其不意的背后攻击，精锐的皮室军首先被击破，招致了数万大军的溃败。此战同样说明在短兵相接时，辽军便丧失优势。

故夏竦说辽军“长于寇钞，短于守御，利于骑斗，挫于步战，便于弓矢，拙于剑戟”。[③]

契丹人作为游牧民族，本来只能野战，不会攻城，然而当辽太祖时，契丹军已由降人卢文进教会契丹军攻城。神册元年（公

---

① 《长编》卷三〇端拱二年七月戊子，《宋史》卷二七五《尹继伦传》，《玉壶清话》卷七。《辽史》卷一二《圣宗纪》，卷八三《耶律休哥传》讳言此败。

② “详稳”一词为契丹语音译。王国维先生《观堂集林》卷一四《西辽都城虎思斡耳朵考》认为，当为汉语“将军”之借词。杨富学先生《回鹘文献与回鹘文化》（民族出版社，2003年）第441页说，此词并非直接借自汉语，而应是从回鹘官号相温（Sangun/Sängun）转借的。刘凤翥先生曾认为即来源于汉语“相公”，作为长官之尊称。前介绍东北路统军司时已谈及，“相公”和“将军”都可作为详稳的汉语歧译。杨富学先生又在《辽宋西夏金代通史》第六编第六章第二节文稿中说，相公为尊称而非官号，与详稳为“监治长官”意不合，而“温”、“昆”、“军”皆收n韵，“公”却收ŋ韵。但笔者个人仍倾向于此说，其理由如正文。

③ 《历代名臣奏议》卷三四二，《文庄集》卷一三《计北寇》。

元916年)，辽太祖“倾塞犯边”，攻朔州，李嗣本“婴城拒战者累日。契丹为火车、地道，昼夜急攻，城中兵少，御备罄竭，城陷，嗣本举族入契丹”。[①]二年(公元917年)，契丹军“进围幽州”，“渔阳以北，山谷之间，毡车毳幕，羊马弥漫。卢文进招诱幽州亡命之人，教契丹为攻城之具，飞梯、冲车之类，毕陈于城下。凿地道，起土山，四面攻城，半月之间，机变百端”。“昼夜四面俱进”，“城中熔铜以洒之，日杀千计，而攻之不止”。[②]这是一次很激烈的攻城战。天禄四年，即后汉乾祐三年(公元950年)冬，辽世宗乘后汉内乱，“自将南伐”。[③]后汉方面的镇州、邢州奏：“契丹主将数万骑入寇，攻内丘，五日不克，死伤甚众。有戍兵五百，叛应契丹，引契丹入城，屠之。”[④]宋朝对辽作战，有魏能和杨延昭指挥的所谓“铜梁门、铁遂城”等成功的守城战范例。[⑤]因对中原皇朝攻城，多遭挫败，历史记载中少见辽军有持续地、猛烈地攻城的记录。故前引《辽史》卷三四《兵卫志》说：“军行当道州城，防守坚固，不可攻击，引兵过之。”在澶渊之盟前，辽朝大军南下，即是回避了宋朝重要城市的攻坚战。范仲淹说“契丹素善攻城”，[⑥]就只能理解为辽军并非不能举行攻城战。辽军回避对重要城市的攻坚战，是辽朝不能深入并占据中原地区的重要原因。

辽军一般是长于进行野战和进攻战。其守城战的成功范例，

---

① 《旧五代史》卷五二《李嗣本传》，《辽史》卷一《太祖纪》。
② 《旧五代史》卷二八《唐庄宗纪》，《资治通鉴》卷二六九。
③ 《辽史》卷五《世宗纪》。
④ 《资治通鉴》卷二八九。
⑤ 《会编》卷二三，《宋朝事实类苑》卷五六《魏能杨延朗》。
⑥ 《范文正公政府奏议》卷下《奏乞宣谕大臣定河东捍御策》。

是乾亨元年（公元979年）六月至七月守御南京城的战斗，宋军未能攻破此城。但当辽末，新兴的金军学会攻城战，攻破五京等城市时，辽军都未能有顽强的抵抗。这与后来金军攻宋，宋朝有太原、陕州、楚州等顽强的保卫战，形成鲜明的对照。这证明辽军“短于守御”之说是符合史实的。

第二节　辽军的装备

如前所述，辽军“利于骑斗，挫于步战，便于弓矢，拙于剑戟”，其主要装备当然是战马和弓矢。《武经总要》前集卷四《用骑》总结骑兵的优点，认为单兵作战，“一骑当步卒八人”，至于发挥有组织的武装整体作战的威力，则“十骑乱百人，百骑败千人”。“加以能合能离，能寇能追，百里之期不终日，千里之赴不隔旬，倏而集，忽而散，利则击，否则回，三军既合，阵已成列，击首则应尾，备前则冲后，古之善骑者，无阵不摧，此又骑之捷利也。”这是总结骑兵在平原地区的作战，而非山地战。辽朝占据燕、雲、平等地区，其骑兵可以在平坦而广阔的华北原野上往返驰突，与中原皇朝以步兵为军队的主体相比，辽朝骑兵当然拥有很大的优势。

契丹人作为游牧民族，战马的饲养和征集较为方便。苏颂说：“契丹马群动以千数，每群牧者才二三人而已，纵其逐水草，不复羁靽。有役则旋驱策而用，终日驰骤，而力不困乏。彼谚云：‘一分喂，十分骑。’番汉人户亦以牧养多少为高下。视马之形，皆不中法相，蹄毛俱不剪剔，云马遂性则滋生益繁，此养马法也。”故赋诗说：“边城养马逐莱蒿，栈皁都无出入劳。用力已过东野稷，相形不待九方皋。人知良御乡评贵，家有材驹事力豪。略问滋繁有何术，风寒霜雪任蹄毛。”[①]辽道宗时，“牧马蕃息，多至百万”。[②]《辽史》卷六〇《食货志》说：“天祚初年，马犹有数万群，每群不下千匹。”总计数千万匹，疑所载不实。《裔夷谋夏录》卷一记载：

> 契丹旧有马数千群，群以千计，皆良马也。上世尝择三万余匹，岁牧于雄、霸、沧州两界之间，谓之南征马，意欲夸示中国，实备燕、雲缓急之用。以其余数万匹俱供四时游畋。及累年金人入寇，马衰，民间每匹价值三百千，无鬻者，乃冒法买官马从军。天祚知而不能禁，亦未常（尝）以蹄躈颁将士。后鬻官马为浸多，遇游猎时，复以南征之马充数，马政大坏。洎入夹山，有司悉以群牧献之金人。唯松漠以北者，悉为大石林牙（耶律大石）所有。

此处较详细地介绍了辽朝马政由盛而衰的过程。辽朝亡国时，“御马数十万匹，牧于碛外，女直以绝远未之取，皆为大实（耶律大石）所得”，成为西辽建国的重要资本。[③]按《辽史》卷三四《兵卫志》记载，“每正军一名，马三匹”，但宋人或说“一胡人有两马”。[④]宋人称“契丹马骨格颇劣”，[⑤]其实就是指蒙古马。蒙

① 《苏魏公文集》卷一三《契丹马》。
② 《辽史》卷二四《道宗纪》大安二年。
③ 《松漠记闻》卷上。
④ 《懒真子》卷三。
⑤ 《宋会要》兵二四之三，《山堂群书考索》后集卷四四。

古马体形较小，耐粗放饲养，但奔跑速度较慢。辽宋时以凉州和青唐吐蕃马最为优良。宋人所称的“西马”，[①]即是今河曲马，这是古代引进中亚马后的改良马种。但“契丹鞍”在当时被誉为“天下第一”，[②]是辽朝先进的手工业产品。辽太宗助后晋灭后唐，他对后唐的降将“皆慰劳，赐以裘帽，因戏之曰：‘汝辈亦大恶汉，不用盐酪啖战马万匹！’”[③]可知契丹人习惯于用盐饲养战马。

除了战马之外，也配备骆驼，辽军中很有特色的畜力车是驼车，又称奚车。“契丹之车，皆资于奚”，“其乘车驾之以驼，上施幭，惟富者加毡幰文绣之饰”。[④]辽太宗与后晋作战，“坐奚车中”，指挥作战，“晋军奋死击之，契丹大败”，辽太宗“丧车，骑一白橐驼而走”。[⑤]苏辙使辽，有“高屋宽箱虎豹裀”，“双驼借与两轮红”之诗，[⑥]即是描写此种驼车。

辽圣宗曾“命刘遂教南京神武军士剑法”，[⑦]剑是汉军步兵的装备。辽军中也配备弩和砲，当时的砲当然是人力抛石机，主要用于城市攻守战，而非后世的管状火炮。《范文正公政府奏议》卷下《奏乞宣谕大臣定河东捍御策》：“契丹素善攻城，今探得点

---

① 参见刘建丽先生《宋代西北吐蕃研究》第156、316页，甘肃文化出版社，1998年。刘建丽先生引用《宋朝诸臣奏议》卷四五王襄《上钦宗论彗星》：“盖青唐之马最良。”又太平老人《袖中锦》称“西马”“天下第一”，当亦是指青唐等地的马。

② 《袖中锦》。

③ 《资治通鉴》卷二八〇。

④ 《永乐大典》卷一〇八七七《熙宁使虏图抄》。

⑤ 《新五代史》卷七二《四夷附录》，《资治通鉴》卷二八四。

⑥ 《栾城集》卷一六《赵君偶以微恙乘驼车而行戏赠二绝句》。

⑦ 《辽史》卷一三《圣宗纪》统和十四年十月。

集床子弩并砲手，皆攻城之具。"《辽史》卷四六《百官志》载有弩手军和砲手军。弩只能由步兵使用，弩手军当为步兵无疑。辽道宗时，耶律重元发动政变，"诱胁弩手军阵于帷宫外"，①可知此军时为宫帐护卫之一。宋朝对火药制造技术严格保密，"皆有制度作用之法，俾各诵其文，而禁其传"。②但火药制造技术还是传到北方辽朝。宋神宗熙宁时，河东经略司奏："北界人称燕京日阅火砲，令人于南界榷场私买硫黄、焰硝，虑缘边禁不密，乞重立告赏格。"③这条记载表明至晚到辽道宗时，辽朝也已掌握了火药制造技术，学会了使用火砲。故宋朝特别严禁硫黄和焰硝对辽出口。辽朝专设"砲手军详稳司，掌飞砲之事"，④这是人类军事史上最早的炮兵之一。火砲是用人力抛石机抛射火药球之类。辽帝"诏诸军砲、弩、弓、剑手以时阅习"，⑤还亲自"观汉军习砲射击刺"，⑥又诏"西京砲人、弩人教西北路汉军"，⑦可见砲手军和弩手军应由汉人组成。

《辽史》卷三四《兵卫志》说，"正军""人铁甲九事，马鞯辔，马甲皮、铁，视其力"。所谓"铁甲九事"，是指铁甲可分九个部件，而马甲依据马力，或是皮制，或是铁制。但辽军的铁甲显然是轻甲，不能与后来金军的重甲相比。宋人称金军"兜鍪极

---

① 《辽史》卷二二《道宗纪》清宁九年七月，卷一一二《耶律重元传》，卷一一四《萧胡覩传》。

② 《麈史》卷上《朝制》。

③ 《长编》卷二七五熙宁九年五月辛酉。

④ 《辽史》卷四六《百官志》。

⑤ 《辽史》卷一八《兴宗纪》重熙四年十二月。

⑥ 《辽史》卷一九《兴宗纪》重熙十四年十二月。

⑦ 《辽史》卷二六《道宗纪》寿隆（寿昌）元年九月。

坚，止露两目，所以枪箭不能入。契丹昔用棍棒击其头项面，多有坠马”。[①]说明在辽末抗金时，棍棒成了某种利器，而辽军的兜鍪自然不敌金军。

第三节　打草穀与后勤

辽军最初也有组织后勤供应者，辽太祖建国前，“大军久出，辎重不相属，士卒煮马驹、采野菜以为食，孳畜道毙者十七八，物价十倍，器服、资货委弃于楚里河，狼藉数百里”。[②]辽太宗天显十一年（公元936年）立后晋，在今太原一带，“契丹主虽军柳林，其辎重、老弱皆在虎北口，每日暝辄结束，以备仓猝遁逃”。[③]所谓“辎重”，也就是后勤供应。但辽军的经常情况是不组织后勤供应，按照辽朝军制，“人马不给粮草，日遣打草穀骑，四出抄掠以供之”。[④]《辽史》卷三四《兵卫志》说每名正军带“粆一斗”，“粆袋”一个，依日食二升计，[⑤]为五天干粮，而依日食二升半计，[⑥]则仅有四天干粮。故夏竦说辽军“糇粮不过数日，辎重不过数乘”。[⑦]仅带四五天的干粮，当然不能持久作战，为了

① 《会编》卷三〇沈琯与李纲书。

② 《辽史》卷一《太祖纪》。

③ 《资治通鉴》卷二八〇。

④ 《辽史》卷三四《兵卫志》。

⑤ 《梦溪笔谈》卷一一，《长编》卷三〇端拱二年四月，《历代名臣奏议》卷九〇吕颐浩奏。

⑥ 《温国文正司马公文集》卷四四《申宣抚权住制造干粮皱饭状》，《会编》卷五七《河东逢虏记》，《要录》卷一九二绍兴三十一年九月庚寅。

⑦ 《历代名臣奏议》卷三四二，《文庄集》卷一三《计北寇》。

维持战斗力，就只能“日遣打草穀骑，四出抄掠以供之”。

辽太宗灭后晋，“赵延寿请给上国兵廪食”，辽太宗说：“吾国无此法。”“乃纵胡骑四出，以牧马为名，分番剽掠，谓之‘打草穀’。”[①]宋人宋琪也强调辽军“馈饷自赍”。[②]“打草穀”在人烟稠密的中原地区有一定成效，但若敌方施行坚壁清野，就无法持续作战。辽兴宗时攻西夏，“悬兵深入，大掠而还”，[③]仍是实施“打草穀”。

随着时间推移，辽军也不得不加强后勤供应。辽圣宗统和四年（公元986年）五月，“诏（耶律）休哥备器甲，储粟，待秋大举南征”。[④]辽兴宗时攻西夏，辽军“自河南进，战舰、粮船绵亘数百里”。[⑤]辽道宗咸雍时，“阻卜叛”，“初军出，止给五月粮，过期粮乏，士卒往往叛归”。[⑥]在荒凉的蒙古高原，根本不可能实行所谓“打草穀”，尽管已准备“五月粮”的供应，却仍不足以支持对阻卜的战争。辽末对女真人作战，天庆五年（公元1115年），“自长春州分道而进，发数月粮”。[⑦]

为了对付阻卜等族，大致自辽圣宗统和时，特别应是齐妃萧胡辇西征，建可敦城之后，“西北之众，每岁农时，一夫侦候，一夫治公田，二夫给紏官之役。当时沿边各置屯田戍兵，易田积谷，以给军饷”。“在屯者力耕公田，不输税赋，此公田制也。余

① 《资治通鉴》卷二八六。
② 《宋史》卷二六四《宋琪传》。
③ 《辽史》卷八七《萧蒲奴传》。
④ 《辽史》卷一一《圣宗纪》。
⑤ 《辽史》卷九三《萧惠传》。
⑥ 《辽史》卷九三《萧迂鲁传》。
⑦ 《辽史》卷二八《天祚皇帝纪》。

民应募，或治闲田，或治私田，则计亩出粟，以赋公上。”辽朝在西北屯垦，按经济学的观点看来，“治公田”其实可能是纳劳役地租，而“治闲田”和“治私田”，“计亩出粟”，其实大约是纳实物地租。辽圣宗“命耶律唐古劝督耕稼，以给西军，田于胪朐河侧”。[①]

辽朝也组织了兵器的生产。如韩资道在辽道宗“清宁初，以荫授银青崇禄大夫、检校国子祭酒、行右卫率府副率”，“旋加礼宾副使，次授供军副使，至于督工役，造戎器，周旋二稔，其功著矣。续迁六宅副使、检校工部尚书、宣省市买都监”。[②]

① 《辽史》卷五九《食货志》，卷九一《耶律唐古传》，卷一〇四《耶律昭传》。

② 《全辽文》卷八《韩资道墓志铭》。关于辽军的后勤，参见费国庆先生《辽朝的“打草穀”问题》，《辽金史论集》第1辑。

金朝军制

自　　序

相当于西元十世纪至十三世纪的中国，并存着辽、五代十国、宋、西夏、金、西辽、西州回鹘、于阗、喀喇汗、吐蕃、大理等多个政权。有的学者认为，这是中国东部又一个南北朝时代，此说是不错的。其中经济、文化发展水平最高者，自然是汉族建立的宋朝；而武力最强者，则是契丹族作为统治民族的辽朝，女真族作为统治民族的金朝。

尽管古今王朝的兴废，疆土的广狭，变迁甚大，按照惯例，上述在今日中国疆域中存在过的政权，其历史都只能属中国悠久的古代史的一部分，是无可置疑的。其实，元代修撰正史，即同时有《辽史》、《宋史》和《金史》三史问世，即是代表了当时中国大一统的观点。如今《辽史》、《宋史》和《金史》都已在中国古代二十四史之列。

即以民族发展演变而论，历史上的契丹人、女真人等虽已消失，其后裔却与汉人融合，成为现代汉人的一部分。至于女真人中很落后的一支，金时并未迁入中原，其后裔又成为今日中国之满人。

总之，辽史、金史等不可能从中国古代史中分割出去，只能成为中国古代史的一个组成部分。

由于中国的历史太悠久，资料太丰富，欲深入治史，似非分断代研究不可。从近数十年的研究状况看，辽金史研究和宋史研究分家而治的趋向，已相当明显。但依我个人之见，辽宋金史似以兼治为上，分治为下。

若将辽宋金史作为中国一个断代史的整体看，今存史料的分布极不平均，其中绝大部分史料集中于宋朝。故治辽金史者，必然以其记述之略为苦；而治宋史者，又必然以其载籍之繁为难。不像隋以前的南北朝，北朝和南朝的传世史料大致上是均衡的，不存在偏重偏轻的问题。

由于辽史、金史等史料相当单薄，甚至过于单薄，若仅就《辽史》等少量史料研究辽史，《金史》等少量史料研究金史，便无异于画地为牢，作茧自缚，势必极大地限制研究者的视野。

事实上，研究宋史的不少课题可以完全无须求助于辽金史方面的知识；反之，研究辽史、金史等，却必须求助于唐、五代、元史知识，特别是宋史知识。辽金史研究者不仅应当广泛翻阅丰富的宋人记载，从中网罗有价值的辽金史资料，而且在更高的层次上，似可选择若干互相贯通的课题，进行综合的深入的比较研究。

目前的研究工作，远未达到将宋人记载中的辽金史资料搜剔无余的地步。陶晋生、王民信两位学者编《李焘续资治通鉴长编宋辽关系史料辑录》三册，是做了一件很有意义的工作，可惜此书在中国大陆流传不广，笔者个人亦未能见到。李焘《续资治通鉴长编》其实也是一部重要的辽史资料。例如此书记载辽道宗时，已在“燕京日阅火砲，令人于南界榷场私买硫黄、焰硝”。这是辽史和中国火药发展史的一条重要史料。第一，它证明辽朝当时已掌握火药制造技术，从而填补辽朝是否有火药的空白。第二，它证明金人之火药制造技术最初应得之于辽，这可与金人攻宋之初便使用火砲的记载互相印证，从而否定了不少学者关于金之火药得自于宋的旧说。又如《宋史》卷一五四《舆服志》"亡金国宝"所载金朝御玺、金牌等制，也足可补充《金史》等记载之不足。

由此可知，从宋人记载中挖掘辽金史资料，是一项不可轻视或忽视的工作。如果说陶晋生、王民信先生做了一件功德事，亦须其他学者继乎其后。

近年来，中国大陆有一些学者提倡比较史学。比较，当然是一种重要的研究方法。就远距离而言，可以有中国与印度的比较，中国与西亚的比较，中国与欧洲的比较，等等。就近距离而言，自然可以有辽与宋，辽与金，宋与金之比较。比较的前提，是对具体比较对象有深入的研究。若无深入的研究，比较只能是一种肤浅的、缺乏真知灼见的比较。

由于辽金史研究史料之单薄，比较研究似更为重要。比较研究和兼治，其实是同一问题的两种不同说法。他山之石，可以攻玉。治辽金史者若不以广泛查阅宋史史料为满足，而能同时开展若干宋史课题的研究，便有可能触类旁通，举一反三，从而有助于在辽金史研究方面取得新的进展或突破。

从中国大陆辽金史研究的现状看来，兼治宋史，无疑是一条提高研究水平的重要出路。当然，上述说法也绝不排除进行考古发掘，对契丹文、女真文等死文字进行研读的重要性。

我个人原先专治宋史，一直认为自己对宋史研究的大部分领域尚处于知之甚少或无知的状态，何暇兼治辽金史。但近年以来，工作上的关系，迫使我对辽金史的研究现状作了一些调查，参加了某些涉及辽金史的工作。此后，自己对辽金史也有了一些兴趣，便开始陆续撰写一些辽金史的论文。

我个人对金朝军制有所了解，是始于《岳飞新传》的写作。因为岳飞的传记，就是一个必须兼顾金史的研究课题。因撰写的需要，我不得不阅读《金史》等史料，力求多了解一些金朝政治史、军事史、经济史，包括社会性质、奴隶制、女真社会习俗、官制、军制等等。我深感不懂得一点金史，岳飞的传记实难下笔。现在看来，《岳飞新传》对金朝军制的介绍，也有欠缺之处。例如此书上海人民出版社版第270页注⑩说金军有四级编制，这就反映了自己当时的知识水平，其实应以六级编制单位为妥。

吾师邓广铭先生和周一良先生几年前有一个研究中国历代政治军事制度的计划，邀我参加，并要我自报项目。我考虑宋史学者参加此项计划者不少，便自报了一个金朝军制的项目。

我所以自愿承担这个研究课题，一是对金朝军制已有一个初步的轮廓式的了解，二是有了撰写《宋朝兵制初探》一书的经验和教训。

在史学家眼里，兵制和军制两词并无差异，但是，因中国大陆目前已对军制学作了较系统的研究，并出现了如《国家军制学》一类著作。为规范化起见，此项目便改用“军制”一词。

承担金朝军制的研究项目，尽管自己并非全无把握，但也并非轻而易举的工作。我为此不得不重新阅读《金史》，并查阅了其他有关史料，抄录资料卡片。我个人不懂女真文，也不时请教大学时代的同学刘凤翥先生，并得到了他的帮助。本书对女真词汇所作的解释，是全部得自他的指点，谨公开表示谢意。

到1988年，《金朝军制》10万字稿已经完成，并且附带产生了一项副产品即“金朝都元帅府和枢密院长贰年表”的草稿。在我定稿后不久，邓广铭先生通知我，说他原先的计划已经放弃，所有参加者的研究成果只能自找门路出版。于是，我下决心对原稿进行修改和扩充，争取单独出书。

古语云：“仁者见仁，智者见智。”同是历代军制研究，历史学家和军制学家所注重的角度是不同的。记得王戎笙先生有一次半开玩笑地说：“搞历史的有一种职业病，就是考证。”治史者总是喜欢根据不同记载，考订真伪，弄清楚某件事的来龙去脉。军制学家则往往更着意于一代军制的理论体系及论述的系统性、完整性。

作为现代的研究者，在军制学理论大大向前发展的今天，不应当食古不化，不应当将自己的认识水平，停留在《金史·兵志》修纂者的水平上，裹足不前。故本书的撰写，在主观意图上，是力求既考虑现代军制学理论的系统性和完整性，又兼顾历史上一些名词、事物和制度源流本末的考证。事实上，由于史料的局限，由于个人能力的菲薄，将上述两个目标予以有机结合，以臻完美，是绝无可能的。我个人可以保证的，是尽心竭力地研究，严肃认真地写作。至于此书之成败得失，只能留给专家学者们评议了。

《金朝军制》一书不可能是平地起家的，它必然要参考或吸收中外学者以往的研究成果。在近代的研究成果中，专论金朝军制者，有日本箭内亘的《辽金乣军及金代兵制考》；以相当大的篇幅论述金朝军制者，有三上次男的《金史研究》；其他学者的论著并非专门讨论金朝军制，却已涉及其若干问题或方面。至于论文，较多地集中于乣（糺）和乣军的讨论，还有一些考古发掘的文字。

总的看来，现有金朝军制的研究成果已有一定的数量和质量。但从必须照顾现代军制学理论的系统性和完整性的角度着眼，显然仍须做相当多的拾遗、补阙以至开拓性的研究工作。

在金朝军制的研究中，人们论述较多的，有勃极烈、猛安谋克及乣与乣军三个问题。这三个问题都不可能单纯地划入金朝军制研究的范畴，还包括女真人、金朝社会史、军事史、官制史等范畴的问题。乣和乣军又跨越了辽金元三代。我个人对猛安谋克能否称为猛安谋克制，勃极烈能否称为勃极烈制，也持有与一些学者不同的看法，并在本书第一章第一节、第五章第一节和第八章第四节中，作了一些新的论证。但本书对上述三个问题侧重于从金朝军制的角度进行讨论和介绍，而并未作全面的论述。其论证是否允当，也期待专家学者们的批评指正。

后记：趁《辽金军制》合并出版之际，笔者审读了《金朝军制》第二版，作了若干补充，并更正一些错字和标点。

王曾瑜

2010年10月

第一章　从中央辅政勃极烈制到元帅府和枢密院

金朝是由女真族作为统治民族的多民族国家，女真族勃兴于白山黑水之间，灭辽破宋，很快建成雄踞东亚的强大帝国。但女真民族原先毕竟是一个落后民族，金朝中央军事机构的演变，实际上是女真族吸收辽、宋先进文明，逐步实现汉化的一个侧面。汉化是指女真族采用租佃田地、收取地租的生产方式等，涉及了广泛的方面。金朝中央军事机构大致上经历了从中央辅政勃极烈制到元帅府和枢密院的演变。

第一节　中央辅政勃极烈制

金朝虽以武立国，在开国前后，实际上并无专门的中央军事机构。金太祖完颜旻（阿骨打）即是最高统帅。“国有大事，适野环坐，画灰而议，自卑者始，议毕，即漫灭之，人不闻声，其密如此。将行军，大会而饮，使人献策，主帅择焉。其合者，即为特将，任其事。”[①]这种处分军国大事的方式，颇有原始社会部

---

① 《三朝北盟会编》（以后简称《会编》）卷三。

落议事会的遗风，简便而有效。

女真语中的“勃极烈”，其歧译为“孛堇”，汉语可译为官长、官人、部长等，这是作为女真人后裔的满人早已指出的。[①]从当时的记载看，例如金将完颜娄室，宋人或称“娄宿孛堇”，或称“娄室勃极烈”，他率军攻宋朝怀州时，在劝降文牒中的官衔为“先锋都统勃极烈”。[②]金使兀林荅赞谟（乌陵思谋）“小名撒卢母”，宋人或称“孛堇撒卢母”，或称“撒卢母孛极烈”。[③]勃极烈系泛称，在金军中，下至十夫长、五夫长，均称勃极烈。[④]完颜宗望（斡离不）引军初攻开封，移牒宋廷，称“先摘令从军孛堇吴孝民持白札子，专去闻奏”。[⑤]金将完颜希尹（谷神、兀室、悟室、骨捨）向宋官范仲熊劝降，“以宣和殿学士、宿弥离勃极烈官诰一道授仲熊”。[⑥]由此可见，勃极烈，即孛堇一词，表明其不同于民庶之官长身份，甚至汉人亦可拥有此种头衔，仅有此种头衔尚非十分尊贵。

金朝建国前，“太祖称都勃极烈，与撒改分治诸部，匹脱水以北太祖统之，来流水人民撒改统之”，撒改的头衔汉语译为“国相”，应即是国论（国）勃极烈，两人为女真族之最高首领。[⑦]

---

① 《金史》卷四四《兵志》、卷五五《百官志》，《会编》卷三，《钦定金史语解》卷六，《癸巳存稿》卷三《贝勒》。

② 《会编》卷六一《北记》，《宋朝南渡十将传》卷三《李显忠传》。

③ 《会编》卷六三《要盟录》，卷六八《宣和录》，卷一七八《金虏节要》。

④ 《会编》卷三。

⑤ 《会编》卷二九。

⑥ 《会编》卷六一《北记》。

⑦ 《金史》卷七〇《撒改传》。

都勃极烈之“都”，若作女真语单译，乃“高”之意。[①]但更可能即是借用汉语之“都”字。

金朝建国后，很快建立了中央辅政勃极烈制，凡是参预辅政的要员，在勃极烈头衔之上冠以谙版（大）、国论、乙室、移赉、忽鲁、阿买、阿舍、昃、迭、札失哈等名号。《金史》卷一三五《金国语解》对此类名号大多作了译注，但译注不一定准确。设置此类名号，自然是为区别于作为官长泛称之众勃极烈，以显示其特殊的尊贵地位。

其中“国论”一词，又往往与其他名号重叠使用，如完颜撒改任国论忽鲁勃极烈，完颜阿里合懑任国论乙室勃极烈。[②]但有时“国论”一词又可省略，如完颜杲（斜也）任国论昃勃极烈，[③]而《金史》卷二《太祖纪》天辅五年（公元1121年）记事简称“昃勃极烈”。完颜宗翰之任官，《金史》纪传均为“移赉勃极烈”。[④]而《大金吊伐录》上载宋金往来文件，或称“骨卢你（国论）移〔赉〕勃极烈”，或称“移〔赉〕勃极烈”。宋方记载，如《三朝北盟会编》卷三作“阿卢里移赉孛极烈”，卷四五《金虏节要》作“骨卢你移赉孛极烈”，《松漠记闻》卷上作“阿卢里移赉孛极烈”，《靖康稗史·开封府状》作“骨卢你移赉勃极烈”。以上为中央辅政勃极烈成员名号有时可以省略“国论”一词的例证。依此类推，则其他中央辅政勃极烈成员之名号全称，也可能

① 笔者不懂女真文，本书对女真词汇之解释，由学兄刘凤翥先生提供帮助，此后不另作注释。

② 《金史》卷二《太祖纪》，卷七〇《撒改传》，卷七三《阿里合懑传》。

③ 《金史》卷二《太祖纪》，卷七六《杲传》。

④ 《金史》卷二《太祖纪》，卷三《太宗纪》，卷七四《宗翰传》。

都冠以“国论”一词，意为金朝国家之最高官长。

反之，国论某勃极烈有时也可略称国论勃极烈，而汉语都可译为国相。天辅五年（公元1121年），完颜杲（斜也）任忽鲁勃极烈，而有的记载又称他是国论勃极烈，实际上，其全称应是国论忽鲁勃极烈。[①]宋方记载称他为金太祖“弟固论国相字极烈”，[②]金太祖“遣其弟固论相国勃极烈及小国王等军破（辽）中京”，[③]宋使“赵良嗣等至阿骨打驻帐处”，“至其弟固论国相所居”。[④]更明显的例证是国论移赉勃极烈完颜宗翰（粘罕）。宋方记载称，“金人败盟”，“其一以国相粘罕为帅”。[⑤]金使萧三宝奴夸张金军兵力，说：“河东国相二十万，皇子郎君一头项三十万。”[⑥]金使萧庆称完颜宗翰为“国相元帅”。[⑦]宋使聂昌往金营，金人“引见国相，昌曰：‘国相，金国何人也？’（閤门）舍人曰：‘宰相元帅。’”[⑧]

总之，因金朝以武立国，故中央辅政勃极烈成员，实际上可视为最高统帅部成员，汉语往往可译为国相或宰相。中央辅政勃极烈制保留了部落贵族会议的遗迹。但是，随着金朝占领地的扩大，为适应灭辽破宋战争之需要，金朝又很快设置了专门的军事机构。

---

① 《金史》卷二《太祖纪》，卷三《太宗纪》，卷七六《杲传》，卷八四《昂传》。

② 《会编》卷五。

③ 《会编》卷七。

④ 《会编》卷一二。

⑤ 《会编》卷二五。

⑥ 《会编》卷二九《奉使录》。

⑦ 《会编》卷五五《和议日录》。

⑧ 《会编》卷六七《宣和录》。

收国二年（公元1116年）五月，金太祖命完颜斡鲁攻占辽东京辽阳府，“为南路都统、迭勃极烈”。[①]都统的官衔，显然是沿袭辽制。[②]天辅五年（公元1121年）七月，“命昃勃极烈（完颜）昱（蒲家奴）为都统，移赉勃极烈（完颜）宗翰副之，帅师而西”，“以雨潦不果行”。十二月，“以忽鲁勃极烈（完颜）杲为内外诸军都统，以（完颜）昱、宗翰、宗幹（斡本）、宗望（斡离不）、宗磐（蒲鲁虎）等副之”，大举攻辽。[③]从中央辅政勃极烈成员兼任都统，到内外诸军都统一职之设置，实为金初军事领导体制演变的第一步，表明中央辅政勃极烈制的军事职能，已被内外诸军都统所取代。

应当附带指出，最初由日本学者提出勃极烈制的概念，[④]有的中国学者亦加以沿用。[⑤]其实，如本节前已指出，勃极烈，即孛堇一词，仅表明其不同于民庶之官长身份，勃极烈之地位可高可低，上至中央辅政者，下至五夫长等，皆称勃极烈。勃极烈仅是名词，不成其为制度。若要称之为制度，似以用中央辅政勃极烈制一词，方可名实相符。

---

① 《金史》卷二《太祖纪》，卷七一《斡鲁传》。

② 如《辽史》卷一〇《圣宗纪》，统和三年，“耶律斜轸为都统”，“以兵讨女直”。

③ 《金史》卷二《太祖纪》。按《金史》卷六五《蒲家奴传》，卷七四《宗翰传》、《宗望传》，卷七六《宗磐传》、《杲传》、《宗幹传》都不载完颜宗望任副都统事，疑《太祖纪》有误。又《宗磐传》载完颜斡鲁为副都统，疑误。

④ 见三上次男先生《金史研究》。

⑤ 见蔡美彪先生等《中国通史》第6册第242页。

第二节　都元帅府

金太宗天会三年（公元1125年）十月，“诏诸将伐宋，以谙班勃极烈（完颜）杲（斜也）兼领都元帅，移赉勃极烈（完颜）宗翰（粘罕）为左副元帅，先锋经略使完颜希尹（谷神、兀室、悟室、骨捨）为元帅右监军，左金吾上将军耶律余覩为元帅右都监”。天会四年（公元1126年）六月，“以（完颜）宗望（斡离不）为右副元帅”。天会五年（公元1127年）四月，“以六部路都统（完颜）挞懒（昌）为元帅左监军，南京路都统（完颜）阇母为元帅左都监”。六月，完颜宗望病死。八月，“以（完颜）宗辅（讹里朵、窝里嗢）为右副元帅”。[①]《三朝北盟会编》卷四五《金虏节要》说：“斡离不初寇燕山，粘罕初寇河东，称都统府，至是改曰元帅府，乃刘彦宗之建议也。”此书所载都元帅府七个成员与《金史》所载相同，唯称此七人乃同时任命，系误。

据《金史》卷五五《百官志》，都元帅为从一品，左、右副元帅为正二品，元帅左、右监军为正三品，元帅左、右都监为从三品，各一员，这并非初设元帅府时之定制。完颜杲（斜也）以谙版勃极烈，即皇储兼都元帅，看来并无官品，若有官品，就不可能是从一品。

金朝都元帅府有以下特点：第一，都元帅府不一定是统一的

① 《金史》卷三《太宗纪》。《大金吊伐录》上所载宋金往返文件中之官衔与《金史》契合。

中央军事机构，都元帅也不一定是握有实权的军事统帅；第二，都元帅府的七个成员并非一定满员，时或出现空缺；第三，元帅府所在地经常变动，左副元帅以下亦可单独设府，故元帅府的数额可在一个至七个之间，多少不等。

最初，金太宗弟完颜杲（斜也）以谙版勃极烈，即皇储的身份“领都元帅”，“与宗幹（斡本）俱治国政”，“居京师”，即会宁府。[①]他远离前线，并不负责战场指挥，故都元帅事实上便成虚衔。负责对宋作战前线军务的实权人物是左副元帅完颜宗翰（粘罕）和右副元帅完颜宗望（斡离不），“东路之军斡离不主之，西路之军粘罕主之，虏人呼作东、西军”，对金廷和都元帅府有很大的独立性。[②]完颜宗望死后，完颜宗翰更为“专权”，金太宗“不能令”。[③]据宋人记载，元帅右监军完颜希尹（谷神、兀室、悟室、骨捨）“与粘罕至相得”，两人同在左副元帅府中，“至于兵事，骨捨又专之，粘罕总大纲而已”。[④]完颜杲（斜也）于天会八年（公元1130年）病死，都元帅职位便空缺一段时期。

天会十年（公元1132年），左副元帅完颜宗翰（粘罕）升都元帅，实际上是明升暗降，借以削除其兵柄。[⑤]天会十一年（公元1133年）和十二年（公元1134年）间，完颜宗翰接受伪齐的建议，主张由海道攻宋，却被地位较低的左副元帅完颜宗辅（讹

① 《金史》卷七六《杲传》。

② 《会编》卷四五《金虏节要》。

③ 《建炎以来系年要录》(以后简称《要录》) 卷六建炎元年六月己卯。

④ 《会编》卷六一《北记》。

⑤ 宋方记载，如《要录》卷八四绍兴五年正月，卷一一一绍兴七年夏注引《金中杂书》说完颜宗翰在金熙宗即位后“拜都元帅”，今据《金史》卷三《太宗纪》。

里朵、窝里嗢）和元帅左都监[①]完颜宗弼（兀术）所否决。海道与陆路之争，标志着完颜宗翰（粘罕）进一步失势，宋方记载称他与完颜希尹（谷神、兀室、悟室、骨捨）“由是失兵柄”。[②]金熙宗即位后，完颜宗翰（粘罕）被免去都元帅之职，“以相位易其兵柄”，[③]而都元帅的职位空缺四年。天会十三年（公元1135年），左副元帅完颜宗辅（讹里朵、窝里嗢）病死，其职位也空缺两年。

天会十五年（公元1137年），完颜昌（挞懒）自右副元帅迁左副元帅，[④]完颜宗弼（兀术）自元帅左监军迁右副元帅。右副元帅完颜宗弼（兀术）于天眷二年（公元1139年）迁都元帅，他作为金朝第三任都元帅，[⑤]与前两任不同。他总揽军政大权，全权负责前线军务，长达十年。《金史》卷四四《兵志》说：“金制，都

① 《要录》卷五二绍兴二年春，卷七一绍兴三年，卷七三绍兴四年二月辛丑，卷七四绍兴四年三月辛亥朔载完颜宗弼任元帅右都监，而同书卷五八绍兴二年秋，卷八〇绍兴四年九月乙丑作元帅左都监。按耶律余覩于天会十年，即绍兴二年叛变前，一直任元帅右都监，故完颜宗弼应任元帅左都监。

② 《要录》卷八〇绍兴四年九月乙丑，《金史》卷七四《宗翰传》、卷七七《刘豫传》。

③ 《会编》卷一六六《金虏节要》。

④ 《要录》卷八〇绍兴四年九月乙丑，卷八一绍兴四年十月甲辰，卷八三绍兴四年十二月戊子、庚子。《会编》卷一六二《绍兴甲寅通和录》载，金熙宗即位前，完颜昌自元帅左监军“权右副元帅”。《金史》卷七七《昌传》：“后为右副元帅，天会十五年，迁左副元帅。”同书卷四《熙宗纪》载，当年十月，“以元帅左监军挞懒为左副元帅”，其升迁前之军职系误。

⑤ 《会编》卷一九七《神麓记》、《征蒙记》，卷二一五《征蒙记》说完颜昌曾任都元帅。据《金史》卷四《熙宗纪》、卷七七《昌传》，《满洲金石志》卷三《贞宪王完颜希尹神道碑》，《要录》卷一三〇绍兴九年七月己卯朔，完颜昌生前最高军职应为左副元帅，故完颜宗弼为金朝第三任都元帅。

元帅必以谙版孛极烈为之，恒居守而不出。”其实，以谙版勃极烈兼任都元帅者，仅完颜杲（斜也）一人而已，完颜宗翰（粘罕）“为国论右勃极烈，兼都元帅”。[①]完颜宗弼（兀术）任都元帅时，金朝已废除中央辅政勃极烈制。至于“恒居守而不出”，也仅适用于前两任。完颜宗弼是亲自统兵出战者。金熙宗年幼登基，长期“临朝端默”，[②]在相当程度上听凭这位叔父处置军国大事。

完颜宗弼（兀术）死于皇统八年（公元1148年）。[③]他死后两年之内，金朝政局激烈动荡，发生了金海陵王完颜亮取代金熙宗之政变。前后五任都元帅为完颜宗贤（赛里）、完颜亮、完颜宗敏（阿鲁补）、完颜宗贤（第二次复任）和完颜兖（梧桐）。金海陵王发动政变时，完颜宗贤为左丞相、兼都元帅，完颜宗敏为左副元帅、领行台尚书省事，都被杀死。[④]完颜兖为金海陵王之弟，他在其兄称帝三月后任都元帅，为时九个月，金海陵王即下令废都元帅府，改设枢密院。

在此还须交待一下金初元帅府的设置地点。最初，除都元帅府设于京城会宁府外，左、右副元帅分别设于西京大同府和燕京析津府。完颜宗翰（粘罕）围攻宋太原府时，“于城外旧城筑而居之，号曰元帅府，尽陷属县，运刍粟，为久居之计”，[⑤]左副元

---

① 《金史》卷三《太宗纪》，卷七四《宗翰传》。

② 《金史》卷六三《熙宗悼平皇后传》。

③ 关于完颜宗弼卒年，《会编》卷二一五、《要录》卷一五四为绍兴十五年，即皇统五年十月，与《金史》卷四《熙宗纪》、卷七七《宗弼传》所载差三年。

④ 《金史》卷六九《宗敏传》，卷七〇《宗贤传》。

⑤ 《会编》卷四二。

帅府无非是随他本人而迁徙。天会九年（公元1131年），他又下令“尽迁祁州居民，以其城为元帅府”。[①]当时元帅左监军完颜昌（挞懒）“久居潍州”，[②]实际上是以潍州作为其元帅府所在地。天会十年（公元1132年）秋，金太宗南下中京大定府等地，时任都元帅的完颜宗翰，还有右副元帅完颜宗辅（讹里朵、窝里嗢）、“右监军希尹、左都监宗弼皆会”，而“左监军昌守祁州”。[③]此后，完颜昌一直以祁州为帅府，[④]而完颜宗弼则先后以黎阳和燕京析津府作为帅府所在地。[⑤]

天会十五年（公元1137年），完颜拔离速（拔束）“为元帅左都监”，“居太原府陈村新城”，大臬（挞不野、挞不也）“为元帅右都监”，“居河间府新城”，亦以两地为其帅府。[⑥]天眷元年（公元1138年），元帅右监军完颜杲（撒离喝）“屯长安”，元帅左都监完颜拔离速“屯凤翔”。[⑦]天眷二年（公元1139年），完颜宗弼的右副元帅府自开封府迁至祁州，后升都元帅府，成为此后对宋作战的大本营。[⑧]此外，当时金朝元帅府成员还有每年在北方

① 《要录》卷四七绍兴元年秋。

② 《会编》卷一九七《金虏节要》。

③ 《要录》卷五八绍兴二年秋。

④ 《要录》卷七七绍兴四年夏，卷九〇绍兴五年夏，卷一〇九绍兴七年春。

⑤ 《要录》卷九〇绍兴五年夏，卷一〇五绍兴六年九月庚寅，卷一〇九绍兴七年春。

⑥ 《会编》卷一八二《金虏节要》，《要录》卷一一七绍兴七年十一月乙巳。

⑦ 《要录》卷一一八绍兴八年正月。

⑧ 《会编》卷一九七《金虏节要》、卷二〇二汪若海札子，《要录》卷一二七绍兴九年三月丙申、卷一二九绍兴九年六月乙亥、卷一三一绍兴九年八月戊午、卷一三五绍兴十年五月丙戌。

避暑之习惯。[①]

皇统元年（公元1141年）宋金和议后，完颜宗弼长期任都元帅、领行台尚书省事，其都元帅府常设于开封府，而弟完颜宗敏（阿鲁补）后“拜左副元帅、兼会宁牧”，其左副元帅府反而设于上京会宁府。[②]完颜宗弼死后，看来都元帅府已移至上京，但右副元帅完颜杲（撒离喝）“久握兵在外”驻守河中府，他后升左副元帅，与元帅左监军、后升右副元帅的大臭（挞不野、挞不也）驻守开封府，分别兼行台左、右丞相。[③]

由于金朝元帅府的数额可多可少，其名称当依开府者的官衔而定。《山右石刻丛编》卷一九《赵城洪洞水利碑》载，在天眷二年（公元1139年），“当年四月九日，洪洞县人户张方等经元帅监军行府状告府判官高金部定水不均”。当时元帅左监军是完颜阿离补，他大约随从右副元帅完颜宗弼，未单独设府，而元帅右监军完颜杲（撒离喝）则在河中府，[④]管辖河东路，故碑文中称为“元帅监军行府”。

① 如《要录》卷七七绍兴四年夏：“金左副元帅宗维（宗翰）、右监军希尹自雲中之白水泊，右副元帅宗辅自燕山之望国崖，左监军昌自祁州之麻田大岭避暑。”据《要录》卷三三建炎四年五月丁未，望国崖在儒州望雲县，又据《辽史》卷四一《地理志》、《金史》卷二四《地理志》，儒州应为奉圣州。《会编》卷一九七《金虏节要》说麻田大岭在蔚州。

② 《金史》卷六九《宗敏传》。

③ 《金史》卷五《海陵纪》，卷八〇《大臭传》，卷八四《杲传》。

④ 《金史》卷四《熙宗纪》，卷八〇《阿离补传》，卷八四《杲传》。《杲传》载“天会十四年，为元帅右监军”，天眷三年宋金再战时，“撒离喝自河中出陕西”。《会编》卷一六六《金虏节要》、《要录》卷八四绍兴五年正月则说天会十三年金熙宗即位时，完颜杲升元帅右监军。

第三节　枢密院和都督府

金太祖时，“始用辽南、北面官僚制度”。[1]金初枢密院即是南面官。天辅六年（公元1122年）正月，内外诸军都统完颜杲（斜也）“定中京”后，辽降官韩企先“擢枢密副都承旨”。[2]金太祖“定燕京”后，于天辅七年（公元1123年）“始用汉官宰相左企弓等，置中书省、枢密院于广宁府”，“尚踵辽南院之旧”，“而朝廷宰相自有女直官号”，[3]即仍沿用中央辅政勃极烈制，形成金朝初年的南、北面官制。

金军攻宋时，“东路斡离不（完颜宗望）建枢密院于燕山”，“西路粘罕（完颜宗翰）建枢密院于雲中”，“虏人呼为东朝廷、西朝廷”。[4]两枢密院乃是从属于左、右副元帅府下的行政机构。完颜宗翰任都元帅后，据宋方记载，天会十二年（公元1134年），金朝“迁西京枢密院于归化州”。[5]金太宗时规定：“枢密院置使、副、签书院事。”[6]但由辽降金的刘筈，在天会时任“直枢密院事”。这是沿用辽制，而按照辽制，直枢密院事的官位尚在枢密

① 《金史》卷七八《韩企先传》赞。

② 《金史》卷七八《韩企先传》。

③ 《金史》卷五五《百官志》，卷七八《韩企先传》。

④ 《会编》卷四五《金虏节要》。

⑤ 《要录》卷七七绍兴四年夏。

⑥ 《要录》卷八四绍兴五年正月，《中兴小纪》卷一八，《大金国志校证》卷九。参见拙作《金熙宗“颁行官制”考辨》，载《点滴编》，河北大学出版社，2010年。

直学士之下，[①]可知直枢密院事是更低等的长官。

金熙宗即位后，完颜宗翰（粘罕）罢都元帅，改领三省事，他所属的西枢密院可能即被撤销。天眷元年（公元1138年）九月，金熙宗下令“改燕京枢密院为行台尚书省”。[②]

金海陵王为加强中央集权，又于天德二年（公元1150年）“改都元帅府为枢密院”，作为最高军事机构，这与金熙宗以前枢密院的性质完全不同。金海陵王以其弟都元帅完颜兖（梧桐）改任枢密使，元帅左监军完颜昂（奔睹）改任枢密副使。时左副元帅完颜杲（撒离喝）已被杀，右副元帅大臭（挞不野、挞不也）改任右丞相、兼中书令，而削除兵柄。[③]另一元帅左监军完颜活女（鹘眼）“改安化军节度使”，[④]元帅右监军完颜彀英（挞懒）“改山西路统军使”，[⑤]元帅左都监徒单合喜改任陕西统军使，[⑥]元帅右都监完颜谋衍改任顺天军节度使，[⑦]都降格任用。

据《金史》卷五五《百官志》载，枢密院长官设枢密使一员，从一品，枢密副使一员，从二品，签书枢密院事一员，正三品，同签枢密院事一员，正四品。事实上，在金海陵王时，可能

① 《金史》卷七八《刘筈传》,《考古》1980年第5期第463—464页《张俭墓志铭》。

② 《金史》卷四《熙宗纪》。又《山右石刻丛编》卷一九《赵城洪洞水利碑》:“至天眷元年四月八日，准奉枢密院上畔元帅府札子。”《要录》卷一一八作当年正月撤销枢密院，时间有误。

③ 《金史》卷五《海陵纪》，卷七六《兖传》，卷八〇《大臭传》，卷八四《杲传》、《昂传》。

④ 《金史》卷七二《活女传》。

⑤ 《金史》卷七二《彀英传》。

⑥ 《金史》卷八七《徒单合喜传》。

⑦ 《金史》卷七二《谋衍传》。

只置前三员，见于史籍的签书枢密院事有南撒（完颜南撒?）、白彦恭（遥设）和高景山三人。[1]

金海陵王于正隆末大举侵宋，却并未恢复元帅府的统兵体制。当时分兵四路，仅在金海陵王亲征军中设都督府，枢密使完颜昂（奔睹）任左领军大都督，纥石烈良弼（娄室）任右领军大都督，李通任左领军副大都督，乌延蒲卢浑任右领军大都督，徒单贞（特思）任左领军监军，徒单永年任右领军监军，许霖任左领军都监，蒲察斡论任右领军都监。金海陵王采用各族人士兼用的原则，这与以往元帅府大致上以清一色女真贵族统兵的情况，颇有不同，而渤海人李通“为谋主”。[2]其他三路金军之都统制不兼都督府长官之头衔，都督府事实上也不负责其他三路军事，仅为直属于金海陵王之亲征军统兵机构。故都督府之设置，并不意味着恢复昔日都元帅府之事权。当然，都督府后六名成员，即左、右副大都督，左、右监军和左、右都监的官衔，与昔日都元帅府的左、右副元帅，左、右元帅监军和左、右元帅都监的官衔相较，也显然可以看出有因袭的成分。

① 《金史》卷五《海陵纪》贞元元年、正隆六年，卷八四《白彦敬传》。

② 《金史》卷五《海陵纪》，卷一二九《李通传》。据《会编》卷二四一《中兴遗史》、卷二四六，《要录》卷一九五绍兴三十一年十二月己亥朔载，金海陵王和李通、徒单永年因兵变被杀后，都督府成员名单为“银青〔荣〕禄大夫、右领〔军〕都监、开国公蒲察，龙虎卫〔上〕将军、〔左〕领军都监徒单，右领军监军，崇进、左领军监军、〔潘〕国公徒单，仪同三司、右领军副都督、〔豳〕国公，银青荣禄大夫、右领军大都督、开国公，太保、左领军大都督、齐国公”。以上官衔中除去左副大都督李能，据《金史》卷一三二《完颜元宜传》载，他发动兵变后，“行左领军副大都督事”，疑《中兴遗史》有遗漏。时右领军监军一官空缺，而左领军都监许霖已罢官。

此外，当时枢密副使白彦恭还出任北面行营都统，率兵镇压契丹族起义。①

都督府的设置期限前后仅三个月，随着金海陵王的失败，便自行消亡。

第四节　金世宗和金章宗时的枢密院与都元帅府

《金史》卷四四《兵志》说："枢密院每行兵，则更为元帅府，罢则复为院。"这大致适用于金世宗和金章宗两代。

金世宗即位后，立即恢复被金海陵王废除的都元帅府统兵体制。大定元年（公元1161年），任命完颜晏（斡论）为左丞相、兼都元帅，完颜彀英（挞懒）为左副元帅，完颜谋衍为右副元帅，高忠建为元帅左监军，完颜福寿为元帅右监军，完颜吾扎忽摄元帅左都监，完颜神土懑为元帅右都监。②此后，又对都元帅府成员进行调整。大定五年（公元1165年），宋金再次和议，金世宗召回都元帅仆散忠义（乌者）和左副元帅纥石烈志宁（撒曷辇）。翌年，仆散忠义死，金世宗任命纥石烈志宁任枢密使，重建枢密院。大定七年（公元1167年），又以元帅左监军徒单合喜

① 《金史》卷五《海陵纪》作"北面兵马都统"，卷八四《白彦敬传》作"北面行营都统"。

② 《金史》卷六《世宗纪》，卷七一《吾扎忽传》，卷七二《谋衍传》、《彀英传》，卷七三《晏传》，卷八六《完颜福寿传》，卷九一《神土懑传》，《要录》卷一九六绍兴三十二年正月己丑，《宋史》卷三二《高宗纪》。《世宗纪》作"权元帅左都监吾扎忽"，与本传稍异。

为枢密副使。[1]

枢密院机构沿袭至金章宗时，承安元年（公元1196年），“签书枢密院事完颜匡（撒速）行院于抚州”，以对付北边的蒙古。承安二年（公元1197年）八月，“以左丞相（完颜）襄（唵）为左副元帅”，但六日后，又“以左副元帅襄为枢密使、兼平章政事”，与枢密副使、权参知政事胥持国“行省于北京”。[2]“行省”为行尚书省，“行院”为行枢密院。完颜襄六日后的改命，说明金廷对将枢密院改为元帅府，是相当慎重的。蒙古对金朝尚未构成严重威胁而处于全面的战争状态，故仍以行枢密院、行尚书省等机构负责对蒙古的军事行动。

泰和六年（公元1206年）、七年（公元1207年）间，宋金再次发生全面战争，金章宗便恢复都元帅府的统兵体制，“以左丞相（完颜）宗浩（老）兼都元帅，行省于南京”，先后任左副元帅者有仆散揆（临喜）和完颜匡（撒速），任右副元帅者有完颜匡和纥石烈子仁，任元帅左监军者有纥石烈执中（胡沙虎）和乌古论谊（雄名），任元帅右监军者有完颜充，任元帅左都监者有乌古论谊和完颜撒剌，任元帅右都监者有蒲察贞。[3]宋金双方签订和约后，泰和八年（公元1208年）五月，“更元帅府为枢密

① 《金史》卷六《世宗纪》，卷八七《纥石烈志宁传》、《仆散忠义传》、《徒单合喜传》。

② 《金史》卷一〇《章宗纪》，卷九四《襄传》，卷九八《完颜匡传》，卷一二九《胥持国传》。

③ 《金史》卷一二《章宗纪》，卷六六《阿喜传》，卷九三《仆散揆传》、《宗浩传》，卷九八《完颜匡传》，卷一二〇《乌古论谊传》，卷一三二《纥石烈执中传》。

院”，纥石烈子仁出任枢密使。[①]金章宗亦于当年病死。

总之，除金世宗和金章宗末年两次对宋战争设都元帅府外，其余四十多年和平时期内都由枢密院掌军。金世宗时，枢密院仍设枢密使、枢密副使和签书枢密院事三员长官。宋朝在大定十年（公元1170年）使金的范成大也说，金“枢密院有使、副、签书”。[②]《金史》卷五五《百官志》载，同签枢密院事“大定十七年增一员，寻罢。明昌初，复增一员，寻又省。三年九月，复增一员”。从今存记载看，大定十七年（公元1177年）增置的同签枢密院事是纥石烈奥也。[③]完颜宗浩（老）也在大定时任同签枢密院事。[④]独吉思忠（千家奴）在明昌以后任同签枢密院事。[⑤]

“金制，枢密院虽主兵，而节制在尚书省。”[⑥]按陈规说，“尚书省提控枢密院”，“乃大定、明昌故事”。[⑦]金世宗和金章宗时，最高政务机构尚书省对最高军事机构枢密院有“提控”、“节制”之权，实际上是进一步加强皇权的措施。

金朝尚书省六部有兵部，然而金朝的兵部与宋朝的兵部有相似之处，由于枢密院执掌军务，兵部仅是次等军事机构。《金史》卷五五、卷五六《百官志》载，兵部“掌兵籍、军器、城隍、镇戍、厩牧、铺驿、车辂、仪仗、郡邑图志、险阻、障塞、远方归

① 《金史》卷一二《章宗纪》。
② 《会编》卷二四五《揽辔录》。
③ 《金史》卷八八《唐括安礼传》。
④ 《金史》卷九三《宗浩传》。
⑤ 《金史》卷九三《独吉思忠传》。
⑥ 《金史》卷一一四《白华传》。
⑦ 《金史》卷一〇九《陈规传》。

化之事”。兵部和枢密院的具体关系不甚清楚。兵部属尚书省管辖，枢密院受尚书省“提控”、“节制”，两个机构既非平级，又非上下级。金世宗时，设掌管京都治安的武卫军都指挥使司，“隶尚书兵部”。

第二章　军区设置沿革

金朝军区的设置和划分大致经历了由繁入简，又由简入繁的过程。金初军区设置比较紊乱，后来逐渐定型和简化，到金朝晚期，军区设置又趋向紊乱和繁琐。本章的论述限于金朝的前期和中期。

第一节　金初的军区设置

金太祖进行灭辽战争，不断攻城略地，军区之设置和划分也随之变动，并无定制。

金太祖收国元年（公元1115年）十一月，“以（加古）撒喝为保州路都统”，对付高丽。[①]十二月，“始置咸州军帅司，以经略辽地”，[②]大约命完颜斡鲁古为首任“咸州军帅”。[③]《金史》卷四四《兵志》说，金初“凡猛安之上置军帅，军帅之上置万户，万户之上置都统。然时亦称军帅为猛安，而猛安则称亲管猛安者”。其实，军帅和都统都是女真语都勃极烈（都孛堇）之歧译

① 《金史》卷一三五《高丽传》。

② 《金史》卷四四《兵志》。此志将咸州军帅司作为金初第一个军区，系误。

③ 《金史》卷七一《斡鲁古传》。

而已。如加古撒喝（曷）或作“保州路都孛堇”。[1]咸州路军帅完颜斡鲁古，又一处记载称他为“咸州路都统”。[2]可知军帅、都统和都孛堇常可通用，而军帅司、都统司亦可称统军司。如咸州路都统司亦称“统军司”。[3]上述汉语名词使用之混乱，正是反映了女真族汉化程度的一个侧面。[4]

今将金初陆续设置之军区开列于下。

（一）黄龙路都统司。《金史》卷七二《娄室传》载，收国元年（公元1115年）九月，金军占领黄龙府后，“命（完颜）娄室为万户，守黄龙府，进都统”。《满洲金石志外编·壮义王完颜娄室碑》称“太祖命王为黄龙路统牧”。“统牧”和“都统”应皆是都孛堇之歧译。这大约是金朝设置的第一个军区。

（二）保州路都统司。

（三）咸州路都统司。

（四）南路都统司。收国二年（公元1116年）五月，“以（完颜）斡鲁为南路都统”。[5]金太宗天会三年（公元1125年），“权南路军帅鹘实荅”“以赃败”，鹘实荅之官衔，或作“同知南路都统”。[6]

---

① 《金史》卷三《太宗纪》天会三年九月。

② 《金史》卷二《太祖纪》天辅元年四月。

③ 《金史》卷二《太祖纪》天辅四年三月。《金史》卷二四《地理志》称“国初为咸州路，置都统司”，《辽东行部志》则说“本朝抚定，置咸州详稳司”，又用契丹语“详稳”一词。

④ 三上次男先生在《金史研究》中指出正文所引《金史》卷四四《兵志》一段文字之误，但对军帅司、都统司、统军司等汉语名词之混淆原因，未作确切说明。

⑤ 《金史》卷二《太祖纪》，卷七一《斡鲁传》。

⑥ 《金史》卷三《太宗纪》，卷一九《世纪补》，卷一三五《高丽传》。

（五）南京路都统司。金初一度以平州为南京。[①]金太宗天会初年，南路都统，即南路军帅完颜阇母被平州守将张觉击败，完颜宗望（斡离不）遂取代完颜阇母，出任南京路都统，统兵侵宋。[②]

（六）泰州都统司。"天辅五年（公元1121年），摘取诸路猛安中万余家，屯田于泰州，（完颜）婆卢火为都统，赐耕牛五十。"[③]

（七）上京都统司。所谓上京，是指辽上京临潢府。《金史》卷四四《兵志》介绍咸州、南路等都统司后说："与上京及泰州凡六处置，每处统五六万人。"按辽之上京于天辅四年（公元1120年）被金军攻占，六年（公元1122年），完颜昂（吾都补）"以兵守临潢府"，[④]应任上京都统。金太宗天会二年（公元1124年），"上京军帅（完颜）实古乃（习古乃）"修筑上京新城，名会平州。[⑤]

（八）中京都统司。天辅六年（公元1122年）初，金军攻夺辽朝中京。八月，"中京将完颜浑黜败契丹、奚、汉六万于高州"。翌年正月，金太祖"诏中京都统（完颜）斡论"，说他"抚定人民，各安其业，朕甚嘉之。回离保（萧翰、萧幹、夔离不）聚徒逆命，汝宜计划，无使滋蔓"。[⑥]

---

① 《金史》卷二四《地理志》。

② 《金史》卷三《太宗纪》，卷七一《阇母传》，卷七四《宗望传》。

③ 《金史》卷七一《婆卢火传》。又《金史》卷三《太宗纪》天会八年七月亦载"泰州都统婆卢火"所部赐甲事。

④ 《金史》卷六五《昂传》。

⑤ 《金史》卷三《太宗纪》，卷七二《习古乃传》。

⑥ 《金史》卷二《太祖纪》。

（九）奚路都统司。史称“奚路兵官（完颜）浑黜不能安辑其众，遂以挞懒（完颜昌）为奚六路军帅镇之”，[①]军帅即都统。天辅七年（公元1123年）五月，“奚路都统挞懒攻速古、啜里、铁尼所部十三岩，皆平之”。[②]《金史》卷四四《兵志》说：“时以奚未平，又置奚路都统，后改为六部路都统司。”辽朝奚王府原辖遥里、伯德、楚里、奥里、南剋和北剋六部，[③]故奚六路、六部路等应即是奚路之别名，而非改名。《大金吊伐录》上又称“奚王府路都统挞懒”。《金史》卷三《太宗纪》、卷七七《昌传》载金军攻宋时，“六部路军帅挞懒为六部路都统”。参照上引金太祖天辅末之记载，也足以证明此说之误。

（十）西北、西南路都统司。金军深入辽朝西部，“辽主在阴山、青冢之间，（完颜）斡鲁为西南路都统，往袭之”。后“太祖还京师，（完颜）宗翰为西北、西南路都统，（完颜）斡鲁及蒲家奴（完颜昱）副之”，[④]其实有沿袭辽朝西北、西南路招讨司的意味。

此外，如曷懒路[⑤]、耶懒路[⑥]、曷苏馆路[⑦]也有设都孛堇、都

① 《金史》卷七七《昌传》。

② 《金史》卷二《太祖纪》。

③ 《辽史》卷三三《营卫志》。

④ 《金史》卷二《太祖纪》，卷六五《蒲家奴传》，卷七一《斡鲁传》，卷七四《宗翰传》。《太祖纪》和《宗翰传》仅载完颜宗翰为都统，未明言为西北、西南路。参考《金史》卷三《太宗纪》天会元年十月、卷四四《兵志》，也可能是金太宗即位后，方明确为西北、西南路。

⑤ 《金史》卷三《太宗纪》天会二年五月，卷八一《夹谷谢奴传》。

⑥ 《金史》卷三《太宗纪》天会二年二月，卷七〇《完颜忠传》。

⑦ 《金史》卷三《太宗纪》天会七年十一月，卷六六《胡十门传》，卷一三二《徒单阿里出虎传》。

统、军帅之记录。金初一路都统，即都孛堇，实兼军政和民政。如曷懒路等的民政意义实大于军事意义，并非现代严格意义上的军区。

第二节　金太宗至金海陵王时军区设置沿革

金朝天会三年（公元1126年）侵宋后，不断深入南方，其南部军区之设置也随之变化不定。其北部与西夏、蒙古、高丽接壤地区之军区设置则逐渐趋向稳定。

因传世史料之残缺，对金朝军区之变化，已无从作完整的介绍。如《金史》卷五七《百官志》记载“医院”所在地时，开列诸军区名称，计有“东京、北京、上京、河东（北）东西路、山东东西路、大名、咸平、临潢、陕西统军司，西南〔路〕招讨司，西北路招讨司”等。这些军区并非并存者，金初沿用辽制，以临潢府为上京，天眷元年（公元1138年），“改为北京”，以会宁府为上京。贞元元年（公元1153年），又以辽中京大定府为北京。[①]故临潢府、上京、北京三地名并存应在贞元以后，而此时已不设大名府统军司。至于燕京统军司，[②]乌古、迪烈统军司，婆速府路统军司等，[③]亦为此条记载所漏落。另有西京路、河东南北路等地没有记载。

因金朝重兵集中于对宋作战，北方的军区基本上属军事治安

① 《金史》卷二四《地理志》。
② 《金史》卷三《太宗纪》天会十年九月，卷一三三《耶律余睹传》。
③ 《金史》卷二四《地理志》，卷四四《兵志》，卷八七《仆散忠义传》。

的性质。

在东部，咸州路都统于天德二年（公元1150年）改为咸平路都统司，“后为总管府”。[①]南路都统司和南京路都统司先后撤销，金太宗天会十年（公元1132年），“改南京路军帅司为东南路都统司，（完颜）习古乃为都统，移治东京，镇高丽”，这应即是前述《金史》卷五七《百官志》记载之东京统军司。“后置兵马都部署司，天德二年（公元1150年）改为本路都总管府。”[②]婆速府路统军司亦于同年改为总管府，曷苏馆路都统司迟至金章宗“明昌四年（公元1193年）废”。[③]由于高丽并不构成对金朝的威胁，故东部各军区地位逐渐降低，或并或废，乃势所必然。

在对付蒙古等北方游牧民族方面，辽朝原设西北路招讨司和西南路招讨司，[④]金朝予以继承。最初，这两个招讨司无疑隶属于完颜宗翰（粘罕）的西北、西南路都统司之下，“及宗翰等伐宋，（完颜）斡鲁行西南、西北两路都统事”。[⑤]耶律塗山由“宗翰承制授尚书，为西北路招讨使”。[⑥]耶律怀义在“天会初”，“承制以为西南路招讨使”，[⑦]“承制”者也应是完颜宗翰。此后两个招讨司的地位逐渐提高。金海陵王贞元元年（公元1153年），“命西京路统军挞懒，西北路招讨萧怀忠，临潢府总管马和尚，乌古、迪烈司招讨斜野等北巡”。[⑧]西京路统军使挞懒即完颜彀英，他于“天

① 《金史》卷二四《地理志》。
② 《金史》卷二四《地理志》，卷四四《兵志》，卷七二《习古乃传》。
③ 《金史》卷二四《地理志》，卷四四《兵志》。
④ 《辽史》卷四六《百官志》，卷九四《耶律那也传》。
⑤ 《金史》卷七一《斡鲁传》。
⑥ 《金史》卷八二《耶律塗山传》。
⑦ 《金史》卷八一《耶律怀义传》。
⑧ 《金史》卷五《海陵纪》。

德二年（公元1150年），迁右监军。元帅府罢，改山西路统军使，领西南、西北两路招讨兵马，坐无功，降临海军节度使”。[①]金时西京路可通称山西。[②]西京路统军司大约即是西北、西南路都统司之改名，完颜彀英因此次“北巡”，实际上是同蒙古作战“无功”而罢官后，西京路统军司不再见史籍，大约被撤销。西北、西南路两招讨司此后应摆脱了原先的从属地位。今存文物有内蒙古自治区考古研究所所藏的正隆元年（公元1156年）“西北路招讨司之印”。到金海陵王末年，仍有此两招讨司的设置。为了准备侵宋战争，“遣使分往”“西南招讨司、西北招讨司”以及包括“西京路”在内的各路签军。[③]

乌古、迪烈路招讨司原为统军司。辽朝设东北路统军司和乌古、迪烈统军司，[④]前者是对付生女真，后者为镇压乌古和迪烈两个少数民族而设。金朝继承辽制，金海陵王天德二年（公元1150年），“改乌古、迪烈统军司为招讨司”。[⑤]从上引贞元初发兵“北巡”的记录看，此招讨司已成为北方的重要军区。正隆末契丹族起义，“杀乌古、迪烈招讨使乌林荅蒲卢虎”。[⑥]

关于南方军区，如前一节所述，金军攻宋之初，完颜宗翰（粘罕）和完颜宗望（斡离不）两个元帅府，便是最早的军区。

---

① 《金史》卷七二《彀英传》。

② 据《金史》卷一三四《西夏传》，时称西京等地为“山西九州”。《宋会要》兵一七之二二有“管押山西路汉军都统、万户程师回”。《要录》卷二八建炎三年秋：“通事高庆裔为大同尹、山西兵马都部署。”

③ 《金史》卷一二九《李通传》。

④ 《辽史》卷八九《耶律韩留传》，卷九二《萧夺剌传》，卷九四《萧阿鲁带传》。

⑤ 《金史》卷四四《兵志》。

⑥ 《金史》卷一三三《移剌窝斡传》。

两路大军会师破开封后，“以孛堇明珠为河北路统军，屯濬，阿里为河东路统军，屯河阳，诸军有不服，并令处斩”。[①]此后，为蚕食河北与河东地区，并巩固其统治，金朝又对军区作了调整。《三朝北盟会编》卷一一一《金虏节要》和《靖康稗史笺证·呻吟语》引《燕人麈》载：

> 渤海万户大挞不也（大臭）屯兵河间，女真都统（乌延）蒲鲁浑、（完颜）阿鲁保屯兵于保州，女真万户特木也屯兵于永宁、祁州，女真万户胡沙虎屯兵于霸州，女真万户聂耳屯兵于冀州，女真〔都〕统韶合屯兵于真定，辽东汉军万户韩庆和屯兵于庆源，女真都统万佛奴屯兵于雄、莫，女真万户余列屯兵于洺州，女真副统蒙哥（完颜蒙适）屯兵于磁、相，女真万户银术（完颜银术可）与其弟拔束（完颜拔离速）屯兵于太原新城，女真万户赛里（完颜宗贤）屯兵于岚、宪，契丹都统（耶律）马五屯兵于平阳，契丹（有阙字）屯兵于慈、隰，女真万户（蒲察）石家奴屯兵于汾州，女真万户（完颜）娄室屯兵于河东苏村，娄室之子鹘眼（完颜活女）屯兵于解州安邑，女真万户撒离喝（完颜杲）屯兵于绛州，女真万户温敦屯兵于泽、潞，女真都统茶喝马屯兵于孟州。

此段记载反映了当时的军区划分。《金史》卷八〇《大臭传》说：“既破汴京，臭为河间路都统。”可与《金虏节要》互相印证。随

① 《要录》卷三建炎元年三月辛亥。

着金军深入陕西和黄河以南，军区设置也相应发生变化。例如天会六年（公元1128年），“金人先锋都统、同陕西行军都统（完颜）娄室孛极烈”，“都管右厢军、陕西行军都统蒲察（石家奴）郎君”等负责陕西军区。[①]天会七年（公元1129年），完颜宗翰（粘罕）“遣（完颜）拔离速、乌林荅泰欲、（耶律）马五袭康王于扬州”，其头衔分别为“东南道都统孛堇、东〔南〕道副都统孛堇、东南道都监”。[②]天会六、七年间，“金国枢密院分河间、真定府为河北东、西路，平阳、太原府为河东南、北路”。[③]如前引《金史》卷五七《百官志》所载，至少河北东、西路曾设统军司。宋将翟琮曾“生擒金河东都统保骨”，[④]完颜彀英（挞懒）也曾“摄河东路都统”。[⑤]

大名府路统军司不知设于何时。天眷三年（公元1140年），在著名的颍昌大战中，宋朝岳家军“杀其统军、上将军夏金吾”，“副统军粘汗孛堇重创，舆至京师（开封）而死”。[⑥]统军使为正三品，武散官金吾卫上将军亦为正三品，[⑦]可知当时金朝官制已比较严密。夏姓统军使和粘汗副统军可能即是属大名府者。金海陵

---

① 《宋朝南渡十将传》卷三《李显忠传》。可参《金史》卷一二〇《石家奴传》。

② 《金史》卷七四《宗翰传》,《会编》卷一二一,《要录》卷二〇建炎三年二月甲寅。

③ 《会编》卷一三二,《要录》卷三〇建炎三年秋。《金史》卷二五、卷二六《地理志》载河北东、西路分于天会七年，河东南、北路分于天会六年。

④ 《宋史》卷四五二《翟兴传》。

⑤ 《金史》卷七二《彀英传》。

⑥ 《鄂国金佗稡编》卷八《鄂王行实编年》。

⑦ 《金史》卷五五、卷五七《百官志》。

王天德二年（公元1150年），才撤销此统军司。[①]

在陕西、河南、山东地区，由于伪齐的建立和废除，金朝一度又将陕西、河南之地归还南宋等变故，军区的设置自然有所变动。金朝废伪齐时，宋方记载说："阿鲁保乃女真三路都统，（刘）豫未废日，金人留之监豫，故屯于琼林苑。"[②]据金方记载，完颜阿鲁补"为归德尹、河南路都统"。[③]可能因为河南之地曾分三路之故，[④]三路都统即是河南都统。[⑤]皇统元年（公元1141年）宋将吴璘在陕西战场大败金朝"统军（蒲察）胡盏、（完颜）习不祝"，[⑥]可能当时陕西也设统军司。此外，皇统后河南路设统军司，疑即都统司之别名。[⑦]

宋金和议后，由于完颜宗弼（兀术）都元帅府设于汴京，元帅府成员大臭（挞不野）和完颜杲（撒离喝）分别管辖"河南事"和"陕西事"，[⑧]事实上形成河南和陕西两大军区。至金海陵王天德二年（公元1150年），"置统军司于山西、河南、陕西三路，以元帅府都监、监军为使，分统天下之兵"。[⑨]如前所述，后

---

① 《金史》卷二六《地理志》，卷四四《兵志》。

② 《会编》卷一八一、卷一八二《金虏节要》，《金史》卷六八《阿鲁补传》。

③ 《金史》卷六八《阿鲁补传》，卷一二八《张奕传》。

④ 《要录》卷一二七绍兴九年三月己亥："诏分河南为三路，京畿路治东京，河南府路治西京，应天府路治南京。"疑伪齐与金亦分三路。

⑤ 《会编》卷二三〇崔淮夫等《上两府札子》说，金海陵王诛杀的"良将大臣"中，有"三路都统、将军韩常"，可知完颜阿鲁补之后仍设立三路都统。

⑥ 《琬琰集删存》卷一《吴武顺王璘安民保蜀定功同德之碑》。

⑦ 见《金史》卷八六《独吉义传》。据《会编》卷二三〇崔淮夫等《上两府札子》，金海陵王时仍有"三路都统"，疑三路都统、河南路都统即统军。

⑧ 《金史》卷八〇《大臭传》，卷八四《杲传》。

⑨ 《金史》卷四四《兵志》。

山西，即西京路统军司不见于记载。“正隆末，天下盗起，（夹谷）胡剌为行军猛安讨贼”，“山东路统军司选诸军八百人，作十谋克，胡剌将之，与骁骑军皆隶点检司”。[①]可知当时已增设了山东统军司。

总之，到金海陵王时，最后形成了北方三个招讨司和南方三个统军司之军区部署格局。

正隆末，金军大举侵宋，除金海陵王亲征军设都督府外，另有三个战区：浙东道水军都统制苏保衡、副都统制完颜郑家；汉南道行营兵马都统制刘萼、副都统制仆散忠义（乌者）；西蜀道行营兵马都统制徒单合喜、副都统制张中彦。[②]在南方原有三个统军司中，“升陕西统军司为都统府”，[③]而山东和河南统军司仍予保留。金海陵王“以陁满讹里也为太子少师、兼河南路统军使”，“卫护”太子完颜光英（阿鲁补）。[④]

第三节　金世宗和金章宗时大军区设置沿革

金世宗即位之初，大致仍沿用金海陵王时旧制，如陕西有都统完颜璋（胡麻愈）、副都统完颜习尼列，[⑤]河南统军使为完颜宗

① 《金史》卷八六《夹谷胡剌传》。

② 《金史》卷五《海陵纪》，卷六五《郑家传》，卷七八《刘萼传》，卷七九《张中彦传》，卷八七《仆散忠义传》、《徒单合喜传》，卷八九《苏保衡传》。

③ 《金史》卷四四《兵志》。

④ 《金史》卷八二《光英传》。

⑤ 《金史》卷六五《璋传》，卷八七《徒单合喜传》。

尹（崇尹、阿里罕）。[①]大定三年（公元1163年），因宋军攻金，“罢河南、山东、陕西统军司，置都统、副统”。大定五年（公元1165年），“宋我约和，罢三路都统”，“罢山东路都统府，以其军隶各总管府”，“罢陕西都统府，复置统军司京兆，徙陕西元帅府河中”，完颜璋任统军使，完颜宗叙（德寿）“除河南路统军使”。[②]大定八年（公元1168年），复“置山东路统军司，（完颜）宗尹为使”。[③]金世宗仍在南方保留三统军司的体制，陕西统军司设于京兆府，河南统军司设于开封府，山东统军司设于益都府。[④]

此外，金章宗承安四年（公元1199年）四月，“诏同州、许州节度使兼陕西、河南副统军”。[⑤]早在金世宗大定二年（公元1162年），完颜宗尹（崇尹、阿里罕）“改河南路副都统，驻军许州之境”。[⑥]今存文物有大定二十六年（公元1186年）“山东路副统军之印”。[⑦]乌古论礼（六斤）在“泰和伐宋”时，“为山东路兵马都统副使、兼副统军、安化军节度使”，安化军节度使即是密州知州。“八年（公元1208年），宋人请盟，罢兵马都统官，仍以节度兼副统军。大安三年（公元1211年），改知归德府、兼河南副统军。”[⑧]金朝后期，完颜寓（讹出）“迁安化军节度使、兼山东路

---

① 《金史》卷六《世宗纪》大定二年九月作“河南统军使宗尹复取汝州”，卷七三《宗尹传》作时任“河南路副都统”，“复取汝州”后，方任统军使。

② 《金史》卷六《世宗纪》，卷六五《璋传》，卷七一《宗叙传》。

③ 《金史》卷七三《宗尹传》。

④ 《金史》卷二五、卷二六《地理志》。

⑤ 《金史》卷一一《章宗纪》。

⑥ 《金史》卷七三《宗尹传》。

⑦ 《文物》1973年第11期第24页。

⑧ 《金史》卷二五《地理志》，卷一〇三《乌古论礼传》。

统军副使”。[①]可知陕西副统军司或设于同州，河南副统军司或设于许州、归德府，山东副统军司或设于密州，由当地节度使兼任。各副统军司虽级别较低，对三统军司事实上有某种独立性。

在北方，金世宗即位之初，西北和西南路招讨司仍予保留。大定二年（公元1162年），完颜思敬（撒改）“授西南路招讨使，封济国公，兼天德军节度使，俄为北路都统”。“西北路招讨使唐括孛古底副之”参加镇压北方契丹族起义。[②]但当时的军事行动是由元帅府主持的，并临时设置一些军区。契丹族起义被镇压后，尼厖古钞兀“迁西北路招讨使，改东北路”，时为大定三年（公元1163年）至大定七年（公元1167年）间。[③]“东北路者，初置乌古、迪烈部，后置于泰州”，[④]可知乃原乌古、迪烈招讨司改名为东北路招讨司。如前第二节所介绍，“东北路”实际上也是沿用辽朝之旧名。大定九年（公元1169年），夹谷查剌“出为东北路招讨使、兼德昌军节度使”，德昌军即是泰州节镇军名。[⑤]金章宗时，完颜宗浩（老）奏请将东北路招讨司“徙之金山，以据要害，设副招讨二员，分置左、右”。泰和八年（公元1208年），“以北边无事”，“命东北路招讨司还治泰州，就兼节度使，其副招讨仍置于边”。[⑥]西北路招讨司设于桓州，西南路招讨司设

① 《金史》卷一〇四《完颜寓传》。

② 《金史》卷六《世宗纪》，卷七〇《思敬传》，卷一三三《移剌窝斡传》。

③ 《金史》卷八六《尼厖古钞兀传》。此传叙述他与北京留守完颜思敬发生龃龉事，据《金史》卷六《世宗纪》、卷七〇《思敬传》，完颜思敬任北京留守乃于大定三年至大定七年间。

④ 《金史》卷四四《兵志》。

⑤ 《金史》卷二四《地理志》，卷八六《夹谷查剌传》。

⑥ 《金史》卷一二《章宗纪》，卷四四《兵志》，卷九三《宗浩传》。

于丰州。[①]

《金史》卷五七《百官志》载，统军司设统军使“一员，正三品”，“副统军一员，正四品”；招讨司设招讨使“一员，正三品，副招讨使二员，从四品”，其下设判官、知事、知法等属官。这大约是金世宗和金章宗时的定制。如前第二节所述，金海陵王时，西北和西南路招讨司尚隶属于山西统军司，则其时之招讨司尚不可能与统军司平级。

《金史》卷五七《百官志》所遗漏的，是统军都监和招讨都监的设置。金熙宗时，独吉义（鹘鲁补）曾任“河南路统军都监”。[②]大定十八年（公元1178年），有“怀远大将军、山东东西两路统军都监、同知益都尹、兼兵马都总管事”孛术鲁阿鲁罕。[③]蒲察世傑（阿撒）和粘割斡特剌曾任河南路统军都监。[④]完颜方和刘琓曾任陕西路统军都监。[⑤]萧王家奴在“天德二年（公元1150年），改乌古、迪烈招讨都监”。[⑥]后完颜襄（唵）曾任东北路招讨都监。[⑦]完颜海里、耶律神都斡、温迪罕蒲里特、夹谷清臣（河不沙）、移剌子元等曾任西北路招讨都监。[⑧]完颜方“除西

---

① 《大金国志校证》卷三八。

② 《金史》卷八六《独吉义传》。

③ 《山左金石志》卷一〇《阿鲁欢等雲门山题名》,《金史》卷九一《孛术鲁阿鲁罕传》。两处译名有异，实为同一人。

④ 《金史》卷九一《蒲察世傑传》，卷九五《粘割斡特剌传》。

⑤ 《金史》卷八〇《方传》，卷九七《刘琓传》。

⑥ 《金史》卷八一《萧王家奴传》。

⑦ 《金史》卷九四《襄传》。

⑧ 《金史》卷七二《海里传》，卷八一《温迪罕蒲里特传》、《耶律怀义传》，卷八八《唐括安礼传》，卷九四《夹谷清臣传》。

南路招讨使，朝廷以兵部郎中高通为招讨都监，以佐之”。[①]金海陵王正隆末，契丹族起义，“杀（西北路）招讨使完颜沃侧”等，“众推都监老和尚为招讨使”。[②]招讨都监位于招讨使和副招讨使之下，统军都监位于统军使和副统军使之下，应是没有疑义的。《金史》卷五七《百官志》遗漏招讨都监和统军都监，也可能是此两种官职或非常设之故。

据《金史》卷五七《百官志》，统军使之职责为“督领军马，镇摄封陲，公营卫，视察奸”，招讨使之职责为“招怀降附，征讨携离”。其实，两种军区长官并无实质性差别，因为对宋和议，统军使之名义就较为妥当，而招讨使则显示了金朝对北方少数民族的歧视和压迫。

金章宗泰和末，宋金再次交兵，遂“升诸道统军司为兵马都统府”。但是，对宋战争大体上是由都元帅府的各个成员负责各战区的指挥。“八年（公元1208年），宋人请盟，罢兵马都统官”，[③]又恢复南方各统军司之旧制。完颜承裕（胡沙）“迁河南东路统军使，兼知归德府事”，[④]完颜定奴“迁河南东路副统军”。[⑤]可知河南路统军司又分立两司，东路统军司设于归德府。但参照前引乌古论礼（六斤）在金卫绍王大安时“知归德府、兼河南副统军”的记载，可知河南东路和西路很快重新合并。尽管如此，由于南方三统军司和各副统军司仍然分驻不同地点，各副统

① 《金史》卷八〇《方传》。

② 《金史》卷一三三《移剌窝斡传》。

③ 《金史》卷一二《章宗纪》，卷一〇三《乌古论礼传》，卷一三二《纥石烈执中传》。

④ 《金史》卷九三《承裕传》。

⑤ 《金史》卷九八《定奴传》。

军司对相应的统军司仍有某种独立性，故此种合并的实际意义并不大。

除统军司和招讨司作为固定的大军区领导机构外，我们尚需注意行尚书省、行枢密院、宣抚司、安抚司等临时性军事领导机构的设置。

金海陵王前的行台尚书省，大体上可算是行政机构。金章宗时，为治理黄河的“括地”，也临时设置行尚书省，简称行省。[①]为对付北方蒙古，如在本书第一章第四节所述，由枢密院和尚书省长官临时设置行省和行院，行院即行枢密院。泰和末对宋战争中，行省便成为主持前沿军务的重要机构。泰和六年（公元1206年）四月，“诏平章政事仆散揆（临喜）领行省于汴，许以便宜从事”。五月，“平章政事仆散揆兼左副元帅”。九月，“尚书左丞仆散端（七斤）行省于汴”，“主留务”。十月，“平章政事仆散揆督诸道兵伐宋”。泰和七年（公元1207年）正月，因仆散揆病重，“以左丞相（完颜）宗浩（老）兼都元帅，行省于南京，以代揆”。九月，完颜宗浩病死，金廷命完颜匡（撒速）“为平章政事、兼左副元帅，封定国公，代宗浩总诸军，行省于汴京”。[②]都元帅府长官设行省，是沿用了金熙宗时完颜宗弼（兀术）以都元帅兼行台尚书省的旧制。[③]军事长官兼任行政长官，集军政大权于一身，以便于更好地组织和指挥军事行动，却开了金朝后期以行尚书省和行枢密院作为军区机构之先河。

---

① 《金史》卷一一《章宗纪》承安五年九月戊午，卷二七《河渠志》。

② 《金史》卷一二《章宗纪》，卷九三《仆散揆传》、《宗浩传》，卷九八《完颜匡传》，卷一〇一《仆散端传》。

③ 《金史》卷七七《宗弼传》。

泰和五年（公元1205年），金朝风闻宋朝将举兵北伐，“以平章政事仆散揆为河南宣抚使，籍诸道兵以备宋”，但旋即撤销。[①]宣抚司之设置，大约是参照了宋制，故以宰执大臣充使。[②]泰和六年（公元1206年），宋金正式开战，“仆散揆行省河南，陕西元帅府虽受揆节制，实颛方面。上思用谋臣制之，由是升宣抚使一品”，命徒单镒（按出）“改知京兆府事，充宣抚使”，“节制陕西右监军、右都监兵马公事”。[③]时元帅右监军完颜充和元帅右都监蒲察贞受徒单镒节制。金廷又以完颜纲（元奴）“为蜀汉路安抚使、都大提举兵马事，与元帅府参决西事，调羌兵之未附者”。泰和七年（公元1207年），完颜纲又升陕西宣抚副使。[④]又郭俣曾“宣差山东安抚副使”，“迁山东宣抚副使”。[⑤]以宣抚司节制元帅府，另设安抚使，实际上造成军事指挥机构之重叠。

第四节 各路都总管府等机构

以上三节介绍了从金初都统司到中期统军司、都统司、招讨司、行尚书省、行枢密院、宣抚司、安抚司等设置之大致沿

① 《金史》卷一二《章宗纪》，卷九三《仆散揆传》，卷九八《完颜匡传》。

② 《宋会要》职官四一之二四至二五：“祖宗以来，所置使名莫重于宣抚，多以见任执政官充使。”据《金史》卷五五《百官志》、卷八九《苏保衡传》赞：“金制，尚书令，左、右丞相，平章政事，是谓宰相；左、右丞，参知政事，是谓执政。”

③ 《金史》卷五五《百官志》，卷九九《徒单镒传》。

④ 《金史》卷九八《完颜纲传》。

⑤ 《金史》卷一〇四《郭俣传》。

革。但从军区划分的角度看，尚是不完整、不全面的。以下两节，还需分别对总管府等机构和京都殿前都点检司等机构也作一些介绍。

北宋中期至后期，在陕西、河东、河北等路，以首府的知州和知府兼任本路马、步军都总管。都总管原名都部署，因避宋英宗赵曙名讳而改。金朝占据中原之初，尚无路分设总管之制。天会七年（公元1129年），完颜宗翰（粘罕）“以通事高庆裔知雲中府、兼〔西〕京留守、〔山〕西路兵马都部署”。山西路兵马都部署之官衔沿用至金熙宗时。[①]在另一方面，自金朝于天会六年（公元1128年）至天会七年（公元1129年）设河北东、西路与河东南、北路后，开始“各置本路兵马都总管”。[②]乌延蒲卢浑由元帅府“承制”以“为河北西路兵马都总管”。[③]天会九年（公元1131年）时，完颜宗翰（粘罕）之心腹萧庆任平阳府尹、兼河东南路兵马都总管。[④]金朝还企图以平阳府路副总管的官衔，诱降北方抗金义军首领赵雲。[⑤]金熙宗时，平阳府总管判官邓奭曾与抗金义军首领梁兴接战。[⑥]又郑建充曾任京兆府路兵马都监。[⑦]陕西张中彦降金后，“为本路兵马钤辖，迁都总管”。[⑧]

自金熙宗到金海陵王时，分路设都总管的制度逐步推广。天

① 《会编》卷一三二、卷一六六《金虏节要》，《要录》卷二八建炎三年秋，《伪齐录》卷上。

② 《金史》卷二五、卷二六《地理志》。

③ 《金史》卷八〇《乌延蒲卢浑传》。

④ 《会编》卷一六六《金虏节要》，《要录》卷四七绍兴元年秋。

⑤ 《要录》卷八二绍兴四年十一月丙寅。

⑥ 《中兴小纪》卷一九。

⑦ 《金史》卷八二《郑建充传》。

⑧ 《金史》卷七九《张中彦传》。

眷时，完颜彀英（挞懒）“摄太原尹”，“兼摄河东南、北两路兵马都总管”。①毛硕“历汴京路、山东西路兵马都监”。②按照宋制，都监和钤辖的官位都低于都总管。从上引记载，特别是从张中彦的仕历看，说明当时沿用宋制，而分路单设都总管之制尚未定型。皇统二年（公元1142年），陕西京兆府、庆阳府“置总管府”，“改熙州为临洮府，置熙秦路总管府”，延安府“置彰武军总管府”。③天德二年（公元1150年），“改诸京兵马都部署司为本路都总管府”，又“以婆速路统军司为总管府”。④完颜阿邻于当年“迁益都尹、兼山东东路兵马都总管”。⑤原辽上京临潢府丧失上京和北京的资格后，贞元元年（公元1153年），“临潢府总管马和尚”参加对付北方蒙古族的“北巡”军事行动。⑥咸州路于天德二年（公元1150年）“升为咸平府，后为总管府”。⑦正隆二年（公元1157年），大名府也“升为总管府”。⑧至此分路设总管的体制已完全确立。金世宗大定二十七年（公元1187年），又将凤翔府“升总管府”。⑨

据《金史》卷二四、卷二五、卷二六《地理志》，卷五七《百官志》，《三朝北盟会编》卷二四四《金虏图经》和《大金国志校证》卷三八，金朝各总管府的设置和职责如下：

---

① 《金史》卷七二《彀英传》。
② 《金史》卷九二《毛硕传》。
③ 《金史》卷二六《地理志》。
④ 《金史》卷四四《兵志》。
⑤ 《金史》卷七三《阿邻传》。
⑥ 《金史》卷五《海陵纪》。
⑦ 《金史》卷二四《地理志》。
⑧ 《金史》卷二六《地理志》。
⑨ 《金史》卷二六《地理志》。

中都路大兴府，府尹为正三品，“兼领本路兵马都总管府事”。

上京路会宁府、东京路辽阳府、北京路大定府、西京路大同府、南京路开封府设留守司。留守为正三品，“带本府尹、兼本路兵马都总管。同知留守事一员，正四品，带同知本府尹、兼本路兵马都总管。副留守一员，带本府少尹、兼本路兵马副都总管”。

临潢府路临潢府、曷懒路、婆速府路、咸平路咸平府、河北东路河间府、河北西路真定府、河东北路太原府、河东南路平阳府、大名府路大名府、山东东路益都府、山东西路东平府、京兆府路京兆府、凤翔路凤翔府、鄜延路延安府、庆原路庆阳府、临洮路临洮府，各府尹兼兵马都总管。“都总管一员，正三品，掌统诸城隍兵马甲仗，总判府事。同知都总管一员，从四品，掌通判府事。”“副都总管一员，正五品，所掌与同知同。”

《金史》卷五七《百官志》仅记载各总管府三位长官名，而未交待他们在民政方面之相应官称。事实上，无论是各京和各路总管府，还是不作为一路统治中心的散府，如河东南路的河中府、山东东路的济南府等，都有府尹、同知和少尹三种官称。如乌延胡里改于皇统八年（公元1148年）“授临洮少尹、兼熙秦路兵马副都总管。九年，改同知京兆尹、兼〔同知〕本路兵马都总管。天德，改同知平阳尹、兼〔同知〕河东南路兵马都总管。贞元三年，改同知曷懒路总管”。[①]

各路都总管府是本路军事治安机构，而其三位长官兼理本路首府的民政，这与统军司、招讨司等纯军事机构事实上有所差别。

金朝各州可划分为节镇州、防御州和刺史州三等。据《金

① 《金史》卷八二《乌延胡里改传》。

史》卷五七《百官志》载：

> 诸节镇：
>
> 节度使一员，从三品，掌镇抚诸军防（御使）刺（史），总判本镇兵马之事，兼本州管内观察使事。其观察使所掌，并同府尹兼军州事、管内观察使。
>
> 同知节度使一员，正五品，通判节度使事，兼州事者仍带同知管内观察使。
>
> 副使一员，从五品。
>
> 诸防御州：
>
> 防御使一员，从四品，掌防捍不虞，御制盗贼，余同府尹。
>
> 同知防御使事一员，正六品，掌通判防御使事。
>
> 诸刺史州：
>
> 刺史一员，正五品，掌同府尹，兼治州事。
>
> 同知一员，正七品，通判州事。

节度使、同知节度使和节度副使实际上是本路都总管府下的军分区长官，掌管本节镇州以至若干“防、刺”州之军事。防御使和同知防御使事也掌管本州军事，刺史和同知某州也是本州的治安长官。

按辽宋金时代的官制，凡属节镇州，一般都有相应的节镇军名，节度使称某某军节度使。事实上，各总管府和散府府尹也都兼本镇节度使，如咸平府尹兼咸平路都总管、兼“安东军节度使”，河间府尹兼河北东路都总管、兼“瀛海军节度使”，平阳府

“初为次府，置建雄军节度使”。[1]防御使和刺史则称某州防御使和某州刺史。

据《大金国志校证》卷三八所载，大致在金世宗时，金朝“计有京都六”，“总管府十四处”，“散府八处”，“节镇三十九处”，“防御二十一处”，“刺史七十五处”。自总管府至刺史州又各分上、中、下三等。今将各总管府、散府和节镇州摘录于下：

总管府：

上等七处：平阳府（建雄军）、真定府（成德军）、益都府（镇海军）、东平府（天平军）、京兆府（永兴军）、太原府（武勇军）、大名府（天雄军）。

中等四处：河间府（瀛海军）、庆阳府（安国军）、临洮府（镇洮军）、凤翔府（凤翔军）。

下等三处：延安府（彰武军）、咸平府（安东军）、临潢府。

散府：

上等二处：河中府（护国军）、济南府（兴德军）。

中等三处：归德府（宣武军）、河南府（德昌军）、平凉府（平凉军）。

下等三处：广宁府（镇宁军）、兴中府、彰德府（彰德军）。

节镇州：

上等十处：绛州（绛阳军）、定州（定武军）、怀州（沁南军）、莱州（定海军）、密州（安化军）、沧州（横海军）、潞州（昭义军）、汾州（汾阳军）、冀州（安武军）、邢州（安国军）。

中等十处：代州（震武军）、同州（定国军）、雄州（永定

---

① 《金史》卷二四、卷二五、卷二六《地理志》。

军）、保州（顺天军）、兖州（泰定军）、邠州（静难军）、泾州（彰化军）、朔州（顺义军）、奉圣州（武定军）、平州（兴平军）。

下等十九处：蔚州（忠顺军）、义州（崇义军）、许州（昌武军）、徐州（武宁军）、丰州（天德军）、岚州（镇西军）、邓州（武胜军）、鄜州（保大军）、巩州（通远军）、隆州（利涉军）、应州（彰国军）、雲内州（开远军）、盖州（奉国军）、宗州（归德军）、懿州（宁昌军）、锦州（临海军）、泰州（德昌军）、卫州（河平军）、桓州（威远军）。[①]

以上统计并不完全，[②]由于自金章宗以后节镇州之废置并未列入统计，[③]故可判明大致是金世宗时的情况。

在战时，上述都总管等官员都是统兵官。例如大定初宋金之陕西争夺战中，金世宗"诏以兵七千益（徒单）合喜兵，号二万人，庆阳尹乌延蒲辖奴、延安尹高景山分领之。彰化军节度使（完颜）璋、通远军节度使乌延吾里补、宁州刺史移剌高山奴、京兆少尹宗室（完颜）泥河、恩州刺史完颜谋良虎皆备军前任使"。[④]此处之庆阳尹即庆原路兵马都总管，延安尹即鄜延路兵马都总管，京兆少尹即京兆府路兵马副总管，彰化军节度使实即泾州知州，通远军节度使实即巩州知州，大名府路的恩州刺史也

---

① 《会编》卷二四四《金虏图经》所载有个别出入，如《金虏图经》载节镇三十八处，有濬州（昭德军），无盖州（奉国军）和桓州（威远军），刺史州为七十四处。

② 《金史》卷二四《地理志》，卷一〇三《纥石烈桓端传》载復州为怀远军节度，并未列入《大金国志校证》卷三八之统计。

③ 《金史》卷二四《地理志》载，桓州于"明昌七年改置刺史"，抚州"承安二年升为节镇，军名镇宁"，亦未列入《大金国志校证》卷三八之统计。

④ 《金史》卷八七《徒单合喜传》。

调至陕西作战。

又如宋金两军在宿州会战之初，“归德尹术甲撒速，宿州防御使乌林荅剌撒，万户温迪罕速可、裴满娄室不守约束，不肯坚壁俟大军，辄出与战，由是军败，城陷”。[①]归德府为散府，又是宣武军节镇，故归德尹兼任宣武军节度使，与宿州防御使共同负有守卫宿州之责。

徒单克宁（习显）任“益都尹、兼山东路兵马都总管、行军都统”。[②]宋将魏胜于正隆末占据海州，金朝先后派“海州同知蒙恬镇国帅山东路军马万余人”，“山东路都总管以兵十万来攻海州”，均被魏胜军击败。[③]后因双方议和，魏胜奉命撤离海州，却遭徒单克宁优势兵力之袭击而战死。以上都是从都总管、节度使到防御使、刺史率军参战之实例。

我们从今存之石刻文字中也可看到一些金朝地方官的官衔，如《金文最》卷三九泰和六年（公元1206年）《磻溪集序》题名为“昭义大将军、武定军节度使、兼奉圣州管内观察使”移剌霖。“昭义”疑为“昭毅”之误，可能是避名讳，昭毅大将军为正四品武散官。金熙宗皇统四年（公元1144年）有“奉国上将军、行沂州防御使事，兼管内安抚使，统押沂、海路万户兵马高召和式”，高召和式后改名彪。[④]奉国上将军为从三品武散官，而

① 《金史》卷八七《纥石烈志宁传》。《宋会要》兵一四之四五载宋将李显忠捷奏，有“伪知州女真辅国”，“辅国”应为乌林荅剌撒之武散官名，即从三品之辅国上将军。

② 《金史》卷九二《徒单克宁传》。

③ 《宋朝南渡十将传》卷四《魏胜传》。

④ 《金石萃编》卷一五四《沂州府普照寺碑》，《金史》卷八一《高彪传》。

防御使应为从四品，“散官高于职事者带‘行’字”。[①]高召和式任本州防御使，又兼沂州与海州驻军之万夫长。皇统九年（公元1149年），有“宣威将军、济南府少尹完颜谋良虎，安远大将军、同知济南尹事、南阳县开国伯、食邑七百户韩为股，特进、行济南府尹、上柱国、巩国公完颜笃化叔”。[②]金世宗时，有“镇国上将军、同知平定军事、护军移剌荅撒□，辅国上将军、知平定军事、护军、开国侯温特痕德□”，“武德将军、同知辽州军州事萧思宽”。[③]金宣宗贞祐时，有“奉国上将军、济州刺史、兼知军事，提举河防、常平仓事，广平郡食邑□□户，护军纥石烈”。[④]

上引记载中之武散官与职事官的官品并不一致，甚至相差颇大，故职事官的称谓亦有所差异。但从今存片断文字看来，在金朝的都总管、节度使、防御使、刺史等地方官中，武官占了相当大的比例，这与宋朝大多以文臣任知府、知州之类，适成鲜明对照。说明金朝自金熙宗始，虽提倡文治，事实上仍是以武立国。

金朝陕西、河南和山东统军司之治所，亦即是都总管治所，故统军使或可兼任都总管。金世宗时，孛术鲁阿鲁罕任“陕西路统军使、兼京兆尹”，[⑤]则应同时兼京兆府路都总管。徒单克宁（习显）“改南京留守、兼河南统军使”，[⑥]南京留守即开封府尹、兼南京路兵马都总管。金章宗时，完颜齐（扫合）“授山东东、

① 《金史》卷五五《百官志》。
② 《金石萃编》卷一五四《长清灵严寺宝公开堂疏》。
③ 《山右石刻丛编》卷二〇《灵源公庙记》，卷二一《先轸庙碑》。
④ 《金石萃编》卷一五八《济州李演碑》。
⑤ 《金史》卷九一《孛术鲁阿鲁罕传》。
⑥ 《金史》卷九二《徒单克宁传》。

西路副统军，兼同知益都府事”，[①]则应同时兼同知山东东、西路兵马都总管。乌古论礼（六斤）在泰和末宋金和议后，任安化军（密州）节度使、兼山东路副统军。大安三年（公元1211年），“改知归德府、兼河南路副统军”。[②]乌古孙兀屯在泰和末，“迁河南副统军。大安初，迁昌武军（许州）节度使，副统军如故”。[③]完颜定奴于“贞祐二年（公元1214年），改知河南府、兼河南副统军。寻迁河南统军使、兼昌武军节度使”。[④]时金室南渡，以南京开封府为国都，故以河南府尹兼副统军，又以许州为统军司所在地。

尽管有统军使兼本路兵马都总管的实例，但我们尚难以断言，自金世宗始，统军使兼本路兵马都总管便成为一种定制。

《金史》卷四四《兵志》载：“凡边境置兵之州三十八：凤翔、延安、邓、巩、熙、泗、颍、蔡、陇、秦、河、海、寿、唐、商、洮、兰、会、积石、镇戎、保安、绥德、保德、环、葭、隩、宁边、东胜、净、庆、来远、桓、昌、曷懒、婆速、蒲与、恤品、胡里改。置于要州者十一：南京、东京、益都、京兆、太原、临洮、临潢、丰、泰、抚、盖。”这大约反映金朝正规军平时之屯驻情况，却并非定制，而应有所遗漏。如在金海陵王正隆末，“宿州、陈州、许州皆号千户”。[⑤]金世宗大定十年（公元1170年）时，拱州“屯军有三个千户”。[⑥]以上四州之屯军，皆

① 《金史》卷六六《齐传》。

② 《金史》卷一〇三《乌古论礼传》。

③ 《金史》卷一二一《乌古孙兀屯传》。

④ 《金史》卷九八《完颜定奴传》。

⑤ 《会编》卷二三〇崔淮夫等《上两府札子》。

⑥ 《北行日录》下。

为《金史》卷四四《兵志》所不载。

除统军司和招讨司外，各总管府、散府、节镇州、防御州和刺史州之驻军，应受当地都总管、散府尹、节度使、防御使和刺史之管辖。

都总管等除统管本路、本州正规军外，也统管非正规军。《金史》卷五七《百官志》载：

> 诸总管府节镇（制?）兵马司：[1]
>
> 都指挥使一员，正五品，巡捕盗贼，提控禁夜，纠察诸博徒，屠宰牛马，总判司事。
>
> 副都指挥使二员，正六品，贰使职，通判司事，分管内外，巡捕盗贼。
>
> 诸府、〔节〕镇都军司：[2]
>
> 都指挥使一员，正七品（节镇军都指挥使则从七品），掌军率差役，巡捕盗贼，总判军事，仍与录事同管城隍（军典二人，公使六人，凡诸府及节镇并依此置）。
>
> 诸防、刺州：
>
> 军辖一员，掌同都军，兼巡捕，仍与司候同管城隍（军典二人）。

---

① 此处“节镇兵马司”疑作“节制兵马司”。金时总管府，如临潢府等无节镇名。《金文最》卷二二《济阳县创修县衙记》：“大金师已下淮北，肇建节制司，付以靖乱事。”又《金史》卷八二《郑建充传》：“天会七年来降，仍知延安府，屯兵三千……迁节制司统制军马。”

② 此处原脱“节”字，应补入。另据李浩楠先生《金代太原城诸衙署因革考》，引《永乐大典》卷五二〇四《太原志·古迹》，太原府是总管府，而其军事治安机构却是“都军司”，与《金史》所载不合。

以上各机构分别为隶属于各都总管、散府尹、节度使、防御使、刺史之下的军事治安机构，统辖射粮军，这将在后第四章武装力量体制中另作介绍。

此外，京兆府和咸平府另置兵马都钤辖，济南府、凤翔府、莱州、密州、懿州和巩州另置兵马钤辖，“掌巡捕盗贼”，[①]也应归本州府长官领导。

第五节　京都殿前都点检司等机构

辽朝参照五代后周之制，设殿前都点检司和侍卫亲军司。金熙宗天眷元年（公元1138年），也设置殿前都点检司。[②]程寀说：“殿前点检司，古殿岩环卫之任，所以肃禁籞，尊天子，备不虞也。”[③]金朝第一任殿前都点检是契丹人萧仲恭，时“（完颜）宗磐（蒲鲁虎）与（完颜）宗幹（斡本）争辩于熙宗前，宗磐拔刀向宗幹，仲恭呵止，乃止。既而宗磐以反罪诛，仲恭卫禁有备”，于天眷三年（公元1140年）“迁尚书右丞”。[④]大定十年（公元1170年），金世宗接见宋使时，“殿前都、副点检完颜仲、乌古论元忠二人各执柱斧，率其徒十人立御榻两旁”，[⑤]反映了殿前都点检司的宿卫之责。

① 《金史》卷五七《百官志》。

② 《金史》卷五六《百官志》。《要录》卷八四绍兴五年正月作金熙宗即位时即设殿前司。

③ 《金史》卷一〇五《程寀传》。

④ 《金史》卷四《熙宗纪》，卷七六《宗磐传》，卷八二《萧仲恭传》。

⑤ 《北行日录》下。

关于侍卫亲军司，天会四年（公元1126年）赵贼“从伐宋，至汴，迁棣州刺史、侍卫步军都虞候”。[①]赵贼大约是汉人。另有王政大致于同时“改权侍卫亲军都指挥使，兼掌军资”。[②]这说明侍卫亲军司之机构大约是承袭辽制，其设置也早于殿前都点检司。汉人卢彦伦能迎合金熙宗皇后，“颇见宠用”，“迁侍卫亲军马步军都指挥使”，后于皇统六年（公元1146年），以正三品武散官龙虎卫上将军、上京会宁尹之官衔使宋。[③]皇统八年（公元1148年）六月，“都点检唐括辩为尚书左丞”，七月，“以侍卫亲军都指挥使阿鲁带为御史大夫”。[④]这是殿前、侍卫两司并存的记录。金海陵王即位之初，“遣侍卫亲军步军都指挥使完颜思恭”使宋。[⑤]可知侍卫司下又分设马军和步军两个都指挥使。

金废伪齐后，宣布伪齐官员之新命，其中“孔彦舟步军都指挥使、兼知东平府”。[⑥]按宋金时代之习惯，此处官衔应是略去“侍卫亲军”四字。辽朝侍卫亲军负责各京之守卫，金朝前期似亦有类似情形。郭企忠曾任“汴京步军都指挥使”。[⑦]王伯龙在“天眷元年（公元1138年），为燕京马步军都指挥使”。[⑧]李师雄“齐废，为汴京马军都虞候”，“王世忠步军都虞候”。[⑨]徐文在

① 《金史》卷八一《赵贼传》。

② 《金史》卷一二八《王政传》。

③ 《金史》卷七五《卢彦伦传》，《要录》卷一五五绍兴十六年十二月辛酉。

④ 《金史》卷四《熙宗纪》。

⑤ 《金史》卷五《海陵纪》，卷六〇《交聘表》。《要录》卷一六一绍兴二十年三月庚辰作“龙虎卫上将军、侍卫亲军马步军都指挥使完颜思恭”，略异。

⑥ 《会编》卷一八二。

⑦ 《金史》卷八二《郭企忠传》。

⑧ 《金史》卷八一《王伯龙传》。

⑨ 《金史》卷八六《李师雄传》，《会编》卷一八二。

“齐国废”后，“元帅府承制以文为南京步军都虞候，权马军都指挥使”，“海陵即位，录旧功，累迁中都兵马都指挥使”。[①]金海陵王贞元时，“南京大内火”，“南京兵马都指挥使吴濬杖一百五十，除名”。[②]李石曾任“汴京马军副都指挥使”。[③]上引官衔的共同特点，也都是省略了“侍卫亲军”四字。

《金史》卷四四《兵志》说：“禁军之制，本于合扎谋克。合扎者，言亲军也，以近亲所领，故以名焉。贞元迁都，更以太祖、辽王（完颜）宗幹（斡本）、秦王（完颜）宗翰（粘罕）之军为合扎猛安，谓之侍卫亲军，故立侍卫亲军司以统之。旧常选诸军之材武者为护驾军，海陵又名上京龙翔军为神勇军，正隆二年（公元1157年），将南伐，乃罢归，使就佥调。复于侍卫亲军四猛安内，选三十以下千六百人，骑兵曰龙翔，步兵曰虎步，以备宿卫。五年（公元1160年），罢亲军司，以所掌付大兴府，置左、右骁骑，所谓从驾军也，置都、副指挥使隶点检司，步军都、副指挥使隶宣徽院。”此段文字涉及殿前、侍卫等司之变迁，以下需作一些说明和分析。

第一，“旧常选诸军之材武者为护驾军”，在殿前都点检司设立后，护驾军似应属此司管理。《金史》卷四一《仪卫志》载，金海陵王自上京会宁府“迁都于燕”时，其仪仗队“分八节”，其“第六节”包括“龙翔马队二十队，六百二十人”，“神勇步队七百人”。可知《金史》卷四四《兵志》“海陵又名上京龙翔

① 《金史》卷七九《徐文传》。《会编》卷一八二载废伪齐后，“徐文汴京总管府水军都统制”，有异。

② 《金史》卷八二《郭安国传》。

③ 《金史》卷八六《李石传》。

军为神勇军”之说，似误，而上京护驾军应包括龙翔马军和神勇步军。正隆二年（公元1157年）九月，“罢护驾军，置龙翔、虎步军”，[①]即是将原护驾军中之龙翔军“罢归”东北，而于侍卫亲军内另选一千六百人，编组新的龙翔马军和虎步步军，“以备宿卫”，看来仍应属殿前都点检司管辖。

第二，贞元迁都时，金海陵王以“太祖、辽王宗幹、秦王宗翰之军为合扎猛安，谓之侍卫亲军”，乃指另外编组四猛安（千户）侍卫亲军，并另“立侍卫亲军司以统之”。金太祖、完颜宗幹（斡本，金海陵王父）和完颜宗翰（粘罕）当时都已成故人，金海陵王所编组者其实只是旧建制下的新兵。在设立新的侍卫亲军司之同时，应撤销或改组了天会以来旧的侍卫亲军司机构。新设之侍卫亲军司仍有马军和步军，如骠骑卫上将军、侍卫亲军马步军都指挥使高思廉（助不古）于正隆二年（公元1157年）使宋，[②]萧恭在正隆三年（公元1158年）使宋后，“起复为侍卫亲军马步军都指挥使”。[③]《金史》卷五《海陵纪》载，正隆五年（公元1150年）十一月，“命亲军司以所掌付大兴府，置左、右骁骑都、副指挥使，隶点检司，步军都、副指挥使，隶宣徽院”，与《金史》卷四四《兵志》相合。至此侍卫亲军司正式撤销，其职掌分别归并大兴府、殿前都点检司和宣徽院，其马军改名左、右骁骑军，隶属殿前都点检司，作为“从驾军”，其步军隶属宣徽院。完颜宗叙（德寿）即由侍卫亲军马军都指挥使“改左骁骑都

① 《金史》卷五《海陵纪》。

② 《金史》卷六〇《交聘表》，《要录》卷一七八绍兴二十七年十二月戊午。

③ 《金史》卷六〇《交聘表》，卷八二《萧恭传》。

指挥使”。[①]金海陵王攻宋失败而被部下所杀时，“骁骑指挥使大磐”担任护卫。[②]金世宗大定初，镇压契丹族起义，“发骁骑军二千”，“右骁骑副都指挥使乌延查剌为骁骑万户”，[③]可知当时仍保留了骁骑军之建制。

以上介绍了金初至金海陵王时殿前都点检司和侍卫亲军司的变迁沿革。据《金史》卷五六《百官志》记载：

> 殿前都点检司：掌亲军，总领左右卫将军、符宝郎、宿直将军、左右振肃，宫籍监、近侍等诸局署、鹰坊、顿舍官隶焉。
>
> 殿前都点检，正三品，兼侍卫〔亲〕军都指挥使，掌行从宿卫，关防门禁，督摄队仗，总判司事。
>
> 殿前左副都点检，从三品，兼侍卫〔亲〕军副都指挥使。
>
> 殿前右副都点检，从三品，兼侍卫〔亲〕军副都指挥使，掌宫掖及行从。

殿前都点检司是军事机构，却又并非纯军事机构。殿前都点检兼任侍卫亲军都指挥使，殿前左、右副都点检兼任侍卫亲军副都指挥使，则应是金世宗时之定制。大定初，乌林荅晖（谋良虎）“召见行在，除中都兵马都指挥使”，“迁都点检，兼侍卫亲军副都指挥使”。[④]宋金议和后，宋方记载说，“大金遣骠骑〔卫上〕

① 《金史》卷七一《宗叙传》。

② 《金史》卷一三二《完颜元宜传》。

③ 《金史》卷八六《乌延查剌传》，卷一三三《移剌窝斡传》。

④ 《金史》卷一二〇《乌林荅晖传》。

将军、殿前左副都点检、侍卫亲军都指挥使完颜仲（石古乃）”使宋。[①]以上官衔表明，殿前都点检司长官的兼职尚未形成定制，故与《金史》卷五六《百官志》之记载稍有出入。此后，完颜仲“转都点检、兼侍卫亲军都指挥使”。[②]纥石烈执中（胡沙虎）发动政变，立金宣宗后，“以其弟同知河南府特末也为都点检、兼侍卫亲军都指挥使”。[③]金宣宗时，完颜定奴“改签枢密院事、殿前都点检、兼侍卫亲军都指挥使”。[④]仆散安贞（阿海）曾任“右副点检、兼侍卫亲军副都指挥使”。[⑤]乌古论庆寿“改右副点检、兼侍卫亲军副都指挥使”，又“改左副点检、兼亲军副都指挥”。[⑥]殿前都点检等兼任侍卫亲军长官成为定制后，在“侍卫亲军”与“都指挥使”之间，删去了“马步军”三字。金朝亡国时，宋孟珙军攻蔡州，“获其殿前右副点检温端”。[⑦]

殿前都点检司下设殿前左卫将军、殿前右卫将军、殿前左卫副将军、殿前右卫副将军，还有左、右宿直将军八员，后又增至十员和十一员。[⑧]殿前都点检司所掌军队分“护卫”和“亲军”两部分，[⑨]亲军即侍卫亲军。蒲察阿里“以荫补官，充护卫十人长、武器署令，转宿直将军，迁右卫副将军”。[⑩]此段仕历基本就

① 《中兴御侮录》卷下。
② 《金史》卷七二《仲传》。
③ 《金史》卷一三二《纥石烈执中传》。
④ 《金史》卷九八《完颜定奴传》。
⑤ 《金史》卷一〇二《仆散安贞传》。
⑥ 《金史》卷一〇一《乌古论庆寿传》。
⑦ 《宋史》卷四一二《孟珙传》。
⑧ 《金史》卷五六《百官志》。
⑨ 《金史》卷八《世宗纪》大定二十三年八月。
⑩ 《金史》卷一〇三《蒲察阿里传》。

是在殿前都点检司系统之内。

上引《金史》卷四四《兵志》交待金海陵王正隆五年（公元1160年），侍卫“步军都、副指挥使隶宣徽院”。金世宗即位之初，乌古论忠弼（粘没曷）“授侍卫亲军步军都指挥使，加驸马都尉，历左副点检”。[①]可知当时仍沿用金海陵王遗制，侍卫亲军步军并不属殿前都点检司。

据《金史》卷五六《百官志》，宣徽院下有“拱卫直使司，威捷军隶焉”，设都指挥使，从四品，副指挥使，从五品。这两员长官原称拱卫使和拱卫副使，“掌总统本直，谨严仪卫”，于大定五年（公元1165年）改名。如完颜襄（唵）曾任拱卫直都指挥使，[②]仆散揆（临喜）曾任拱卫直副都指挥使。[③]

当时骑兵不使用弩，弩为步兵专用，威捷军既是“弩手”，[④]应为步军无疑。但关于拱卫直使司所辖威捷军之起源，却是众说有异。《金史》卷五六《百官志》说：“旧名龙翔军，正隆二年（公元1157年），更为神卫军。大定二年（公元1162年），更名拱卫司。”《金史》卷一二五《蔡松年传》载：“海陵爱宋使人山呼声，使神卫军习之。”可知当时确有神卫军之番号。《金史》卷五三《选举志》却说：“拱卫直，正隆名龙翔军，无出身。大定二年（公元1162年），改龙翔军为拱卫司。”据本节前面的考证，龙翔军乃是骑兵，则应非步兵威捷军之前身。估计威捷军

① 《金史》卷一二〇《乌古论粘没曷传》。据《金史》卷六《世宗纪》、卷六一《交聘表》,《宋史》卷三三《孝宗纪》参对，可知乌古论粘没曷汉名忠弼。“左副点检”,《世宗纪》和《交聘表》作“右副都点检”。

② 《金史》卷九四《襄传》。

③ 《金史》卷九三《仆散揆传》。

④ 《金史》卷五六《百官志》。

之前身，大约是神勇军、虎步军等步兵，而神卫军可能是原上京护驾军中神勇步军之改名，拱卫直使司应是原侍卫步军司之更名。

此外，金朝又有“京城防城军，世宗大定十七年（公元1177年）三月，改为武卫军，则掌京师巡捕者也”。[①]《金史》卷五六《百官志》说，武卫军都指挥使司“隶尚书兵部”，设都指挥使一员，正四品，承安三年（公元1198年）升从三品，副都指挥使二员，正四品，副都一员，正五品，承安三年（公元1198年）升从四品，“掌防卫都城，警捕盗贼”。其下设十钤辖司，钤辖十员，正六品，都将二十员，从九品。如完颜弼（达吉不）任武卫军钤辖，后升武卫军副都指挥使。[②]纥石烈桓端曾任武卫军副都指挥使和都指挥使。[③]

武卫军虽为京城戍军，后来也经常参加边防戍守和作战。金章宗明昌六年（公元1195年），“命尚书左丞夹谷衡行省于抚州，命选亲军、武卫军各五百人以从”。[④]泰和五年（公元1205年），宋金开战时，“复遣武卫军副都指挥使完颜太平、殿前右卫副将军蒲察阿里赴边”。[⑤]金卫绍王时，纥石烈执中（胡沙虎）“将武卫军五千人屯中都城北”，而发动政变。[⑥]

总之，殿前都点检司、侍卫亲军司等机构经历了金太宗至金世宗时之演变和合并，到金章宗时，殿前都点检司所辖之侍卫亲

① 《金史》卷四四《兵志》。
② 《金史》卷一〇二《完颜弼传》。
③ 《金史》卷一〇三《纥石烈桓端传》。
④ 《金史》卷一〇《章宗纪》。
⑤ 《金史》卷一二《章宗纪》。
⑥ 《金史》卷一三二《纥石烈执中传》。

军，宣徽院下拱卫直使司所辖之威捷军，尚书兵部下武卫军都指挥使司所辖之武卫军，成为三足鼎立之京城卫戍机构和戍军。

关于三支军队的兵力，金世宗“大定初，亲军置四千人。二十二年（公元1182年），省为三千五百”。大定二十五年（公元1185年），“尚书省奏亲军数多，宜稍减损，诏定额为三千”。“章宗承安四年（公元1199年），增为五千，又增至六千。”[①]威捷军额不知其详，承安二年（公元1197年），“增签弩手千人”。[②]武卫军“承安元年（公元1196年），设万人”。[③]

① 《金史》卷八《世宗纪》，卷四四《兵志》。

② 《金史》卷四四《兵志》，卷五六《百官志》。

③ 《金史》卷五六《百官志》。

第三章　金朝后期的军事机构和军区设置

金章宗死后，金朝在蒙古军的猛烈攻击下，从破败到灭亡，为时仅二十五六年，而其间军制之杂乱与纷更，头绪极乱，难于梳理。金朝丧失黄河以北广大地域，跼蹐于河南、陕西、山东等地，原有北方三招讨司和南方三统军司之边防体制随之瓦解。为适应对蒙古、对西夏、对宋战争及镇压红袄军的军事形势，金廷不能不对军事机构和军区设置作了很多变动和调整。本章限于今存史料，只能择其要者，作若干介绍。

第一节　枢密院、行枢密院和尚书省、行尚书省

在干戈扰攘之际，按金世宗时定制，照理应将枢密院改为元帅府，然而金朝后期却仍保留了枢密院，作为中央军事机构。

金卫绍王大安三年（公元1211年），命西京留守纥石烈执中（胡沙虎）“行枢密院于西京”。[1]这可能是为抵御蒙古而设的第一

---

① 《金史》卷一三《卫绍王纪》，卷一〇三《完颜阿里不孙传》，卷一三二《纥石烈执中传》。

个行枢密院。

金宣宗迁都开封后，贞祐三年（公元1215年），皇子濮王、殿前都点检、兼侍卫亲军都指挥使、权都元帅府事完颜守纯（盘都）任枢密使。四年（公元1216年）正月，“以殿前都点检、皇子遂王守礼为枢密使，枢密使濮王守纯为平章政事”。[①]完颜守礼（宁甲速）后改名守绪，专掌军务，进而夺取帝位，为金朝末代皇帝金哀宗。

金朝后期枢密使一般仍只设一员，而仆散端（七斤）曾与完颜守纯（盘都）同任枢密使“数月”。[②]当时军务多于政务，“枢密掌天下兵，皇太子抚军，而诸道又设行院”。[③]金宣宗又“以金铸‘抚军之宝’授太子”，[④]故枢密院的地位有所提高。史称“兵兴以来”，尚书省“节制”枢密院之制“渐改”，“凡在军事，省官不得预，院官独任专见，往往败事”。[⑤]贞祐四年（公元1216年），陈规上奏说：“近诏军旅之务，专委枢府，尚书省坐视利害，泛然不问，以为责不在己。”[⑥]杨雲翼上奏金哀宗说：“枢密专制军政，蔑视尚书。尚书出政之地，政无大小，皆当总领。今军旅大事，社稷系焉，宰相乃不得预闻，欲使利病两不相蔽，得乎？”[⑦]直至天兴元年（公元1232年）四月，金哀宗因“言者多以

① 《金史》卷一四《宣宗纪》仅载贞祐二年三月完颜守纯任殿前都点检等职，四年正月罢枢密使，他贞祐三年任枢密使事据《金史》卷九三《守纯传》。完颜守礼任枢密使还可参见《金史》卷一七《哀宗纪》。

② 《金史》卷一〇一《仆散端传》。

③ 《金史》卷一五《宣宗纪》兴定二年十二月。

④ 《金史》卷一四《宣宗纪》贞祐四年二月。

⑤ 《金史》卷一一四《白华传》。

⑥ 《金史》卷一〇九《陈规传》。

⑦ 《金史》卷一一〇《杨雲翼传》。

为将相之权不当分”，“以尚书省兼枢密院事”，[①]时距金亡仅一年有余。

金朝后期设置不少行枢密院。如贞祐三年（公元1215年）八月，“置行枢密院于徐州、归德府”，十月，“诏枢密副使仆散安贞（阿海）行枢密院于徐州”。[②]贞祐四年（公元1216年）十月，“以龙虎卫上将军裴满羊哥行归德府事，行枢密院事”。[③]完颜从坦于当年“行枢密院于河南府”。[④]兴定元年（公元1217年）五月，“尚书右丞蒲察移剌都弃官擅赴京师，降知河南府事、行枢密院兼行六部事”。[⑤]术甲臣嘉于当年“行枢密院于寿州”。[⑥]温迪罕达（谋古鲁）“充陕西行枢密院参议官”，后又于兴定二年（公元1218年）十二月“权同签枢密院事，行院于许州”。[⑦]斡勒合打“权同签枢密院事，守河清”。[⑧]纳合降福于兴定五年（公元1221年）“权签枢密院事，行院于宿州”，完颜惟弼亦于同时“权同签枢密院事，行院于中京（金后期河南府改名金昌府，升中京）”，[⑨]如此等等。

此类行枢密院实际上只是金朝后期军区之一种，其长官名目也各不相同。上引实例大多是以枢密院长官身份行院事，此外亦可以元帅兼任。如前述蒲察移剌都后于“兴定二年（公元1218

① 《金史》卷一七《哀宗纪》，卷一一四《白华传》。

② 《金史》卷一四《宣宗纪》，卷一〇二《仆散安贞传》。

③ 《金史》卷一四《宣宗纪》。

④ 《金史》卷一二二《从坦传》。

⑤ 《金史》卷一五《宣宗纪》。

⑥ 《金史》卷一〇三《术甲臣嘉传》。

⑦ 《金史》卷一五《宣宗纪》，卷一〇四《温迪罕达传》。

⑧ 《金史》卷一〇四《斡勒合打传》。

⑨ 《金史》卷一六《宣宗纪》，卷二五《地理志》。

年）四月，改签枢密院事、权右副元帅，行枢密院于邓州”。[①]宋方记载称“金枢密副使纳合买住降，复盱眙军，泗、寿二州”，金方记载称“总帅纳合买住亦以盱眙降宋”，[②]估计其职务应为枢密副使、兼总帅，而行院于泗州。

以本地州府官行枢密院事，大致可作设置行枢密院的第三种情况。除前引知归德府裴满羊哥和知河南府蒲察移剌都的实例外，如纳坦谋嘉任“河南统军使、兼昌武军节度使、摄签枢密院事，行院许州”。[③]陀满胡土门“权签枢密院事、知归德府事”。[④]完颜撒合辇“出为中京留守、兼行枢密院事”。[⑤]

第四种情况，是直接用行枢密院的名义，而无任何兼职。除前述完颜从坦和术甲臣嘉分别行枢密院于河南府和寿州。兴定三年（公元1219年）六月，“诏御史中丞完颜伯嘉行枢密院于许州”。[⑥]

以上四种情况只是大致分类，其实未必精确。但行枢密院的设置地点有河南府、归德府、许州、寿州、宿州、徐州、邓州、陕州、泗州、河清等地，尚不至于过多过滥。

除前述天兴元年（公元1232年）以尚书省兼枢密院，而掌军务外，金朝后期沿用金章宗时之制，将行省也作为一种高级军区。完颜阿里不孙“权右副元帅、参知政事、辽东路行尚书省事”，“兴定元年（公元1217年），真拜参知政事、权右副元帅，

① 《金史》卷一〇四《蒲察移剌都传》。
② 《宋史》卷四一三《赵善湘传》，《金史》卷一一四《白华传》。
③ 《金史》卷一〇四《纳坦谋嘉传》。
④ 《金史》卷一二三《陀满胡土门传》。
⑤ 《金史》卷一一一《撒合辇传》。
⑥ 《金史》卷一五《宣宗纪》。

行尚书省、元帅府于婆速路”，“权辽东路宣抚使蒲察五斤权参知政事，行尚书省、元帅府于上京”，“元帅左监军蒲察五斤进右副元帅、权参知政事，充辽东行省”。[①]孛术鲁德裕（蒲剌都）于贞祐二年（公元1214年）“拜参知政事，兼签枢密院事，行省大名”。贞祐三年（公元1215年），“以太常驻卿侯挚为参知政事，行尚书省于河北东、西两路”。翌年五月，“以尚书右丞侯挚行省事于东平”，后又“诏权移邳州行省”，“行京东路尚书事”。[②]必兰阿鲁带“权参知政事，行尚书省于益都”。[③]胥鼎“为枢密副使、权尚书左丞，行省于平阳”。[④]完颜伯嘉“以御史中丞、权参知政事、元帅左监军，行尚书省、元帅府于河中，控制河东南、北路，便宜从事”。[⑤]仆散端（七斤）“以左丞相、兼都元帅，行省陕西”。徒单兀典“正大间，以兵部尚书、权参知政事，行省于徐州”，“天兴元年（公元1232年），朝廷闻大兵入饶风，移兀典行省阌乡，以备潼关”。[⑥]完颜瞻（合达）于正大元年（公元1224年）三月，“权参知政事，行尚书省事于京兆，兼统河东两路”，“三年，诏迁平凉行省”。[⑦]正大八年（公元1231年），“诏授（完颜）仲德（忽斜虎）巩昌行省及虎符、银印。天兴元年（公元

① 《金史》卷一五《宣宗纪》兴定元年四月、十二月，卷一〇三《完颜阿里不孙传》。

② 《金史》卷一四《宣宗纪》贞祐二年十月、贞祐三年八月、贞祐四年五月，卷一〇一《孛术鲁德裕传》，卷一〇八《侯挚传》。

③ 《金史》卷一〇二《必兰阿鲁带传》。

④ 《金史》卷一四《宣宗纪》贞祐四年二月，卷一〇八《胥鼎传》。

⑤ 《金史》卷一五《宣宗纪》兴定二年十二月，卷一〇〇《完颜伯嘉传》。

⑥ 《金史》卷一〇一《仆散端传》，卷一一六《徒单兀典传》。

⑦ 《金史》卷一七《哀宗纪》，卷一一二《完颜合达传》。

1232年）九月，拜工部尚书、参知政事，行尚书省事于陕州”。[①]当年“汴京被围，哀宗以（完颜）思烈权参知政事，行省事于邓州”。[②]翌年，“朝廷以参知政事抹撚兀典行省事于息州”。[③]“哀宗走归德，改陈州为金兴军”，“以（粘葛）奴申为节度使。俄拜参知政事，行尚书省于陈”。[④]

行尚书省往往以宰执主持，或兼元帅、枢密院长官等，但也有无宰执官衔者，如前述完颜仲德（忽斜虎）授巩昌行省，徒单兀典“行省于徐州”。[⑤]正大八年（公元1231年），“凤翔破，两行省徙京兆居民于河南，令（完颜）庆山奴（承立）以行省守之。时京兆行省止有病卒八百、瘦马二百”。[⑥]

总的说来，在金朝后期各类军区中，行尚书省和行枢密院属级别最高者。行尚书省设置也不至于太滥。行尚书省总揽一个地区军政大权，元朝的行中书省至明清的省为其滥觞，现代作为行政区划的省其实即源于金朝的行尚书省。

第二节　行元帅府的滥设和元帅等的滥授

金太宗至金章宗时，元帅府成员作为最高军职，一般不超过七人，而元帅府成员在某地设行府，又在事实上成为大军区之长

① 《金史》卷一一九《完颜仲德传》。
② 《金史》卷一一一《思烈传》。
③ 《金史》卷一八《哀宗纪》，卷一一九《完颜娄室传》。
④ 《金史》卷一一九《粘葛奴申传》。
⑤ 《金史》卷一一六《徒单兀典传》。
⑥ 《金史》卷一七《哀宗纪》，卷一一六《内族承立传》。

官。金朝后期，在枢密院仍作为中央军事机构的情况下，元帅府的身价便大为降低，各地滥设的行元帅府不可胜数，实际上降为最普遍的、级别不高的军区司令部，其辖区为一州或数州，甚至更小。

金朝后期的都元帅不常设，在亡国前夕的天兴元年（公元1232年），为笼络割据山东、叛服不常的国安用，将他赐姓完颜，改名用安，任命他为“开府仪同三司、平章政事、兼都元帅，京东、山东等路行尚书省事，特封兖王”，[①]其实已成为荣誉虚衔。

自左副元帅以下，就不再限定员额。如兴定二年（公元1218年），乌古论礼任左副元帅，[②]仆散安贞（阿海）又于十二月任左副元帅，[③]把胡鲁于六月任权左副元帅，[④]权左副元帅蒲察移剌都于四月改权右副元帅。[⑤]同年任右副元帅者还有蒲察五斤和蒙古纲（胡里纲）。[⑥]

至于元帅左、右都监，因品位较低，授官更滥。兴定三年（公元1219年），任元帅左都监者有纥石烈志（牙吾塔）[⑦]、赤盏（石盏）合喜[⑧]、张（赐姓完颜）开[⑨]、粘割贞（抄合）[⑩]、完颜承裔（白

① 《金史》卷一一七《国用安传》。
② 《金史》卷一〇三《乌古论礼传》。
③ 《金史》卷一五《宣宗纪》，卷一〇二《仆散安贞传》。
④ 《金史》卷一五《宣宗纪》，卷一〇八《把胡鲁传》。
⑤ 《金史》卷一〇四《蒲察移剌都传》。
⑥ 《金史》卷一五《宣宗纪》兴定元年十二月，卷一〇二《蒙古纲传》。
⑦ 《金史》卷一五《宣宗纪》，卷一一一《纥石烈牙吾塔传》。
⑧ 《金史》卷一五《宣宗纪》，卷一一三《赤盏合喜传》。
⑨ 《金史》卷一五《宣宗纪》，卷一一八《张开传》。
⑩ 《金史》卷一二二《粘割贞传》。

撒）[①]、完颜闾山[②]、移剌塔不也[③]、完颜承立（庆山奴）[④]、郭（赐姓完颜）仲元[⑤]、胡天作[⑥]等人，任元帅右都监者有术甲臣嘉[⑦]、张甫[⑧]、完颜瞻（合达）[⑨]、完颜讹可[⑩]、石盏女鲁欢（十六）[⑪]、纥石烈德[⑫]、郭文振[⑬]、王福[⑭]、移剌（赐姓完颜）众家奴[⑮]、柴茂[⑯]等人。

当时任命的元帅极多，或本人官品较低，则又在元帅头衔上另加"权"字。如乌古论德升（六斤）"知太原府事、权元帅左监军"，后"真授左监军，行元帅府事"。[⑰]可知"权元帅左监军"比"真授"低一等。兴定四年（公元1220年）十一月，"诏柴茂权元帅左都监，盖仁贵摄右都监，同行元帅府于真定"。[⑱]元帅右都监之官衔上加"摄"字，应比"权"字更低。又兴定五年（公元1221年）二月，"孛术鲁达阿权元帅右都监，完颜讹论副右都

① 《金史》卷一一三《白撒传》。

② 《金史》卷一〇〇《完颜闾山传》，卷一〇八《胥鼎传》。

③ 《金史》卷一〇六《移剌塔不也传》。

④ 《金史》卷一五《宣宗纪》，卷一一六《承立传》。

⑤ 《金史》卷一〇三《完颜仲元传》，卷一二八《纥石烈德传》。

⑥ 《金史》卷一一八《胡天作传》。

⑦ 《金史》卷一〇三《术甲臣嘉传》。

⑧ 《金史》卷一一八《张甫传》。

⑨ 《金史》卷一五《宣宗纪》，卷一一二《完颜合达传》。

⑩ 《金史》卷一五《宣宗纪》载，兴定二年十一月，完颜讹可已任"权右都监"。

⑪ 《金史》卷一五《宣宗纪》，卷一一六《石盏女鲁欢传》。

⑫ 《金史》卷一五《宣宗纪》，卷一二八《纥石烈德传》。

⑬ 《金史》卷一五《宣宗纪》，卷一一八《郭文振传》。

⑭ 《金史》卷一一八《王福传》。

⑮ 《金史》卷一一八《移剌众家奴传》。

⑯ 《金史》卷一一八《张甫传》。

⑰ 《金史》卷一二二《乌古论德升传》。

⑱ 《金史》卷一六《宣宗纪》。

监，行元帅府于唐、邓"。[1]此处又用"副"字加于元帅右都监官衔之上。"权"、"摄"、"副"之类名目，适应于当时滥授元帅之需，但以"权"字最为常见。

金朝后期于各地设置很多元帅府，除前述以行尚书省兼元帅府、行枢密院兼元帅府外，大致上还有以下两种情况。一是以元帅府成员的资格行元帅府事，除前已引证的实例外，如金军为救援中都大兴府，"以刑部侍郎阿典宋阿为左监军，行元帅府于清州，同知真定府事女奚烈胡论出为右都监，行元帅府于保州"，结果"终无一兵至中都者"。[2]纥石烈德"以节度、权元帅右都监，与左都监、单州经略使完颜（郭）仲元俱行元帅府于宿州"。[3]这是两元帅都监共行帅府事。后来投降蒙古的张柔，曾"遥领永定军节度使、兼雄州管内观察使、权元帅左都监、行元帅府事"。[4]

二是不用元帅府成员的名义，亦可行元帅府事。如贞祐四年（公元1216年）六月，"辽西伪瀛王张致""上表来归，诏授致特进、行北京路元帅府事、兼本路宣抚使"。[5]古里甲石伦于兴定元年（公元1217年）十一月，"迁镇西军节度使、兼岚州管内观察使、行元帅府事"，后"迁金安军节度使，行帅府事于葭州"。古里甲石伦"以罪免"，天兴元年（公元1232年）初，金廷又"起前元帅古里甲石伦权昌武军节度使、行元帅府事"。[6]他几次行元帅府事，都以本州节度使兼任。

① 《金史》卷一六《宣宗纪》。
② 《金史》卷一〇一《承晖传》。
③ 《金史》卷一二八《纥石烈德传》。
④ 《元史》卷一四七《张柔传》。
⑤ 《金史》卷一四《宣宗纪》。
⑥ 《金史》卷一七《哀宗纪》，卷一一一《古里甲石伦传》。

金朝后期设置元帅府之多，难以悉数。贞祐时，为营救中都大兴府，“置四帅府，所统兵校不为不众，然而弗克取胜者，盖一处受敌，余徒傍观，未尝发一卒以为援，稍见小却，则弃戈遁去，此师老将怯故也”。[①]中都大兴府被蒙古军攻破后，贞祐三年（公元1215年）八月，“东平、益都、太原、潞州置元帅府”。[②]纳合蒲剌都上奏说：“关中元帅猥多，除京兆重镇，其余皆可罢。”[③]兴定五年（公元1221年），把胡鲁说：“窃见自陕以西，州郡置帅府者九，其部众率不过三四千，而长校猥多，虚糜廪给，甚无谓也。臣谓延安、凤翔、巩州边隅重地，固当仍旧，德顺、平凉等处宜皆罢去。河南行院、帅府存沿边并河者，余亦宜罢之。”[④]陈规于正大二年（公元1225年）上奏：“今河南一路便宜、行院、帅府、从宜凡二十处，陕西行尚书省二，帅府五，皆得以便宜杀人。”[⑤]当时金朝龟缩于河南及陕西一隅，而行元帅府之设置，也达到了滥乎其滥的地步。

金哀宗正大初，金朝曾对冗滥的元帅府作了一次整顿。《金史》卷四四《兵志》说，“哀宗正大二年（公元1225年），议选诸路精兵，直隶密院，先设总领六员，分路拣阅，因相合并。每总领司率数万人，军势既张，乃易总领之名为都尉，班在随朝四品之列”。“必以先尝秉帅权者居是职，虽帅府、行院亦不敢以贵重临之。”《金史》卷五五《百官志》之说稍有差异，此志称：“元

① 《金史》卷一〇八《侯挚传》。
② 《金史》卷一四《宣宗纪》。
③ 《金史》卷一二二《纳合蒲剌都传》。
④ 《金史》卷一〇八《把胡鲁传》。
⑤ 《金史》卷一〇九《陈规传》。

光间，招义军，置总领使，从五品；副使，从六品；训练官，从八品。正大二年（公元1225年），更总领名都尉，升秩为四品。四年（公元1227年），又升为从三品。”

按义军总领的设置，大约始于贞祐时，古里甲石伦“奏请招集义军，设置长校”，“外设一总领提控”作为长官，“制可”。[①] 陈规说：“河北濒河州县，率距一舍为一寨，籍居民为兵。数寨置总领官一人，并以宣差从宜为名。其人大抵皆闲官，义军之长、偏裨之属尤多无赖辈，征逐宴饮，取给于下，日以为常。及敌至，则伏匿不出，敌去，骚扰如初。”[②]时“总领撒合问冒券四百余口”，冯璧“劾案以闻，诏杖杀之”。[③]又“贞祐二年（公元1214年），宣宗迁汴”，术甲脱鲁灰“率本部兵赴中都扈从，上喜，特授御前马步军都总领”，[④]这尚非义军总领。兴定四年（公元1220年）七月，“林州行元帅府遣总领严禄等讨红袄贼于彰德府，生擒伪安抚使王九诏”，[⑤]则总领尚为元帅府下之部将。至正大二年（公元1225年）十月，“新军政，改总领为都尉”。[⑥]

总领、都尉的设置和演变，对滥授的元帅的调整，本是两件互相关联的事，上引记录的缺陷是未对两事的关联进行分析和介绍。

据元好问记载，“贞祐以后，武臣以战功往往至将帅，置员既多，而不相统摄”，正大初，张姓官员“建言，乞以都尉易将

① 《金史》卷一〇二《蒙古纲传》，卷一一一《古里甲石伦传》。

② 《金史》卷一〇九《陈规传》。

③ 《金史》卷一一〇《冯璧传》。

④ 《金史》卷一二四《术甲脱鲁灰传》。

⑤ 《金史》卷一六《宣宗纪》。

⑥ 《金史》卷一七《哀宗纪》。

帅之号。上从其计”。[1]又有记载说，“正大二年（公元1225年），（完颜）叙烈（鼎）落帅职，例为总领”，“自寿、泗元帅转安平都尉”。[2]今存文物有出土于河北任城县的“安平都尉之印”。参对前引《金史》卷四四《兵志》、卷五五《百官志》等记载，可知最初总领的设置，是与“新军政”无关的，但正大二年（公元1225年）“改总领为都尉”，是为“易将帅之号”，而“新军政”，当时很多人“落帅职，例为总领”，又“更总领名都尉”。金廷企图以此整顿元帅“置员既多”的情况，对军队“分路拣阅，因相合并”。

又《金史》卷一一六《承立传》载，完颜兀论乃“丞相赛不之侄，元光间，例以诸帅为总领，兀论以丞相故，独不罢”。按完颜赛不于正大元年（公元1224年），自枢密副使改平章政事，“未几，转尚书右丞相”。[3]今查《金史》卷一六《宣宗纪》，在元光时，各地帅府和元帅的记载不少，并无改名总领的迹象。可知《金史》卷一一六《承立传》所载的“元光间”，实为“正大间”之误。

《金史》卷一一六《承立传》所载的时间尽管有误，而此次调整却并未革除将帅冗滥的弊端，其结果则是总领、都尉和元帅三种官衔并存，元帅的授予更滥。即以天兴元年（公元1232年）著名的三峰山战役参战各军为例，共有“骑二万，步十三万，骑帅蒲察定住、蒲察荅吉卜，郎将按忒木，忠孝军总领夹谷爱荅、内族（完颜）达鲁欢，总领夹谷移特剌，提控步军、临淄郡王张

① 《遗山先生文集》卷二〇《资善大夫吏部尚书张公神道碑铭》。

② 《金史》卷一二三《完颜陈和尚传》、《斜烈传》。

③ 《金史》卷一七《哀宗纪》，卷一一三《完颜赛不传》。

惠，殄寇都尉完颜阿排（阿拍）"，折冲都尉樊（赐姓夹谷）泽、都尉高英、忠孝军总领完颜彝（陈和尚）等，还有恒山公武仙，元帅左监军杨（赐姓兀林荅）沃衍（斡烈）等军会合参战，[①]足见当时金军将领官衔之驳杂。今有金宣宗天兴时之"义军副总领印"传世，[②]也是当时滥授总领之物证。

在元帅设置过多过滥的情势下，又出现了"总帅"的官衔。金宣宗兴定四年（公元1220年）九、十月，"置总领元帅府于归德，以寿州、陈留两镇兵属之"，"授红袄贼时青滕阳公、本处兵马总领元帅兼宣抚"。[③]时与宋朝交兵，京东总帅纥石烈志（牙吾塔）于元光元年（公元1222年）五月，"以京东便宜总帅兼行户、工部事"。[④]强伸"为中京（河南府）留守、元帅左监军、世袭谋克、行元帅府事"，后又"行总帅府事"。[⑤]天兴初，金朝命徒单兀典"行省阌乡，以备潼关。徒单百家为关陕总帅，便宜行事"，徒单兀典"遂与潼关总帅纳合合闰，秦蓝总帅、都点检完颜重喜"等部，集结重兵，"从虢入陕"。[⑥]天兴元年（公元1232年）十一月，"河、解元帅权兴宝军（宝昌军?）节度使赵伟袭据陕州以叛"，金廷为了笼络他，"就授伟元帅左监军、兼西安军节度使，行总帅府事"。[⑦]蒙古军攻归德府，金朝以行枢密院事石盏

---

① 《金史》卷一一二《完颜合达传》、《移剌蒲阿传》，卷一二三《完颜陈和尚传》、《杨沃衍传》。

② 《中国史研究》1986年第4期陈智超先生《金末"义军副总领印"简释》。

③ 《金史》卷一六《宣宗纪》。

④ 《金史》卷一一〇《冯璧传》、卷一一一《纥石烈牙吾塔传》，《遗山先生文集》卷一九《内翰冯公神道碑铭》。

⑤ 《金史》卷一一一《强伸传》。

⑥ 《金史》卷一一六《徒单兀典传》。

⑦ 《金史》卷一八《哀宗纪》，卷一一六《徒单兀典传》。

女鲁欢“为总帅，佩金虎符”。[①]乌古论镐（栲栳）守蔡州有功，金哀宗“赐以大信牌，自元帅升总帅”。[②]“鲁山元帅元志领军千余”，救援困守蔡州之金哀宗，“比至蔡，几丧其半，上表异之，赐以大信牌，升为总帅”。[③]可知自元帅升总帅，是以大信牌为凭。蒙古兵攻蔡州，“宿州副总帅高剌哥战殁”，“砲军总帅王锐杀元帅夹谷当哥，率三十人降”。[④]汪世显降蒙古前，任“巩昌便宜总帅”。[⑤]足见当时总帅的授予，也同样发展到十分冗滥的地步，而各总帅的兵力都相当单薄。

至于元帅之数，在金朝灭亡前夕，更是车载斗量。金宣宗时，元帅府尚作为一州或数州之军区机构，而此时之元帅府甚至降为县一级的军区机构。除前述鲁山元帅元志外，如有“岘山帅呼延实、登封帅范真”。[⑥]金哀宗逃离开封时，随行者有右丞相、枢密使、兼左副元帅完颜赛不，平章政事、权枢密使、兼右副元帅完颜承裔（白撒），右副元帅、兼枢密副使、权参知政事完颜讹出，元帅左监军、行总帅府事徒单百家，其下有“东面元帅高显，副以果毅都尉粘合咬住，兵五千；南面元帅完颜猪儿，副以建威都尉完颜斡论出，兵五千；西面元帅刘益、上党公张开，副以安平都尉纪纲，军五千；北面元帅内族（完颜）娄

① 《金史》卷一一六《石盏女鲁欢传》。

② 《汝南遗事》卷二。《金史》卷一一九《乌古论镐传》作金哀宗“天兴初”，乌古论镐已“迁蔡、息、陈、颍等州便宜总帅”，与《汝南遗事》所载有异。

③ 《金史》卷一八《哀宗纪》，卷一一九《完颜仲德传》。

④ 《金史》卷一八《哀宗纪》天兴二年十二月。

⑤ 《元史》卷一五五《汪世显传》。

⑥ 《金史》卷一二三《姬汝作传》。此传与《元史》卷一二〇《曷思麦里传》或称呼延实和范真任总帅。

室，副以振威都尉张闰，军五千；中翼都尉贺都喜军四千，隶总帅百家。都尉内族（完颜）久住、副都尉王简、总领王福胤神臂军三千五百，左翼元帅内族（完颜）小娄室亲卫军一千，右翼元帅完颜按出虎亲卫军一千，总领完颜长乐、副帅温敦昌孙马军三百，郡王王义深马军一百五十，郡王范成进、总领苏元、孙圭军三千，隶总帅百家。飞骑都尉、兼合里合总领术虎只鲁欢，总领夹谷得伯，纠军田众家奴等百人及诸臣下”。[1]完颜奴申留守开封，有“同判大睦亲府事、兼都点检内族（完颜）合周管宫掖事，左副点检完颜阿撒、右副点检温敦阿里副之”，“又以把撒合为外城东面元帅，术甲咬住南面元帅，崔立西面元帅，孛术鲁买奴北面元帅”。[2]后崔立发动政变，“举事止三百人，杀二执政，当时诸女直将帅四面握兵者甚多”，“无一人出面与抗者”。[3]在息州行省，“王进为弹压帅”。[4]

总之，金朝后期行元帅府的滥设，从元帅以至总帅、总领、都尉等官的滥授，并未使金朝在军事上重新产生生机和活力，而恰好成为金朝衰败至灭亡之征象。

第三节 宣抚司等机构

金朝后期，尚有宣抚司、安抚司、经略司、招抚司等军区

① 《金史》卷一八《哀宗纪》，卷一一三《白撒传》。
② 《金史》卷一一五《完颜奴申传》。
③ 《归潜志》卷一一。
④ 《金史》卷一一九《完颜娄室传》。

机构，名目不少，大体是搬用宋制，其事权与职责实际上又大同小异。

一、宣抚司

金卫绍王至金宣宗贞祐时，沿用金章宗泰和时旧制，按路设立宣抚司，作为大军区机构。如移剌福僧曾任辽东宣抚副使，[①]蒲鲜万奴任辽东宣抚使，辽西自立为瀛王之张致“上表来归，诏授特进、行北京路元帅府事、兼本路宣抚使”。[②]蒲察移剌都“充辽东、上京等路宣抚使，兼左副元帅”。[③]仆散安贞（阿海）任山东路宣抚使。[④]蒙古纲（胡里纲）“权河北东路宣抚使”。[⑤]田琢任河北西路宣抚副使。[⑥]乌古论礼（六斤）任河东北路宣抚使。[⑦]古里甲石伦任河东路宣抚副使。[⑧]乌古论庆寿任“大名府〔路〕权宣抚使，未几，知河中府、权河东南路宣抚副使”。[⑨]贞祐三年（公元1215年）八月，金宣宗“谕陕西”“令宣抚使治邠州，副使治同州之澄城”。[⑩]在对西夏战争中，“夏人陷临洮，陕西宣抚副使完颜胡失剌被执”，[⑪]如此等等。当时的宣抚司一般以路为辖区，

① 《金史》卷一〇四《移剌福僧传》。

② 《金史》卷一四《宣宗纪》贞祐三年三月、贞祐四年六月。

③ 《金史》卷一〇四《蒲察移剌都传》。

④ 《金史》卷一〇二《仆散安贞传》不载任宣抚使事，今据《金史》卷一四《宣宗纪》贞祐三年二月。

⑤ 《金史》卷一〇二《蒙古纲传》。

⑥ 《金史》卷一〇二《田琢传》。

⑦ 《金史》卷一〇三《乌古论礼传》。

⑧ 《金史》卷一一一《古里甲石伦传》。

⑨ 《金史》卷一〇一《乌古论庆寿传》。

⑩ 《金史》卷一四《宣宗纪》。

⑪ 《金史》卷一四《宣宗纪》贞祐三年十月。

掌一路军政、民政大权。但是，随着黄河以北广大地域的失陷，很多宣抚司形同虚设。贞祐四年（公元1216年）六月，金宣宗“罢河北诸路宣抚司，更置经略司”。[①]此后，宣抚司之设置逐渐少见。如“九公封建”，“皆兼宣抚使”，[②]但其辖地已非原各路宣抚司可比。按照宋制，宣抚司在各类使司中地位最高。金朝后期宣抚司在各类使司中的地位亦相类似。

二、经略司

金宣宗贞祐二年（公元1214年）四月至八月，金廷置东面经略司于平州，乌林荅乞住曾任此职务，又置西面经略司于代州，完颜蒲剌都曾任此职务。[③]此后，金朝所置经略司，往往即是一州或数州军区司令部，与行元帅府辖区相类似。例如有“莱州经略使术虎山寿”。[④]蒙古军“攻代州，经略使奥屯醜和尚战殁”。[⑤]王佐曾任“同知蒲州军事、权招抚使、蒲州经略使”。[⑥]完颜从坦“权河平军节度使、孟州经略使”。[⑦]郭（赐姓完颜）仲元曾“兼单州经略使”，后“改商州经略使、权元帅右都监”。[⑧]杀蒙古纳降宋的纳合陆哥（六哥），其官衔为“宣差镇国上将军，邳州从宜

① 《金史》卷一四《宣宗纪》。

② 《金史》卷一一八《苗道润传》和赞。

③ 《金史》卷二四、卷二六《地理志》，卷一〇三《完颜蒲剌都传》，卷一二二《乌林荅乞住传》。

④ 《金史》卷一〇二《田琢传》。

⑤ 《金史》卷一四《宣宗纪》贞祐四年九月，卷一二二《奥屯醜和尚传》为贞祐四年八月。

⑥ 《金史》卷一二二《王佐传》。

⑦ 《金史》卷一二二《从坦传》。

⑧ 《金史》卷一〇三《完颜仲元传》。

经略使，兼邳州刺史，知军事，徐邳规措使”，金廷为“抚谕六哥”，“乃升经略司为元帅府”，[①]可知经略司级别较低。今存文物尚有贞祐四年（公元1216年）“岚州经略副使之印”，为上海博物馆藏品。但如苗道润为“骠骑上将军、中都路经略使、兼知中山府事”，后张甫任中都东路经略使，靖安民任中都西路经略使。[②]苗道润部属有“经略副使张柔”。苗道润被贾瑀所杀，金廷便将张柔“加骠骑将军、中都留守、兼大兴府尹、本路经略使，行元帅府事”。[③]当时中都大兴府已被蒙古所占，经略司虽为路一级军区，其实已非军事辖区，而仅保有收复失地之名义。

三、招抚司

兴定三年（公元1219年）四月，“以同知平阳府事胡天作充便宜招抚使”。[④]兴定五年（公元1221年）二月，“置招抚司于单州”，“以安集河北遗黎”，“罢怀州行元帅府，复置招抚司，与孟州经略司并受中京行枢密院节制”。[⑤]赵益“升太原治中，复擢同知府事、兼招抚使”，后蒙古军“攻城益急”，赵益自杀。[⑥]“招抚副使黄掴阿鲁荅破李全于密州。”[⑦]此类事例证明招抚司也具有军事职能。河南登封市文管所藏有天兴二年（公元1233年）“招抚司印”。

① 《宋会要》兵一六之一八，《金史》卷一〇二《蒙古纲传》。
② 《金史》卷一一八《苗道润传》。
③ 《金史》卷一一八《苗道润传》，《元史》卷一四七《张柔传》。
④ 《金史》卷一五《宣宗纪》。
⑤ 《金史》卷一六《宣宗纪》，卷二五、卷二六《地理志》。
⑥ 《金史》卷一二二《赵益传》。
⑦ 《金史》卷一〇八《侯挚传》。

四、安抚司

金章宗泰和末对宋和议后，“改陕西宣抚司为安抚司”。[①]金朝后期，也有将安抚司作为军事机构者。黑龙江省博物馆藏有贞祐四年（公元1216年）“上京路安抚副使印”。如把胡鲁“以知河中府事，权安抚使”。[②]侯小叔任“河中府判官、权河东南路安抚副使”，“河中围解，迁治中，安抚如故”，后又“迁昭毅大将军，遥授孟州防御使、同知府事、监军，安抚如故”。[③]李（赐姓完颜）霆于兴定五年（公元1221年）“改定国军节度使、兼同知京兆府事”。元光元年（公元1222年）十月，“霆以本官为安抚使，守同知归德府惟宏、大司农丞郭皓为副使，分护百姓之迁南山者”。[④]当时金廷“以京兆官民避兵南山者多至百万”，故命李霆等“安抚其众”。[⑤]可知安抚司并非纯军事性质。燕宁曾任“山东安抚副使”。[⑥]

五、提控

宋朝官衔中有不少“提点”、“提举”、“提领”、“提辖”等名目，如提点刑狱公事、提举常平茶盐公事、提领营田公事、提辖兵甲等。[⑦]金朝“提控”一词亦相类似，如金银铜冶，“令州府长官一员提控”。金章宗谈论常平仓说：“可各县置仓，命州府县官

① 《金史》卷五五《百官志》。
② 《金史》卷一〇八《把胡鲁传》。
③ 《金史》卷一二二《侯小叔传》。
④ 《金史》卷一〇三《完颜霆传》。
⑤ 《金史》卷一六《宣宗纪》。
⑥ 《金史》卷一一八《燕宁传》。
⑦ 《宋史》卷一六七《职官志》,《宋会要》食货六三之一〇五。

兼提控管勾。”[①]此处的“提控”乃是动词。

金世宗时，“监察御史陶钧以携妓游北苑，歌饮池岛间，迫近殿廷，提控官石玠闻而发之”。[②]此处之提控官亦未必有军事意义。但到金朝后期，提控官名目繁多，大体成为军事专职。如李英曾“充宣差都提控，居庸等关隘悉隶焉”。[③]纥石烈桓端“为宣差副提控、同知婆速路兵马都总管、行府事”，后“迁辽海军节度使、同知行府事，宣差提控如故”，又“改邳州刺史，充徐州界都提控”，又“充都提控，屯陈州”。[④]夹谷石里哥任“蓟州副提控，驻军大名”。[⑤]完颜伯嘉曾任“震武军节度使、兼宣抚副使、提控太和岭诸隘”，后又任“知河中府，充宣差都提控”。[⑥]完颜承立（庆山奴）于贞祐三年（公元1215年）“为宣差便宜都提控，率所募兵往援”，被蒙古军围攻之中都大兴府，“俄为元帅右都监，兼前职”。[⑦]郭文振“累官辽州刺史”，于贞祐四年（公元1216年）“以本官充宣差从宜都提控”。兴定三年（公元1219年），“迁遥授中都副留守、权元帅左都监、行河东北路元帅府事，刺史、从宜如故”。[⑧]以上一类提控实际上也是军区司令。

但也有另一类提控，则作为行元帅府、行尚书省等所属之部将。易水公靖安民所部有“守寨提控马豹”，后投降蒙古。[⑨]乌古

① 《金史》卷五〇《食货志》。
② 《金史》卷四五《刑志》。
③ 《金史》卷一〇一《李英传》。
④ 《金史》卷一〇三《纥石烈桓端传》。
⑤ 《金史》卷一〇三《夹谷石里哥传》。
⑥ 《金史》卷一〇〇《完颜伯嘉传》。
⑦ 《金史》卷一一六《承立传》。
⑧ 《金史》卷二六《地理志》，卷一一八《郭文振传》。
⑨ 《金史》卷一一八《靖安民传》。

论长寿为西北“突门族人”，“本姓包氏”，在对西夏战争中有功，“迁怀远大将军，升提控”，此时实际上是充任统军司之部将。他后升“同知通远军节度事，提控如故”。另一记载则说是任平凉行尚书省的“行军提控”，又“升总领都提控，改通远军节度使”，①方为巩州之长官兼军区司令。完颜霆本名李二措，当蒙古南侵之际，“纠合义兵”，“升都提控，遥授同知通州军州事”，后历任河北东路行军提控，“充滨、棣行军都提控”，又“遥授同知益都府事，加宣差都提控”，都并非军区司令。后“权单州经略司事，充宣差总领都提控”，②方成为军区司令。又如萧汉杰曾“领虢州倅、关陕总帅府提控”。③完颜瞻（合达）部将有“先锋提控樊泽”，后樊泽赐姓夹谷。④纥石烈德曾任武兴军节度使，“宣抚司署都提控”，⑤他既是肇州长官兼军区司令，又是宣抚司部将。完颜阿喜曾“充马军都提控”，“充宣差山东路左翼都提控”。⑥古里甲石伦“累迁副提控、太原府判官，与从宜都提控、〔震〕武军节度使完颜蒲剌都议拒守不合”。⑦武仙“使其提控宋元护送老稚四千南窜”。⑧元光元年（公元1222年），据宋方记载，“归正头目李元杀死沿河守把蕃官并伪提控温罕、伪都统石抹王奴，万户独吉木胡连”等降宋。⑨

---

① 《金史》卷一〇三《乌古论长寿传》，卷一一三《白撒传》。
② 《金史》卷一〇三《完颜霆传》，《宋史》卷四七六《李全传》。
③ 《遗山先生文集》卷一〇《赠萧汉杰》。
④ 《金史》卷四四《兵志》，卷一一二《完颜合达传》。
⑤ 《金史》卷一二八《纥石烈德传》。
⑥ 《金史》卷六六《阿喜传》。
⑦ 《金史》卷一一一《古里甲石伦传》。
⑧ 《常山贞石志》卷一五《故知中山府事王公神道碑铭》。
⑨ 《宋会要》职官六二之一七，兵一六之一七。

总之，金朝后期授提控者甚多，除了冠以“行军”、“守寨”、“马军”、“左翼”、“先锋”等军事术语外，提控的官衔，如副提控、提控、都提控、宣差副提控、宣差提控、[1]宣差都提控、从宜都提控、总领都提控、宣差从宜都提控、宣差便宜都提控、宣差总领都提控等等，其品级显然又有高低之别。今有金朝“兵马都提控印”传世。[2]

此外，金朝后期如宣差、从宜、便宜之类名称甚多，除前引实例外，有时或作简称，而单独作官衔使用。前述郭文振任“从宜”，实为“宣差从宜都提控”之简称。如王扩说河东“三从宜”，[3]“泗州从宜移剌羊哥”，[4]完颜仲德（忽斜虎）“授邳州刺史，兼从宜”，严禄“为从宜，在砀山数年，又得士心”，[5]“从宜移剌买奴”，[6]“邳州从宜兀林荅某”，[7]如此等等。单独用宣差官衔者，如“宣差蒲察五斤”，[8]“宣差赵三三名伟”，[9]“刘坚者，初为（蒙古）大兵守城父，亳州复擒之，囚之于狱。杨春谋欲北降，乃出之，使为宣差”。[10]“有李喜柱者，本宿州众僧奴下宣差。”[11]武仙说：

① 《金史》卷一二三《完颜陈和尚传》载他曾“充宣差提控”。

② 《文物》1984年第9期武家昌《辽宁近年出土、征集的宋辽金官印选辑》。

③ 《金史》卷一〇四《王扩传》。

④ 《金史》卷一二四《毕资伦传》。

⑤ 《金史》卷一八《哀宗纪》天兴二年二月、四月，卷一一九《完颜仲德传》。

⑥ 《金史》卷一五《宣宗纪》兴定元年十一月。

⑦ 《金史》卷一一七《国用安传》。

⑧ 《金史》卷一〇三《奥屯襄传》。

⑨ 《金史》卷一一六《徒单兀典传》。

⑩ 《金史》卷一一七《粘哥荆山传》。

⑪ 《金史》卷一一七《王进传》。

“今日宣差来起军，明宣差来起军，因此军卒战亡殆尽矣。”[①]单独用“便宜”为官衔者，如有“辽东便宜阿里不孙”。[②]以上记载都相当简单，或有名无姓，难以作出详细分析。

《金史》卷四四《兵志》说，金宣宗“南迁，河北封九公，因其兵，假以便宜从事，沿河诸城置行枢密院、元帅府，大者有便宜之号，小者有从宜之名”。此处是指作为各类军区长官之加衔。贞祐时，侯挚说：“今随路宣差、便宜、从宜，往往不遵条格，辄付六部及三品以下官，其于纪纲，岂不紊乱，宜革其弊。”[③]总的看来，宣差、便宜、从宜之类名号，除用作加衔外，在单独用作官衔时，其品位往往不高，或为如宣差、从宜、都提控之类简称。

第四节　诸王诸公封建

金元之际，北方出现不少以汉族为主体的民间武装，史称“贞祐初，金弃燕南渡，所在豪强乘乱而起，一偾一兴，迭为雄长”。[④]这些民间武装的政治倾向大致有三类。一是起义反金者，例如红袄军起义，其中部分起义军则附宋抗金。二是归降蒙古者，例如史秉直、史天倪、史天泽父子等武装。三是依附金朝者。由于金、宋、蒙古几方军事实力的差别以及金朝内部的民族

① 《金史》卷一一八《武仙传》。

② 《金史》卷一五《宣宗纪》兴定二年四月。

③ 《金史》卷一〇八《侯挚传》。

④ 《秋涧先生大全文集》卷五二《泰安州长清县朱氏世系碑铭并序》。

矛盾，金朝后期不少民间武装的政治倾向，往往是游移不定，朝秦暮楚，这与北宋、南宋之交，北方出现几乎清一色的抗金民间武装，颇有差异。

史称“金贞祐主南渡，而元军北还，是时河朔为墟，荡然无统”，“间有豪杰之资者”，“聚其乡邻，保其险阻，示以纪律，使不相犯，以相守望”。[①]对此类民间武装，金廷最初采取收编政策。田琢在“殿前画地作山川，请以义军相表里”，“请由间道往山西招集义勇”。[②]张翰上书言事，“谓当就集义军，假之官印，使相统摄，以安反侧”。[③]张行信说：“自兵乱之后，郡县官豪，多能纠集义徒，摧击土寇，朝廷虽授以本处职任，未几遣人代之。”[④]贞祐三年（公元1215年），古里甲石伦正式“奏请招集义军，设置长校，各立等差”，得到批准。[⑤]当年胥鼎奏：“臣所将义军，皆从来背本趋末、勇猛凶悍、盗窃亡命之徒，苟无训练统摄官以制之，则朋聚党植，无所不至。乞许臣便宜置总领、义军使、副及弹压，仍每五千人设训练一员，不惟预为防闲，使有畏忌，且令武艺精熟，人各为用。”此奏得到金宣宗批准。[⑥]

但是，随着军事形势的急剧恶化，一些民间武装首领的割据称雄，单纯的收编政策便很快丧失效用。故完颜伯嘉在兴定时上

① 《静修先生文集》卷一七《易州太守郭君墓铭》。

② 《闲闲老人滏水文集》卷四《从军行送田琢器之》，《金史》卷一〇二《田琢传》。

③ 《金史》卷一〇五《张翰传》。

④ 《金史》卷一〇七《张行信传》。

⑤ 《金史》卷一五《宣宗纪》兴定三年十月，卷一〇二《蒙古纲传》，卷一一一《古里甲石伦传》。

⑥ 《金史》卷一〇八《胥鼎传》。

奏说："自兵兴以来，河北桀黠往往聚众自保，未有定属。乞赐招抚，署以职名，无为他人所先。"又说："河东、河北有能招集余民，完守城寨者，乞无问其门地，皆超逾等级，授以本处见任之职。"[①]他提出对"未有定属"的民间武装实行"招抚"政策，以免为蒙古"所先"。事实上，河北民间武装首领苗道润在贞祐时，"比战有功，略定城邑，遣人诣南京求官封，宰相难其事"，金宣宗询问王扩，王扩说："道润得众，有功因而封之，使自为守，羁縻使之，策之上也。今不许，彼负其众，何所不可为。"于是决定"除道润宣武将军、同知顺天军节度使事"。[②]苗道润后被另一武装首领贾瑀所杀，但其他民间武装首领却仍陆续获得金廷的官封。

兴定三年（公元1219年），金宣宗召集廷臣们商讨，最后不得不于次年二月忍痛作出"九公封建"的决定，"封沧州经略使王福为沧海公，河间路招抚使移剌（后赐姓完颜）众家奴为河间公，真定经略使武仙为恒山公，中都东路经略使张（后赐姓完颜）甫为高阳公，中都西路经略使靖安民为易水公，辽州从宜郭文振为晋阳公，平阳招抚使胡天作为平阳公，昭义军节度使完颜（原姓张）开为上党公，山东安抚副使燕宁为东莒公。九公皆兼宣抚使，阶银青荣禄大夫，赐号宣力功臣，总帅本路兵马，署置官吏，征敛赋税，赏罚号令，得以便宜行之"，"如能收复邻近州县者，亦听管属"。[③]九公中仅有移剌众家奴为契丹人，其余都是汉人，九公的武装人员以汉人为主。金朝封爵有王、郡王、国

① 《金史》卷一〇〇《完颜伯嘉传》。
② 《金史》卷一一八《苗道润传》。
③ 《金史》卷一一八《苗道润传》。

公、郡公等，[1]九公之名称，实为破例。九公辖区各有若干州县，实际上是特殊的军区划分，他们本人即是金季之军阀。今将九公辖区开列于下：

沧海公王福："以清、沧、观州，盐山、无棣、乐陵、东光、宁津、吴桥、将陵、阜城、蓨县隶焉。"[2]以上九县中前三县属沧州，后六县属观州，尚缺清州三县和沧州清池、南皮两县。疑此五县事实上未被王福所部控制。

河间公移剌（赐姓完颜）众家奴："以献、蠡、安、深州，河间、肃宁、安平、武强、饶阳、六家庄、郎山隶焉。兴定末，所部州县皆不可守。元光元年（公元1222年），移屯信安，本张甫境内。"[3]此处河间和肃宁县属河间府，武强、饶阳和安平县属深州，情况也与上述沧海公的辖区相类似。

恒山公武仙："以中山、真定府，沃、冀、威、镇宁、平定州，抱犊寨、栾城、南宫县隶焉。"[4]此处栾城县属真定府，南宫县属冀州，镇宁州原为真定府获鹿县，而平定州原属河东北路。

高阳公张（赐姓完颜）甫："以雄、莫、霸州，高阳、信安、文安、大城、保定、静海、宝坻、武清、安次县隶焉。"[5]此处保定县属雄州，文安、大城和信安县属霸州，高阳县属安州，宝坻、武清和安次县属中都大兴府，静海县属清州。尚有莫州任丘县、雄州归信和容城县、霸州益津县不见记载。

---

① 《金史》卷五五《百官志》。

② 《金史》卷一一八《王福传》。

③ 《金史》卷一一八《移剌众家奴传》。

④ 《金史》卷一一八《武仙传》。

⑤ 《金史》卷一一八《张甫传》。

易水公靖安民："以涿、易、安肃、保州，君氏川、季鹿、三保河、北江、礬山寨、青白口、朝天寨、水谷、懽谷、东安寨隶焉。"[①]此处除四州外，自君氏川以下，全是小地名。

晋阳公郭文振："所统岚、管、隩、石、宁化、保德诸州"，[②]"河东北路皆隶焉"。

平阳公胡天作："以平阳、晋安府，隰、吉州隶焉"，又"以晋安府之翼城县为冀州，以垣曲、绛县隶焉"，[③]都属河东南路。

上党公张（赐姓完颜）开："以泽、潞、沁州隶焉"，又将潞州涉县升为崇州，"以黎成县隶焉"，[④]都属河东南路。

东莒公燕宁："益都府路皆隶焉。"[⑤]益都府原为山东东路首府，此时之益都府路辖区似应小于原山东东路。

以上九公之辖区，因载籍之遗缺，事实上难以考其详。必须指出，金季之"封建"，决非以九公为限。《金史》卷一一八的九公等传赞说："大凡九公封建，《宣宗实录》所载如此。他书载沧海公张进、河间公移剌中哥、易水公张进、晋阳公郭栋，此必正大间继封，如史詠继胡天作者，然不可考矣。"据元朝记载，有一张进为保定人，"金季封北平公，守信安城"，后投降蒙古。[⑥]此处三个张进同时封公，是否或有错讹重复之记载，今亦已难考其详。又如兴定四年（公元1220年）十月，金廷"授红袄贼时青

① 《金史》卷一一八《靖安民传》。
② 《金史》卷二六《地理志》，卷一一八《郭文振传》。
③ 《金史》卷一一八《胡天作传》。
④ 《金史》卷二六《地理志》，卷一一八《张开传》。
⑤ 《金史》卷一一八《燕宁传》。
⑥ 《元史》卷一六六《张荣实传》。

滕阳公、本处兵马总领元帅兼宣抚”，[1]亦为九公之外的封公。

金哀宗正大三年（公元1226年）十一月，“宋忠义军夏全自楚州来归”，“以全为金源郡王、平淮府都总管”，张惠为临淄郡王，王义深为东平郡王，范成进为胶西郡王。[2]天兴时，金廷特封山东国安用为兖王，赐姓完颜，改名用安，又封李明德、封仙、张瑀、张友、卓翼、康琮、杜政、吴歪头、王德全、刘安国为十郡王。[3]此类武装游移于金、宋和蒙古之间，金朝之封王封公，也不过是羁縻而已。

金朝后期的诸公诸王封建，与南宋初设镇抚使，有某些相似之处。当然，诸公诸王之位号，又非镇抚使可比。但在蒙古和南宋的夹攻下，金朝诸公诸王或败或降，并不足以支撑残局。

---

① 《金史》卷一六《宣宗纪》，卷一一七《时青传》。

② 《金史》卷一七《哀宗纪》，卷一一四《白华传》。

③ 《金史》卷一一七《国用安传》。

第四章　武装力量体制

金朝并无宋朝禁兵、厢兵之类较严格的军种区分，若勉强地予以分类，似大致可分正规军和非正规军两类。

《金史》卷四四《兵志》对金朝军名的介绍十分驳杂，从现代军制学的角度看来，其中有军队番号，也有军种区分，还有民族差别，如此之类，各不相同，须作具体分析。

第一节　正规军

前第二章第五节介绍的护驾军、从驾军、侍卫亲军、武卫军、威捷军等，都属正规军之番号。除侍卫亲军外，殿前都点检司“又设护卫二百人，近侍之执兵杖者也”，[①]属皇帝高级卫士。

金朝中期，直属中央的正规军由侍卫亲军、武卫军、威捷军等组成，已如前述。金卫绍王至宁元年（公元1213年），纥石烈执中（胡沙虎）率武卫军发动兵变。符宝祗候完颜鄯阳、护卫十人长完颜石古乃“召大汉军五百人赴难”，“皆死之”。纥石烈执

① 《金史》卷四四《兵志》。又《金史》卷四一《仪卫志》载，“天眷三年，熙宗幸燕，始备法驾”。其中有“诸班直队二千九百四十五人”，大致是仿宋诸班直之名称，以作仪仗队，应并非金朝皇帝卫兵之实际编制。

中“叩东华门，遣人呼守直亲军百户冬儿，五十户蒲察六斤，不应”，殿前都点检徒单镐（渭河）缒城出降，“护卫斜烈乞儿、亲军春山共掊锁，开门纳执中”，纥石烈执中“以兵入宫，尽逐卫士”，又逼金卫绍王归故邸，“以武卫军二百人锢守之”。[①]此段记载反映了当时中都大兴府的正规军体制，“大汉军”可能即是由汉人编组的威捷军步兵弩手，因为金朝往往使用汉人充当步兵弩手，也可能是《金史》卷四四《兵志》所载之“中都永固军”。

《金史》卷四四《兵志》说，“所谓镇防军，则诸军中取以更代戍边者也。在西北边则有分番屯戍军及永屯军、驱军之别，驱军则国初所免辽人之奴婢，使屯守于泰州者也”。在南方，有所谓“河南、陕西、山东路统军司镇防甲军”。在北方，有所谓“诸屯田被差及缘边驻扎捉杀军”，即是“分番屯戍军”，还有“北边临潢等处永屯驻军”、“上京路永屯驻军”、“诸北边永驻军”等，大体属西北、西南和东北路三个招讨司，上京路都总管府，临潢府路都总管府等管辖。金代边防军称“镇防军”，为正规军之一部分。即使在北边的“上番汉军”、“奚军”之类，亦采用女真正规军之编制。驱军既屯驻于泰州，应先后受乌古迪烈路统军司、招讨司和东北路招讨司之管辖。即使到金朝后期，屯守南方者仍沿用镇防军之名称。[②]

在宋人记载中，我们可以看到金朝一些特殊的军名，如铁鹞

① 《金史》卷一三《卫绍王纪》，卷一二一《鄯阳传》，卷一三二《纥石烈执中传》。

② 《金史》卷一七《哀宗纪》天兴元年五月：“裕州镇防军将领贺都喜率西军二千人入援。”卷一〇三《蒲察阿里传》：“征河南镇防军，图再举。”卷一一二《完颜合达传》：“河南、陕西镇防军皆分屯诸路，在营惟老稚而已。”卷一一七《徒单益都传》载有“宿（州）之镇防军”。

子兵[①]、铁浮图（铁塔兵）[②]、紫茸军、黄茸军、青茸军[③]、射雕军[④]等，此类军名都应属金朝之正规军，而以某种特征命名。例如宋人称："虏将下亲兵皆精练，号铁浮图。"[⑤]形容此类女真骑兵披戴重甲，犹如铁塔一般，故又称铁塔兵。宋方记载称，金海陵王"有亲军女真三万，矛盾戈戟，器械精纯，尽用紫茸丝绦，穿联铁甲，号紫茸军。其次用黄茸，号黄茸军，其次用青茸，号青茸军。紫、青、黄三军一名细军，又名护驾军，专一簇御宿卫"。[⑥]据前第二章第五节，护驾军当时已改名从驾军。范成大《揽辔录》记载，在金世宗的宫殿中，"东西御廊，循檐各列甲士，东立者红茸甲，金缠竿枪，黄旗画青龙，西立者碧茸甲，金缠竿枪，白旗画黄龙"。可知紫茸军、黄茸军、青茸军之类，即是披戴以紫绒绦、青绒绦、红绒绦等作装饰之甲胄，因而得名者。[⑦]在金海陵王、金世宗至金卫绍王时，从驾军、侍卫亲军等应是紫茸军之类的正式番号。

金方记载有"绯翮翅军"，包（乌古论）长寿曾任此军之千夫长，在兴定元年（公元1217年），绯翮翅军还参加对西夏之战

---

① 《会编》卷三三《中兴遗史》，卷七二。

② 《会编》卷二〇一《顺昌战胜破贼录》、卷二〇二汪若海札子、卷二四三《炀王江上录》，《宋朝南渡十将传》卷一《刘锜传》，《宋史》卷三七七《陈规传》，《鄂国金佗稡编》卷八《鄂王行实编年》。

③ 《会编》卷二四一《金人败盟记》，卷二四三《炀王江上录》、《使金录》。

④ 《会编》卷二四三《炀王江上录》，《宋朝南渡十将传》卷三《李显忠传》。

⑤ 《石林居士建康集》卷一《闻兀术将过淮再遣晁公昂觇师》。

⑥ 《会编》卷二四一《金人败盟记》。

⑦ 《会编》卷二四五。又《会编》卷二四二《正隆事迹记》称金海陵王选五千人，"目曰细军，其甲各以五色绒绳穿之"，茸或与绒通。

争。[1]金朝后期，完颜赟（阿邻）和完颜仲元都本姓郭，郭赟“所部黄鹤袖军”，郭仲元“在当时兵最强，号花帽军”。[2]如此之类，也与宋方记载相似，看来并不涉及金军之军种区分。

此外，在史籍上还有一些军名，如皇统三年（公元1143年）六月，“初置骁毅军”。[3]韩锡“授神锐军都指挥使”。[4]完颜衷（醜汉）在“大定中”，“授代州宣锐军都指挥使”。[5]大约在金章宗时，设有克胜军。[6]此类军名无疑都是正式番号，但其性质不明。史称“正隆间，又尝罢诸路汉军，而所存者犹有威勇、威烈、威捷、顺德及韩常之军之号”，“其汉军中都永固军，大定所置也”，此类军名可明确为汉军之番号。金时有“汉军”、“渤海军”、“奚军”等名目，大体只涉及民族成分，而并非番号。[7]

金朝后期，军名尤多，如有“飞虎军”，[8]有“陕州振威军万户马宽”，[9]“籍邳、海等州义军及胁从归国而充军者”，“号决胜

---

① 《金史》卷九八《完颜纲传》，卷一〇三《乌古论长寿传》，卷一三四《西夏传》。此军大约由西北少数民族编组，“绯翮翅”可能用以形容其红色之宽袖。

② 《归潜志》卷六，《金史》卷一〇三《完颜仲元传》、《完颜阿邻传》。完颜阿邻即是完颜赟，参见《宋史》卷四〇《宁宗纪》嘉定十一年三月。《宋史》卷四〇三《贾涉传》、卷四七六《李全传》载完颜霆（李二措）及其部将张惠所统为花帽军。按完颜霆原为郭仲元之部将，故与金方记载并不矛盾。《宋史全文续资治通鉴》卷三〇嘉定八年称花帽军“由户部令史郭忠”组建，估计郭忠即是郭仲元。

③ 《金史》卷四《熙宗纪》。

④ 《金史》卷九七《韩锡传》。

⑤ 《金史》卷六六《衷传》。

⑥ 《秋涧先生大全文集》卷五八《浑源刘氏世德碑铭》。

⑦ 《金史》卷四四《兵志》。

⑧ 《金史》卷一七《哀宗纪》天兴元年六月、七月，《归潜志》卷一一。

⑨ 《金史》卷一五《宣宗纪》兴定元年七月。

军”,[①]有“长胜军都统杨珪”,[②]有“永州桃园军”,[③]有“保德州振威军万户王章”,[④]有“貔虎军”,[⑤]有“熊虎军”,[⑥]有“保义军提控苟琪”,有“徐、邳州义胜军总领侯进、杜政、张兴”,[⑦]有单州“镇安军”,[⑧]有“镇威军”,[⑨]完颜彝（陈和尚）曾“以白衣领紫微军都统”。[⑩]如此之类，大多应是一时创设之军队番号。

金哀宗即位之前，任七八年皇太子兼枢密使，为巩固自己的政治地位，另设东宫亲卫军。元光二年（公元1223年），金宣宗“病喉痺”，金哀宗依仗“东宫亲卫军总领移剌蒲阿集军三万余，屯东华门外”，得以夺取帝位。[⑪]他即位后，对正规军作了重新编组和整顿。

步兵先后设置十几个都尉，有建威都尉、折冲都尉、振武都尉、荡寇都尉、果毅都尉、殄寇都尉、虎贲都尉、鹰扬都尉、破虏都尉、虎威都尉、安平都尉、宁远都尉、振威都尉、宣节都尉等名。史称各都尉“以胜兵万人配之”,“强壮趫捷，极为精练，步卒负担器甲、粮糗重至六七斗，一日夜行二百里”。其中可能

① 《金史》卷一五《宣宗纪》兴定三年七月。

② 《金史》卷一四《宣宗纪》贞祐三年四月。

③ 《金史》卷一七《哀宗纪》正大三年五月，卷一一四《白华传》。

④ 《金史》卷一一一《古里甲石伦传》。

⑤ 《宋会要》兵一六之一七。

⑥ 《金史》卷一一六《徒单兀典传》。

⑦ 《金史》卷一一六《承立传》，卷一一七《徒单益都传》。

⑧ 《金史》卷一一七《粘哥荆山传》。

⑨ 《金史》卷一二二《侯小叔传》。

⑩ 《金史》卷一二三《完颜陈和尚传》。

⑪ 《金史》卷一六《宣宗纪》，卷九三《守纯传》，卷一一一《撒合辇传》，卷一一二《移剌蒲阿传》。

有夸张成分，不足全信。[①]

马军有忠孝军和合里合军，选取北方各族背叛蒙古，而归顺金朝者。“以艺优者充忠孝军，次充合里合军”，忠孝军“迄于天兴至七千，千户以上将帅尚不预焉”，一说最后达一万八千余人。[②]此外，“亲卫骑兵、武卫、护卫、选外诸军又二十余万”，其中“亲卫马军”“得五千人”。金哀宗自称“诸军无虑二十余万”。[③]金朝的侍卫亲军，可简称亲军或亲卫军。[④]

金哀宗逃离开封时，其随行军中包括“左翼元帅内族（完颜）小娄室亲卫军一千，右翼元帅完颜按出虎亲卫军一千”。[⑤]至归德府后，“命孛术鲁阿海行总帅府事，以亲军、武卫皆隶之”。[⑥]最后逃到蔡州，“遣使分诣诸道选兵赴蔡，凡得精锐万人”，有“亲卫、路分、都尉、镇防、保甲，凡五等”。[⑦]除保甲外，其他四类都是正规军，“路分”大约是指各地行元帅府等机构所属军队。

---

① 《金史》卷四四《兵志》，卷五五《百官志》，卷一一三《白撒传》、《赤盏合喜传》，卷一一九《粘葛奴申传》，《汝南遗事》卷四，《遗山先生文集》卷二〇《资善大夫吏部尚书张公神道碑铭》。关于金末都尉数，各书记载不一，按正文中统计之都尉名目，已有十四个，故《赤盏合喜传》“十三都尉”之说应误。《兵志》说有“十五都尉”，《元史》卷一二一《按竺迩传》提及金“十七都尉”，亦可备一说。

② 《金史》卷一七《哀宗纪》正大六年十一月，卷四四《兵志》，卷一一三《白撒传》、《赤盏合喜传》。“飞骑都尉兼合里合总领”，飞骑都尉所部应是骑兵。

③ 《金史》卷四四《兵志》，卷一一三《赤盏合喜传》。

④ 《遗山先生文集》卷二七《龙虎卫上将军术虎公神道碑》载术虎筠寿于金章宗时充“亲卫军”。《金史》卷一七《哀宗纪》正大五年四月载“亲卫军王咬儿酗酒，杀其孙”，《秋涧先生大全文集》卷九九《玉堂嘉话》载此事，则作“亲军”。

⑤ 《金史》卷一一三《白撒传》。

⑥ 《金史》卷一一六《石盏女鲁欢传》。

⑦ 《汝南遗事》卷二。

金朝军力统计数字很少。金太宗天会三年（公元1125年）侵宋时，完颜宗翰（粘罕）和完颜宗望（斡离不）各统兵六万，共十二万，[①]这应包括金朝当时的大部分军力。完颜宗弼（兀术）在天会十二年（公元1134年）仙人关大战时，“率大军十余万众”，[②]应在金军总数中占相当大比重。天眷三年（公元1140年），他先后与宋将刘锜、岳飞作战，率军十余万，应为当时金军之大部分兵力。[③]

金海陵王攻宋，亲率兵力约十七万攻淮南，浙东道水军兵力约七万人，西蜀道兵力约五万人，汉南道兵力约二万人，共计约三十一万人，[④]这还不包括在北方镇压契丹族起义之三万人。[⑤]金世宗大定初，仆散忠义和纥石烈志宁在东南与宋军作战，兵力达“一十七万三千三百余人”，这还不包括陕西徒单合喜约数万兵力。宋金和议后，东南兵力裁减为六万人。[⑥]

金宣宗“初南渡时，尽以河朔战兵三十万分隶河南行枢密及帅府”。[⑦]金哀宗时，虽跼蹐于陕西、河南、山东残破之地，如前所述，他自称“诸军无虑二十余万”。但另一说为仅陕西两行省

---

① 《梁溪全集》卷五六《上皇帝封事》、卷一七二《靖康传信录》，《会编》卷九九《北记》。

② 《北海集》卷八《赐川陕宣抚使司张浚诏》，《宋会要》九之一一至一二，一四之二四。

③ 《会编》卷二〇一《顺昌战胜破贼录》，《鄂国金佗稡编》卷八《鄂王行实编年》。

④ 《会编》卷二三七、卷二四一《虞尚书采石毙亮记》，卷二四二《正隆事迹记》，《要录》卷一九一绍兴三十一年七月，《宋会要》兵一四之四三至四四。

⑤ 《金史》卷九一《蒲察世傑传》载他劝金海陵王：“宜先讨平契丹，南伐未晚。”金海陵王说：“今以三万兵选将屯中都以北，足以镇压。”

⑥ 《金史》卷六《世宗纪》，卷八七《仆散忠义传》、《纥石烈志宁传》。

⑦ 《金史》卷四四《兵志》。

即“统军马二三十万”。天兴初著名的三峰山之役，金军参战兵力为“骑二万，步十三万”，史称此战“金军无一人得逃者”，[①]实为夸张之辞，但此战大致是全军覆没之歼灭战。接着，徒单兀典又率关陕行省等军，“军十有一万，骑五千”，“从虢入陕”而大败。[②]当时金朝在各地尚有相当多剩余兵力，故其总数可估计为三四十万人。

第二节　非正规军

金朝非正规军大体上承袭辽、宋旧制，今列举于下。

一、射粮军

“射，请也”，金朝射粮军乃沿袭辽射粮军之制。[③]“其军非验物力，以事攻讨”，“诸路所募射粮军，五年一籍”，“特招募民年十七以上、三十以下魁伟壮健者收刺，以资粮给之，故曰射粮”，[④]作为募兵，还须在身上刺字，这与宋军相仿。

射粮军“所以兼充杂役者也”。[⑤]大定时，卢沟河孟家山金口牐“以射粮军守之”。[⑥]“随处酒税务所设杓栏人，以射粮军历

① 《金史》卷一一二《移剌蒲阿传》。

② 《金史》卷一一六《徒单兀典传》。

③ 《辽史》卷一一六《国语解》。又《金史》卷七四《宗望传》载金太宗令平州（时称南京）“射粮军愿为民者，使复田里”，此即是指辽之射粮军。

④ 《金史》卷四二《仪卫志》，卷四四《兵志》。

⑤ 《金史》卷四四《兵志》。

⑥ 《金史》卷二七《河渠志》。

过随朝差役者充，大定二十六年（公元1186年）罢去。”[①]又如金章宗泰和时“置递铺，其制，该军马路十里一铺，铺设四人，内铺头一人，铺兵三人，以所辖军射粮军内差充”。[②]按金朝官制，“凡内外官自亲王以下，傔从各有名数等差”，“其贱者一曰引接”，“二曰捧拢官”，“三曰本破”，“四曰公使”，“五曰从己人力”，“五等皆以射粮军充”。[③]由于射粮军往往充杂役，故金章宗明昌六年（公元1195年）十一月对射粮军下禁令：“应役但成队伍，不得持兵器及凡可以伤人者。”[④]曹望之上奏金世宗，“论工部营造调发，妨民生业。诸路射粮军约量人数，习武艺，期以三年成，以息调民”。[⑤]金朝以射粮军充杂役，可以减轻一些人民劳役的负担。

射粮军“皆统于随路都兵马总管府”的节镇（制?）兵马司等机构，[⑥]除承担杂役外，并非全无军事职能。大定初，宋金议和，“誓书称，沿边州城除自来合设置射粮军数并巡、尉外，更不得屯军守戍”。[⑦]这是射粮军负责边防之实例。金朝的“边铺军则河南、陕西居守边界者”，“边铺军请给与射粮军同”，[⑧]可知边

① 《金史》卷四九《食货志》。

② 《金史》卷五五《百官志》。

③ 《金史》卷四二《仪卫志》。

④ 《金史》卷一〇《章宗纪》。

⑤ 《金史》卷九二《曹望之传》。

⑥ 《金史》卷四二《仪卫志》。今据《金史》卷四四《兵志》，射粮军的编制“每五百人为一指挥使司，设使，分为四都，都设左、右会将及承局、押官”，与《金史》卷五七《百官志》所载“诸总管节镇（制?）司”，所辖“军员”之编制相同，可知射粮军直属于节镇（制?）兵马司。

⑦ 《金史》卷八九《魏子平传》。

⑧ 《金史》卷四四《兵志》。

铺军其实即由射粮军充任。

在战时，射粮军自然用于军事，金熙宗废伪齐时规定："应据食粮军人有欲归农及情愿当役使，并从自便。"[①]此处将伪齐募兵也称食粮军。天眷十年（公元1140年），金朝重占河南府，宋方记载说："本府有番人七千余人，马五千余匹，食粮军三千余人。"[②]宋方记载之食粮军即射粮军。在正隆末和大定初的宋金战争中，金军守巩州，"城中甲军不过千五百，食粮军亦不过千五百"。[③]宋军取商州，"降食粮军千余人"。[④]金卫绍王崇庆元年（公元1212年）五月，为抵御蒙古军，"签陕西勇敢军二万人，射粮军一万人，赴中都"。[⑤]金宣宗贞祐四年（公元1216年）十一月，"放免诸职官傔从及诸司局射粮兵卒尝选充军者"。[⑥]金将强伸"本河中射粮军子弟"。[⑦]

二、牢城军

宋朝各州厢军中有牢城军，"牢城指挥以待有罪配隶之人"。[⑧]金承宋制，"牢城军则尝为盗窃者，以充防筑之役"，[⑨]其实也是一种杂役军。

---

① 《会编》卷一八二。

② 《鄂国金佗稡编》卷一二《李兴吴琦转官告乞付军前给降奏》。

③ 《九华集》卷二四《西陲笔略·巩州城中虚实》。

④ 《要录》卷一九三绍兴三十一年十月己未。

⑤ 《金史》卷一三《卫绍王纪》。

⑥ 《金史》卷一四《宣宗纪》。

⑦ 《金史》卷一一一《强伸传》。

⑧ 《淳熙三山志》卷一八，《宋史》卷一八九《兵志》，《宋会要》刑法四之三九。

⑨ 《金史》卷四四《兵志》。

三、土兵

宋朝专设土兵，作为地方治安部队，归巡检管辖。金朝土兵“则以司警捕之事”。[①]金朝也设巡检，据《金史》卷五七《百官志》载：

> 诸巡检：
>
> 中都东北都巡检一员，正七品，通州置司，分管大兴、漷阴、昌平、通、顺、蓟、盈（?）州界盗贼事。（……马军十五人，于武卫马军内选少壮熟闲弓马人充。）
>
> 西南都巡检〔使〕一员，正七品，良乡县置司，分管良乡、宛平、安次、永清县并涿、易州界盗贼事。
>
> 诸州都巡检使各一员，正七品；副都巡检使各一员，正八品。（……右宿、泗、唐、邓、蔡、亳、陈、颍、德、华、河、陇、泰等州并西北依此置，余不加“使”字。）
>
> 散巡检，正九品，内泗州以管勾排岸兼之。皆设副巡检一员，为之佐。（右地险要处置司……）

金朝后期，有“武节将军、颍州颍上县香林寨副巡检刘进”，“武节将军、涟水县周家庄巡检”赵元登降宋。[②]两人应属散巡检，而武节将军属正六品武散官，[③]大大高于正九品之规定。上引记载并未说明巡检管辖土兵，但参以宋制，估计应相类似。

---

① 《金史》卷四四《兵志》。

② 《宋会要》兵一六之一五。

③ 《金史》卷五五《百官志》。

四、弓手

宋朝由各县县尉统率弓手，作为地方治安部队。金朝也设弓手，金熙宗时，深州“管五县，例置弓手百余，少者犹六七十人，岁征民钱五千余万为顾直。其人皆市井无赖，以迹盗为名，所至扰民”。[①]金世宗时，完颜文（胡剌）任大名尹，“寻常占役弓手四十余人”。[②]时“山东、河南、陕西等路循宋、齐旧例，州县司吏、弓手于民间验物力，均敷顾钱，名曰免役”，“诏罢弓手钱，其司吏钱仍旧”。[③]可知直至金朝中期，仍沿用北宋王安石免役法对弓手支付雇钱之旧例。

但金朝对弓手制度也作了一些变更，例如将弓手分为马弓手和步弓手。金章宗承安初下诏：“应禁军器路分，步弓手拟于射粮军内选之，马弓手拟于猛安谋克军户余丁内选之。其有为百姓害，从本州县断遣。无猛安户，于二百里内屯驻军余丁内取之。”[④]可知《三国演义》第五回中关羽充马弓手，张飞充步弓手，其实起源于金朝，而非汉代。

金朝后期，红袄军首领李全曾“投充涟水尉司弓卒”。[⑤]宋朝方面也有“宣武将军、华州华阴县尉张玉”投降的记载。[⑥]可知县尉统率弓手的制度，自宋迄金，未予变动。金朝实行榷盐制，经常派遣“巡盐弓手”，“盐使司弓手充巡捕人”，可派遣“巡尉

---

① 《金史》卷一二五《胡砺传》。

② 《金史》卷七四《文传》。

③ 《金史》卷四四《兵志》。

④ 《金史》卷一〇《章宗纪》承安元年六月。

⑤ 《齐东野语》卷九《李全》。

⑥ 《宋会要》兵一六之一五。

弓兵”，搜捕私盐。[①]可知弓手亦可隶属盐使司。按宋制推测，所谓“巡尉弓兵”，是指巡检所辖土兵和县尉所辖弓手之合称。

五、弓箭手

宋朝在河东、陕西与西夏接壤地区设置蕃、汉弓箭手，作为乡兵之一种，颇有战斗力。金朝“自鄜延至积石，虽多沟坂，无长河大山为之屏蔽，恃弓箭手以御侮，其人皆刚猛善斗，熟于地利，夏人畏之”，“人情乐土，且耕且战”。[②]“其弓箭手之在西边者，一遇敌则搏而战，袒而射，彼已奔北之不暇。”[③]从“且耕且战”之记载推测，看来金朝也保留了宋朝分配弓箭手一定数额耕地的制度。

金朝除使用弓箭手对付西夏外，也将弓箭手用于对宋和蒙古的战争。泰和末宋金战争前夕，金朝于“临洮、德顺、秦、巩各置弓〔箭〕手四千人”，[④]进行扩军备战。后又“以凤翔、临洮路蕃汉弓箭手及绯翮翅军散据边陲”，以防宋军进攻。[⑤]金宣宗贞祐三年（公元1215年）九月，为对付蒙古和西夏，规定“西边弓箭手有才武出众，获功未推赏者，令宣抚司核实以闻”。[⑥]兴定二年（公元1218年）六月，枢密院提议：“河东路义士、土兵、蕃汉弓

① 《金史》卷四九《食货志》，《元文类》卷五七元好问《故金尚书右丞耶律公神道碑》。

② 《金史》卷九二《卢庸传》。

③ 《金史》卷一一〇《杨雲翼传》。

④ 《金史》卷九八《完颜匡传》。原缺“箭”字，《金史》卷一二《章宗纪》泰和五年八月载：“罢临洮、德顺、秦、巩新置弓箭手。”今据以补。

⑤ 《金史》卷九八《完颜纲传》。

⑥ 《金史》卷一四《宣宗纪》。

箭手，宜于农隙教阅，以备缓急。”[①]纳合蒲剌都上奏说：“陕西弓箭手不习骑射，可选善骑者代之。”[②]上述记载都说明金朝后期弓箭手之重要性。

六、保甲

保甲组织创始于北宋王安石变法时，金朝也设置保甲。伪齐时，张中孚“以为泾原地瘠无良田，且保甲之法行之已习”，而坚持反对“纷更”。[③]金朝的户口制度规定：“令民以五家为保。”泰和六年（公元1206年）正月，金章宗“更定保伍法”，“以旧定保伍法，有司灭裂不行，其令结保，有匿奸细、盗贼者连坐”。[④]随着宋金再度交战，泰和八年（公元1208年）闰四月，“定保甲军杀获南军官赏”，[⑤]这是将保甲编组为军，用于战争的实例。金朝后期名将郭虾蟆“世为保甲射生手”。[⑥]宋制置使赵方发兵攻金唐州和邓州，规定此行“毋深入，毋攻城，第溃其保甲，毁其城砦，空其资粮而已”。[⑦]如本章第一节所述，金哀宗逃到蔡州，征调各地兵力，其中也包括保甲。

七、埽兵

《金史》卷二七《河渠志》说：“凡巡河官，皆从都水监廉

① 《金史》卷一五《宣宗纪》。
② 《金史》卷一二二《纳合蒲剌都传》。
③ 《金史》卷七九《张中孚传》。
④ 《金史》卷一二《章宗纪》，卷四六《食货志》。
⑤ 《金史》卷一二《章宗纪》。
⑥ 《金史》卷一二四《郭虾蟆传》。
⑦ 《宋史》卷四〇三《赵方传》。

举，总统埽兵万二千人。”金世宗大定二十六年（公元1186年）十月，“诏增河防军数”，[①]河防军应即是“黄河埽兵”，此外尚有沁河埽兵等。[②]金朝后期，埽兵也用于军事。兴定二年（公元1218年）十二月，金廷下令“籍濒河埽兵”。[③]徒单益都“行省事于徐州”，“籍州人及运粮埽兵，得万人”，“青州人王祐为埽兵总领，将兵千七百人，益都常倚之”。[④]

八、河东三虞候顺德军、诸路效节军

《金史》卷四四《兵志》说：“河东三虞候顺德军及章宗所置诸路效节军（京府、节镇设三十人，防、刺设二十人），掌同弓手者也。”也应是两种非正规军。

① 《金史》卷八《世宗纪》，卷二七《河渠志》。
② 《金史》卷四四《兵志》。
③ 《金史》卷一五《宣宗纪》。
④ 《金史》卷一一七《徒单益都传》。

第五章　金军编制

金军编制也与宋军一样，很不整齐划一。其编制大致可分两类，一是按女真族猛安、谋克等六级编制，二是仿宋军编制。

第一节　猛安、谋克等六级编制及其演变

猛安、谋克等六级编制，大体是金朝正规军的编制，实行此种编制者，不仅有女真军，还包括契丹、奚、渤海、汉等族的正规军。

六级编制的数字以五、十、五十、百、千和万为单位，其统兵官为五夫长、十夫长、五十夫长（蒲辇勃极烈）、百夫长（谋克勃极烈）、千夫长（猛安勃极烈）和万夫长（忒母勃极烈）。按女真语义，“忒母”为万，“猛安”为千，而“谋克”意为氏族，蒲辇亦非五十。关于六级编制，《金史》卷四四《兵志》的介绍并不完整。《兵志》说：“其部长曰孛堇，行兵则称曰猛安、谋克，从其多寡以为号。猛安者，千夫长也；谋克者，百夫长也。谋克之副曰蒲里衍。”蒲里衍即蒲辇之歧译，此处并未说明为五十夫长。《兵志》的记事中也提及“万户”，即万夫长，却无五夫长和十夫长。孛堇为勃极烈之歧译，这在前第一章第一节已作

交待。

为了解六级编制，必须参考宋人记载。《三朝北盟会编》卷三说：“孛极烈，官人。其职曰：忒母，万户；萌眼，千户；毛毛可，百人长；蒲里偃；牌子头。孛极烈者，统官也，犹中国言总管云。自五户孛极烈推而上之，至万户孛极烈，皆自统兵。缓则射猎，急则出战。”又说：“队伍之法，伍、什、百皆有长，伍长击柝，什长执旂，百长挟鼓，千长则旗帜金鼓悉备。伍长战死，四人皆斩；什长战死，伍长皆斩；百长战死，什长皆斩。”[①]同书卷二四四《金虏图经》说：“每一万户所辖十千户，一千户辖十谋克（谋克，谓百户也），一谋克辖两蒲辇（蒲辇，五十户也）。自万户至蒲辇，阶级虽设，寻常饮酒食，略不间别，与兄弟父子等。所以上下情通，无闵塞之患。”上引记载较完整地介绍了金军之六级编制，其中“萌眼”即“猛安”之歧译，“毛毛可”即“谋克”之歧译。

《金史》一般称千夫长为千户或猛安，百夫长为百户或谋克，其实是简称。金军之六级编制单位长官，其女真语之全称都应加勃极烈（孛堇）一词。除上引“五户勃极烈”“至万户勃极烈”外，如《北狩行录》有“千户孛堇按打曷”。[②]吴玠墓铭载饶风关之战，“撒离喝（完颜杲）怒，斩其千户孛堇数人”。[③]宋岳飞军“擒女真万户少主孛堇”，杀“万户撒八孛堇”。[④]宋杨政军俘“金

① 《说郛》卷二五《北风扬沙录》。《裔夷谋夏录》卷一有相同记载。

② 《会编》卷二一一。

③ 《会编》卷一九五。《琬琰集删存》卷一、《会编》卷一九六《吴武安公功绩记》作“斩其千户孛堇十数人”，或作“数十人”，稍异。

④ 《鄂国金佗稡编》卷五、卷八《鄂王行实编年》。

人万户通检孛堇”。[1]宋人记载中还有“万户鸮十孛堇，千户聂儿孛堇”[2]，“金贼镇国上将军、左军都统、利涉军路万户孛堇鹘眼郎君”[3]，“千户德靡孛堇”[4]，“女真万户羊哥孛堇”[5]等。在大定初宋金战争中，“大酋合喜（徒单合喜）继遣万户背奴孛堇等益精甲来”，吴挺军“生擒千户耶律九斤孛堇”。[6]孛堇一词，或系于人名后，或系于万户、千户等后，人名之前，应都是女真语之习惯用法。

史籍中有关百户以上三级编制单位的记载甚多，而自五十户蒲辇以下，则应略作介绍。《契丹国志》卷一〇载金朝兴起之初，“率皆骑兵。旗帜之外，各有字号小木牌，系人马上为号。五十人为一队。前二十人全装重甲，持枪或棍棒，后三十人轻甲，操弓矢”，[7]反映了当时蒲辇一级编制单位的重要性。渤海人高松“年十九从军，为蒲辇，有力善战”，[8]可为五十夫长之一例。前引《三朝北盟会编》卷三有“牌子头”一词。元朝“十人为一牌，设牌头”，又名“牌子头”。[9]《蒙鞑备录》也说：“牌子头者，乃

① 《中兴小纪》卷二九。

② 《宋会要》兵一四之三〇。

③ 《宋会要》兵一四之三一。按“鹘眼”即“活女”之歧译，参见《金史》卷七二《活女传》，《会编》卷一一一《金虏节要》，《宋朝南渡十将传》卷三《李显忠传》。

④ 《宋会要》兵一四之三五。

⑤ 《宋会要》兵一七之二一。

⑥ 《陇右金石录》卷四《世功保蜀忠德碑》。

⑦ 又见《裔夷谋夏录》卷一。

⑧ 《金史》卷八二《高松传》。

⑨ 《元史》卷九八《兵志》。此志载至元四年，“签军二千人，定立百户、牌子头”，卷二〇八《高丽传》载至元五年，高丽李藏用奏“臣国”兵力空虚，“今止有牌子头、五十户、百户、千户之类虚名”。

彼国十人之长也。”估计金元之际牌子头之词义相同。“伍长”一词，在史籍中也间或可见。[①]

金朝之护卫和侍卫亲军自然行用女真猛安、谋克等军事编制。金世宗大定七年（公元1167年），“亲军百人长完颜阿里钵非禁直日带刀入宫”入左藏库杀人，盗金珠。翌年三月，金世宗“诏自今护卫、亲军百人长、五十人长非直日不得带刀入宫”。[②]按照金朝科举制度，御试时，“汉进士则差亲军，人各一名，皆用不识字者，以护卫十人，亲军百人长、五十人长各一人巡护”。[③]

由于护卫地位高，名额也仅有二百名，故护卫十人长之地位已相当重要。参预金海陵王夺取帝位政变的徒单阿里出虎和仆散师恭（忽土）“俱为护卫十人长”。[④]孛术鲁定方（阿海）“天德初，召授武义将军（从六品），充护卫，数月，转十人长”。[⑤]史籍中记载曾任护卫十人长者，尚有斡卢保、刘琉、完颜弼（达吉不）、石抹仲温（老斡）、蒲察阿里、蒲察移剌都、伯德梅和尚等人。[⑥]金卫绍王时，纥石烈执中（胡沙虎）发动政变，护卫十人长完颜石古乃等率军抵抗，这在前第四章第一节中已作交待。此外，金世宗时，完颜訔（阿里剌）和完颜弈（三宝）曾“以近亲充东宫

① 《金史》卷八五《永功传》。

② 《金史》卷六《世宗纪》，卷四五《刑志》，卷八八《移剌道传》。

③ 《金史》卷五一《选举志》。

④ 《金史》卷四《熙宗纪》，卷五《海陵纪》，卷一三二《徒单阿里出虎传》、《仆散师恭传》。

⑤ 《金史》卷八六《孛术鲁定方传》。

⑥ 《金史》卷九一《萧怀忠传》，卷九七《刘琉传》，卷一〇二《完颜弼传》，卷一〇三《石抹仲温传》、《蒲察阿里传》，卷一〇四《蒲察移剌都传》，卷一二一《伯德梅和尚传》。

护卫十人长”。[①]

金朝皇帝和将帅的亲军，其编制女真语可称“合扎猛安”、“合扎谋克”等，“合扎者，言亲军也”。[②]金太祖皇子完颜宗峻（绳果）“别领合扎猛安”，驸马蒲察石家奴为“合扎千户”，[③]他们所统应为金太祖之亲军。在天眷三年（公元1140年）的宋金战争中，宋方记载有都元帅完颜宗弼（兀术）之“拃叉千户”，[④]龙虎大王完颜突合速之“忔查千户高勇”，[⑤]《襄阳守城录》记载泰和末战争中被宋军“杀死葛札万户”，都是合（gě，各）扎猛安之歧译，故宋人或称“牙兵”，[⑥]即完颜宗弼和完颜突合速之亲军。又仆散忠义曾充完颜宗弼之“亲军万户”。[⑦]颜盏门都曾任完颜杲（撒离喝）之“亲管万户”。[⑧]温迪罕蒲里特曾率完颜宗弼之“亲管猛安”作战。[⑨]“亲军万户”、“亲管万户”应即是合扎忒母，“亲管猛安”应是合扎猛安。纥石烈桓端于大安三年（公元1211年），由“西京行省选充合扎万户”，[⑩]即是西京行尚书省的亲军万夫长。今传世有甲申年闰八月铸造的“合扎左监军印”，[⑪]是金哀宗正大

① 《金史》卷六六《膏传》、《弈传》。

② 《金史》卷四四《兵志》。

③ 《金史》卷一九《世纪补》，卷七三《宗雄传》，卷七四《宗翰传》。

④ 《会编》卷二〇一《顺昌战胜破贼录》，《宋朝南渡十将传》卷一《刘锜传》。

⑤ 《鄂国金佗稡编》卷八《鄂王行实编年》。

⑥ 《会编》卷二〇一《顺昌战胜破贼录》，《宋朝南渡十将传》卷一《刘锜传》。

⑦ 《金史》卷八七《仆散忠义传》。

⑧ 《金史》卷八二《颜盏门都传》。

⑨ 《金史》卷八一《温迪罕蒲里特传》。

⑩ 《金史》卷一〇三《纥石烈桓端传》。

⑪ 《文物》1984年第9期郑绍宗先生《河北古代官印集释》。

元年（公元1224年）之遗物。

金朝中期，南方陕西、河南和山东三统军司所属“镇防军”，北方西南路、西北路和东北路三招讨司所属“分番屯戍军”和“永屯军”，也基本上采用了猛安、谋克、蒲辇等编制。①金朝后期，则有宿州“城中镇防千户高腊哥”的记载。②

在用兵行师之际，金军有“先锋万户”③、“左翼万户”④、“右翼万户”⑤、“左翼千户”⑥等官称，估计相应也有右翼千户之类。此外，还有“马军万户”⑦、“马军千户”⑧、“砲军万户”⑨、“弩军万户”⑩、“水军千户”⑪、“防城军万户”⑫等名目。

总之，上引记载表明，金朝正规军普遍采用猛安、谋克等六级编制，又按军队的任务、作战时之配置、兵种等差别，冠以如“合扎”等多种名目。金军谋克的番号，据俄藏黑水城文书，如有“第一毛克”至“第七毛克”，⑬以数字为序。

---

① 《金史》卷四四《兵志》。

② 《金史》卷一一七《徒单益都传》。

③ 《金史》卷一〇三《完颜铁哥传》。

④ 《金史》卷七〇《宗亨传》，卷九二《徒单克宁传》，卷一三三《移剌窝斡传》。

⑤ 《金史》卷八七《纥石烈志宁传》。

⑥ 《金史》卷八一《蒲察胡盏传》。

⑦ 《金史》卷一二二《纥石烈鹤寿传》。

⑧ 《金史》卷一二二《吴僧哥传》，《宋会要》兵一六之一八。

⑨ 《金史》卷一七《哀宗纪》天兴元年三月，卷一二四《蔡八儿传》王阿驴、樊乔附传。

⑩ 《金史》卷一一一《古里甲石伦传》。

⑪ 《金史》卷一五《宣宗纪》兴定元年五月。

⑫ 《金史》卷一二四《毕资伦传》。又《元史》卷一四九《刘伯林传》：“金末为威宁防城千户。”

⑬ 参见孙继民先生《俄藏黑水城所出〈宋西北边境军政文书〉整理与研究》第380页《俄藏黑水城所出金毛克文书初探》，中华书局，2009年。

金军在战时，也往往按军事需要，而将猛安、谋克等实行灵活的编组。据宋方记载，吴玠军在和尚原之战中，“生擒江南四万户羊哥孛堇”。[1]此后，金朝降宋将校中有“五百户郭枝”。[2]天眷三年（公元1140年）李宝军在京东一带同金军作战，“杀死千户三人并鹘旋郎君”，其身份为“都元帅越国王（完颜宗弼）前军四千户”。[3]金海陵王攻宋失败，其军北撤时，“有三百人长者一人，告千户曰：三百人各有归心”。[4]金世宗大定初，宋李显忠率军渡淮，金军降宋者有“三百户、百人长及正军等”。[5]

据金方记载，在灭辽战争中，斜卯阿里“以八谋克兵”救援胡里特寨。[6]夹谷吾里补率“五谋克军”于辽水夜袭辽军。[7]金军攻辽中京大定府时，温迪罕蒲里特“权猛安，领军五千”。[8]此类记事实际上相当于宋方记载中之八百户、五百户和五千户。完颜突合速在攻宋时，“以八谋克破石岭关屯兵数万”。[9]大定初，宋金陕西争夺战中，完颜璋（胡麻愈）“使押军猛安石抹许里阿补以兵二千军于（原州）城北”，又“遣万户特里失乌也以押军猛安奚庆喜照撒兵二千援许里阿补”。[10]此类记事实际上就相当于宋方记载中之八百户和二千户。

① 《宋会要》兵一四之二三。

② 《宋会要》兵一七之三一。

③ 《鄂国金佗稡编》卷一九《鹘旋郎君捷报申省状》。

④ 《会编》卷二四六《中兴遗史》。

⑤ 《琬琰集删存》卷三《李显忠行状》，《宋朝南渡十将传》卷三《李显忠传》。

⑥ 《金史》卷八〇《斜卯阿里传》。

⑦ 《金史》卷八一《夹谷吾里补传》。

⑧ 《金史》卷八一《温迪罕蒲里特传》。

⑨ 《金史》卷八〇《突合速传》。

⑩ 《金史》卷六五《璋传》。

金军虽有六级编制，而编制不满员的情况，是屡见不鲜的，故不能以万夫长等名称作为推算其实际兵力之依据。金太祖最初“命诸路以三百户为谋克，十谋克为猛安”。后“尝用辽人讹里野以北部百三十户为一谋克，汉人王六儿以诸州汉人六十五户为一谋克”。[①]此处之猛安、谋克虽属社会组织，但也反映了军事编制单位的兵力并不整齐划一。

金太宗派军破北宋时，“命孛堇大臭以所领渤海军八猛安为万户”。[②]金熙宗天眷三年（公元1140年），金军于顺昌府“城内诸寺院内亦有汉儿并女真千户四个，共有马军约三百人骑，步军一千七八百人”，[③]平均每猛安只有约五百人，仅为满员数之半。皇统元年（公元1141年），金军攻入宋淮南，“若诸头项军马并到，共有万户一十三人，实有九万来军马，内马军八万，步军一万来”。[④]金海陵王发兵攻宋前，据宋方记载：“金人正军，目即京师（开封）虽号一万，宿州、陈州、许州皆号千户，然每一万止是三个千户，每一千户止是甲兵三百人，每一甲兵各有两人或一人阿里喜（本朝所谓傔人），即马、步人共九百人为一千户，每二千七百人为一万户。”[⑤]金朝在东北地区起发“三个万户，不满三万人，中间一个万户，山后九州一万一千人，分作十五个千户”。[⑥]当时金海陵王已废除万户的编组，但一个“军”实际上仍相当于一万户，故宋方记载仍以万户相称。又“山东统军司选

① 《金史》卷二《太祖纪》前二年，天辅二年闰九月，卷四四《兵志》。
② 《金史》卷三《太宗纪》天会四年七月。
③ 《鄂国金佗续编》卷一一《令差人体探顺昌府番贼聚粮诣实省札》。
④ 《鄂国金佗续编》卷一一《照会四太子勾诸处军马攻打楚州省札》。
⑤ 《会编》卷二三〇崔淮夫等《上两府札子》。
⑥ 《会编》卷二三一。

诸军八百人作十谋克”，[①]一谋克仅八十人，其编制也不满员。

金世宗大定初，宋金双方争夺陕西，金朝元帅左都监徒单合喜“及都统军、〔副〕统军带领万户五人，统金贼五万余众”，与宋吴璘军在德顺州会战，[②]这又是每万户金军超过万人的一例。宋军占寿安（宜阳）县，“猛安完颜鹘沙虎率七百人”参加争夺战。[③]大定九、十年间（公元1169、1170年），据宋使楼钥记载，时南京开封府“有千户二十一人，各有三四百人，共有八千兵耳”，拱州（睢州）子城内“屯军有三个千户，约有千二百人”。[④]泰和末，金军攻宋襄阳府，“吾也万户所部五千人，过江淹死者千余人，细听万户小谋克所管三千人，全没”。[⑤]

以上记载都证明金军各级编制单位的实际兵力，多少不等。

在金军编制中，每一正军设阿里喜一名，是相当普遍的制度。前引宋方记载称阿里喜即“本朝所谓傔人”，“每一甲兵各有两人或一人阿里喜”。《金虏图经》说：“又有一贴军，曰阿里喜，如遇正军病，即以贴军代行。”[⑥]《金史》卷四四《兵志》则称“士卒之副从曰阿里喜”。副从、贴军或傔人，乃是阿里喜之不同意译。

阿里喜之设置，应与金军以骑兵为主有关。马匹和战具的保养和维修，还有军中的各种杂务，由阿里喜承担，以便正军之养精蓄锐。金世宗大定初规定：“或以寡敌众，或与敌相当，能先

① 《金史》卷八六《夹谷胡剌传》。

② 《宋会要》兵一四之四二。

③ 《金史》卷八六《蒲察斡论传》。

④ 《北行日录》上、下。

⑤ 《襄阳守城录》。

⑥ 《会编》卷二四四。

登败敌者，正军与擐甲阿里喜补官一阶。”[①]所为“擐甲阿里喜”，实际上已与正军处于较平等的地位，可知阿里喜的身份也不一定仅充副从。孛术鲁阿鲁罕任陕西统军使，“陕西军籍有阙，旧例用子弟补充，而材多不堪用，阿鲁罕于阿里喜旗鼓手内选补”。[②]这又是阿里喜改充正军之实例。

金世宗大定初诏：“河北、山东等路所签军，有父兄俱已充甲军，子弟又为阿里喜，恐其家无丁男，有误农种，与免一丁，以驱丁充阿里喜，无驱丁者于本猛安、谋克内验富强有驱丁者签充。”[③]当时与宋讲和，金世宗令“除旧军外，选马一万二千，阿里喜称是”，“与旧军通留六万。富强丁多者摘留，贫难者阿里喜官给，富者就用其奴”，[④]可知一部分阿里喜是由奴隶，即驱丁充任的。

完颜宗弼（兀术）于皇统元年（公元1141年）攻入宋淮南一带，“辎重俱尽，有食奴婢者”，最后“辎重、骡马依稀四分，奴婢十中无六七”。[⑤]这些被杀作食的军中奴婢，相当部分应是充阿里喜者。金海陵王签发各族壮丁当兵，“自备衣甲、鞍马、弓箭、刀枪、军须、粮、车牛、奴婢”。[⑥]金世宗时，孛术鲁阿鲁罕任西南路招讨使，规定“上番军不许用亲戚、奴婢及佣雇者”。[⑦]金军中有奴隶，并有杀奴婢作食的现象，足见其奴隶制之残酷性和奴

① 《金史》卷八九《苏保衡传》。
② 《金史》卷九一《孛术鲁阿鲁罕传》。
③ 《金史》卷四四《兵志》。
④ 《金史》卷八七《仆散忠义传》。
⑤ 《会编》卷二一五《征蒙记》。
⑥ 《会编》卷二三三《神麓记》。
⑦ 《金史》卷九一《孛术鲁阿鲁罕传》。

隶问题之严重性。

金军万户一级编制，在金海陵王时一度予以废除。但他举兵攻宋时，共编组三十二军，每军设都总管，其实即相当于万户之编制。[①]三十二军之番号为神策、神威、神捷、神锐、神毅、神翼、神勇、神果、神略、神锋、武胜、武定、武威、武安、武捷、武平、武成、武毅、武锐、武扬、武翼、武震、威定、威信、威胜、威捷、威烈、威毅、威震、威略、威果和威勇。每军还设“副总管及巡察使、副各一员”。[②]如乌延蒲离黑“行武威军都总管”，[③]夹谷查剌“为武威军副都总管”，[④]乌延蒲辖奴“为神策军都总管”，[⑤]杨仲武“为威定军都总管”，[⑥]移剌成（落兀）“为武毅军都总管”，“改神武军（?）都总管”。[⑦]在著名的胶西海战中，宋李宝军斩获金军将领中包括“神锋〔军〕总管、辅国上将军、密州节度使蒲辇，神锋军副总管、昭毅大将军、雄州刺史阿兀，威镇（震）军总管、昭毅大将军、都水使者孟斌，威镇（震）军副总管、御前行宣大将军高什”。[⑧]

自三十二军之军一级编制单位下，依然采用旧有编制。当金海陵王在采石之战失利后，移军扬州，“乃下令，军士亡者，杀其蒲里衍；蒲里衍亡者，杀其谋克；谋克亡者，杀其猛安；

① 《会编》卷二三六载：“斩其大酋万户杨总管。”卷二四一《金人败盟记》载有“万户戴总管、李总管”。

② 《金史》卷四四《兵志》，卷五五《百官志》，卷一二九《李通传》。

③ 《金史》卷八六《乌延蒲离黑传》。

④ 《金史》卷八六《夹谷查剌传》。

⑤ 《金史》卷八六《乌延蒲辖奴传》。

⑥ 《金史》卷九一《杨仲武传》。

⑦ 《金史》卷九一《移剌成传》。按神武军名疑误。

⑧ 《会编》卷二三七。

猛安亡者，杀其总管”。[1]可知猛安以下的各级编制单位并无变动。

金世宗时所设之中都大兴府武卫军，“其猛安曰都将，谋克曰中尉，蒲辇曰队正”，武卫军设十钤辖司，各一员钤辖，“都将二十员”，“承安元年（公元1196年），设万人，内军八千九百四十九人，〔中尉〕二百人，队正四百人”。[2]可知武卫军虽参照猛安、谋克等编制，却作了变动，平均一钤辖统二都将，一都将统中尉十名，队正二十名，军士四百余人。

此外，河东三虞候顺德军虽为非正规军，也有“千户”、“谋克”、“蒲辇”、“正军”、“阿里喜”等，[3]可知其编制单位也大体依照正规军。

金军在用兵行师之际，往往临时设置先锋都统、左翼都统、右翼都统等统兵官。按参战兵力之多少，其地位或在万户以上。金军破宋之初，完颜娄室曾任“先锋都统、同陕西路行军都统”。[4]完颜沃侧“从攻陕西，为右翼都统”。[5]大定初，仆散忠义军镇压契丹族起义，“万户（乌延）查剌、（乌古论）蒲查为左翼，宗亨统之，（完颜）宗宁（阿土古）、（乌林荅）剌撒为右翼，宗叙统之”。完颜宗亨（挞不也）任“左翼都统”，完颜宗叙（德寿）“领右翼都统”。[6]宋李显忠“提军渡淮”，降金“右翼都统

① 《金史》卷一二九《李通传》。

② 《金史》卷五二《选举志》，卷五六《百官志》。

③ 《金史》卷四四《兵志》，卷五二《选举志》。

④ 《宋朝南渡十将传》卷三《李显忠传》。

⑤ 《金史》卷七二《沃侧传》。

⑥ 《金史》卷七〇《宗亨传》，卷七一《宗叙传》，卷一三三《移剌窝斡传》。

萧琦”。[①]

泰和末，宋金再战，“右副元帅完颜匡出唐、邓”，乌古论庆寿“为先锋都统”。[②]“左翼提控完颜江山以骑五千取光化，右翼都统乌古孙兀屯取神马坡。”[③]抹撚史扢搭“为骁骑将、中军副统”。[④]这些都是战时临时编制的实例。金朝后期，元帅左都监完颜承裔（白撒）对宋作战，“遣合扎都统完颜习涅阿不率军趋成州”，[⑤]合扎都统即是亲军都统。金军攻宋襄阳府，“训（敦）武校尉、谋克纳合道僧以右翼都统印”降宋。[⑥]

金朝后期，军队编制的重叠，军官数量的庞大臃肿，成为非常突出的问题。贞祐时，王扩上书说，河东“军校猥众”，“本路三从宜，万户二百余员，十羊九牧，类例可知。乞以千人为一军，择望重者一人为万户，两猛安、四谋克足以教阅约束矣”。[⑦]事实上，即使是每个万户统军一千的建议也不能付诸实施。中都大兴府被围时，“城中军官自都统至谋克不啻万余”。[⑧]古里甲石伦“奏请招集义军”，“三十人为一谋克，五谋克为一千户，四千户为一万户，四万户为一副统，两副统为一都统，外设一总领提

① 《琬琰集删存》卷三《李显忠行状》。《宋朝南渡十将传》卷三《李显忠传》作“右翼统军”，按金朝统军与都统或可通用。

② 《金史》卷一〇一《乌古论庆寿传》。卷九八《完颜匡传》作“前锋都统”。

③ 《金史》卷九八《完颜匡传》，卷一二一《乌古孙兀屯传》。

④ 《金史》卷九三《抹撚史扢搭传》。

⑤ 《金史》卷一一三《白撒传》。

⑥ 《襄阳守城录》。据《金史》卷五六《百官志》，金朝无训武校尉之官名，应即是从八品敦武校尉，宋人因避宋光宗赵惇名讳而改称“训武”。

⑦ 《金史》卷一〇四《王扩传》。

⑧ 《金史》卷一〇一《耿端义传》。

控”，金廷予以批准。[①]据此，则千夫长仅统一百五十人，万夫长仅统六百人，副都统仅统二千四百人，都统仅统四千八百人。

陈规说：“今军官数多，自千户而上，有万户，有副统，有都统，有副提控，十羊九牧，号令不一，动相牵制。切闻国初取天下，元帅而下惟有万户，所统军士不下数万人。专制一路，岂在多哉，多则难择，少则易精。今之军法，每二十五人为一谋克，四谋克为一千户，谋克之下有蒲辇一人，旗鼓司、火头五人，其任战者才十有八人而已。又为头目选其壮健，以给使令，则是一千户所统不及百人，不足成其队伍矣。”他主张：“要必五十人为一谋克，四谋克为一千户，五千户为一万户，谓之散将。万人设一都统，谓之大将，总之帅府。数不足者皆并之，其副统、副提控及无军虚设都统、万户者悉罢省。”[②]他的建议事实上自然无法实行，当时居然有“无军”之都统、万户，也足见军官之冗滥发展到何等地步。元光元年（公元1222年）二月，金朝万户呼延棫等降宋，“籍其兵千余人，皆精悍善战”。[③]若降宋者全属呼延棫的部曲，尚是万户中统兵超员者。

按照纸面上的规定，“以二十五人为一谋克，四谋克为猛安”，“不足以成队伍，但务存其名而已”，[④]自然已不可能再存在蒲辇以下之三级编制，如陈规所说，“谋克之下有蒲辇一人”，充任副手。

---

① 《金史》卷四四《兵志》，卷一〇二《蒙古纲传》，卷一一一《古里甲石伦传》。

② 《金史》卷一〇九《陈规传》。

③ 《金史》卷一六《宣宗纪》，《宋史》卷四〇六《崔与之传》。

④ 《金史》卷四四《兵志》。

金初“元帅而下惟有万户”，虽间或设都统，却非定制。金朝后期，万户之上到底有几级编制，每级编制单位又有多少兵力，更无定制和定额可言。总的趋向是编制的层次愈设愈多，而各级编制单位的兵力愈统愈少。

贞祐三年（公元1215年），杨沃衍（斡烈）“奉旨屯泾、邠、陇三州”，“分其军九千人为十翼五都统”。[①]天兴时，“裕州大成山聂都统一军五百人”。[②]金哀宗逃往蔡州，规定“把军头目自愿进献（马）者递升官职”，如“千户升万户，副统升都统，提控升总领之类”。[③]自万户之上，可有副统、都统、副提控、提控以至元帅、总领、都尉等多层次编制，各种名目之官称，仅标志其官位的高低，而根本不足以说明其统兵之多少。

此处再以忠孝军为例。忠孝军中有千户，[④]有万户，如金廷以“特恩”将蒲察官奴“收充忠孝军万户”；有都统，如“忠孝军都统张姓者”；有提控，如蒲察官奴“迁本军提控”，又有“忠孝军提控姬旺”、柴荣、李德等。[⑤]忠孝军总领有夹谷爱荅、完颜达鲁欢、完颜彝（陈和尚）、蒲察定住等。[⑥]金哀宗困守蔡州时，有忠孝军元帅蔡八儿、王山儿等。[⑦]忠孝军所以设元帅、总领多人，

---

① 《金史》卷一二三《杨沃衍传》。

② 《金史》卷一二三《乌古论黑汉传》。

③ 《汝南遗事》卷二。

④ 《金史》卷四四《兵志》。

⑤ 《金史》卷一一六《蒲察官奴传》、卷一一九《完颜仲德传》，《汝南遗事》卷一、卷二。

⑥ 《金史》卷一一二《移剌蒲阿传》，卷一一四《白华传》，卷一二三《完颜陈和尚传》。

⑦ 《金史》卷一八《哀宗纪》天兴二年九月，卷一一九《乌古论镐传》、《完颜仲德传》，卷一二四《蔡八儿传》。

说明并非单独成军，而是分军多支，“凡进征，忠孝军居前”，[①]与其他步兵协同作战。

金哀宗逃至蔡州，宋和蒙古军攻城，“四城将士战殁者，总帅一，元帅三，都尉二，总领、提控以下不可胜纪”。[②]宋军破城后，将金军“从万户以上六七百人皆杀之”。[③]

金朝后期将多兵少，编制臃肿，十羊九牧，适足以加速金朝在军事上的溃败和灭亡。

第二节　仿宋军编制

金朝仿宋军编制，较典型的有射粮军、牢城军等，“凡州府所募射粮军、牢城军，每五百人为一指挥使司，设使，分为四都，都设左右什将及承局、押官。其军数若有余或不足，则与近者合置，不可合者以三百人或二百人亦设指挥使。若百人则止设军使，百人以上立为都，不及百人，止设什将及承局、管押官各一员”。还有“黄、沁埽兵”、“德顺军”等，也都有“指挥使”、“军使”、“什将”、“承局、押官”、“长行”等。[④]这与宋朝禁兵、厢兵等编制相似。由于射粮军乃是承袭辽制而设，看来辽之射粮军也可能有同样的编制。

此外，中都大兴府拱卫直使司的威捷步兵，有“什将、长

① 《金史》卷四四《兵志》。
② 《汝南遗事》卷四。
③ 《金史》卷一一九《完颜娄室传》。
④ 《金史》卷四四《兵志》。

行”，其统兵官为钤辖和都辖，[1]大约也是仿宋军编制。

至于土兵、弓手、保甲等非正规军编制，因载籍之欠缺，今已无从了解，但估计应与宋之土兵、弓手、保甲等编制相似。

据《金史》卷五七《百官志》载：“诸边将：正将一员，正七品，掌提控部、保（队?）将，轮番巡守边境；副将一员，正八品，部将一员，正九品，轮番巡守边境；队将，正九品。”金朝共设置“鄜延九将，庆阳十将，临洮十四将，凤翔十六将，河东三将，并依此置”。按金之考课法，“戎器完肃，扞守有方，为边防之最，谓正、副、部、队将，镇防官也”。[2]金朝在陕西和河东设置边将，自然是为对付西夏。

《金史》卷二六《地理志》记录了部分边将的治所，例如鄜延路延安府安定堡“置第六正将”，德安寨“置第五副将”，绥德州米脂寨“置第二将”，克戎寨“置第四将”。庆原路有“边将营八”：

第二将营，在荔原堡西，白豹城南七十五里，户一千七百一十六。

次西第四将营，户一千二百三十二。

次西第三将营，户二千一百五。

次西第八将营，户一千二百二十二。

次西第七将营，户八百五十。

次西第九将营，户七百二十七。

次西第六将营，户九百八十九。

① 《金史》卷五六《百官志》。

② 《金史》卷五五《百官志》。

次西第五将营，户三百六十四。

庆原路除第一将和第十将外，其他八将的军营事实上又是居民点。临洮路兰州定远县“兼第十将”，质孤堡“兼第八将”。

此类边将设将、部、队三级编制，无疑是沿用了北宋后期系将禁兵的编制。金世宗时，曹望之奏：“陕西正、副，宜如猛安、谋克，用土人一员，队将亦宜参用土人，久居其任。增弓箭〔手〕田，复其赋役。”[①]可知边将所统即是弓箭手，弓箭手以将、部、队为编制单位。北宋弓箭手有汉、蕃弓箭手，金朝也同样如此。金朝后期将领乌古论长寿乃“临洮府第五将突门族人也，本姓包氏”，[②]可为一例。

据首都图书馆拓片《大金故宣威将军河东路第一将兼知大和寨事上骑都尉武威县开国子食邑五百户石公墓志铭》载，墓志主人石宗璧“管戎马，地与夏国接境，统马步军一千五百余人，辖边庭三百里，沿边分二十八铺”。这与《金史》记载可以互相印证，并且更加详细。河东第一将所辖军队以铺为单位，又为史书所遗漏。又中国国家博物馆藏有大定十二年（公元1172年）的“熙秦第十将汉弓箭（手）第八十二指挥记”。辽宁省博物馆藏有贞祐三年（公元1215年）的“庆阳府第三将定边军指挥印”，应属环州通远县定边寨。上海博物馆所藏正大五年（公元1228年）的“开边寨第六将之印”，应属原州彭阳县开边寨。[③]此类官印也反映了金朝西部弓箭手之编制。

① 《金史》卷九二《曹望之传》。

② 《金史》卷一〇三《乌古论长寿传》。

③ 定边寨和开边寨可见《金史》卷二六《地理志》。

第六章　金军的多民族成分

金军的多民族成分是一大特点。《金史》卷四四《兵志》说："及其得志中国，自顾其宗族国人尚少，乃割土地，崇位号，以假汉人，使为之效力而守之。猛安、谋克杂厕汉地，听与契丹、汉人昏，因以相固结。迨夫国势浸盛，则归土地，削位号，罢辽东渤海、汉人之袭猛安、谋克者，渐以兵柄归其内族。然枢府签军、募军，兼采汉制，伐宋之役，参用汉军及诸部族，而统以国人，非不知制胜长策，在于以志一之将，用力齐之兵，第以土宇既广，岂得尽任其所亲哉！"一方面，因女真族人口少，故金军必须参用各族壮丁；另一方面，金军内部又存在着民族歧视和压迫，这些都成为研究金朝军制时不可忽视的问题。

第一节　金军多民族成分的扩大

金太祖最初起兵抗辽，所用军队大致上是清一色的女真军。随着灭辽战争节节推进，"内收辽、汉之降卒，外籍部族之健士"。[1]天辅二年（公元1118年）闰九月，"以降将霍石、韩庆和

① 《金史》卷四四《兵志》。

为千户”，韩庆和后升“汉军万户”，乃完颜宗弼（兀术）得力部将韩常之父。[①]此外，“九百奚部萧宝、乙辛，北部讹里野，汉人王六儿、王伯龙，契丹特末、高从祐等，各率众来降”。[②]金太祖“用辽人讹里野以北部百三十户为一谋克，汉人王六儿以诸州汉人六十五户为一谋克，王伯龙及高从祐等并领所部为一猛安”。[③]十月，又“以龙化州降者张应古、刘仲良为千户”，“汉人李孝功、渤海二哥率众来降，命各以所部为千户”。[④]辽遥輦九帐族降金后，“以遥輦九营为九猛安”。奚六部则改编为“奚人六猛安”。[⑤]当时金朝对各民族的归降者和被征服者，往往改用女真族猛安、谋克等社会组织和军事编制。

金朝攻宋之时，编组和动员了原辽朝境内的各族军队。据宋方记载，“金人编埒汉儿乡兵，增戍飞狐、灵丘”，[⑥]“刷差女真军兵一万五千”，“选差渤海五千，奚军二千，铁离军二千”，“刷女真正军并汉儿军”，准备侵宋。[⑦]《金史》卷四四《兵志》说：“伐宋之役，调燕山、雲中、中京、上京、东京、辽东、平州、辽西、长春八（?）路民兵，隶诸万户，其间万户亦有专统

---

① 关于韩庆和，参见《会编》卷一一一《金虏节要》、《大金国志校证》卷二七《韩常传》。

② 《金史》卷二《太祖纪》。

③ 《金史》卷四四《兵志》。

④ 《金史》卷二《太祖纪》。

⑤ 《金史》卷四七《食货志》，卷七七《昌传》。《金史》卷四四《兵志》说：“所谓奚军者，奚人遥輦昭古牙九猛安之兵也。”按遥輦部族乃契丹人，与奚六部之奚人并非同族。耶律昭古牙本人降金后，据《昌传》载，仅为“亲管猛安”，未统九猛安。《兵志》此说系误。

⑥ 《会编》卷一九《茅斋自叙》。

⑦ 《会编》卷二二。

汉军者。”

金军分两路攻入宋境。西路完颜宗翰（粘罕）军，据宋人范仲熊记载，“番人答言：此中随国相（完颜宗翰）来者，有达靼家，有奚家，有黑水家，有小葫芦家，有契丹家，有党项家，有黠戛斯家，有大石家（一作火石家），有回鹘家，有室韦家，有汉儿家”，“大金正军不过十万，更煞有生女真，唤做扫地军是也。以仲熊所亲见，粘罕寨有兵五万人，（完颜）娄宿孛堇寨有兵万人”。[①]李纲说，完颜宗望（斡离不）一路，“实数不过六万人，又大半皆奚、契丹、渤海杂种，其精兵不过三万人”。[②]上引记述都反映了当时金军民族成分之复杂。

金朝占领华北广大地区后，又对原宋统治区的人民也强行签军。金朝前期至中期，其统治区民族主要划分为五个民族等级，“有兵权、钱、穀，先用女真，次渤海，次契丹，次汉儿”，所谓“汉儿”，在金代是指原辽统治区的汉人，而原宋统治区的汉人，则称“南人”，比汉儿又低一等。[③]自女真人至南人，共计五等。

金朝前期采用类似清初留头不留发、留发不留头的政策，“剃南民顶发”，“驱新剃签军南渡深侵”。[④]在宋人记载中，往往单称南人充金军者为签军，或称“剃头签军”，[⑤]这与金人泛称征兵为签军有异。如汪藻说：“比金人入寇，多驱两河（河北、河

① 《会编》卷九九《北记》。

② 《梁溪全集》卷五六《上皇帝封事》，卷一七二《靖康传信录》。

③ 《会编》卷九八《燕雲录》。《金史》卷八《世宗纪》大定二十二年六月、闰月，卷九七《贺扬庭传》亦有“汉儿”、“南人”等区分。

④ 《会编》卷一二三马扩上书。

⑤ 《鄂国金佗稡编》卷四《鄂王行实编年》。

东）人民列之行阵，号为签军。”[1]刘一止在祝捷诗中说：“圣恩令贷签军死，汝是中朝个里人。”[2]庞谦孺也有诗说：“战伐无多生女真，人传强半是签军。可怜尽死天兵手，但恐官家不得闻。”[3]宋将杨忠悯奏：“招到汉儿、签军共一百六十五人，内汉儿归明人共三人，〔签〕军一百六十二人。”[4]此处明显地看出宋人所谓“汉儿”和“签军”两词之差别。天会时，岳家军在承州之战中，俘获金军，计有“女真三人：阿主里孛堇、白打里、蒲速里；渤海一名：李用；契丹一名：毛毛可湿；奚人三人：王哥、合主、留哥；汉儿一十二人：李延寿、赵月一、张大、李兴门、侯孝兴、解德、小儿、麻大、曹黑儿、杨四儿、杨章儿、孙公仪”。[5]其中没有两河签军。大定初，宋军在海州击退金军，李宝在奏报中说：“蕃贼大败，杀死女真、渤海、契丹、汉儿、签军等，及掩杀在河。”[6]李显忠统兵渡淮，在捷报中说：“杀降到女真、契丹、渤海、奚军等三千余人。”[7]也都反映了当时金军之多民族成分。

金朝的多数民族是汉族，其他民族都是少数民族，其中唯有女真族居统治地位。金朝多民族的正规军一般都采用女真族猛安、谋克等编制。除前引记载外，如天会七年（公元1129年），完颜宗弼（兀术）统兵攻宋江南，“以女真万户聂儿、银术（完

---

① 《浮溪集》卷二《论侨寓州郡札子》。

② 《苕溪集》卷七《贼臣刘豫挟虏骑犯两淮天子亲总六师出征贼骑摧衄宵遁銮舆既还效杜拾遗作欢喜口号十二首》。

③ 《永乐大典》卷一〇八七七《白苹集·闻虏人败于柘皋作口号十首》。

④ 《宋会要》兵一七之一七至一八。

⑤ 《鄂国金佗稡编》卷一九《承州捷报申省状》。

⑥ 《宋会要》兵一四之四一。

⑦ 《宋会要》兵一四之四五。

颜银术可）、拔束（完颜拔离速），渤海万户大挞不也（大臭），汉军万户王伯降（伯龙）及大起燕雲、河朔民兵付之”。[①]大定初，宋金争夺陕西，徒单合喜所部有“汉军千户李展”。[②]在襄汉战场，宋军“活捉到女真千户阿忽沙、汉军千户崔纯并女真、汉军谋克三十余员”。[③]“孙俦大夫者，邓州人，在金国为千户长，绍兴末归正，得官。”[④]奚军中也同样有谋克、蒲辇、长行等名目。[⑤]

金军中也采用各族壮丁混合编组在同一军事单位的办法。天眷三年（公元1140年），宋岳飞军在颍昌大战中，“擒渤海、汉儿〔都提点、千户〕王松寿，女真、汉儿都提点、千户张来孙”等。[⑥]这两个千户之所部，看来应是渤海人、汉人或女真人、汉人混合编组的。乌古论三合在“皇统元年（公元1141年），领汉军千户”。[⑦]这是以女真人统汉军的实例。

金朝的非正规军，如射粮军、弓手、土兵之类，看来主要是由汉人担任。

金朝正规军和非正规军军士的组成，在某种程度上反映了民族差别。非正规军以汉人为主体，正规军中则以女真军地位最高，并成为金朝前期的军队基干和精锐。

金军的多民族成分，增加了必须的兵员数额，各族军人互相取长补短，也可弥补女真军人的一些缺陷。但因民族歧视造成的

---

① 《会编》卷一三二《金虏节要》,《要录》卷二八建炎三年十月戊戌。

② 《金史》卷六五《璋传》。

③ 《会编》卷二三九。

④ 《夷坚支景》卷二《孙俦击鬼》。

⑤ 《金史》卷四四《兵志》。

⑥ 《鄂国金佗稡编》卷八《鄂王行实编年》。

⑦ 《金史》卷八二《乌古论三合传》。

民族矛盾，也始终成为削弱金军战斗力的重要因素。

金军攻破北宋都城开封后，宋“朝廷所与绫、锦等，虏人谓之表段。当时分俵，其数虽同，其物不等。金人得锦，勃海得绫，契丹得绢织之类，而九州所得者，杂色而已。一日忿然，欲起相攻”。[①]金军中往往“签差汉儿”充步兵，承担“运薪水，掘壕堑，张虚势，搬粮草”等杂役。[②]宋高宗诏说：“金人自来多系驱虏河北等路军民，号为签军，所当先冲冒矢石，枉遭杀戮。”[③]更为残酷的，如天会十一年（公元1133年），完颜杲（撒离喝）率金军攻四川，“野无所掠，杀马而食，马且尽，遂杀〔两〕河签军〔而〕食之”，[④]充分反映了金朝初兴时的野蛮性。

天会十二年（公元1134年），金军与伪齐军攻宋之淮南，“粮道不通，野无所掠”，南人“签军又为飞书掷于帐前云：我曹被驱至此，若过江，必擒尔辈，以献南朝”。[⑤]天眷三年（公元1140年）顺昌大战时，“有河北签军告官军（按：指宋军）曰：‘我辈元是左护军（按：指宋将刘光世所部），本无斗志，所可杀者，止是两拐子马。’故官军力为破之”。[⑥]两拐子马是指金军左、右翼精骑。宋岳家军统领梁兴等率兵渡黄河，“到孟州王屋县界”，“汉儿军张太保等部押手下汉军人马六十余人，前来投

① 《栟榈先生文集》卷一二《辞免除左正言札子》第三，《历代名臣奏议》卷一八八。

② 《会编》卷二四四《金虏图经》。

③ 《宋会要》兵一五之三。

④ 《中兴小纪》卷一四，《皇朝中兴纪事本末》卷二四。

⑤ 《要录》卷八三绍兴四年十二月庚子。

⑥ 《会编》卷二〇一《顺昌战胜破贼录》。

降”。[①]皇统元年（公元1141年），“金贼汉儿军蔡鹘突、李添儿并带到马二匹，前来投拜”宋军，蔡鹘突“系监军龙虎大王下千户秦明郎下毛毛可”，为百夫长，李添儿“系韩将军（常）下千户李天保下甲军”。[②]此类“汉儿军”都是原辽朝统治区的汉人。大定初，宋文臣张浚上奏介绍荆襄战场的情况说：“虏人正兵约近二万人，签军数万。所签军各生离心，日有策马来归者。”[③]在宿州之战时，金方汉军“皆不甚尽力，往往一战而败”。[④]此类都是战时汉军卖阵的实例。

宋朝在与金朝的对抗中，自然尽可能利用金军中的民族矛盾，特别是争取汉军反戈一击。曹勋上奏建议：“今后凡云契丹军、汉儿军、佥军、渤海军欲相借助者，切宜详覆而后信。”[⑤]他也害怕其中有诈。天眷三年（公元1140年），宋朝臣僚上奏说，金朝“今则穷兵转战二十余年，思归者益切，厌乱者益多”。建议“密诏诸将，广设间谍，谕以祸福。其契丹、渤海、奚人、汉儿诸国有来降者，厚而遣之，纵其返国，使之更相诱动，相率来归”。[⑥]岳飞对金军作战时，“俘诸路剃头签军”，“察其可用者，结以恩信，遣还虏中”，命其为内应，配合作战。[⑦]

由于金朝对汉人实行强制性的“剃头辫发”政策，[⑧]单纯从

① 《鄂国金佗稡编》卷一六《河北颍昌诸捷奏》。

② 《鄂国金佗续编》卷一一《照会四太子勾诸处军马攻打楚州省札》。

③ 《永乐大典》卷一〇八七六《张魏公奏议·次鄂州奏虏情并乞善抚将士状》。

④ 《北行日录》上。

⑤ 《松隐文集》卷二六《进前十事札子》。

⑥ 《鄂国金佗续编》卷一〇《密诏诸将广设间谍契丹等国诱率来归省札》。

⑦ 《鄂国金佗稡编》卷四《鄂王行实编年》。

⑧ 《会编》卷一一五宗泽奏。

发型着眼，已无从区分金军的民族成分。但女真人习惯于“耳垂金、银”，[①]故宋军在作战中，往往用“带环首领”作为杀获女真军之标志。[②]天会八年（公元1130年），岳飞军在建康府清水亭之战中，“斩耳戴金、银环者一百七十五级”。[③]在整个克复建康府之战中，“斩胡人秃发垂环者之首无虑三千人”。[④]天眷三年（公元1140年）顺昌之战时，宋刘锜军夜袭金营，“有凡髡首、辫发、环耳者悉歼之”。[⑤]

此外，据洪皓《松漠记闻》卷上载：“黄头女真者皆山居，号合苏馆女真。其人戆朴勇鸷，不能别死生。金人每出战，皆被以重札，令前驱，谓之硬军。后役之益苛，廪给既少，遇卤掠所得，复夺之，不胜忿。天会十一年（公元1133年），遂叛，兴师讨之，但守遏山下，不敢登其巢穴。经二年，出斗而败，复降，疑即黄头室韦也。”合苏馆女真按一般说法，是指辽统治下的熟女真，而非黄头女真。黄头女真“多黄发，鬓皆黄，目睛绿者”，[⑥]大约即是黄头室韦，属白种人。但是，洪皓的记载也同样反映了金军中民族矛盾的一个侧面。

金朝前期至中期，由于在对辽、宋和蒙古的战争中居于不同程度的优势，金军中的民族矛盾尚得以控制。金朝后期，在蒙古军的强烈攻势下，土崩瓦解之势已不可逆转，金军中的民族矛盾便无法控制，成为导致灭亡的重要因素。

---

① 《会编》卷三。

② 《忠正德文集》卷七《建炎笔录》。

③ 《鄂国金佗稡编》卷五《鄂王行实编年》。

④ 《鄂国金佗续编》卷二八《孙逌编鄂王事》引建炎四年邵缉荐书。

⑤ 《宋朝南渡十将传》卷一《刘锜传》。

⑥ 《会编》卷三。

第二节 乣军等之变乱

关于辽金元代的乣和乣军，中外学者论述甚多，可谓众说纷纭，莫衷一是。光是“乣”字之读音，即有音查或札[①]，音酉[②]和音纠[③]三说。《辽史》中作“糺”，而《金史》中作“乣”。

金朝对北方部分少数民族的统治，分别以部族和乣为行政单位。设“诸部族”“节度使”一员，乃大体承袭辽之部族制。“诸乣”设“详稳一员，从五品，掌守戍边堡，余同谋克”，“麽忽一员，从八品，常贰详稳”。[④]“详稳”一词，在辽代史料中屡见不鲜，“常衮”或“敞稳”为其歧译。刘凤翥先生认为，详稳一词大约来源于汉语之“相公”。“麽忽”，在《辽史》卷一一六《国语解》中有“莫弗纥，诸部酋长称，又云莫弗贺”，疑是。《辽史》卷三二《营卫志》引《旧志》记载中，虽有“边防糺户”之说，但从今存史料看来，以乣作为行政单位，似始于金朝。

金朝东北招讨司辖有“二部、五乣”，西北、西南路招讨司先后设置咩乣、木典乣、骨典乣、唐古乣、耶剌都乣、移典乣、

① 《中央民族学院学报》1980年第1期贾敬颜先生《乣军问题刍议》，《元史论丛》第2辑蔡美彪先生《乣与乣军之演变》。

② 《民族语文》1979年第4期刘凤翥先生《关于混入汉字中的契丹大字“乣”的读音》。

③ 《历史研究》1986年第1期杨若薇先生《辽朝“糺”之探讨》。

④ 《金史》卷五七《百官志》。

苏木典乣、胡都乣、霞马乣等。[①]按金人之说，“乣人与北俗无异”，“乣虽杂类，亦我之边民”。[②]乣人大体是非女真人之游牧民族，其中也包括一些奚人、[③]契丹人等。

金人将乣人组成军队，则称乣军。金太宗时，宋将刘光世“招到女真、契丹、渤海、汉儿一十八人，女真撒哥主系千人长，契丹屈烈系乣官，渤海高质系百人长，汉儿千人长于坤，乣官刘公亮，百人长吕祥”等等。这说明金军中乣军之存在，而乣官可用契丹人，甚至可由汉儿担任。宋朝将“契丹屈烈补承信郎”为最低等有品武阶官，“汉儿”于坤补承信郎，刘公亮、吕祥补进武校尉，为无品武阶官。[④]此后刘光世又招降到金军官兵六百六十六人，宋廷又规定：“签军、乣官并补效用、甲头，内无姓人赐姓赵。”[⑤]效用为高级军士，按照宋朝效用升迁的八资，甲头为第二资，后改名进勇副尉，比进武校尉尚低五资，[⑥]足见金军乣官地位之低。当时汉人、渤海人、女真人、契丹人和奚人都有姓，故“无姓人”实际上即是指金朝北方一些落后的少数民族，应为乣人。

金朝前期至中期，金军中非女真人的比例愈来愈大，又因为大批迁居中原的女真人户耽溺于寄生生活，故作为金军基干的女

---

① 《金史》卷二四《地理志》，卷四四《兵志》，卷四六《食货志》，卷五七《百官志》。

② 《金史》卷九四《襄传》。

③ 《金史》卷一二二《伯德窊哥传》载他为“西南路咩乣奚人”。

④ 《宋会要》兵一七之一八，《宋史》卷一六九《职官志》。

⑤ 《宋会要》兵一七之一八至一九。

⑥ 关于宋朝效用升迁的八资，据《续资治通鉴长编》（以后简称《长编》）卷二四五熙宁六年五月癸亥，《宋大诏令集》卷一六三《改武选官名诏》，《宋史》卷一六九《职官志》、卷一九四《兵志》。

真军的素质，便江河日下。金海陵王正隆末至金世宗大定初，宋川陕“边将常曰：敌兵易与，十不敌部落一二”，故金朝“招西蕃部落为军”，以对付宋军。[①]

金世宗诏说：“南路女直户颇有贫者，汉户租佃田土，所得无几，费用不给，不习骑射，不任军旅。”[②]这说明当时女真人出租田地，依靠剥削汉人佃农为生，已在相当程度上丧失了以往骑射尚武习俗。大定二十六年（公元1186年），晚年的金世宗说：“朕闻宋军自来教习不辍，今我军专务游惰。”[③]表示深以为忧。尽管金世宗在位期间对女真人“制其奢靡，禁其饮酒，习其骑射，储其粮糒，其备至严”，[④]其实也无济于事。金章宗明昌六年（公元1195年）五月，“诏诸路猛安、谋克农隙讲武，本路提刑司察其惰者罚之”。[⑤]徒单克宁也提醒金章宗说：“承平日久，今之猛安、谋克，其材武已不及前辈，万一有警，使谁御之？”[⑥]

既然女真人“狃于宴安，习成游惰，非复曩时之旧”，[⑦]自然不可能再充任金军之基干。金章宗明昌五年（公元1194年）九月，为准备对蒙古作战，“命上京等九路并诸抹及乣等处选军三万，俟来春调发”。[⑧]泰和末对宋作战，“举天下全力，驱乣军以为前锋”。[⑨]“诸乣”“号曰骁骑，有众三万，尽数起发侵江南。

① 《九华集》卷二四《西陲笔略·敌溃将招西蕃部落为军》。
② 《金史》卷八八《唐括安礼传》。
③ 《金史》卷八《世宗纪》。
④ 《金史》卷四四《兵志》。
⑤ 《金史》卷一〇《章宗纪》。
⑥ 《金史》卷九二《徒单克宁传》。
⑦ 《历代名臣奏议》卷三五〇卫泾奏。
⑧ 《金史》卷一〇《章宗纪》。
⑨ 《金史》卷一一〇《杨雲翼传》。

次年罢兵，和好如初，诸乣既还，因赏不均，皆叛北归”。[①]可知乣军已成当时金军之精锐。金章宗时，“乣人散走，投于鞑人”。[②]

金朝后期，术虎高琪“率所将乣军入中都”，发动政变，杀纥石烈执中（胡沙虎）。[③]此后，屯守中都大兴府的“乣军之变”，成为震惊一时的重大事变，使蒙古军得以顺利地占领中都。[④]移剌福僧在兴定时上书：“为今之计，惟先招徕乣人，选择乣人旧有宿望雄辨者，谕以恩信。彼若内附，然后中都可复，辽东可通。”[⑤]他的建议事实上无法施行，但也足见乣军对金朝的重要性。后金哀宗逃离开封时，仍有“乣军田众家奴等百人”随同前往。[⑥]

《金史》卷四四《兵志》说：“宣宗南渡，乣军溃去，兵势益弱，遂尽拥猛安户之老稚渡河，侨置诸总管府发统之。器械既缺，粮糒不给，朘民膏血而不足，乃行括粮之法，一人从征，举家待哺。”例如“置河北东路行总管府于原武、阳武、封丘、陈留、延津、通许、杞诸县，以治所徙军户”；“置大名府路行总管府于柘城县，以治所徙军户”；[⑦]“山东东路军户徙许州，命行东平总管府治之”。[⑧]

---

① 《大金国志校证》卷二一。

② 《蒙鞑备录》。

③ 《金史》卷一三二《纥石烈执中传》。

④ 《金史》卷一〇六《术虎高琪传》、《移剌塔不也传》，卷一〇九《完颜素兰传》，《元史》卷一《太祖纪》，《建炎以来朝野杂记》乙集卷一九《鞑靼款塞》，《心史》卷下《大义叙略》。《金史》卷一四《宣宗纪》贞祐三年二月：“诛乣贼张晖、刘永昌等。”当是乣人用汉姓或汉人任乣官。

⑤ 《金史》卷一〇四《移剌福僧传》。

⑥ 《金史》卷一一三《白撒传》。

⑦ 《金史》卷一四《宣宗纪》贞祐三年九月。

⑧ 《金史》卷一六《宣宗纪》兴定四年十一月。

《金史》卷五七《百官志》载，“诸谋克”“掌抚辑军户，训练武艺”。所谓“军户”，即是女真猛安、谋克编户。金朝“尽徙诸路军户河南”，[①]据记载达“百余万口”。后虽“革去冗滥”，至贞祐四年（公元1216年）统计，“军户当给粮者四十四万八千余口”。[②]围绕着大批女真人口的赡养问题，金朝君臣议论纷纭。或者实行“括田赐军”，[③]即掠夺汉人田地，分配女真人；或者实行“括粮之法”，[④]由官府供养女真人。正如陈规所说，女真“游惰之人，不知耕稼，群饮赌博，习以成风，是徒烦有司征索课租而已”，“致竭一路终岁之敛，不能赡此不耕不战之人”。[⑤]至于掠夺汉人田地，自然只能激化社会矛盾，“民之茔墓井灶悉为军有，怨嗟争讼”，“大失众心”。高汝砺“询诸军户，皆曰：得半粮犹足自养，得田不能耕，复罢其廪，将何所赖”。[⑥]

在很多女真人既不能耕，又不能战的情势下，金朝为支撑危局，主要只能依靠有割据性的汉人地主武装、汉军，还有忠孝军。“忠孝一军皆回纥、乃满、羌、浑及中原被俘，避罪来归者，鸷狠凌突，号难制”，[⑦]民族成分相当复杂。金廷为使忠孝军士为其卖命，“月给甚优”，“三倍它军”，“岁时犒燕”。[⑧]忠孝军为金朝末年之金军精锐，虽在对蒙古军的作战中，取得一些成绩，但

① 《金史》卷一〇五《许古传》。

② 《金史》卷四七《食货志》。卷一〇九《陈规传》称“虽革去冗滥，而所存犹四十二万有奇”，其数字稍异。

③ 《金史》卷一四《宣宗纪》贞祐三年十一月。

④ 《金史》卷四四《兵志》。

⑤ 《金史》卷一〇九《陈规传》。

⑥ 《金史》卷四七《食货志》。

⑦ 《金史》卷一二三《完颜陈和尚传》。

⑧ 《金史》卷四四《兵志》，卷一一六《蒲察官奴传》。

也叛亡相继。最后，金哀宗在归德府危城中，蒲察官奴“以忠孝军为乱”。[①]

《金史》卷四四《兵志》说：“迄其亡也，忠孝等军构难于内，乣军杂人召祸于外，向之所谓志一而力齐者，不见可恃之势焉。”这是金军多民族成分之最后结局。

① 《金史》卷一八《哀宗纪》天兴二年三月，卷一一六《蒲察官奴传》。

第七章　签军和募兵

金军之动员体制是征兵和募兵兼行。按当时习惯用语，征兵谓之“签军”。

史称：“金之初年，诸部之民无它徭役，壮者皆兵，平居则听以佃渔射猎，习为劳事。有警则下令部内，及遣使诣诸孛堇征兵，凡步骑之仗糗皆取备焉。”“兄弟子姓，才皆良将，部落保伍，技皆锐兵。”[1]这是指金朝建国前后女真人的习俗而言。

女真人“贵壮贱老”，[2]因为壮丁平时是主要劳动力，战时则可签发为军。按后来的金朝户口制度，男子“十七为丁”，[3]比唐宋二十岁或二十一岁成丁提早了三至四岁，这也反映了黩武精神。宋人吕颐浩说：“夷人之军，皆是民兵，平时则赋敛至薄，而缓急以丁点军，器甲鞍马，无非自办，平时家居，日逐擐甲胄而习弓矢，所以器甲各适用。”[4]《建炎以来系年要录》卷九说，金朝“民兵之法有二：一曰家户军，以家产高下定之；二曰人丁军，以丁数多寡定之。诸称家户者，不以丁数；论人丁者，不以家业。每签军，则元帅府符下诸帅司，帅司次第下节镇、支郡、

① 《金史》卷四四《兵志》。

② 《会编》卷三。

③ 《金史》卷四六《食货志》。

④ 《历代名臣奏议》卷九〇。

诸县，县籍户口、家业定讫，乃谕民间以所当军数多寡，然后市鞍马，置器械，备糇粮。或亲丁不足，则募人代行，贫者称贷于人，以应军役。俟其足备，然后选千户、百人长等，部之以行”。兵民合一，寓军于民，既反映了女真族较为原始落后的情况，却也成为金朝初年军力甚强的一个重要因素。

天眷二年（公元1139年），金熙宗“始令诸路不得从元帅府，须见里面使臣所持御画牌札，方许佥发”。[①]这是将签军权收归金廷的一个重要措施。

在灭辽破宋的过程中，金朝一方面将女真族的签军制推广于其他各民族，包括人数最多的汉族。“凡汉军，有事则签取于民，事已则或亦放免。”[②]郭建是辽西义州弘政县人，“天会二年（公元1124年），王师南伐，征乡邑良家子”，郭建“豫选，首为千户以主之”。[③]可知签军之中，确实有如同前引《建炎以来系年要录》所说，可从征发者中“选千户、百人长等”，连汉人也不例外。

金军初入华北时，“有掳掠，无战斗。计其从军之费，及回日，所获数倍”，这对被征发者，自然是一种刺激。但随着宋金战争进入相持的局面，“南犯淮，西犯蜀，生还者少，而得不偿费，人始患之”。[④]宋臣吕颐浩说，金军“部曲离心已久，将士厌苦从军，皆讴吟思其乡土”。[⑤]王庶说，金朝废伪齐后，“知其屯戍不足，又旋起签军，以实疆埸。今之签军，又非昔比，老弱尽

① 《中兴小纪》卷二七。

② 《金史》卷四四《兵志》。

③ 《山左金石志》卷一九《奉国上将军郭建神道碑》。

④ 《要录》卷四三绍兴元年春。

⑤ 《会编》卷一七六。

行，人心乖离”。[①]“女真千户斜也孛堇”“将行，与其家下（人）泣别，杀一豕，以斜也之衣裹之，并作小弓箭挂豕身，而埋之于后营，家人祝之曰：‘斜也已阵亡，葬之矣。’此女真怯战之迹，如江南焚替代之类”。[②]当金朝在军事上盛极而衰之际，签军制的种种矛盾便逐步暴露和发展。

金海陵王攻宋，各地男丁“凡年二十以上，五十以下者皆籍之，虽亲老丁多，求一子留侍，亦不听”。[③]金廷为此特派“宣差签军使”，“分路带银牌而出焉”。[④]“签军之令下，则贫富不问，而丁壮必行。”[⑤]“其间实有武艺好身手，行贿赂者皆免，贫者虽单丁，亦皆签发。”“人皆胁从，无有斗志者”，“无复昔时轻锐果敢之气”。“当其出军，其金人与亲戚泣别，自谓极边有往而不返之虑，其军畏怯如此。”[⑥]因“征发不已，民不堪命，犯法者众”，[⑦]甚至连女真“泰州猛安定远阿补”亦“以所部叛还”，而不愿南征。[⑧]中原各地纷纷爆发汉人起义，又因“尽征西北路契丹丁壮”，激发了契丹撒八、移剌窝斡起义。金世宗即位后，为镇压契丹族起义，“诏以南征逃还军士就往屯戍，如不足，量于富家签调，就近地签步军，给仗护送粮运”。[⑨]

---

① 《会编》卷一八六王庶第二札子。

② 《大金国志校证》卷九。

③ 《金史》卷五《海陵纪》，卷一二九《李通传》。

④ 《会编》卷二四二《正隆事迹记》，《要录》卷一八五绍兴三十年八月壬申。

⑤ 《历代名臣奏议》卷九四辛弃疾《美芹十论》。

⑥ 《会编》卷二三〇崔淮夫等《上两府札子》。

⑦ 《金史》卷九一《蒲察世傑传》。

⑧ 《金史》卷九一《温迪罕移室懑传》。

⑨ 《金史》卷一三三《移剌窝斡传》。

大定初，宋金再次和议后，金朝才终止了大规模的签军。然而据宋使楼钥记载：“宿胙城县，途中遇老父云：女婿戍边，十年不归，苦于久役，今又送衣装与之。或云：新制大定十年（公元1170年）为始，凡物力五十贯者招一军，不及五十贯者率数户共之，下至一二千者亦不免，每一军费八十缗，纳钱于官，以供此费。”“有天使往山东签兵，人不肯从，执天使杀之。”[①]可见当时因签军而造成的民间兵役和经济负担，仍是很重的。

孛术鲁阿鲁罕任西南路招讨使，规定“上番军不许用亲戚、奴婢及佣雇者”，[②]这反映当时很多富户不愿服兵役，甚至以奴隶或雇人代役。南迁中原的女真人抛弃祖先骑射游猎的习俗，又不事生产，由“汉户租佃田土”，却“颇有贫者”。金世宗为保证女真军之兵源，下诏“凡成丁者签入军籍，月给钱米，山东路沿边安置”。尚书右丞唐括安礼说：“猛安人与汉户，今皆一家，彼耕此种，皆是国人，即日签军，恐妨农作。”反而遭到金世宗的责备，他说：“所谓一家者，皆一类也，女直、汉人，其实则二。”[③]这个民族偏见极深的女真皇帝，仍然指望依靠签发女真兵力，以维系帝国之根基。

金章宗明昌四年（公元1193年），君臣们“议签军戍边”，[④]而董师中在一劝谏皇帝“巡幸山后”奏中说：“西北二京、临潢诸路，比岁不登，加以民有养马、签军、挑壕之役，财力大困，流移未复，米价甚贵。”[⑤]在金世宗和金章宗时，尽管算是金朝盛

① 《北行日录》上、下。
② 《金史》卷九一《孛术鲁阿鲁罕传》。
③ 《金史》卷八八《唐括安礼传》。
④ 《金史》卷九四《夹谷清臣传》。
⑤ 《金史》卷九五《董师中传》。

世，然而在很多女真族壮丁不能胜任征役的情势下，签军制所造成的社会矛盾和民族矛盾也相当突出。

金朝后期，国土日蹙，却与蒙古、西夏、南宋三方面交兵，签军制的弊端便益发严重。为抵御蒙古军，“河北、河东累行签刷，每战辄败，或望风奔溃”。[①]因“屡佥民兵”，“民间贫乏，父子兄弟因佥军久不见面，词语怨嗟”，“民间罄竭，肆言无忌”。[②]金宣宗南渡后，兵源枯竭，不得不变本加厉地推行签军制。完颜撒合辇“所签军有具戒僧人”。[③]杨雲翼上奏，主张“括驱丁”，即“天下之奴隶”充军。[④]

当时“内外军人入粟补官者多，行伍浸虚”，贞祐三年（公元1215年）正月，尚书省奏请“其子弟应荫者罢之”，得到金宣宗批准。三月，令“入粟补官者毋括其户为军”。然而到翌年闰七月，又“诏河南、陕西镇防军应荫及纳粟补官者，当役如旧”。[⑤]元光二年（公元1223年）五月，金廷“签河南路寄居官民充军”。七月，又“诏籍陕西路侨居官民为军”。[⑥]此类规定都反映了当时签军不足之窘状。纳合蒲剌都说：“古者一人从军，七家奉之，兴十万之师，不得操事者七十万家。今籍诸道民为兵者十之七八，奉之者才二三，民安得不困？”[⑦]

刘祁说：“金朝兵制最弊，每有征伐或边衅，动下令签军，

① 《历代名臣奏议》卷三五〇卫泾奏。
② 《使金录》。
③ 《金史》卷一四《宣宗纪》贞祐三年八月。
④ 《金史》卷一一〇《杨雲翼传》。
⑤ 《金史》卷一四《宣宗纪》。
⑥ 《金史》卷一六《宣宗纪》。
⑦ 《金史》卷一二二《纳合蒲剌都传》。

州县骚动。其民家有数丁男，好身手，或时尽拣取无遗，号泣怨嗟，阖家以为苦。驱此辈战，欲其克胜，难哉！贞祐初，下令签军，会一时任子为监当者以春赴吏部调数，宰执使尽拣取，号监官军。其人愤愠叫号，交诉于台省，又冲宰相卤簿告，丞相仆散七斤（端）大怒，趣左右取弓矢射去。已而上知其不可用，免之。元光末，备潼关、黄河，又下令签军。诸使者历郡邑，自见居官者外，无文武，小大职事官皆拣之。至许州，前户部郎中刘元规年几六十，亦中选，为千户。至陈州，余先子（刘从益）以前监察御史，亦为千户。自余不可胜言。既以立部曲，须依军例，以次相钤束，物议喧然，后亦罢之。”[①]金朝签军之弊，至金末为极。

金朝也兼行募兵制，如承袭辽制之射粮军，即是“招募”充军。[②]金章宗承安二年（公元1197年）九月，“遣官分诣上京、东京、北京、咸平、临潢、西京等路招募汉军，不足则签补之”。[③]金将毕资伦“出身至贫贱，结柳器为生”，“泰和南征，以佣雇从军”。[④]

金朝后期，在强化签军的同时，也加紧募兵。杨雲翼上奏，主张军事动员“募愿为”，“则所得皆乐战之人”。[⑤]韩玉于大安三年（公元1211年），“以凤翔总管判官为都统府募军，旬日得万人，与夏人战，败之”。[⑥]金军攻蕲州时，被宋军俘获的秦顺自

① 《归潜志》卷七。
② 《金史》卷四二《仪卫志》，卷四四《兵志》。
③ 《金史》卷一〇《章宗纪》。
④ 《金史》卷一二四《毕资伦传》。
⑤ 《秋涧先生大全文集》卷九三《玉堂嘉话》。
⑥ 《金史》卷一一〇《韩玉传》。

称："系潞州人，油面行为活，鄜王招我为军。"[①]属募兵。董俊在"金贞祐间，边事方急，藁城令立的募兵，射上中者拔为将。众莫能有弓，独俊一发破的，遂将所募兵迎敌"，后降蒙古为大将。[②]孙威也在"金贞祐间，应募为兵，以骁勇称"，后降蒙古，"善为甲"。[③]

金朝的军事动员除了签军和募兵外，也有以刑徒充军者。金太宗天会七年（公元1129年），"诏凡窃盗，但得物徒三年，十贯以上徒五年，刺字充下军"。[④]金末集庆军节度使王进，本为"亳之黥兵，以复亳，授世袭千户，节度本军"。[⑤]金时射粮军亦须刺字，[⑥]故王进可能原是射粮军士，亦或是刑徒充军者。

① 《辛巳泣蕲录》。

② 《元史》卷一四八《董俊传》。

③ 《元史》卷二〇三《孙威传》。

④ 《金史》卷四五《刑志》。

⑤ 《汝南遗事》卷一。

⑥ 《金史》卷四二《仪卫志》，卷四四《兵志》。

第八章　金军的若干重要制度

第一节　军俸

金初灭辽破宋之际，女真军和其他各族兵丁大多来自签军，其军士收入由“掳掠”而得，“及回日，所获数倍”。[①]金使萧三宝奴对宋人说：“大金人马不似南朝健儿，逐月有请受。”[②]可知在事实上并无军俸之类概念。

随着宋金之间出现长期休战，金朝的控制地区趋向稳定，军士的收入已不可能单纯依靠掳掠和家庭的供应，金朝正规军也形成了军俸制度。大批女真人户迁居中原后，“若遇出军之际，始月给钱米，不过数千”。[③]至于非正规军，如射粮军之类，应早就有了军俸制度。

《金史》卷四四《兵志》说：“熙宗天眷三年（公元1140年）正月，诏岁给辽东戍卒绸绢有差。正隆四年（公元1159年），合河南、陕西统军司并虞候司顺德军，官兵并增廪给。六年（公元1161年），将南征，以绢万匹于京城易衣袄穿膝一万，以给军。”可知金朝对统军司等所辖镇防军等发放“廪给”，应不会晚于金

---

① 《要录》卷四三绍兴元年春。

② 《会编》卷二九《奉使录》。

③ 《会编》卷二四四《金虏图经》。

熙宗。据《金史》卷四四《兵志》和卷五八《百官志》所述，金朝正规军的军俸，大致有以下六类。

（一）“河南、陕西、山东路统军司镇防甲军。马军：猛安钱八贯，米五石二斗，绢八匹，六马刍粟；谋克钱六贯，米二石八斗，绢六匹，五马刍粟；蒲辇钱四贯，米石七斗，绢五匹，四马刍粟；正军钱二贯，米石五斗，绢四匹，绵十五两，两马刍粟；阿里喜钱一贯五百文，米七斗，绢三匹，绵十两。步军：猛安马二匹，谋克马一匹刍粟。每马给刍一束，粟五升，岁仲春野有青草，马可牧养则止，惟每猛安当差马七十二匹，四时皆给。又定制，河南、山东、河东岁给五月，陕西六月。”此处未介绍五夫长和十夫长的军俸，估计应与正军相同。又步军各级长官和军士，除马匹刍粟另有规定外，其他各项军俸也应与马军同，故《金史》卷四四《兵志》从略，未予介绍。在以上的介绍中，钱和粟当为月俸，绢和绵当为年俸，至于“每马给刍一束，粟五升”，则当为日给数。

宋使楼钥于大定九、十年（公元1169、1170年）的记载：“甲卒自言西人，月请五百短钱，闻本朝养兵之丰，叹感不已。”[①]“时民间以八十为陌，谓之短钱，官用足陌，谓之长钱。”[②]五百短钱仅相当于四百长钱，与《金史》卷四四《兵志》所载“正军钱二贯”差四倍，也许《兵志》所载的数字乃是更晚的情况。

（二）“诸屯田被差及缘边驻扎捉杀军：猛安月给钱六贯，米一石八斗，五马刍粟；谋克钱四贯，米一石二斗，三马刍粟；蒲

① 《北行日录》上。

② 《金史》卷四八《食货志》。

辇钱二贯，米六斗，二马刍粟；正军钱一贯五百文，米四斗，一马刍粟；阿里喜随色人钱一贯，米四斗，一马刍粟。德顺军：指挥使钱六贯，米二石八斗，绢六匹，三马刍粟；军使、什将钱四贯，米一石七斗，绢五匹，给两马料；长行钱二贯，米一石五斗，绢四匹，绵十五两，给一马料。奚军：谋克钱一贯五百文，米一石五斗，绸绢春秋各一匹，给三马料；蒲辇钱一贯，米二石七斗，绸绢同上，给二马料；长行钱一贯、米一石八斗，绸绢同上，饲一马。”第二类军俸大约属北边三招讨司所辖者，显示了金军中之民族差别，除奚军外，德顺军用宋军编制，应由汉人充任，至于“捉杀军”应由女真人等充任。

（三）“北边临潢等处永屯驻军：千户钱八贯，米五石二斗，绢八匹，饲马六匹，步军饲两马，地五顷；谋克钱六贯，米二石八斗，绢六匹，饲五马，地四顷；蒲辇钱四贯，米一石七斗，绢五匹，饲四马，地三顷；正军钱二贯，米一石四斗五升，绢四匹，绵十五两，饲两马，地二顷；阿里喜钱一贯五百文，米七斗，绢三匹，绵十两，地一顷；旗鼓司人与阿里喜同。交替军钱二贯，米四斗；阿里喜钱一贯五百文，米四斗。上番汉军：千户月给钱三贯，粮四石，绢八匹，饲四马；谋克钱二贯五百文，粮一石，绢六匹，饲二马；正军钱二贯，米九斗五升，绢四匹。”此处的三种军队，“永屯驻军”应是指由女真人组成的常驻边防军，“交替军”应是指由女真人等组成的轮戍边防军，“上番汉军”是指由内地汉人组成的轮戍边防军。

（四）“上京路永屯驻军所除授，千户月给钱、粟十五贯、石，绢十匹，绵二十两，饲三马；谋克钱六贯，米二石八斗，绢六匹，饲二马；正军月支钱二贯五百文，米一石二斗，绢四匹，绵十五两，饲一马；阿里喜随色人钱二贯，米一石二斗，绢四匹，绵十五两。”此处缺载谋克的绵额，也可能因与千户相等，而予以省略。

（五）“护卫长，支正六品俸；长行，支从六品俸。”“东宫护卫长，钱、粟十七贯、石，绢八匹，绵四十两；东宫护卫长行，十五贯、石，绢四匹，绵四十两。”“侍卫亲军百户，十二贯、石，绢四匹，绵三十两。”“侍卫亲军五十户，九贯、石，绢三匹，绵三十两；未系班，绢三（二）匹，绵二十两；长行，七贯、石，绢二匹，绵二十两。”

（六）都元帅等军职按官品支俸。如从一品都元帅和枢密使每月“钱、粟二百贯、石，曲、米、麦各三十称、石，春秋衣罗、绫各三十匹，绢各一百匹，绵五百两”。正二品的左、右副元帅“每月钱、粟一百五十贯、石，曲、米、麦各二十二称、石，春罗、秋绫各二十二匹，绢各八十匹，绵三百五十两”。正三品的统军使和招讨使“钱、粟八十贯、石，曲、米、麦十三称、石，绢各三十五匹，绵百六十两，公田二十五顷”。[①]正四品的副统军“钱、粟五十贯、石，绢各二十二匹，绵八十两，职田十七顷”。正七品的“诸都巡检”“诸正将，钱、粟一十八贯、石，曲、米、麦各二称、石，春秋衣绢各七匹，绵二十五两”。正九品的“诸部将、队将，钱、粟一十二贯、石，麦一石，衣绢各三匹，绵一十两，职田二顷”，“副都巡检、巡检，俸例同上，并无麦及职田”。

① 《金史》卷五八《百官志》原载从四品之副招讨使俸禄与招讨使同，疑误。

以上六类应为金朝中期之军俸制度，其中包括了品级、地区、民族、马军和步军、常驻和轮戍等差别。

关于非正规军之军俸，除以上已列举之都巡检、正将等外，据《金史》卷四四《兵志》说："凡射粮军指挥使及黄、沁埽兵指挥使钱、粟七贯、石，绢六匹；军使钱、粟六贯、石，绢同上；什将钱二贯，粟三石，春衣钱五贯，秋衣钱十贯；承局押官钱一贯五百文，粟二石，春衣钱五贯，秋衣钱七贯。牢城并土兵钱八百文，粟二石，春衣钱四贯，秋衣钱六贯。边铺军请给与射粮军同。"此段记载无射粮军长行，即军士的军俸数额。另据《金史》卷五八《百官志》"诸局作匠人请俸"事目载："长行三贯、石，射粮军匠钱、粟三贯、石，春秋衣绢各二匹。"这可能即是射粮军长行的军俸。金章宗承安元年（公元1196年）六月记载，马、步弓手"月给二贯、石"。[①]

金朝后期，为赡养女真军户，"乃行括粮之法，一人从征，举家待哺。又谓无以坚战士之心，乃令其家尽入京师，不数年，至无以为食，乃听其出，而国亦屈矣"。[②]

张行信说："今一军充役，举家廪给，军既物故，给其子弟，感悦士心，为国尽力耳。至于无男丁，而其妻女犹给之，此何谓耶？自大驾南巡，存赡者已数年，张颐待哺，以困农民。国家粮储常患不及，顾乃久养此老幼数千万口，冗食虚费，正在是耳。"[③]当时赡养军户，"岁率三百六十万石"，后减至"岁费粮

① 《金史》卷一〇《章宗纪》。
② 《金史》卷四四《兵志》。
③ 《金史》卷一〇七《张行信传》。

四十余万石”。[①]

张行信所谓“冗食虚费”，其实尚不限于女真军户。当兵穷财匮之际，因军政腐败，冗员虚耗钱粮的情况也非常突出。“军前委差及掌军官规图粮料，冒占职役，皆无实员。又见职及遥授者，已有俸给，又与无职事者同支券粮。”[②]王扩说：“军校猥众，分例过优，万户一员，其费可给兵士三十人。”[③]陈规也说：“今军官既有俸廪，又有券粮，一日之给兼数十人之用。将帅则丰饱有余，士卒则饥寒不足。”[④]

在财政极端困窘的情况下，金廷也不得不对军俸作出一些临时性的规定。如金卫绍王时，“亲军俸粟每石以麦六斗折之”。[⑤]金宣宗兴定三年（公元1219年）七月，“籍邳、海等州义军及胁从归国而充军者，人给地三十亩，有力者五十亩，仍蠲差税，日支粮二升，号决胜军”。[⑥]《辛巳泣蕲录》载金人招兵，兵士和家属每人各“日支麦二升”。忠孝军作为主力骑兵，“增月给，三倍它军”。[⑦]金哀宗在三峰山大战失败后，“括京师民军二十万，分隶诸帅，人月给粟一石有五斗”。[⑧]金哀宗最后逃至蔡州，“更定官吏、军兵月俸，自宰执以下至于皂隶，人月支粮六斗”，后又“欲分军为三，上军月支粮八斗，中军月支粮六斗，下军月支粮

---

① 《金史》卷四七《食货志》，卷一〇七《高汝砺传》。

② 《金史》卷四四《兵志》。

③ 《金史》卷一〇四《王扩传》。

④ 《金史》卷一〇九《陈规传》。

⑤ 《金史》卷五八《百官志》。

⑥ 《金史》卷一五《宣宗纪》。

⑦ 《金史》卷四四《兵志》。

⑧ 《金史》卷一七《哀宗纪》天兴元年二月。

五斗”。[①]

除正俸外，金军也有各种名目的补贴，今列举于后。

（一）补买马钱。“镇防军补买马钱，河南路正军五百文，阿里喜随色人三百文，陕西、山东路正军三百文，阿里喜随色人二百文。”“诸北边永驻军，月给补买马钱四百文，随色人三百文。”[②]补买马钱每月发放，以供补充买马之用。

（二）招军例物。招军例物应是承袭宋朝募兵制度，在招军之初，一次性发放补助。“诸招军月给例物：边铺军钱五十贯，绢十匹；军匠上、中等钱五十贯，绢五匹，下等钱四十贯，绢四匹；黄河埽兵钱三十贯，绢五匹；射粮军及沟渠等处埽兵、水手钱二十贯，绢二匹；士兵钱十贯、绢一匹。”[③]招军例物的发放，大致限于招募某些非正规军之用。

（三）试补护卫、侍卫亲军和签充武卫军之补助。“诸试护卫、亲军，听自起发日为始，计程至都，比至试补，其间各日给口券。若拣退还家者，亦验回程给之。其正收之后再拣退者，亦给人三口米粮钱一百文，马二匹草料。”[④]“签充武卫军，挈家赴京者，人日给六口粮，马四匹刍藁。”[⑤]

（四）口券。金朝参照宋制，对执行某些差使的官员和军士发放口券。除上述试补护卫和侍卫亲军发放口券的实例外，金世宗“幸西京”，于“近都猛安内选士二千人巡警，仍给口〔券〕、

① 《汝南遗事》卷三。《金史》卷一一九《完颜仲德传》作“上军月给八斗，中七斗，下六斗”。

② 《金史》卷四四《兵志》。

③ 《金史》卷四四《兵志》。

④ 《金史》卷五八《百官志》。

⑤ 《金史》卷四四《兵志》。

刍粟”，“守卫中都”。[1]金宣宗贞祐三年（公元1215年）三月，御史台言：“在京军官及委差官刍粮券例悉同征行，乞减其给。”得到皇帝批准。[2]可知出征军官应发放口券。

（五）比试射技的赏赐。“凡镇防军，每年试射，射若有出众，上等赏银四两，特异者赏十两银马盂。”[3]

（六）各种临时性和局部性的赏赐和补贴。例如金世宗大定二年（公元1162年），“赐扈从万户银百两，猛安五十两，谋克绢十匹，甲士绢五匹，钱六贯，阿里喜以下赐各有差”。[4]大定初，金军重占陕西，金世宗诏规定，“猛安赏银五十两，重五端，绢十匹”，“正军人给钱三十贯，阿里喜十贯。战没军官、军士长行赠官、赐钱有差”。[5]大定五年（公元1165年），“以宋国进到岁币银、绢二十万两、匹，尽数给与见存留及放散军充赏。曾过界者，人给绢二匹，银二两，不曾过界者银二两，绢一匹，阿里喜绢一匹，谋克倍军人，猛安倍谋克”。[6]金哀宗正大五年（公元1228年）十二月，“以陕西大寒，赐军士柴炭银有差”。[7]

金世宗大定十七年（公元1177年），“岁以羊皮三万赐西北路戍兵”，以作御寒之用。金朝还规定：“诸屯田军人，如差防送，日给钱一百十文。”[8]此类都属局部性的补贴。

---

① 《金史》卷八六《李石传》。
② 《金史》卷一四《宣宗纪》。
③ 《金史》卷四四《兵志》。
④ 《金史》卷六九《可喜传》。
⑤ 《金史》卷八七《徒单合喜传》。
⑥ 《金史》卷八七《仆散忠义传》。
⑦ 《金史》卷一七《哀宗纪》。
⑧ 《金史》卷四四《兵志》。

由于金朝缺乏铜钱，故军俸中的钱币，需折支纸币、银之类。如金章宗时，“所给官兵俸及边戍军须，皆以银、钞相兼”，银“每两折钱二贯”。泰和末，宰臣奏：“旧制，内外官兵俸皆给钞，其必用钱以足数者，可以十分为率，军兵给予三分，官员承应人给二分，多不过十贯。”[①]军俸折支钱、银和纸币，自然会产生不少弊端，特别是在滥印纸币，通货膨胀之时，其弊尤甚。金卫绍王时，“燕京粟直每石十千足，军兵合给月米每石折钱一千，仅得时直十之一而已”。[②]金宣宗元光时，纥石烈志（牙吾塔）奏：“向官军战殁者皆廪给其家，恩至厚也。臣近抵宿州，乃知例以楮币折支，往往不给，至于失所。”[③]这自然严重地影响金军的士气。

第二节　拣选

从今存记载看，金军的拣选制度至少比宋军简单得多。《金史》卷四四《兵志》记载了金朝中期对选拔威捷军弩手、侍卫亲军和护卫的具体规定。“凡选弩手之制，先以营造尺度杖，其长六尺立之，谓之等杖。取身与杖等，能踏弩至三石，铺弦、解索、登踏闲习，射六箭皆上垛，内二箭中贴者。又选亲军，取身长五尺五寸，善骑射者，猛安、谋克以名上兵部，移点检司、宣徽院试补之。”可知威捷军弩手和侍卫亲军军士，由正规军的千夫长和

① 《金史》卷四八《食货志》。

② 《使金录》。

③ 《金史》卷一一一《纥石烈牙吾塔传》。

百夫长上报兵部，再分别由宣徽院和殿前都点检司两个主管机构“试补”。“护卫二百人，近侍之执兵仗者也，取五品至七品官子孙及宗室并亲军、诸局分承应人，身长五尺六寸者，选试补之。”

金世宗时，“选侍卫亲军”，“其中多不能弓矢，诏使习射”。[①]可知拣选制的执行，在事实上并不严格。金章宗明昌元年（公元1190年）三月，“敕点检司，诸试护卫人须身形及格，若功臣子孙善射出众，虽不及格，亦令入见”。[②]这是对“身形”“不及格”者的变通录用。

金朝对老年官兵有“放老”制度，按金制“十七为丁，六十为老”。[③]金军的“放老”年限，原则上也应以六十为限。据《金史》卷四四《兵志》所载，凡放老官兵要支付“给赏”，其具体规定如下：

（一）“凡河南、陕西、山东放老千户、谋克、蒲辇、正军、阿里喜等给赏之例。旧军千户十年以上，赏银五十两，绢三十匹，不及十年，比附十年以上谋克支。谋克十年以上，银四十两，绢二十五匹，不及十年，银三十两，绢二十匹。蒲辇十年以上，银三十两，绢二十匹，不及十年，银二十两，绢一十五匹。马步正军、阿里喜等勾当不拘年分，放老正军银一十五两，绢一十匹，阿里喜、旗鼓、吹笛、本司火头人等同银八两，绢五匹。”

（二）“三虞候千户十年以上，银四十两，绢二十五匹，不及十年，银三十两，绢二十匹。谋克二十年以上，银五十两，绢三十匹，十年以上，银三十两，绢二十匹，不及十年，银一十

① 《金史》卷八八《纥石烈良弼传》。

② 《金史》卷九《章宗纪》。

③ 《金史》卷四六《食货志》。

两，绢一十五匹。蒲辇十年以上，银二十两，绢一十五匹，不及十年，银一十五两，绢一十匹。正军、阿里喜勾当不拘年分，放老正军银一十两，绢七匹，阿里喜、旗鼓、吹笛、本司火头人等同银五两，绢四匹。”

（三）“北边万户、千户、谋克等历过军功及年老放罢给赏之例。正千户管押万户勾当过一十五年，迁两官，与从五品，不及一十五年，年老放罢，迁一官，与正六品，若十年以下，迁一官，赏银、绢六十两、匹。正谋克管押万户勾当十五年，迁两官，与正六品，不及一十五年，年老放罢，迁一官，与正七品，若十年以下，迁一官，赏银、绢五十两、匹。正千户管押千户勾当过二十年，迁一官，与正六品，不及二十年，年老放罢，迁一官，与正七品，若十年以下，迁一官，赏银、绢四十两、匹。正谋克管押千户以下，依河南、陕西体例。”

以上三类似不可能包括金军“放老”“给赏”之全部规定，而此类“给赏”制度，看来也是金朝中期的定制。至于如侍卫亲军之类正规军，或如射粮军之类非正规军，是否也有“放老”“给赏”之制，已不得而知。又如金章宗承安四年（公元1199年）十二月，“定亲军及承应人退闲迁赏格”，[①]但内容不详。

第三节　武人入仕

金制，“凡进士则授文散官，谓之文资官，自余皆武散官，

① 《金史》卷一一《章宗纪》。

谓之右职，又谓之右选。文资则进士为优，右职则军功为优”。[①] 金朝虽比辽朝崇尚文治，但武人地位始终高于文士。金朝入仕之门甚多，而入仕为武散官者，亦未必全是武人，例如吏升为官，进纳入仕，即买官，也充武散官。金朝与辽、宋等朝一样，武官其实有军人与非军人之别。金时的武人入仕之门，大致有以下几类。

一、军功

“凡军功有六：一曰川野见阵，最出当先，杀退敌军；二曰攻打抗拒州县山寨，夺得敌楼；三曰争取船、桥，越险先登；四曰远探捕得喉舌；五曰险难之间，远处报事情成功；六曰谋事得济，越众立功。”[②] 金人称“进士、军功最高”，[③] 是指两者初入仕之官位最高，其升迁亦较其他出身为快。

二、武举

金熙宗皇统时，始设武举。按金章宗时之《泰和式》，武举有“上、中、下三等”。其考试科目，一是步兵射箭的准确性，有“能挽一石力弓，以重七钱竹箭，百五十步立贴，十箭内，府试欲中一箭，省试中二箭，程试中三箭”。二是步兵弓箭的射程，以一石力弓，“远射二百二十步垛，三箭内一箭至者”。三是骑兵弓箭的准确性，“百五十步内，每五十步设高五寸、长八寸卧鹿二，能以七斗弓，二大凿头铁箭驰射，府试则许射四反，省

① 《金史》卷五二《选举志》。
② 《金史》卷五二《选举志》。
③ 《金史》卷五四《选举志》。

试三反，程试二反，皆能中二箭者”。四是骑兵枪术，“百五十步内，每三十步左、右错置高三尺木偶人，戴五寸方板者四，以枪驰刺，府试则许驰三反，省试二反，程试三（一）反，左、右各刺落一板者”。五是文化考试，“依荫例问律一条，又问孙、吴书十条，能说五者为上等”。以上五项“程试，若一有不中者，皆黜之”。

除上述武举上等的及格标准外，“若射贴弓八斗，远射二百一十步，射鹿弓六斗，孙、吴书十条通四，为中等。射贴弓七斗，远射二百伍步，射鹿弓五斗，孙、吴书十条通三，为下等。解律、刺板皆欲同前。凡不知书者，虽上等为中，中则为下”。除了“解律”一条，骑枪术“刺板”外，武举中等和下等的其他考试课目，在难度上都适当降低标准。

“凡试中中、下，愿再试者听。旧制，就试上等不中，不许再试中、下等。泰和元年（公元1201年）定制，不分旧等，但从所愿，试中则以三等为次。”[①]凡是武举考试中、下等及格，可再参加中等或上等的考试。反之，按《泰和式》新制，凡武举考试上等不及格，亦可再参加中、下等考试。

“凡武举，泰和三年（公元1203年）格，上甲第一名迁忠勇校尉，第二、第三名迁忠翊校尉。中等迁修武校尉，收充亲军，不拘有无荫，视旧格减一百月出职。下等迁敦武校尉，亦收充亲军，减五十月出职。”[②]据此，则武举入仕上甲前三名为正八品，其余为从八品，[③]而且必须在一定期限内充任侍卫亲军。

---

① 《金史》卷五一《选举志》。

② 《金史》卷五二《选举志》。

③ 《金史》卷五五《百官志》。

三、护卫

隶属殿前都点检司的护卫，属皇帝高级卫士，也是武人重要入仕之途。不少将领都是护卫出身。粘割韩奴“以护卫从（完颜）宗弼（兀术）征伐”。[①]金海陵王正隆五年（公元1160年）十月，“遣护卫完颜普连等二十四人督捕山东、河东、河北、中都盗贼”。[②]金熙宗亲选蒲察通（蒲鲁浑）为护卫，“通以父老，恳乞就养，众讶之曰：‘得充侍卫，终身荣贵，今乃辞，过人远矣。’”[③]足见护卫是“终身荣贵”而令人歆羡的入仕之途。金朝后期，两个同名完颜讹可的大将，“皆护卫出身”。[④]金哀宗时，邓州便宜总帅移剌瑗（粘合）之子为奉御，侄充护卫，他降宋后，“俱罢宿卫”而被杀。[⑤]

如前所述，护卫支付从六品官俸，但并非充护卫者即已入仕。按金海陵王“正隆二年（公元1157年）格，每三十月迁一重。初考，女直迁敦武（从八品），余迁保义（正九品），百五十月出职，与从五品以下，从六品以上除。大定二年（公元1162年）格，更为初迁忠勇（正八品），百二十月出职。大定十四年（公元1174年）官制，从下添两重，遂命女直初迁修武（从八品），余人敦武”。[⑥]以上“忠勇”之类，都属武散官名，而省略了“校尉”两字。

---

① 《金史》卷一二一《粘割韩奴传》。

② 《金史》卷五《海陵纪》。

③ 《金史》卷九五《蒲察通传》。

④ 《金史》卷一一一《完颜讹可传》。

⑤ 《汝南遗事》卷四。

⑥ 《金史》卷五三《选举志》。

大定十年（公元1170年）三月，金世宗“命护卫中善射者押赐宋使射弓宴，宋使中五十，押宴者才中其七”。金世宗很不高兴，说：“护卫十年出为五品职官，每三日上直，役亦轻矣，岂徒令饱食安卧而已。弓矢不习，将焉用之？”[①]护卫入仕的待遇相当优越，按上述大定十四年的规定，护卫入仕的初等武散官阶与武举及第之中、下两等相同，而女真人与非女真人也有所差别。

四、侍卫亲军

武人充当侍卫亲军军士，即长行，也可入仕。“初收，迁一重，女直敦武（从八品），余人进义（正九品），每五十月迁一重。以次转五十人长者，则每三十月迁一重。如五十人长内迁至武义（从六品）者，以五十人长本门户出职。五十人长每三十月迁一重，六十月出职，系正班，[②]与九品除授，有荫者八品除授。如转百人长者，则三十月迁一重，六十月出职，系正班八品，有荫者七品。”[③]

金章宗即位之初，规定：“亲军出职，内有尤长武艺，勇敢过人者，其令内外官举，提刑司察，如资考高者，可参注沿边刺史、同知、县令。”[④]金朝之“出职”与宋朝之“出职”有异，前

① 《金史》卷六《世宗纪》。

② 《金史》卷五二、卷五三《选举志》说，“凡诸右职正、杂班，皆验官资注授”，“其出职或正班、杂班，则莫不有当历之名职”。“海陵初，除尚书省、枢密院、御史台吏员外，皆为杂班，乃召诸吏员于昌明殿，谕之曰：‘尔等勿以班次稍降为歉，果有人才，当不次擢用也。’”可知金朝铨选中的正班和杂班之分，大约创始于金海陵王时，并限于右职，即武散官，列入正班者，其升擢应优于杂班。

③ 《金史》卷五三《选举志》。

④ 《金史》卷五四《选举志》。

者是指出任“职事官”，后者一般是指吏升为官。

侍卫亲军“识字、不识字并用差注”。[①]金世宗于大定二十五年（公元1185年）十月说：“护卫年老出职而授临民，手字尚不能画，何以治民？”又于大定二十六年（公元1186年）八月说：“亲军虽不识字，亦令依例出职，若涉赃贿，必痛绳之。”看来此类武人之中，没有文化者应占相当大的比例。当年三月，“亲军完颜乞奴言，制猛安、谋克皆先读女直字经史，然后承袭”，金世宗说：“尔一亲军粗人，乃能言此，审其有益，何惮而不从。”[②]在他眼里，侍卫亲军一般是“粗人”。金宣宗兴定五年（公元1221年）四月诏：“亲军中武举第而授职需次者，仍执旧役，廪给循常，阙至发遣。”[③]此诏当为适应战争环境而发。

五、威捷军

拱卫直使司所统威捷军，“军使、什将、长行每五十月迁一重，女直人敦武（从八品），余人进义（正九品）。迁至指挥使，则三十月出职，迁一重，系正班，与诸司都监。虽未至指挥使，迁至武义（从六品）出职，系杂班，与差使”。[④]

金朝武人入仕之途可能还有一些，例如对年老军官的“劳役”入仕，但从今存史籍看来，主要应为以上五类。武人的入仕和出职，是既有区别，亦有联系。但武人出职，显然不是都在军中任军职，也可从事民政。

① 《金史》卷五三《选举志》。
② 《金史》卷八《世宗纪》。
③ 《金史》卷一六《宣宗纪》。
④ 《金史》卷五三《选举志》。

第四节　武将之军职官和武散官

金朝武将的虚衔是武散官。文武官员的实职一般称“职事官”。[①]但是，从上一节所征引的史料看来，护卫、侍卫亲军、威捷军中之军官，似未计入职事官之列，担任此类实职，还不算“出职”。按金熙宗皇统时之分类，“兵马司及它司军者曰军职官”，[②]故此处即以军职官作为武将实职之通称。

《金史》卷五五《百官志》说：“武散官，凡仕至从二品以上至从一品者，皆用文资，自正三品以下，阶与文资同。”今将金章宗明昌时的武散官阶列成下表：[③]

官品	上	中	下
从一品	开府仪同三司	仪同三司[④]	崇进
		（中次）特进	
正二品	金紫光禄大夫		银青荣禄大夫
从二品	光禄大夫		荣禄大夫
正三品	龙虎卫上将军	金吾卫上将军	骠骑卫上将军
从三品	奉国上将军	辅国上将军	镇国上将军

---

① 《金史》卷五二《选举志》。

② 《金史》卷五五《百官志》。

③ 参据北京大学李鸣飞先生博士论文《金元散官制度研究》考订，此表反映了金章宗明昌之制，在此前几经修改。

④ 《大金国志校证》卷三四载金朝有正一品散官，即开府仪同三司和仪同三司，与《金史》有异。今据李鸣飞先生博士论文《金元散官制度研究》所引各种版本参校之《揽辔录》记载：“参以文、武散官，列为正、从九品。”似可判断金朝最初将开府仪同三司和仪同三司列为正一品，后降为从一品。

续表

官品	上	中	下
正四品	昭武大将军	昭毅大将军	昭勇大将军
从四品	安远大将军	定远大将军	怀远大将军
正五品	广威将军	宣威将军	明威将军
从五品	信武将军	显武将军	宣武将军
正六品	武节将军		武德将军
从六品	武义将军		武略将军
正七品	承信校尉		昭信校尉
从七品	忠武校尉		忠显校尉
正八品	忠勇校尉		忠翊校尉
从八品	修武校尉		敦武校尉
正九品	保义校尉		进义校尉
从九品	保义副尉		进义副尉

天眷三年（公元1140年），金将韩常为正四品昭武大将军，后又升正三品骠骑卫上将军。①完颜宗弼（兀术）重占河南后，“凡有功军士三千，并加忠勇校尉”，②因军功入仕，直升正八品武散官。此类实例都说明武散官在军人升迁系统中的地位和功用。

又天眷三年（公元1140年）颍昌大战时，宋岳飞军杀“统军、上将军夏金吾（失其名）”。③统军使为正三品，金吾卫上将军亦为正三品，这说明武将的武散官和军职官的官品，在原则上应当一致，并在不少场合下也保持了一致。

金朝武将的实职包括都元帅至五十夫长、十夫长、五夫长等各个梯级。天会八年（公元1130年），辽东汉军万户韩常在真定

① 《鄂国金佗稡编》卷一六《王贵颍昌捷奏》，《金史》卷八〇《阿离补传》。

② 《金史》卷七七《宗弼传》。

③ 《鄂国金佗稡编》卷八《鄂王行实编年》。

被北方抗金义军战败，“由是解军职”，[1]可知军职官亦可简称军职。

金时猛安与谋克两词往往合并使用，大致上可有六种词义。

（一）以猛安、谋克作为女真人户的代称。如金世宗说，“猛安、谋克户，富贫差发不均”，“猛安、谋克多新强旧弱，差役不均，其令推排”。右丞相徒单克宁（习显）等回答说：“女直人除猛安、谋克仆从差使，余无差役。今不推奴婢、孳畜、地土数目，止验产业科差为便。”[2]金世宗所说的“猛安、谋克户”、“猛安、谋克”都是指女真人户。

（二）猛安、谋克作为两种世袭荣誉爵位。“其世袭法，世袭千户，金国深重其赏，非宗室、勋臣之家不封。”[3]如金朝后期，汉人强伸授“世袭谋克”。[4]金朝初年，汉人王伯龙“率众二万及其辎重来降，授世袭猛安”。[5]

（三）猛安、谋克作为女真族的社会组织单位，后又扩大到契丹、奚等族亦以猛安、谋克编组，以至可作地名或籍贯行用。王寂《辽东行部志》叙述他本人经历和住宿的各千户寨，“次胡底千户寨”，“胡底，汉语山也”；“次南谋懒千户寨，南谋懒，汉语岭也”；“次松瓦千户寨，松瓦者，城也”；如此等等。《庄靖集》卷八《题登科记后》载承安五年（公元1200年）经义榜名单，其中如“石抹世勣，[6]字景略，年二十八，咸平酌赤列千户所”，“伯德维，字公理，年四十一，中都和鲁胡千户所”。石抹

① 《要录》卷三二建炎四年春。
② 《金史》卷四六《食货志》。
③ 《大金国志校证》卷三五。
④ 《金史》卷一一一《强伸传》。
⑤ 《金史》卷八一《王伯龙传》。
⑥ 《金史》卷一一四《石抹世勣传》。

和伯德都是奚姓，伯德部原为奚六部之一，[1]以部族名为姓。石抹也可能是契丹姓。伯德维的籍贯表明，在大量女真人户迁居中原的同时，至少一部分奚人也迁居到中都大兴府一带。

（四）猛安、谋克作为女真族社会组织单位的首领，后又实际上成为地方行政长官。《金史》卷五七《百官志》载，“诸猛安”，“从四品，掌修理军务，训练武艺，劝课农桑，余同防御”，“诸谋克，掌抚辑军户，训练武艺，惟不管常平仓，余同县令”。即是指上述酌赤列千户所、和鲁胡千户所之类长官。[2]南迁的女真族等的猛安、谋克等组织已成为与州县平行的行政系统，猛安大体相当于州防御使，谋克大体相当于县令。前述徒单克宁等说“女直人除猛安、谋克仆从差使”一语，即是指女真人为本单位长官服役，担任“仆从差使”。

（五）猛安、谋克作为金军两级编制单位，这在前第五章第一节已作交待。

（六）猛安、谋克作为金军两级编制单位的长官，即千夫长和百夫长，其全称应是猛安勃极烈和谋克勃极烈。

由此可见，金时猛安、谋克作为名词，有多种含义，但若将猛安、谋克称之为“猛安、谋克制”，就未必确切。我们研究金史，就必须注意猛安、谋克作为社会组织单位和军事编制单位之间的差别，必须注意猛安、谋克作为社会组织单位行政长官、军职官和荣

---

① 《辽史》卷三三《营卫志》。

② 作为社会组织长官，今仍存有不少记录。如《金史》卷二四《地理志》载有“北边界火鲁火曈谋克”、“边界合里宾忒千户”等。金朝还遗留了一些官印，如吉林省扶余县展览馆藏大定九年（公元1169年）的“退浑谋克之印”，“系必剌海都猛安下”。如此之类，不须赘举。

誉爵位之间的差别。此处还需对军职官的问题作进一步说明。

在史籍中，军职的猛安、谋克之类与非军职的猛安、谋克之类，是容易混淆的，这需要仔细分辨。以下不妨举一些实例。

（一）金世宗时，“有司言，诸路猛安、谋克怙其世袭，多扰民，请同流官，以三十月为考”。①此处作为非军职的地方长官，也往往同时是世袭爵位，但两者不能全然混同。

完颜守道（习尼列）“迁左丞相，授世袭谋克”。②左丞相为从一品。金季汉人郭虾蟆“赐姓颜盏”，“改通远军节度使，授山东西路斡可必剌谋克”。③节度使为从三品。此类世袭谋克官品自然与从五品的地方行政谋克不同，属遥授性质。

（二）《宋会要》兵一四之三一载：“金贼镇国上将军、左军都统、利涉军路万户孛堇鹘眼郎君。”此处镇国上将军为从三品武散官，左军都统为军职官，利涉军路万户孛堇与上引斡可必剌谋克相似，为世袭爵位。参据《金史》卷二四《地理志》、卷七二《活女传》，《三朝北盟会编》卷一一一《金虏节要》，《宋朝南渡十将传》卷三《李显忠传》，可知鹘眼即完颜娄室之子完颜活女之歧译，“利涉军路万户孛堇”即是“黄龙府路万户”。由前引记载可知，作为世袭爵位和地方行政长官的猛安、谋克之类，往往冠以具体的地名。

（三）《金石萃编》卷一五四《沂州府普照寺碑》：“奉国上将军，行沂州防御使事，兼管内安抚使，统押沂海路万户兵马高召和式。”高召和式即高彪，《金史》卷八一有传。此处奉国上将军

① 《金史》卷七《世宗纪》大定十七年四月，卷七〇《宗宪传》。

② 《金史》卷八八《完颜守道传》。

③ 《金史》卷一二四《郭虾蟆传》。

为从三品武散官，防御使和安抚使为职事官，而“统押沂海路万户兵马”，即是驻军沂州和海州的万夫长，为军职官。

（四）《淮阴金石仅存录》所载金海陵王天德时《普昭寺钟铭》有“信威将军、邳州□管押□京路军兵千户阿典胡剌”，“宣威将军、管押军兵千户乌延合睹”。此处的管押军兵千户当是军职官之全名。《宋会要》兵一七之二二载，天会十三年（公元1135年），金朝“安州团练使、知辽州、管押山西路汉军都统、万户”程师回降宋。程师回拥有万夫长之军职，所统为山西路，即西京路之“汉儿”军。

（五）《金史》卷九四《夹谷清臣传》载，大定初，夹谷清臣“从〔左〕副元帅纥石烈，为管押万户”。管押万户应是前述管押军兵万户之简称，为军职官无疑。

（六）《金史》卷一二〇《乌古论粘没曷传》：“海陵伐宋，为押军猛安。”《金史》卷七三《宗宁传》：“大定二年（公元1162年），为会宁府路押军万户。”《金史》卷一三三《移剌窝斡传》载，金世宗曾命“移剌扎八、前押军谋克播斡”等前去招降契丹族起义首领移剌窝斡。所谓押军百户、千户、万户之类，可能是管押军兵百户、千户、万户之类的另一种简称。

（七）《金史》卷六八《蒲查传》：“大定二年（公元1162年），领行军万户。”《金史》卷一〇三《纥石烈桓端传》：“泰和伐宋，充行军万户。”《金史》卷一二〇《裴满忽睹传》：“天眷三年（公元1140年），权猛安。皇统元年（公元1141年），为行军猛安。”《金史》卷七五《李三锡传》：“（完颜）宗望（斡离不）伐宋，三锡领行军猛安，败郭药师军于白河。”行军千户、万户之类无疑也是军职官。在《金史》的记载中，金朝初期行军万户之类较多，金世宗和金章宗时押军万户之类名目较多，但显然并不存在以“押军”一词取代“行军”一词的问题，本段所引大定和泰和时的记录即是明证。黑龙江博物馆还藏有晚至崇庆二年（公元1213年）的“行军万户笙字号印”。

（八）《金史》卷一〇三《乌古论长寿传》：“贞祐初，夏人攻会州，统军使署征行万户。”征行万户也是军职官的一种名目。

（九）《元史》卷一六六《隋世昌传》：“父宝，徙居莱阳，金末隶军伍，主帅奇其貌，以为管军谋克。”管军谋克亦属军职官，可能是管押军兵百户的另一种简称。

（十）《元史》卷一七九《萧拜住传》载，其曾祖萧醜奴“仕金，为古北口屯戍千户”。屯戍千户亦为军职官的一种名目。

（十一）《元史》卷一四九《刘伯林传》说他在“金末为（抚州）威宁（县）防城千户”，这也属军职官。

总之，金朝作为军职官的猛安、谋克之类，往往冠以各种名目的称呼，如统押兵马、管押军兵、管押、押军、行军、征行、管军、屯戍、防城等，今存史籍中以行军和管押两词较为常见。又第五章第一节中介绍诸如合扎、亲军、亲管、左翼、右翼、马军、砲军、弩军、水军、防城军等名目，也同样是猛安、谋克之类作为军职官的称呼。

作为军职官的猛安、谋克之类，显然没有固定的官品。《三朝北盟会编》卷一四一说：

> 金人以万户比都总管之职，千户比节度使，百人长比刺史。今燕、雲诸路民兵，千户、百人长乃以家业或丁数定之，在军则权为千户、百人长，散则还为散民。

《建炎以来系年要录》卷三二建炎四年春记载稍详，说：

> 初，金太祖旻起兵，以万户比都总管，千户比节度使，百人长比刺史，皆亲押札子授之，谓之御画。及罢从军，对比换授。其后燕、雲诸民兵千户、百人长，但以家业或丁数定之，军还则但为庶民。或就军中受代，则复为一散军而已。

以上两条记载介绍金太祖和金太宗时，万夫长之类军职的相应官位。但金太祖时尚无都总管之官名，在金朝官制初创阶段的都总管、节度使、刺史等是否有官品？若有官品，也未必和金熙宗天眷官制后的官品相同。[①]但两条记载说同等军职，女真人和汉人的官位差别甚大，当属事实。

前引《淮阴金石仅存录》之《普昭寺钟铭》，两名千夫长阿典胡剌和乌延合睹都是女真人，后者武散官为正五品宣威将军，前者武散官为信威将军，应即是前列武散官表中之信武将军。[②]当时节度使为从三品，刺史为正五品，[③]可知已不再沿用“千户比节度使”之旧制。此钟铭中尚有“保义校尉、权千户孙”，“蒲里衍、忠武田和”。孙姓权千夫长的武散官为正九品之保义校尉，而五十夫长田和的武散官却为从七品之忠武校尉。由此可知，金

① 参见拙作《金熙宗“颁行官制”考辨》，载《点滴编》。

② 《大金国志校证》卷三四载武官“信武将军”，此书原作“信威将军”，校证者据《金史》卷五五《百官志》改。据李鸣飞先生博士论文《金元散官制度研究》所引各种版本参校之《揽辔录》记载，在金世宗大定二年时，已作信武将军。但《淮阴金石仅存录》所载则早在金海陵王天德时。参照上引钟铭，疑“信武将军”旧名“信威将军”，但也不能排除因避女真人汉名讳，而改官名称呼的可能。

③ 《金史》卷五七《百官志》。

朝武将的军职官和武散官，即实职和虚衔之间，往往存在着不相对应的紊乱情况，并无十分严格的制度规范。

金世宗大定初重占陕西后赏功，“猛安，阶昭毅以下迁两资，昭武以上迁一资。谋克，阶六品以下迁两资，五品以上迁一资。押军猛安，阶昭武以上者迁一资，昭毅以下、武义以上迁两资，昭信以下，女直人迁宣武，余人迁奉信，无官者，女直人授敦信，余人授忠武。押军谋克，武功以下，忠显以上迁两资，忠勇以下，女直人迁昭信，余人迁忠显，无官者，女直人授忠显，余人授忠翊”。[①]依《三朝北盟会编》卷二四五范成大《揽辔录》记载的大定二年（公元1162年）武散官之制，上引记载中之“奉信”校尉和“敦信”校尉，相当于前表中反映的金章宗明昌时的正七品，而“武功”将军相当于后者正六品的武节将军。[②]可知当时千夫长、百夫长中武散官品相差之大，千夫长官品高者可在正四品昭武大将军之上，百夫长官品高者可在五品之上，而押军猛安、谋克中尚有“无官者”，即无武散官衔者充任。女真人和非女真人升迁的差别，则显示了金军中根深蒂固的民族歧视政策。

大定五年（公元1165年）规定：“河南、陕西统军司千户四十年以上拟从七品，三十年〔以上〕千户、四十年以上之谋克从八品，二十年以上千户、三十年以上谋克从九品，二十年以上谋克与正班，与差使。”作为“劳效”，即是“年老千户、谋克”的入仕待遇，则此类军职官都属“无官者”。大定九年（公元1169年）规定：“三虞候顺德军千户四十年以上者与从八品，

① 《金史》卷八七《徒单合喜传》。

② 参见李鸣飞先生博士论文《金元散官制度研究》。

三十年〔以上〕千户、四十年以上谋克从九品，二十年以上千户、三十年以上谋克与正班。”[①]此为对顺德军军职官之“劳效”规定，此类军职官也都属“无官者”。

金朝后期，古里甲石伦“奏请招集义军，设置长校，各立等差。都统授七品职，副统正八品，万户正九品，千户正班任使，谋克杂班”。[②]苏铎“系北虏千户，先因战西夏立功，〔伪〕受进武校尉”，后降宋。[③]金朝无进武校尉，应为从八品敦武校尉，因避宋光宗赵惇名讳，而改“敦武”为“进武”。当时的军职官车载斗量，冗滥之至，万户、千户之类官品甚低，而义军之万户、千户等官位自然更低。

金朝千夫长、万夫长之类军职官有正、权等等级区别。金太祖时，“都统（完颜）杲（斜也）取中京，（温迪罕）蒲里特权猛安，领军五千”。[④]如前所述，裴满忽睹由“权猛安”升任“行军猛安”。金世宗大定初重占陕西赏功，分猛安、谋克与押军猛安、谋克两类。此外，还规定“猛安赏银五十两，重彩五端，绢十匹，权、正同之”。[⑤]纥石烈志宁在宿州大败宋军后，对战死的军职官赙赠，“猛安三百贯，谋克二百贯，蒲里衍一百贯，权猛安二百贯，权谋克一百五十贯，权蒲里衍七十贯”。[⑥]这两次赏功和赙赠中，或仅及猛安、谋克与押军猛安、谋克，而不包括权猛安、谋克，或仅及正、权猛安、谋克，而不包括押军猛安、谋

① 《金史》卷五二《选举志》。
② 《金史》卷一〇二《蒙古纲传》，卷一一一《古里甲石伦传》。
③ 《宋会要》兵一七之三六至三七。
④ 《金史》卷八一《温迪罕蒲里特传》。
⑤ 《金史》卷八七《徒单合喜传》。
⑥ 《金史》卷八七《纥石烈志宁传》。

克，确实令人困惑不解，但也只能姑以存疑了。

此外，在金朝戍守北方的军职官中，有“正千户管押万户”、“正谋克管押万户”、“正千户管押千户”、“正谋克管押千户”，[①]至有以正百夫长充任管押万夫长者。又如金章宗明昌时，“修筑黄河堤”，“令大名府差正千户一员，部甲军二百人弹压勾当”。[②]

依据以上一些片断的记载，实难分析同一军职官内之等级区分细则。前引《三朝北盟会编》卷一四一说，“燕、雲诸路民兵”的军职官，“在军则权为千户、百人长，散则还为散民”。看来冠以“权”字者，应属等级最低。任权猛安、谋克等并非限于汉人，温迪罕蒲里特和裴满忽睹都是任权猛安的女真人。在千夫长、百夫长等上冠以“正”字，最初可能来源于前述金太祖之“御画”亲授，以示与未得“御画”者的区别。看来冠以“正”字者，应属等级最高，故可有“正谋克”任“管押万户”。至于在“正”和“权”之间，可有“管押军兵”（押军、管押）、行军等名号，但其等级高低，已无从判断。

第五节　牌符

金太祖“收国二年（公元1116年）九月，始制金牌，后又有银牌、木牌之制，盖金牌以授万户，银牌以授猛安，木牌则谋克、蒲辇所佩者也”。[③]金太祖时，宗室完颜昂（奔睹）“赐金牌，

① 《金史》卷四四《兵志》。
② 《金史》卷二七《河渠志》。
③ 《金史》卷五八《百官志》。

令佩以侍”，“称金牌郎君”。[①]在天眷三年（公元1140年）的宋金战争中，宋方记载称金朝“金牌郎君”率军与李宝军作战。[②]金朝“宗室皆谓之郎君”。[③]“郎君”一词当然是女真语之汉文译名。但在事实上，有的非完颜氏宗室的女真人，也可称郎君。例如蒲察石家奴为金太祖之婿，或可称“蒲察郎君”。[④]大将蒲察胡盏，宋人记载中或称“胡琖郎君”。[⑤]估计上述“金牌郎君”大约是宗室和万户之双重身份。在顺昌之战中，宋军“生擒银牌千户阿赫杀、阿鲁等”，[⑥]与前述金制相合。但金军也用木牌显示身份，未必如前述金初之制。《契丹国志》卷一〇记载，金初“各有字号小木牌，系人马上为号”。天眷三年（公元1140年）郾城之战，宋岳飞军斩“番贼马军一千余骑”的“头领”，“于斫下尸首上并马鬃上，取到红漆牌子二个，上题写‘阿李朵孛堇’”。[⑦]

但是，金朝的金牌和银牌显然并未专门作为万夫长等信牌。《容斋三笔》卷四《银牌使者》说：“金国每遣使出外，贵者佩金牌，次佩银牌，俗呼为金牌、银牌郎君。北人以为契丹时如此，牌上若篆字六七，或云阿骨打花押也。”此处对郎君的解释似并不确切，但金朝出使或佩金、银牌，却屡见于记载，而且并非仅用于军事。

---

① 《金史》卷八四《昂传》。

② 《鄂国金佗稡编》卷一九《鹘旋郎君捷报申省状》。

③ 《会编》卷三。

④ 《金史》卷一二〇《石家奴传》,《宋朝南渡十将传》卷三《李显忠传》。

⑤ 《金史》卷八一《蒲察胡盏传》,《会编》卷二〇六,《要录》卷一四一绍兴十一年九月癸亥。

⑥ 《会编》卷二〇一《顺昌战胜破贼录》。

⑦ 《鄂国金佗稡编》卷一六《郾城县北并垣曲县等捷奏》。

金海陵王时，命李筹等营造南京开封府宫室，李筹等“乞先降银牌”。[①]萧恭“经画夏国边界，还过临潼，失所佩金牌”，“忧恚成疾”，金海陵王“复命给之，仍遣谕恭曰：汝失信牌，亦犹不谨”。[②]他举兵攻宋，令耶律元宜“督诸军渡江，佩金牌”。[③]金世宗即位后，完颜可喜、李惟忠等谋反，李惟忠说：“惟忠尝为神翼军总管，有两银牌尚在，可以矫发内藏赏士。”[④]镇压移剌窝斡时，金世宗命纥石烈良弼“佩金牌及银牌四，往北京招抚奚、契丹”。[⑤]金朝后期记载，“旧制，宣抚副使乃佩金牌”。河北路宣抚使郭（赐姓完颜）仲元奏：“臣军三万，管军官三人，皆至五品，乞各赐金牌。”金朝“廷议”因河北东路行军提控李（赐姓完颜）霆（二措）等“忠勇绝人”，特予允准“佩金牌”。[⑥]这些记载都证明金、银牌作为信牌之功能。

金朝军事要员出征，所携带的金、银牌都有规定数量。金世宗大定初，都元帅仆散忠义发兵攻宋，“乞增金、银牌，上曰：‘太师、梁王（完颜宗弼）兼数职，未尝增也。’至是增都元帅金牌一，银牌二十，左、右副元帅金牌各一，银牌各十，左、右监军金牌各一，银牌各六，左、右都监金牌各一，银牌各四，三路都统府银牌各二”。[⑦]

都元帅等军事要员拥有一定数额之金、银牌，看来有两种功

① 《金史》卷九〇《高德基传》。
② 《金史》卷八二《萧恭传》。
③ 《金史》卷一三二《完颜元宜传》。
④ 《金史》卷六九《可喜传》。
⑤ 《金史》卷八八《纥石烈良弼传》。
⑥ 《金史》卷一〇三《完颜仲元传》,《完颜霆传》。
⑦ 《金史》卷八七《仆散忠义传》。

能：一是“与空名宣头付军帅，以为功赏”；[①]二是以金、银牌督战。金朝后期，金军攻宋蕲州，“有所谓银牌郎、金牌郎执刀斧，以胁造筏之兵，不向前者斫之”。[②]

金朝后期，“有白洋河归正头目李元，杀死河北守把番官并杀死伪提控温罕、伪都统石抹王奴、伪万户独吉木胡连，夺到伪银牌、印等”归宋。[③]北方义军彭义斌所部对金军作战中，缴获“伪金、银牌一十三面，内虎头金牌一面，素金牌一面，银牌一十一面”，又“招获到伪金、银牌九面，内素金牌二面，银牌七面”。[④]金朝亡国时，宋军缴获金朝“臣下虎头金牌三，银牌八十四”。[⑤]可知至少在金朝后期，金牌又有虎头金牌和素金牌之别。近代学术大师王国维先生在《蒙韃备录笺证》中说及蒙古有虎头金牌和素金牌，这应是沿袭金制。本书第二章第二节谈到当时元帅升总帅，须授“大信牌”，估计亦为金牌之一种。

金朝的金、银、木牌还用作递牌，“递牌，即国初之信牌也”。[⑥]天眷三年（公元1140年），金军攻顺昌失败，“遣银牌天使驰往东京（开封），告急于四太子（完颜宗弼）”。[⑦]楼钥说：“金法，金牌走八骑，银牌三，木牌二，皆铺马也。木（金?）牌最急，日行七百里，军期则用之。”[⑧]金熙宗皇统五年（公元1145

① 《金史》卷五八《百官志》。
② 《辛巳泣蕲录》。
③ 《宋会要》职官六二之一七，兵一六之一七。
④ 《宋会要》职官六二之一八。
⑤ 《宋史》卷一五四《舆服志》。
⑥ 《金史》卷五八《百官志》。
⑦ 《会编》卷二〇一《顺昌战胜破贼录》。
⑧ 《北行日录》上。

年），“更造金、银牌”，这应是作为信牌之金、银牌，在式样上有所差异。大定二十九年（公元1189年），大约是金章宗即位之初，“制绿油红字者，尚书省文字省递用之，朱漆金字者，敕递用之”，“有合递文字，则牌送各部，付马铺转递，日行二百五十里”。[①]此类红字牌和金字牌，无疑是仿效宋制。

金章宗承安元年（公元1196年）二月，“斟酌汉唐典故”，“初造虎符发兵”，颁“虎符之制”，“其符用虎，并五左一右，左者留御前，以侍臣亲密者掌之，其右付随路统军司、招讨司，长官主之，阙则次官主之。若发兵三百人以上及征兵，召易本司长、贰官，从尚书省奏请左第一符”，“备录圣旨，与符以函同封，用尚书省印记之，皆专使带牌驰送至彼”。统军司和招讨司长官“以右符勘合”奉行后，“用囊封贮左符，上用职印，具发兵状”，“还付使者”，“若复有事，左符以次出，周而复始，仍各置历，注付受日月”。[②]承安二年（公元1197年），即颁虎符之制的下一年，完颜安国（阇母）“召签枢密院事，赐虎符还边，得以便宜从事”。[③]

金宣宗贞祐三年（公元1215年）七月，“更定枢密院用鹿符，宣抚司用鱼符，统军司用虎符”。[④]但在事实上，鹿符和鱼符似并未行用。“蒲察阿里不孙为右副元帅，备御潼关、陕州”，“兵不战而溃”，“亡所佩虎符”。[⑤]金哀宗时，“白华以上命送虎符

① 《金史》卷五八《百官志》。

② 《金史》卷一〇《章宗纪》，卷五八《百官志》。

③ 《金史》卷九四《完颜安国传》。

④ 《金史》卷一四《宣宗纪》，卷五八《百官志》。

⑤ 《金史》卷一〇〇《完颜伯嘉传》。

于（石抹）九住，为息州行帅府事”，[1]“诏授（完颜）仲德（忽斜虎）巩昌行省及虎符、银印”。[2]金朝笼络国用安，“锡姓完颜”，授平章政事、兼都元帅等，“赐以铁券一，虎符六”。[3]金哀宗逃离开封府后，留参知政事、兼枢密副使完颜奴申和枢密副使、权参知政事完颜习涅阿不守城，崔立发动兵变后，“遂遣送二相所佩虎符”降蒙古。[4]蒲察官奴在归德府率忠孝军发动兵变被杀后，金哀宗“名呼李泰和，授以虎符，使往劳军”。[5]又如武都在贞祐初，“中都戒严，都知大兴府，佩虎符，便宜行事，弹压中外军民”。[6]武仙之“部将董祐有战功，诏赐虎符，仙畏其逼己，及不与佩”。[7]由此看来，金朝后期之虎符既可授予元帅、枢密副使、行尚书省事等长官，也可因特殊需要而授，其实并无固定的严格的制度。

总之，金朝武将除拥有文武官通用的官印外，还拥有牌符，这也是金军的一项制度。

---

① 《金史》卷一一九《完颜娄室传》。
② 《金史》卷一一九《完颜仲德传》。
③ 《金史》卷一一七《国用安传》。
④ 《金史》卷一八《哀宗纪》，卷一一五《完颜奴申传》、《崔立传》。
⑤ 《金史》卷一一六《蒲察官奴传》。
⑥ 《金史》卷一二八《武都传》。
⑦ 《金史》卷一一八《武仙传》。

第九章　金军军事装备和骑兵的盛衰

宋人章谊说，“金人野战，长于用骑”，“金人攻城，长于用砲”。[①]这既说明金军的战术特长，也说明其军事装备的特点。金朝注重骑兵，轻视步兵，对水军的建设则更为忽略。只有在金海陵王时，准备自沿海登陆，攻宋临安府，“所造战船，系是福建人，北人谓之倪蛮子等三人指教，打造七百只，皆是通州样”，[②]组织了一支大规模的水军舰队，结果却在胶西海战中被宋李宝军一举歼灭。此后，金朝在水军建设上便无多少成绩可言。故本章着重介绍金朝骑兵的盛衰，以及金军攻城战术和发展火器方面的情况。

第一节　女真骑兵的特点

金军和辽军都是以骑兵为主，这与以步兵为主的宋军相比，无疑具有明显的优势。张棣说：“虏人无他技，所喜者莫过于田猎，昔都会宁之际，四时皆猎焉。”正是平时经常性的捕猎生活，

---

① 《历代名臣奏议》卷二三四。

② 《会编》卷二三〇崔淮夫等《上两府札子》。

造就了战时的骑兵。张棣还说:“虏人用兵专尚骑，间有步者，乃签差汉儿，悉非真虏人。取胜全不责于步，惟运薪水，掘壕堑，张虚势，搬粮草而已。”①

宋将吴璘“尝著《兵法》二篇”，说“金人有四长”，“四长曰骑兵，曰坚忍，曰重甲，曰弓矢”。②宋大臣吕颐浩检讨宋军失败原因说，“自金人犯边以来，百战百败，非止百战百败，往往望风奔溃，不暇交锋者”，“金人起燕蓟，历赵魏，绝大河，至汴宋，皆平原广野，骑兵驰突，四通八达，步人不能抗，此所以多败也”。③总之，勃兴的金朝所以能战无不胜，攻无不克，便是仰仗女真本民族的骑兵。

女真骑兵一般都“倍养副马”，④“居常以两骑自随，战骑则闲牵之，待敌而后用”。⑤故其部分军俸也明文规定“正军”需发放“两马刍粟”或“饲两马”。⑥女真骑兵惯披重甲，善用弓矢，并具有很强的坚忍性。

关于重甲，宋沈琯给李纲信中指出:“金贼兜鍪极坚，止露两目，所以枪箭不能入。契丹昔用棍棒击其头项面，多有坠马。”⑦金海陵王兴兵攻宋时，崔淮夫等也说:“其所造甲太沉重，披戴艰难。”⑧张棣则说，女真骑兵“甲止半身，护膝微存，马甲

① 《会编》卷二四四《金虏图经》。

② 《宋史》卷三六六《吴璘传》,《琬琰集删存》卷一《吴武顺王璘安民保蜀定功同德之碑》。

③ 《历代名臣奏议》卷九〇。

④ 《永乐大典》卷一〇八七六《张魏公奏议·奏淮南备虏事宜状》。

⑤ 《会编》卷二四四《金虏图经》。

⑥ 《金史》卷四四《兵志》。

⑦ 《会编》卷三〇。

⑧ 《会编》卷二三〇崔淮夫等《上两府札子》。

亦甚轻”。[①]这是因骑兵“曲膝蹲坐，长则绾绊，马军甲裙所以独用过膝三寸”，[②]护膝不能过长。如史籍中所见之金朝铁浮图，就是“重铠全装”的特种重甲骑兵。[③]

在某些骑兵舍马步战的实例中，也同样反映了金军对重甲的倚重。如顺昌之战时，铁浮图，即“铁塔兵”，当“攻城”步战之际，“被两重铁兜鍪，周匝皆缀长檐，其下乃有毡枕。三人为伍，以皮索相连，后用拒马子；人进一步，移马子一步，示不反顾”。[④]在仙人关之战中，金军“人被两铠，铁〔钩〕相连，鱼贯而上”，[⑤]实行强攻。即使至金朝后期，金军攻宋枣阳军，“摘强兵，披厚铠、毡衫、铁面而前”。[⑥]

在传世史料中，缺乏金军重甲分量的具体数字，可资参照的是宋军的史料。南宋时，因金朝重甲骑兵对宋军造成极大威胁，宋军步兵也推广重甲，轻者为“三十七斤一十两”，重者达“五十八斤一两”，[⑦]1宋斤约合1.2市斤。估计金军重甲分量也相近。

女真骑兵的主要兵器是弓箭。《契丹国志》卷一〇载金朝初兴，“五十人为一队，前二十人全装重甲，持枪或棍棒，后三十人轻甲，操弓矢”。[⑧]《三朝北盟会编》卷九九范仲熊《北记》记

① 《会编》卷二四四《金虏图经》。

② 《翠微北征录》卷七《马军甲制》。

③ 《会编》卷二〇一《顺昌战胜破贼录》。

④ 《会编》卷二〇一汪若海札子。此段文字应理解为骑兵舍马步战“攻城”，似不应理解为三马“以皮索相连”参加战斗。

⑤ 《要录》卷七四绍兴四年三月辛亥朔，《琬琰集删存》卷一《吴武顺王璘安民保蜀定功同德之碑》。

⑥ 《宋史》卷四〇三《孟宗政传》。

⑦ 《要录》卷五五绍兴二年六月丁巳，《宋史》卷一九七《兵志》，《宋会要》舆服六之二八至二九。

⑧ 又见《裔夷谋夏录》卷一，《皇朝编年纲目备要》卷二八政和四年。

述他在完颜宗翰（粘罕）军营中之见闻，说：

> 皆枪为前行，号曰硬军，人马皆全副甲，腰垂八棱棍棒一条或刀一口，枪长一丈二尺，刀如中国屠刀，此皆骁卫之兵也。弓矢在后，设而不发，弓力不过七斗，箭多者不满百只。自大金兵外，其他国兵皆不带甲，弓矢或有或无，皆旋斫道傍木，执之为兵。

他既交待了女真兵的装备，也介绍了非女真兵和女真兵装备之差异，反映了金军中之民族歧视。《三朝北盟会编》卷三说：

> 其用兵，则戈为前行，人号曰硬军，人马皆全甲。刀棓自副，弓矢在后，设而不发，非五十步〔内〕不射。弓力不过七斗，箭镞至六七寸，形如凿，入辄不可出，人携不满百。①

此外，张棣说，金军"弓力止七斗，箭极长，刀剑亦不取其快利"，"弓矢亦不妄发"。②张浚也说，"金贼用兵，深入重地，利在速战，拣选正女真充精锐甲军。先遣三四千人，多带弓矢，倍养副马"，"今（金）贼凡用兵，多选正女真精锐甲军，以为先锋，唯务弓矢最多，每人带箭不下三百只"。③

---

① 《雲麓漫钞》卷六，《说郛》卷二五《北风扬沙录》，《裔夷谋夏录》卷一有相同记载。

② 《会编》卷二四四《金虏图经》。

③ 《永乐大典》卷一〇八七六《张魏公奏议·奏淮南备虏事宜状》。

以上诸说大同小异，作为金朝前期军队基干和精锐的女真骑兵，长于弓矢远射，短于白刃近战，故对短兵器的制作不甚讲究。女真骑兵所用弓的斗力“不过七斗”，或说“虏人所射弓不过五斗”，[①]这在宋金时代也不算强劲。但金军“箭极长”，“箭镞至六七寸，形如凿，入辄不可出”，确是颇有威力。宋将赵立救援楚州，“中箭镞，入舌下，坚不可拔，命医以铁钳破齿，凿骨钮去，移时乃出，流血盈襟”。[②]看来即是中了此种长箭。

关于女真骑兵作战的坚忍性，宋将吴璘曾说：“璘与先兄（吴玠）束发从军，屡战西戎，不过一进却之间，胜负决矣。至金人则胜不追，败不乱，整军在后，更进迭却，坚忍持久，令酷而下必死，每战非累日不决，盖自昔用兵所未尝见。”[③]这是比较西夏和女真两种骑兵优劣之经验谈。当女真骑兵与敌交锋一个回合失败后，即利用战骑的机动性退出战斗，重整队形，连续冲锋，即谓之“更进迭却”。这与西夏骑兵对敌一个回合交锋失败后，即无重整旗鼓、卷土重来之可能，自然大不相同。辽朝骑兵的特点也是“轻而不整”，“退败无耻”。[④]

《契丹国志》卷一〇介绍金朝初起兵时，“每遇敌，必有一二人跃马而出，先观阵之虚实。或向其前后左右结阵而驰击之。百步之外（内?），弓矢齐发，无不中者”。[⑤]据宋人记载介绍：“虏用兵多用锐阵，一阵退，复一阵来，每一阵重如一阵。重兵既

① 《会编》卷二三〇崔淮夫等《上两府札子》。

② 《挥麈后录》卷九。

③ 《会编》卷一九五吴玠墓铭，《宋史》卷三六六《吴玠传》。

④ 《宋史》卷二六四《宋琪传》，卷二七三《何承矩传》。

⑤ 又见《皇朝编年纲目备要》卷二八政和四年。

多，即作圆阵以旋敌人；若敌人复作圆阵外向，即下马步战，待其败走，上马追之。”[①]“胜则整队而缓追，败则复聚而不散，其分合出入，应变若神，人自为战则胜。”[②]“虏流有言曰：‘不能打一百余个回合，何以谓马军!’盖骑善乎往来冲突而已。”[③]在著名的仙人关、郾城、颍昌等战役中，宋金两军都是打了数十回合，才分出胜负。女真骑兵在甲胄和兵器负荷很重的状况下，能屡败屡战，连续作战，确为其有别于辽和西夏骑兵的很大优点。

女真骑兵在战斗中，往往采用以左、右翼骑兵迂回侧击之战术。宋朝行阵术语，称左、右翼骑兵为拐子马。[④]

宋石茂良说：“凡敌人遇我师，必布围圆阵当锋，次张两阵左、右夹攻，故谓之三生阵。”[⑤]吕颐浩说：“虏人遇中国之兵，往往以铁骑张两翼，前来围掩。”[⑥]张棣也说：“其临大敌也，必以步军当先，精骑两翼之，或进或退，见可而前。”[⑦]大定初宋李显忠率军渡淮，金军“拒战于陡沟，张左、右翼”，李显忠对众将说：“此所谓拐子马，虏之长技也。”[⑧]金朝后期，宋叶適建议在淮南“深广壕堑”，说：“虏已越淮，复阻广堑，兵少则不能攻，兵多则不能布阵。拐子马，虏之长技，无所用也。”[⑨]可知金军此种战

① 《雲麓漫钞》卷四。

② 《会编》卷三，《契丹国志》卷一〇。《裔夷谋夏录》卷一文字相似。

③ 《会编》卷二四四《金虏图经》。

④ 参见邓广铭先生《岳飞传》(增订本)，《邓广铭全集》第2卷第417—434页，河北教育出版社，2005年。

⑤ 《会编》卷九八《避戎夜话》。

⑥ 《历代名臣奏议》卷九〇。

⑦ 《会编》卷二四四《金虏图经》。

⑧ 《琬琰集删存》卷三李显忠行状。

⑨ 《水心别集》卷一六《后总》。

术沿用至金朝衰亡之际而不变。

金朝前期，尽管金军中有多民族成分，但主要还是仰仗精劲之女真骑兵，得以灭辽破宋，而称雄于东亚。当然，“步卒之利在阻险，骑兵之利在平旷”，[①]在遭遇中国南方山险和河湖密布的地形时，女真骑兵纵横驰突的优势也必然无以发挥。

金朝初年“以水德，凡用师行征伐，旗帜尚黑，虽五方皆具，必以黑为主”。与五行的水德相应，军服也是“黑衣”。[②]宋岳飞在克复建康府的牛头山之役，“待之夜，令百人衣黑衣，混虏中，扰其营”。[③]

第二节　马政和兵器制作

金朝初年，完颜阿里合懑在临终前对金太祖说：“马者，甲兵之用，今四方未平，而国俗多以良马殉葬，可禁止之。”[④]按女真族的“贵者”死后，“生焚所宠奴婢，所乘鞍马以殉之”。[⑤]此种习俗既说明金朝当时马匹的丰裕，也表明其时尚无完善的马政。

金朝所需马匹，相当部分来自抢掠。宋朝熙州“素多马，金人驻兵搜取无遗”。[⑥]此外，也“因辽诸抹而置群牧，抹之为言，

---

① 《鄂国金佗稡编》卷六《鄂王行实编年》。

② 《会编》卷七〇、卷二四四《金虏图经》。

③ 《鄂国金佗稡编》卷五《鄂王行实编年》。

④ 《金史》卷七三《阿里合懑传》。

⑤ 《会编》卷三。

⑥ 《要录》卷四二绍兴元年二月。

无蚊蚋、美水草之地也”。[①]另据金朝投宋官员李宗闵说：“金人之马，皆塔坦所入。冀北虽号产马之地，自兴兵以来，所养至少。金人置榷场于白水，与塔坦贸易。”[②]当时部分战马来自贸易，甚至将被俘的南人充奴婢“驱之达靼、夏国以易马”。[③]“驱所掠宋人至夏国易马，以十易一”，[④]足见其奴隶制之残酷性。

自金熙宗对宋和议前后，金军的马源似逐渐不足。天眷三年（公元1140年），金军于顺昌府“城内诸寺院内亦有汉儿并女真千户四个，共有马军约三百人骑，步军一千七八百人”，[⑤]估计汉军全是步兵，而女真兵即使是一猛安，也仅有“约三百人骑”。金海陵王“天德间，置迪河斡朵、斡里保、蒲速斡、燕恩、兀者五群牧所，皆仍辽旧名，各设官以治之。又于诸色人内，选家富丁多及品官家子，猛安、谋克、蒲辇军与司吏家余丁及奴，使之司牧，谓之群子，分牧马、驼、牛、羊，为之立蕃息衰耗之刑赏。后稍增其数为九”。[⑥]健全马政，正是为了缓解军队马匹缺乏的困难和需求。

金海陵王举兵攻宋，遂“大括天下骡马，官至七品，听留一马，等而上之”，则八品、九品官员的私马亦搜刮无遗，“调诸路马，以户口为率，富室有至六十匹者。凡调马五十六万余匹”。[⑦]崔淮夫等报告宋廷说，“金人往日战马甚多”，“缘军下马耗，尽

① 《金史》卷四四《兵志》。
② 《要录》卷一八一绍兴二十九年四月。
③ 《要录》卷四〇建炎四年十二月辛未。
④ 《靖康稗史笺证·呻吟语》。
⑤ 《鄂国金佗续编》卷一一《令差人体探顺昌府番贼聚粮诣实省札》。
⑥ 《金史》卷四四《兵志》。
⑦ 《金史》卷五《海陵纪》，卷一二九《李通传》。

括民间私马”，“自括马之后，大约马耗八分，目即南京路正军皆阙马”。[①]北方契丹族起义后，九个群牧所“遂亡其五，四所之所存者马千余”。[②]

金世宗即位后，“诸军马瘦弱”，曾命白彦恭“往西北路招讨司市马，得六千余匹”。[③]纥石烈良弼说：“今官马甚少，一旦边境有警，乃调于民，不亦晚乎？”他“请于榷场市马，毋拘牝牡”。[④]大定八年（公元1168年）四月诏说：“马者军旅所用，牛者农耕之资，杀牛有禁，马亦何殊，其令禁之。”[⑤]宋周辉使金所写《北辕录》说，当时金朝“马科于民，谓之户马”。大定十年（公元1170年），宋使楼钥问磁州一带人户“驴马价，云驴上等有直四十千者，马更高贵。旧时家家有马，炀王南征，尽刷去”，“而今又殃我等贵价买”。[⑥]官府强令民间贵价买马，即是推行所谓户马制。

为了保证军马供应，金世宗下令整顿群牧所，“置所七，曰特满、忒满、斡睹只、蒲速椀、瓯里本、合鲁椀、耶卢椀”。[⑦]大定八年（公元1168年）七月规定：“盗群牧马者死，告者给钱三百贯。”[⑧]大定二十年（公元1180年）三月，“更定群牧官、〔扫〕稳脱朵、知把、群牧人滋息损耗赏罚格”。[⑨]“扫稳脱朵分掌

① 《会编》卷二三〇崔淮夫等《上两府札子》。
② 《金史》卷四四《兵志》。
③ 《金史》卷八四《白彦敬传》。
④ 《金史》卷八八《纥石烈良弼传》。
⑤ 《金史》卷六《世宗纪》。
⑥ 《北行日录》下。
⑦ 《金史》卷四四《兵志》。
⑧ 《金史》卷六《世宗纪》。
⑨ 《金史》卷四四《兵志》。

诸畜，所谓牛马群子也”，乃“踵辽官名”。[1]至大定二十八年（公元1188年），“蕃息之久，马至四十七万匹”，[2]这个数字高于北宋，却低于唐朝。

群牧所的名称和数量有所变迁，金章宗时，有“群牧十二处”，即“斡独椀（斡睹只）群牧、蒲速斡群牧、耶鲁椀群牧、讹里都群牧、纥斡群牧、欧里本群牧、乌展群牧、特满群牧、驼驼都群牧、讹鲁都群牧、忒恩群牧、蒲鲜群牧”。其中忒恩和蒲鲜两群牧所乃“承安四年（公元1199年）创置”。[3]另外十个群牧所与金世宗时七个群牧所对照，既有同名或同名歧译者，也有异名者，其沿革变迁已难于考其详。

明昌四年（公元1193年）和五年（公元1194年）间，金朝对群牧官重新制订了牲畜增损的考核和奖惩制度，规定：“群牧官三周岁为满，所牧之畜以十为率，驼增二头，马增〔三〕匹，牛亦如之，羊增四口，而大马百死十五匹者，及能征前官所亏，三分为率，能尽征及征二分半以上，为上等，升一品级。驼增一，马、牛增二，羊增三，大马百死二十五，征前官所亏二分以上，为中等，约量升除。驼不增，马、牛增一，羊增二，大马百死三十，征亏一分以上，为下等，依本等除。”“马、牛、羊亏元数十之一，骒马百死四十，征亏不及一分者，降一等，决四十。若驼、马、牛、羊亏元数一分、马百死四十，征亏不得者，杖八十，降同前。”[4]

---

① 《金史》卷五五、卷五七《百官志》。

② 《金史》卷四四《兵志》。

③ 《金史》卷二四《地理志》。

④ 《金史》卷五四《选举志》。

此外，泰和二年（公元1202年），又设置提举圉牧所，“隶各路统军司”，“河南东路、河南西路、陕西路皆设提举、同提举，山东路止设提举”。[①]圉牧所看来是为保证南方各统军司镇防军之马供应而设，也类似于北方各群牧所。明昌五年（公元1194年），“散騋马，令中都、西京、河北东西路验民物力分畜之。又令它路民养马者，死，则于前四路所养者给换，若欲用，则悉以送官”。这是当时摊派民户养马，即户马制度的新规定。由于群牧所养马、户马制等并不能保证战时的马匹需求，故“每有大役，必括于民，及取群官之余骑，以供战士焉”。[②]泰和末，金朝准备对宋作战，即“籍诸道兵，括战马”。[③]当时利涉军节度使蒲察郑留“使百姓饲养以须”，“既而伐宋，诸路括马皆瘦，惟隆州马肥”。[④]

因马源之缺乏，金初一个骑兵拥有两匹战马的制度逐渐难以维持。大定初对宋和议后，金朝在山东、南京路等地留驻六万兵力，“除旧军外”，仅“选马一万二千”。[⑤]金章宗时，完颜襄（唵）率军同蒙古人作战，“还临潢，减屯兵四万，马二万匹”。[⑥]这些数字都反映了当时金军中骑兵的比例。就马种而论，金朝的马主要应是蒙古马。

如前一节所述，金初女真骑兵虽精悍善战，但他们配置的弓、刀、剑等兵器，制作并不精良。金海陵王发兵攻宋时，“所

---

① 《金史》卷五六《百官志》。
② 《金史》卷四四《兵志》。
③ 《金史》卷九八《完颜匡传》。
④ 《金史》卷一二八《蒲察郑留传》。
⑤ 《金史》卷八七《仆散忠义传》。
⑥ 《金史》卷九四《襄传》。

造手刀，各样长出鞘，亦甚艰难”。[①]

金朝为制造和贮存兵器，在一些州府设军器库和作院，置使、副使和都监，作院使和副使“掌监造军器，兼管徒囚”。可知很多兵器是由刑徒生产的。作院都监“掌收支之事”。有的州府则“军器兼作院，军资兼军器库”。[②]《长子县令乌公德焉得虎子碑》说，“潞州岁造军器为常课，其物料旧例下县科配，本县所当数余万贯”，自县令乌塘到任后，“止令积钱于市，召人鬻而易之，随其出处而购之，不五百千，已足其数”。[③]

金章宗承安二年（公元1197年）九月，“始置军器监，掌治戎器，班少府监下，设甲坊、利器二署隶焉”。[④]至“泰和四年（公元1204年）罢，复并甲坊、利器两署为军器署，置令、丞、直长，直隶兵部”。金卫绍王至宁元年（公元1213年），“复为军器监，军器库、利器署隶焉”。军器监“掌修治邦国戎器之事”，即是中央的统管军器生产、贮存等机构，其长官设“监，从五品；少监，从六品；丞，从七品”；“直长，正八品”。所辖军器库原为大定五年（公元1165年）所设，其长官有“使，正八品；副使，正九品。掌收支河南一路并在京所造常课，横添和买军器”。“利器署本都作院，兴定二年（公元1218年）更今名”，其长官有“令，从六品；丞，从七品。掌修弓、弩、刀、槊之属”，还有“直长，正八品”。[⑤]按金朝原先两个最大的军器库分别设于

① 《会编》卷二三〇崔淮夫等《上两府札子》。

② 《金史》卷五七《百官志》。

③ 《金文最》卷七二。

④ 《金史》卷一〇《章宗纪》。

⑤ 《金史》卷五六《百官志》。

中都大兴府和南京开封府，各地的作院也唯有中都和南京称都作院。[①]金卫绍王在位末年，“复为军器监”，金宣宗于当年即位后，实际上应是将中都和南京两个最大的军器库和都作院先后收归中央的军器监，而中都又旋即失陷。

金朝中期兵器制作看来有所改进。宋人华岳说，金朝“军器上皆有元监造官姓名年月，遇有损害，有误使用，即将元监造官吏依法施行，断不轻恕”，故“器具一一如法”，而宋朝军器“皆苟简灭裂，而不中用也”，[②]这当属事实。

但是，当时金朝兵器的制作和保养，也存在不少弊端。金世宗时，曹望之上书说，“招讨司女直人户或撷野菜，以济艰食，而军中旧籍马死，则一村均钱补买，往往鬻妻子、卖耕牛以备之”，又“官给军箭用尽，则市以补之，皆朽钝不堪用”。[③]金宣宗在贞祐时，曾问术虎高琪说：“所造军器往往不可用，此谁之罪也?”术虎高琪回答：“军器美恶在兵部，材物则户部，工匠则工部。”[④]参照上引华岳之说，可知金朝中、后期兵器质量也参差不齐，或好或坏。

第三节　金朝骑兵的衰败

如前第六章第二节所述，大致到金章宗末年，南迁的女真人

① 《金史》卷五七《百官志》。
② 《翠微北征录》卷八《弓箭制》。
③ 《金史》卷九二《曹望之传》。
④ 《金史》卷一〇六《术虎高琪传》。

已不可能组成强悍的骑兵，由北方各游牧民族组成的乣军骑兵，自然成为金军之精锐。

蒙古攻金，由契丹人耶律秃花“为向导”，[①]“袭金群牧监，驱其马而还”。[②]或说“得其监马几百万匹，分属诸军，军势大振”，[③]“几百万匹”，即近百万匹。郝经诗称“更献监牧四十万”，“更得金源四十万，大青、小青绝世无”。[④]上述百万匹或四十万匹的数字可能都有夸大，但蒙古人得金朝群牧监马后，“军势大振”，无疑是事实。

金朝在乣军叛亡、监马丧失的情况下，被迫实现了由骑兵为主到步兵为主的转变。例如移剌福僧就上书金宣宗说：“山东残破，群盗满野，官军既少，且无骑兵。”[⑤]把胡鲁也说：“所在屯兵，率无骑士。”[⑥]元光元年（公元1222年），为防备蒙古军“长驱而深入，虽京兆、凤翔、庆阳、平凉已各益军，而率皆步卒”。[⑦]

金朝后期，为重整骑兵，曾做过艰苦的努力。金宣宗贞祐时置典牧司，兴定二年（公元1217年）置圉牧司，估计后者是前者之改名。两司的长官有“使，正七品；副〔使〕，从八品（圉牧司副使为正八品）；判官，正九品”。[⑧]典牧司和圉牧司应是接管

---

① 《元史》卷一四九《耶律秃花传》。

② 《元史》卷一《太祖纪》。又《元史》卷一八〇《赵世延传》：“其先雍古族人，居云中北边。曾祖黚公，为金群牧使。太祖得其所牧马，黚公死之。”

③ 《元史》卷一二二《槊直腯鲁华传》。

④ 《郝文忠公陵川集》卷一〇《居庸行》、《沙陀行》。

⑤ 《金史》卷一〇四《移剌福僧传》。

⑥ 《金史》卷一〇八《把胡鲁传》。

⑦ 《金史》卷一一三《白撒传》。

⑧ 《金史》卷五六《百官志》。

了原南方三统军司所辖各提举圉牧所的牧地和设施。但是，在古代的技术条件下，黄河以南不可能大量繁殖战马。

为多方开辟马源，术虎高琪对金宣宗说，西部“木波（羌族）畜马甚多，市之可得，括缘边部落马，亦不少矣”，“河南镇防二十余军，计可得精骑二万，缓急亦足用”。[①]兴定元年（公元1217年）三月，“定民间收溃军亡马之法，及以马送官酬直之格：上等马一匹银五十两，中、下递减十两。不愿酬直者，上等二匹补一官，杂班任使，中等三匹，下等四匹如之。令下十日陈首，限外匿及杀，并绞”。十月，“又遣官括市民马，立赏格以示劝：五百匹以上钞千贯，千匹以上一官，二千匹以上两官”。[②]当时“陕右豪民多市于河州，转入内地，利盖百倍”，“省差买马官、平凉府判官乌古论桓端市于洮州，以银百铤，几得马千匹，云生羌木波诸部蕃族人户畜牧甚广”。张行信为此上书说，“马者，甲兵之本”，“闻蕃地今秋薄收，鬻马得银，辄以易粟。冬春之交必艰食，马价甚低”，“若捐银万两，可得良马千匹，机会不可失”。[③]

为编组精锐骑兵，金朝向蒙古方面招降纳叛，由西北各族、“河朔诸路归正人”充骑士，编组忠孝军、合里合军等。忠孝军“人有从马，以骑射选之，乃得补”，[④]沿用和恢复金初一兵有两马的旧制。

金朝重整骑兵也有某种成效，如完颜彝（陈和尚）率忠孝

---

① 《金史》卷一〇六《术虎高琪传》。

② 《金史》卷一五《宣宗纪》，卷四四《兵志》。

③ 《金史》卷一〇七《张行信传》。

④ 《金史》卷四四《兵志》，卷一一三《赤盏合喜传》。

军取得大昌原、卫州、倒回谷之捷。但当时金军以步兵为主的状况，已不可能逆转。在金末著名的三峰山之役中，金军参战者为“骑二万，步十三万”。[①]蒙古骑兵正是利用其机动性强的优点，不断袭扰和疲困金军，最后予以全歼。徒单兀典等大军“从虢入陕”，“军十有一万，骑五千”，[②]又被蒙古军一举击溃。邓州便宜总帅移剌瑗（粘合）降宋，有“马军千五百，步军万四千”。[③]此类数字都反映了当时骑兵比例之小。

金哀宗最后哀叹说：“北兵所以常取全胜者，恃北方之马力，就中国之技巧耳!”[④]他逃到蔡州，又“定进马迁赏格：每甲马一匹，迁一官，升一等；二匹，二官，二等；三匹，三官，三等，止散官。职事已及三品者，进数虽多，一官，一等止。把军头目自愿进献者，递升官职”，“寻又定罪拘括”，却仅“得马千余匹”。[⑤]

总之，金军主力骑兵经历了从女真骑兵、糺军骑兵到忠孝军骑兵的演变，金朝兴亡是与骑兵的盛衰密切相关的。

第四节　金军攻城战术和火药兵器

女真人原是崇尚田猎骑射的落后民族，攻城战术应非其所

① 《金史》卷一一二《移剌蒲阿传》。

② 《金史》卷一一六《徒单兀典传》。

③ 《宋史》卷四一二《孟珙传》,《金史》卷一一八《武仙传》,《归潜志》卷六。

④ 《金史》卷一一九《完颜娄室传》。

⑤ 《汝南遗事》卷二,《金史》卷一一九《完颜仲德传》。

长。然而通过灭辽战争的锻炼，加之金军中非女真族成分的扩大，当对宋战争之初，金军显然已掌握了先进的攻城战术，并能制作复杂的攻城器械。正如本章开头引宋章谊之说："金人攻城，长于用砲。"

完颜宗翰（粘罕）军攻太原，"攻城之具曰砲石、洞子、鹅车、偏桥、雲梯、火梯，凡有数千。每攻城，先列砲三十座，凡举一砲，听鼓声，齐发。砲石入城者，大可如斗，楼橹中砲，无不坏者"。其"填壕之法，先用洞子，下置车轮，上安巨木，状似屋形，以生牛皮幔上，又以铁叶裹之，人在其内，推而行之。节次相续，凡五十余辆，人运土木、柴薪于中"。"其鹅车一如鹅形，下亦用车轮，冠之以铁皮，使数千百人推行，欲上城楼"，"其雲梯、火梯悉用车轮，其高一如城楼"。[①]但因宋将王禀率军顽强死守，故金军在长围久困之后，方得以攻破该城。金军攻怀州，除使用鹅车、洞子、雲梯等外，还广泛使用石砲和火砲，"初放入撒星砲，其大如斗"，"用火砲延烧青布幕及索网。放虎蹲、大砲九稍，其大如七八斗栲栳，每一砲到城，索网粪上，大枋楼柱皆破"。[②]

金军攻开封时，"箭发如雨，中城壁如猬毛"。"造火梯、雲梯、偏桥、撞竿、鹅车、洞子之类"，"筑望台，度高百尺，下觇城中"。"其砲有七梢、五梢、两梢、三梢、旋风、虎蹲等砲"，"城下列砲座二百余所，七梢砲可施五十斤之石，撒星砲每座可施石数块，并发，又以强弓弩千余助之"，"飞石如雨击"，"又

① 《会编》卷五三。

② 《会编》卷六一《北记》。

飞火砲燔楼橹”。“每对楼上载兵八十人，一对楼得城，则引众兵上。”故宋人说，“虏人攻械雄杰，亦前古所未有”，“金人攻城，大砲、对楼，势不可当”。[①]事实表明，金军攻宋之初，不但擅长野战，也善于进行城市攻坚战。辽军和西夏军不善攻城战，而金军善于攻城战，这是金朝得以深入中原的重要原因。因为要深入中原，就不可能回避攻城战。

中国在辽宋金时代，已进入冷兵器和火药兵器并用时代。宋朝最先掌握火药制造技术，并对外严格保密。但辽朝最晚到辽道宗时，亦已掌握了火药制造技术，在“燕京日阅火砲”。[②]当时的火砲非管状火器，而是以人力抛石机抛射火药球，作为燃烧性兵器。金人的火药制造技术自然是在灭辽战争中，得自辽人的，故在攻宋之初，即已使用火砲。但火药兵器最初并无太大威力，故金军装备也以冷兵器为主。从前引记载可知，当时最厉害的攻城兵器是石砲，而非火砲。

辽宋金时代，中国已将砲兵作为专门兵种。辽朝设“砲手军详稳司，掌飞砲之事”。[③]宋朝设有“飞山雄武”、“宣毅床子弩、砲手”，[④]也是专业砲兵。西夏“有砲手二百人，号泼喜，陟立旋风砲于橐驼鞍，纵石如拳”。[⑤]金朝末期，也有“砲军万户”、“砲军总帅”等官衔。[⑥]因高级军职官的滥设滥授，砲军总帅和万夫

① 《会编》卷六六、卷六八、卷一三九《朝野佥言后序》，《靖康要录》卷一三靖康元年闰十一月十二日。

② 《长编》卷二七五熙宁九年五月辛酉。

③ 《辽史》卷四六《百官志》。

④ 《宋史》卷一八七、卷一八八《兵志》。

⑤ 《辽史》卷一一五《西夏传》，《宋史》卷四八六《夏国传》。

⑥ 《金史》卷一七《哀宗纪》天兴元年三月，卷一八《哀宗纪》天兴二年十二月，卷一二四《蔡八儿传》附传。

长所部，兵力不会很多，但确为专业砲兵无疑。

金朝后期尽管国家举步维艰，而砲和火药兵器的制作，却有所进步。金将强伸守中京金昌府（洛阳）“创遏砲，用不过数人，能发大石于百步外，所击无不中”。[①]金末“德顺城破”，“内城之下，有砲数十，垂索，故在营中。人有欲解此索者，见每一索从上至下，大虱遍裹，如脂蜡灌烛然”。“汴京被攻之后亦如是”，[②]可知当时守城多用砲。

金军攻宋蕲州时，使用铁火砲。“每一砲继以一铁火砲，其声大如霹雳”，“其形如匏状而口小，用生铁铸成，厚有二寸”，一宋兵“被金人以铁火炮所伤，头自面霹碎，不见一半”。[③]铁火砲以铁壳装填火药，爆炸时迸发铁片，杀伤敌人，已接近后世的炮弹。金朝亡国后，金将郭（赐姓颜盏）蝦蟆在陕西“坚守孤城”，“集州中所有金、银、铜、铁，杂铸为砲，以击攻者”。[④]看来他也铸造铁火砲一类兵器。

金末蒙古军攻开封，攻守双方都大量使用石砲和火砲。金朝在“龙德宫造砲石，取宋太湖、灵璧假山为之，小大各有斤重，其圆如灯球之状，有不如度者，杖其工人”。[⑤]在火器方面，正大八年（公元1231年）十二月，蒙古军破河中府，金元帅完颜讹可“提败卒三千，夺船走”，“船中有赍火砲，名‘震天雷’者，连发之，砲火明，见北船军无几人，力斫横船开，得至潼关，遂入

① 《金史》卷一一一《强伸传》。
② 《续夷坚志》卷一《虱异》。
③ 《辛巳泣蕲录》。
④ 《金史》卷一二四《郭蝦蟆传》。
⑤ 《金史》卷一一三《赤盏合喜传》。

阌乡”。[①]天兴元年（公元1232年），金军守开封，“其守城之具有火砲，名‘震天雷’者，铁罐盛药，以火点之，砲引火发，其声如雷，闻百里外，所爇围半亩之上，火点著甲铁皆透”。蒙古军“为牛皮洞，直至城下，掘城为龛”。金军“以铁绳悬‘震天雷’者，顺城而下，至掘处火发，人与牛皮皆碎迸无迹”。可见是当时威力颇大的火器。金军又使用“飞火枪，注药，以火发之，辄前烧十余步，人亦不敢近”。据说当时蒙古攻城军“惟畏此二物”。[②]

天兴二年（公元1233年），金哀宗逃至归德府，蒙古军接踵追击。金将蒲察官奴“画斫营之策”，“军中阴备火枪、战具”，率忠孝军“持火枪突入，北军不能支，即大溃，溺水死者凡三千五百余人，尽焚其栅而还”。其“枪制，以敕黄纸十六重为筒，长二尺许，实以柳炭、铁滓、磁末、硫黄、砒霜之属，以绳系枪端。军士各悬小铁罐藏火，临阵烧之，焰出枪前丈余，药尽而筒不损。盖汴京被攻已尝得用，今复用之”。[③]此处之“火枪”即前述之“飞火枪”。

明朝何孟春《馀冬序录摘抄》卷五说，他“见西安城上旧贮铁砲，曰‘震天雷’者，状如合碗，顶一孔仅容指”。震天雷即是金代铁火砲之一种，看来已是用药线引发者。

尽管金军的火药兵器比蒙古军先进，毕竟不能挽狂澜于已倒，而免败亡之厄运。

---

① 《金史》卷一七《哀宗纪》，卷一一一《完颜讹可传》。

② 《金史》卷一一三《赤盏合喜传》，《归潜志》卷一一。

③ 《金史》卷一一六《蒲察官奴传》。

第十章 后勤和军费

第一节 后勤

金朝初兴之际，“其国平时无养兵之费，行军无馈运之苦”，“每出疆，不以远近，人持一月粮。将战，各以所负米造饭而食，食罢而出”，“器甲鞍马，无非自办”，[①]并无后勤供应和保障可言。

在没有或缺乏后勤的情况下，金军兵仗、骡马、粮草等军需品的补给，只能全部或在很大程度上仰赖于击破敌军时之掳获，攻城略地后之掠夺。胜利者之掳获和掠夺，贯穿于灭辽破宋战争之全过程，有力地保障了金军军需品的补给。

在灭辽战争中，咸州都统完颜斡鲁古“攻显州，获生口、财畜多自取。捏里、孛剌束等亦告孛堇瞢葛、麻吉、窝论、赤闰、阿剌本、乙剌等多取生口、财畜”，而受处分。[②]

“金人犯中原，有掳掠，无战斗。计其从军之费，及回日，所获数倍。”[③]侵宋战争丰厚掳获的刺激，维系着金军的士气。天会三年（公元1125年）冬，完颜宗望（斡离不）军攻破宋信德府，“城破之初，先令金人并契丹行劫，其金人所管地分杀戮甚

---

① 《要录》卷九建炎元年九月壬辰，《历代名臣奏议》卷九〇吕颐浩奏。

② 《金史》卷二《太祖纪》天辅二年二月，卷七一《斡鲁古勃堇传》。

③ 《要录》卷四三绍兴元年春。

众，而契丹、汉儿等地分但微取财而已”。[1]明年初，完颜宗望兵临开封城下，“下寨于牟驼岗”，此地即宋“孳生马监之所，刍豆山积”，全部成为金军战利品。[2]当年十一月，两路金军会师，再攻开封，宋人记载说：“虏人自于近京五七百里分兵驱掠自家百姓牛羊，运粮山积也。”[3]

金军破开封后，更大肆“索军器”，搜刮金银财宝、绫罗绸缎，“索绢一千万匹”，宋廷不得不“如数应副，皆内藏、元丰、大观库，河北积岁贡赋，为之扫地”。又强迫宋廷委任官员张友极“为大金随军转运使，催督畿甸民粮以饷军”。[4]宋人范仲熊记载说：“凡番官平居惟着上领褐衫，无上下之辨，富者着褐色毛衫，以羊裘、狼皮等为帽。传闻粘罕（完颜宗翰）、二太子（完颜宗望）初入中国时，止着褐布衫，既拔京城，其下无不衣锦绣。”[5]对富庶的中原地区的征服，使落后而贫困的女真人，也包括其贵族无不笑逐颜开。

但是，缺乏后勤供应和保障的状况，毕竟也或多或少影响金军的战绩。早在天辅四年（公元1120年），金太祖亲自率兵攻辽，破辽上京后，“次沃黑河”，完颜宗干（斡本）率群臣进谏，说：“地远时暑，军马罢乏，若深入敌境，粮馈乏绝，恐有后艰。”金太祖“从之，乃班师”。[6]“粮馈乏绝”已成为不能继续深入进攻的一个重要因素。

---

① 《会编》卷二六。

② 《会编》卷二八。

③ 《会编》卷九九秘书少监赵旸与姚太守书。

④ 《会编》卷七二。

⑤ 《会编》卷九九《北记》。

⑥ 《金史》卷二《太祖纪》，卷七六《宗干传》。

天辅五年（公元1121年），金太祖命完颜杲（斜也）统诸军伐辽诏中，就强调了“粮饷必继”的问题。[①]金太宗天会元年（公元1123年）十二月，“诏以咸州以南，苏、復州以北年谷不登，其应输南京（平州）军粮免之”。天会二年（公元1124年）十月，“诏有司运米五万石于广宁，以给南京、润州戍卒”。十一月，又“诏以米五万石给挞懒（完颜昌）、实古廼（完颜刁古廼、石古乃）”，充军粮。[②]可知当时金军军粮已非军士自携所能解决。

古代的军事后勤供应，主要是粮草的供给。金军攻宋前夕，已在边境“聚军马，收集粮草”。[③]李瞻随完颜宗望（斡离不）军攻宋，“为汉军粮料使”。[④]金军中汉人步兵往往承担“运薪水”、“搬粮草”等后勤事务。[⑤]

金朝占据华北后，大规模征发汉人丁壮，运送军需品的记载便史不绝书。如天眷三年（公元1140年）十月，宋“丁洪等探到顺昌府番贼聚积粮草事宜”，“见堆垛马杆草四五十积。并见陈州用船五十余只，般载粮到顺昌府城内下卸了当”，“亳州用人夫推般粮五百余辆车子到城下卸”。[⑥]十二月，宋李稳探报说，“四太子（完颜宗弼）犒设在京（开封）番人银、绢，及散干粮并箭凿，不住点检，及每人要附带粮三斗”，准备攻宋。李稳“出东京宋门前来。沿路见山东、河北人民不绝般运粮斛，往拱州、亳州、顺昌府前去，称积聚准备般向南来，与军吃。及所般粮斛人

① 《金史》卷二《太祖纪》，卷七六《杲传》。
② 《金史》卷三《太宗纪》。
③ 《会编》卷二二。
④ 《金史》卷一二八《李瞻传》。
⑤ 《会编》卷二四四《金虏图经》。
⑥ 《鄂国金佗续编》卷一一《令差人体探顺昌府番贼聚粮诣实省札》。

车，路上千万无数”。[①]

金海陵王正隆末，北方契丹族起义，官员曹望之负责“转致甲仗八万，自洺州输燕子城”，又“运米八十万斛，由蔡水入淮，馈伐宋诸军”。[②]金海陵王被杀后，淮南金军主力北撤，“龟山沿路有金人遗弃粟米山积，往往是山东、河北科配民户，令赴浙西州军送纳者，犹有布（麻布）袋盛贮者，各题写起发州县及平江府、秀州等处送纳官粮字”。[③]

金世宗大定初，都元帅仆散忠义（乌者）在南京开封府“豫选劲弓万张于别库”。宋李显忠等军北伐时，“忠义使人还汴，发所贮劲弓给（纥石烈）志宁，与宋人战，遂大捷”。[④]宋楼钥《北行日录》下载，因大定时对蒙古用兵，“旧时南畔用兵，尽般军器在南京，今却般向北边去。三月中般，用牛三千头，般未尽间，被黄河水涨后，且休”。可知在交通落后的条件下，不论运输军器或粮草，都颇为艰难。

金军后勤供应困难的条件甚至对战局造成了严重的影响。天会九年（公元1131年），左副元帅完颜宗翰（粘罕）命元帅右都监耶律余覩“将燕、雲、女真二万骑，攻故辽林牙（耶律）大石于曷董（可敦）城，调山西、河北夫馈饟，自雲中至曷董城，经沙漠三千余里，无得还者”，“三路之夫死不胜计，车牛十无一二得还”。[⑤]

① 《鄂国金佗续编》卷一一《令措置四太子人马分路作过省札》。

② 《金史》卷九二《曹望之传》。

③ 《会编》卷二四六《中兴遗史》。

④ 《金史》卷八七《仆散忠义传》。

⑤ 《要录》卷四三绍兴元年春、卷四七绍兴元年秋，《中兴小纪》卷一〇，《大金国志校证》卷七。

天会十年（公元1132年）冬至天会十一年（公元1133年）春，金将完颜杲（撒离喝）率军攻宋四川，败吴玠军于饶风关，一度攻入兴元府，“四川大震”，“会野亡所掠，食稍尽”，“杀马而食，马且尽”，甚至残酷地“杀〔两〕河签军〔而〕食之”，被迫退兵，“凡所掠获，悉弃之于路”。[①]天会十二年（公元1134年）冬，金军与伪齐军大举攻宋淮南，“围濠州，旬日未下，属天寒，马多僵死”。[②]宋军扼守大江，“会天雨雪，粮道不通，野无所掠，至杀马而食，蕃、汉军皆怨愤”，[③]最后被迫退兵。

皇统元年（公元1141年）春，金军又攻宋淮南，宋大臣叶梦得说，金军“士马疲困，粮馈不继，或闻已相食人，势岂能久”。[④]完颜宗弼（兀术）回忆当年宋金和议前的战事说，“诸军不避寒酷，踏泥打冻，决池涸港，掘藕拾菱，寻鱼摸蚌，又宰杀骡马，相兼为食。诸军饥苦之声不忍闻，但虚心宽谕而已。又诸将士云：辎重俱尽，有食奴婢者”，他“日视诸军饥心嗷嗷，忘失寝食”，最后“班师回汴，点集军马，辎重、骡马依稀四分，奴婢十中无六七”。[⑤]在后勤供应不济的情势下，事实上也不可能继续维持战争。

金章宗时，蒙古边患甚烈，故北边的军需品供应任务也愈来愈重。明昌六年（公元1195年）三月，“以北边粮运，括群牧所、三招讨司猛安、谋克、随乣及迭剌、唐古部诸抹，西京、太

---

① 《要录》卷六三绍兴三年二月辛卯、丁酉、己亥、甲寅，卷六四绍兴三年四月辛卯，《中兴小纪》卷一四，《皇朝中兴纪事本末》卷二四。

② 《宋史》卷三九九《仇悆传》。

③ 《要录》卷八三绍兴四年十二月庚子。

④ 《石林奏议》卷一三《奏乞分命诸将审度敌形并力讨击状》、《奏乞乘势收复寿春顺昌府宿州状》。

⑤ 《会编》卷二一五《征蒙记》。

原官民驼五千充之，惟民以驼载为业者勿括。以银五十万两、钱二十三万六千九百贯，以备支给。银五万两，金盂二千八百两，金牌百两，银盂八千，绢五万匹，杂彩千端，衣四百四十六袭，以备赏劳”。[①]金朝在北边修筑界壕的目的之一，即是为“宽民转输之力”，[②]以减轻沉重的后勤负担。但在事实上，北边自然条件恶劣，“屯田地寡，无以养赡”，军队仍“至有不免饥寒者”，故“军多败衄”，[③]战事往往不顺利。

接着，又发生泰和末的对宋战争，金军尽管是此次战争的胜利者，其实军力损折颇大，后勤供应也十分紧张。“军旅之用，飞刍挽粟之役，一出于民”，光是单州鱼台一县，“所派粮车数百辆，丁草六十余万捆”，“又发养骡马七百匹”，“漕运船五百余只，挽夫千有余人”。[④]

金朝后期，兵祸连结，退守一隅之地，却需供养众多的甲士，后勤供应之艰巨，更可想而知。兴定元年（公元1217年）七月，金朝特置提举仓场司，其长官为提举仓场使和副使，分别为“从五品”和“从六品”，另有监支纳官十六员，“八品”。下辖广盈仓、丰盈仓、永丰仓、广储仓、富国仓、广衍仓、三登仓、常盈仓、通济仓、丰备仓、丰赡仓、广济仓、潼关仓、陈州仓、洧川仓等粮仓，西一场、西二场、西三场、东一场、东二场、南一场、北一场、北二场等草场，此类粮仓和草场主要自然是为保障军用。此外，八作左右院也设使和副使，官品亦分别为从五品

① 《金史》卷一〇《章宗纪》。

② 《金史》卷九四《襄传》。

③ 《金史》卷九五《张万公传》。

④ 《金文最》卷八〇《单州乌延太守去思碑》。

和从六品，“掌收军须、军器”。军须库则设于贞祐元年（公元1213年），其长官为军须库使，“从八品”，军须库副使，“从九品”。[①]按金朝官制，本应由户部掌管“仓廪”，负责支付“国用、俸禄”，“诸仓”和“草场”也设使和副使，另由兵部掌管“军器”。[②]金廷设置提举仓场司这类重叠的机构，正是反映了当时加强后勤供应的紧迫性。

田锡诗说：“干戈扰扰遍中州，挽粟车行似水流。”[③]这正是金朝后期军需品供应繁忙之写照。赵元《邻妇哭》诗写道：

> 邻妇哭，哭声苦，一家十口今存五。我亲问之亡者谁？儿郎被杀夫遭虏。邻妇哭，哭声哀，儿郎未埋夫未回。烧残破屋不暇葺，田畴失锄多草莱。邻妇哭，哭不停，应当门户无余丁。追胥夜至星火急，并州运米雲中行。[④]

此诗真实地反映出人民饱尝战争之苦，在家破人亡，“应当门户无余丁”的惨境中，妇女仍须承担军事运输，自太原运粮前往大同。

金宣宗南渡后，“中都食尽”，李（赐姓完颜）霆（二措）“遣军分护清、沧河路，召募贾船通饷道”。后来不仅中都大兴府

① 《金史》卷一五《宣宗纪》，卷五六《百官志》。此志未载八作左右院设置时间，据《金史》卷五七《百官志》，军器库使和副使，“中都、南京依此置，西京省副使，北京惟副使，仍兼八作使”，此当为金宣宗南渡前之旧制，估计八作左右院也设置于南渡之后。又此志载军须库“至宁二年置”，按至宁无二年，当年即改元贞祐，当为至宁元年，即贞祐元年置。

② 《金史》卷五五、卷五七《百官志》。

③ 《中州集》卷八《牧牛图》。

④ 《中州集》卷五。

陷落，南下的李霆军也“乏粮，采野菜、麦苗杂食之”。[①]

金宣宗忍痛分封九公，“初置公府”，上党公张（赐姓完颜）开“与恒山公武仙最强”。张开军粮不足，屡次向金廷请粮，“后驻兵马武山，遣人间道请粮二万石，用事者难之，止给二千石”。晋阳公郭文振“处开西北，当兵之冲，民贫地瘠，开又不奉命以粮赈文振军。文振穷窜，开势愈孤，以至于败”。[②]武仙逃到河南，“军食不足，徙军邓州，仰给于邓州总帅移剌瑗（粘合）。邓州仓廪亦乏，乃分军新野、顺阳、淅川，就食民家”。最后“粮且尽，将士大怨，皆散去”，他本人也逃亡被杀。[③]

在决定金朝最后命运的三峰山大战中，十多万金军主力“不能得食”，“雪大作”，“军士被甲胄僵立雪中，枪槊结冻如椽，军士有不食至三日者”，最终全军覆没。[④]后赤盏合喜军“进屯中牟故城”，金哀宗“发丁壮五千人运粮，饷合喜军”，结果仍“弃军先遁，委弃军资不可胜计”。[⑤]以上实例都说明后勤对金朝后期战事的严重影响。

综上所述，金军无后勤供应的状况为时极短。当金太祖兴兵灭辽时，即已开始建立后勤供应制度。金太宗发兵侵宋，并占据华北广大地域后，以掳获和掠夺作为军需品主要补给手段的状况便大体终止。在古代的社会条件、生产水平和交通条件下，金军平时的后勤供应一般是可以维持的，而战时的后勤供应往往困难

① 《金史》卷一〇三《完颜霆传》。
② 《金史》卷一一八《张开传》。
③ 《金史》卷一一八《武仙传》。
④ 《金史》卷一一二《移剌蒲阿传》。
⑤ 《金史》卷一七《哀宗纪》天兴元年八月，卷一一三《赤盏合喜传》。

很大，甚至影响战绩。到金朝后期，后勤供应的艰难就更为突出。

第二节　军费和人民的负担

金朝最初对女真人实行签军制，“凡步骑之仗糗皆取备焉”，“征发调遣，事同一家”，“有事苦战，可致俘获”，[①]看来似无严格意义的军费收支。

据被俘的宋朝宗室赵子砥《燕雲录》记载：“金国置库，收积财货，誓约惟发兵用之。至是国主吴乞买（金太宗完颜晟）私用过度，谙版告于粘罕（完颜宗翰），请国主违誓约之罪。于是群臣扶下殿，庭杖二十毕，群臣复扶上殿，谙版、粘罕以下谢罪，继时过盏。”[②]他所说的谙版勃极烈可能是完颜杲（斜也），也可能是后来的金熙宗完颜亶（合剌）。估计金朝军费库大约创置于金太祖时，故连金太宗也不得不受到“违誓约”的处罚。

宋金战争处于相持局面，特别是宋金和议后，金朝军费收入已无依赖军事掠夺的可能性。当然，宋朝的岁币也可作补充军费之用。例如金世宗大定初对宋和议成功后，“以宋国进到岁币银、绢二十万两、匹，尽数给与见存留及放散军充赏”。[③]尽管如此，宋朝岁币不可能成为金朝军费的主要来源，也是显而易见的。

金朝军费的主要收入，是来自赋税，而其支出则包括军俸、兵器制作等费。在古代商品经济不发达的社会条件下，国家财

① 《金史》卷四四《兵志》。
② 《会编》卷一六五。
③ 《金史》卷八七《仆散忠义传》。

政，包括军费收支，不可能一律以货币作为核算单位，宋朝是如此，金朝也是如此。金朝的田赋等是实物税，至于榷货，即以盐、酒等十类禁榷物品的收入为货币，但也有“转盐易物”、“易粟麦”的情况。[①]金朝的军费支出，如前第八章第一节的介绍，军俸开支既有货币，又有实物。

当金朝在事实上已结束了大规模攻城略地，对宋战争进入相持状态后，其军费负担便愈益沉重。金朝前期，北方人民不断举行起义反抗，其根本原因当然是民族压迫和歧视下的苛政酷刑，滥杀汉人，驱掳汉人充当奴隶，但也同样包括了赋役过重的因素。

范承吉在天会六年（公元1128年），“改河东北路转运使，时承宋季之弊，民赋繁重失当，承吉乃为经画，立法简便，所入增十数万斛，官既足而民有余”。[②]如果撇开旧史中虚美之辞，则在“承宋季之弊”后，民赋又“增十数万斛”，应无可疑。又如据宋方记载，天眷二年（公元1139年）秋，因“法苛赋重，加以饥馑，民不聊生”，金朝又“下令欠债者以人口折还”，故“太行义士蜂起”。[③]

金海陵王在位时，“赋役繁苛，民人怨嗟”。[④]为准备大举攻宋，“征敛繁急”，[⑤]“有菜园、房税、养马钱”。[⑥]陕西“凡民岁输钱，曰门役钱；时遣使下郡县，曰天使，天使所至，立马户外索银，曰立马银；督事胥吏剧若星火，曰了事人，有司公事，大吏

① 《金史》卷四九《食货志》。

② 《金史》卷一二八《范承吉传》。

③ 《要录》卷一三二绍兴九年秋。

④ 《金史》卷八三《祁宰传》。

⑤ 《金史》卷九一《庞迪传》。

⑥ 《金史》卷七三《宗尹传》。

即上下其手，士民馈送，曰抬盏钱”。[①]其时“所造军器材用，皆赋于民，箭翎一尺至千钱，村落间往往椎牛，以供筋角”，[②]“或生拔取其角，牛有泣下者”。[③]金朝还“以和籴为名，强取民间者，如带籴、借籴、帖籴之类，二年之间，不下七八次。民间有米，尽数为之拘括，无即以户口大小拟定数目，勒令申纳”，“民间由是乏食”。[④]“又借民间税钱五年，民益怨愤。”[⑤]终于招致北方人民广泛起义。

金世宗大定初，“用度不足”，在皇帝诏书中也不得不承认，“元帅府从宜行事”，“河南、陕西、山东、北京以东及北边州郡调发甚多，而省部又与他州一例征取赋税，是重扰也”。[⑥]事实上，重赋也绝不限于上述地区。如在河东南路泽州陵川县，“飞蝗入境，伤害田稚，秋不获者太半，兼运司预借三季租税，咸赴陕西，以输军粮，往复驱驱三千五百余里，比年不登，米硕五千，黎民屡困于饥寒，救死不赡”。[⑦]

大定二年（公元1162年），金世宗“遣太子〔詹事〕完颜守道（习尼列）等山东东、西路收籴军粮，除户口岁食外，尽令纳官，给其直”。[⑧]大定三年（公元1163年），“南征，军士每岁可支一千万贯，官府止有二百万贯，外可取于官、民户，此军须钱之

① 《九华集》卷二四《西陲笔略·金亮虐用西民》。
② 《金史》卷五《海陵纪》正隆四年四月。
③ 《金史》卷八二《郑建充传》。
④ 《会编》卷二三〇崔淮夫等《上两府札子》。
⑤ 《要录》卷一九二绍兴三十一年九月。
⑥ 《金史》卷四七《食货志》。
⑦ 《山右石刻丛编》卷二〇《龙岩寺碑》。
⑧ 《金史》卷五〇《食货志》，卷八八《完颜守道传》。

所由起也”。[1]军须钱成为战争期间临时性的征税名目，是始于金世宗时。在“边事未定，财用阙乏”的情况下，金世宗甚至“命民进纳补官，及卖僧、道、尼、女冠度牒，紫、褐衣师号，寺观名额”，以充军费。[2]直到宋金再次和议后，人民的军费负担才有所减轻。但高德基“上疏，乞免军须、房税等钱”，金世宗仍不予允准。[3]

金章宗时，因北方蒙古威胁日益增大，疲于用兵。陈载上奏说，“边民苦于寇掠”，“农民困于军须”。[4]“时属军兴，调度百出”，[5]金廷因“比岁北边调度颇多”，“降僧道度牒，紫、褐师号，以助军储”，“复令人入粟补官”。[6]金章宗也承认：“比以军须，随路赋调。司县不度缓急，促期征敛，使民费及数倍，胥吏又乘之以侵暴。”[7]承安三年（公元1198年），“以军须所费甚大，乞验天下物力均征。拟依黄河夫钱例，征军须钱，验各路新籍物力，每贯征钱四贯，西京、北京、辽东路每贯征钱二贯，临潢、全州则免征，周年三限送纳。恐期远，遂定制作半年三限送纳”。[8]军须钱按人户家产“均征”，半年征收一次，即一年两次，每次期限为“三限”，这与田赋分“初、中、末三限”相同，[9]属货币税。泰和元年（公元1201年）六月，又规定“军须等钱”可“折纳银

① 《金史》卷四四《兵志》。
② 《金史》卷五〇《食货志》。
③ 《金史》卷九〇《高德基传》。
④ 《金史》卷一一《章宗纪》承安四年五月。
⑤ 《遗山先生文集》卷一六《平章政事寿国张文贞公神道碑》。
⑥ 《金史》卷一〇《章宗纪》承安二年四月，卷五〇《食货志》。
⑦ 《金史》卷一〇《章宗纪》承安二年五月。
⑧ 《金史》卷四四《兵志》。
⑨ 《金史》卷四七《食货志》。

一半，愿纳钱钞者听”。[①]

泰和末，再次发生对宋战争，“时兵兴，国用不给”，张万公“上言乞将僧道度牒、师德号、观院名额并盐引，付山东行部于五州给卖，纳粟易换”，得到金章宗批准。[②]在“国用不给”的情势下，人民的军费负担自然更重。

金朝后期，“兵财俱困”，[③]达到了无以复加的地步。宋使卫泾叙述他在金朝境内的见闻，说：“所过河南州郡，凋弊太甚，供备牛马，取办军须，十室九空，殆同清野。怨讟并作，至有及汝偕亡之谣。”[④]《金史》卷四六《食货志》说：

> 历观自古财聚民散，以至亡国，若鹿台、钜桥之类，不足论也。其国亡财匮，比比有之，而国用之屈，未有若金季之甚者。金之为政，常有恤民之志，而不能已苛征之令，徒有聚敛之名，而不能致富国之实。及其亡也，括粟、阑籴，一切掊克之政，靡不为之。加赋数倍，豫借数年，或欲得钞，则豫卖下年差科。（术虎）高琪为相，议至榷油。进纳滥官，辄售空名宣敕，或欲与以五品正班。僧道入粟，始自度牒，终至德号、纲副威仪、寺观主席，亦量其资而鬻之。甚而丁忧鬻以求仕，监户鬻以从良，进士出身，鬻至及第。又甚而叛臣剧盗之效顺，无金帛以备赏激，动以王爵固结其心，重爵不蔇，则以国姓赐之。名实混淆，伦法斁坏，皆不

① 《金史》卷一一《章宗纪》。
② 《金史》卷九五《张万公传》。
③ 《金史》卷四六《食货志》。
④ 《历代名臣奏议》卷三五〇。

暇顾，国欲不乱，其可得乎！

事实上，因史料之欠缺，金朝后期为搜刮军费而实行的“一切掊克之政”，已很难有全面的、完整的介绍，上引此段文字也不过是略举其荦荦大端而已。

当时，为应付军费困窘的办法之一，是大量滥印滥发纸币钞引。金卫绍王“大安三年（公元1211年）会河之役，至以八十四车为军赏，兵衄国残，不遑救弊，交钞之轻几于不能市易矣”。金宣宗南渡后，“用度不赀，惟赖宝券”，“以钞法屡变，随出而随坏。制纸之桑皮故纸皆取于民，至是又甚艰得，遂令计价，但征宝券、通宝，名曰桑皮故纸钱”，又成为一种新税。[①]

高汝砺说：“河南调发繁重，所征租税三倍于旧，仅可供亿。”[②]尽管如此，为搜刮军粮，金宣宗贞祐三年（公元1215年），八月，“增沿河阑籴之法，十取其八，以抑贩粟之弊，仍严禁私渡”。[③]所谓和籴、阑籴之类，当然绝非平价籴买粮草，故“百姓以和籴太重，弃业者多”。[④]金哀宗最后逃往蔡州，“设四隅和籴官，比市价增二分，凡籴粮一万七千石有奇”。[⑤]

至于卖官鬻爵，出售度牒、师号之类，金朝后期为此制订过各种具体规定。贞祐三年（公元1215年）制：“无问官、民，有能劝率诸人纳物入官者，米百五十石迁官一阶，正班任使。七百

① 《金史》卷四八《食货志》。

② 《金史》卷四八《食货志》，卷一〇七《高汝砺传》。

③ 《金史》卷一四《宣宗纪》。

④ 《金史》卷五〇《食货志》。

⑤ 《汝南遗事》卷三。

石两阶，除诸司。千石三阶，除丞、簿。”[①]其实，所谓“劝率”也往往并非自愿。贞祐二年（公元1214年）三月，金廷在“京师大括粟”，“括官民粮，户存两月，余悉令输官，酬以爵级、银、钞”，连原先“许人纳粟买官”，而“所籍者不除其数，民甚苦之”。翌年，张行信上奏说：“山东军储，皆鬻爵所获，及或持敕牒求仕，选曹以等级有不当鬻者，往往驳退。”[②]河东南路宣抚使胥鼎一次就“乞降空名宣敕一千,紫衣、师德号、度牒三千，以补军储”。[③]足见当时卖官鬻爵之冗滥和混乱。

在重征暴敛之下，最痛苦的自然是黎民百姓。温迪罕二十说：“今边备未撤，征调不休，州县长吏不知爱养其民，督责征科，鞭笞逼迫，急于星火。”[④]田迥秀说：“方今军国所需，一切责之河南。有司不惜民力，征调太急，促其期限，痛其棰楚。民即罄其所有而不足，遂使奔走傍求于它境，力竭财殚，相踵散亡，禁之不能止也。”[⑤]兴定元年（公元1217年）十一月，金宣宗说：“朕闻百姓流亡，逋赋皆配见户，人何以堪？又添增军须钱太多，亡者讵肯复业？”[⑥]正大八年（公元1231年）十一月，金哀宗也承认：“南渡二十年，所在之民，破田宅，鬻妻子，竭肝脑以养军。”[⑦]尽管金朝统治者剥肤椎髓般地搜刮百姓，筹措军费，到头来仍无补于金朝的危亡。

---

① 《金史》卷五〇《食货志》。

② 《金史》卷一四《宣宗纪》，卷一〇七《张行信传》。

③ 《金史》卷一〇八《胥鼎传》。

④ 《金史》卷一〇五《温迪罕缔达传》附传。

⑤ 《金史》卷四七《食货志》。

⑥ 《金史》卷一五《宣宗纪》，卷四七《食货志》。

⑦ 《金史》卷一七《哀宗纪》。

第十一章　军法和军政

金初军法尚严，“大抵纪律严明，故士卒用命”。[①]宋李纲说：“金人训兵十有余年，不用令者，小则必死，大则族诛。此法既行，威信已著，则用刑事反少，故能灭契丹，陵中国。”[②]又据宋人记载，金军有所谓“同命队法”，“每队一十五人，以一人为旗头，二人为角，三人为从，四人为副，五人为徼，旗头死，从不生还，还者并斩，得胜受赏亦然，故谓之同命队”。[③]另一种说法则谓金军“队伍之法，伍、什、百皆有长”，“伍长战死，四人皆斩；什长战死，伍长皆斩；百长战死，什长皆斩”。[④]前一说每队十五人，与前述金军编制系统不相合，看来应以后一说为准，宋将吴璘神道碑也说：“虏军政尚严，卒伍逃散，往往有全队诛之者。”[⑤]

吴璘与其兄吴玠认为，金军作战的特点之一，是其坚忍性，“败不至乱”，“整军在后”，“令酷而下必死，每战非累日不决”。[⑥]例如当金军攻四川之时，“战被重铠，登山攻险，每一人前，辄

① 《靖康纪闻拾遗》。

② 《梁溪全集》卷六二《乞修军政札子》,《历代名臣奏议》卷二二二。

③ 《会编》卷九八《避戎夜话》。

④ 《会编》卷三,《说郛》卷二五《北风扬沙录》,《裔夷谋夏录》卷一。

⑤ 《琬琰集删存》卷一《吴武顺王璘安民保蜀定功同德之碑》。

⑥ 《会编》卷一九五吴玠墓铭,《宋史》卷三六六《吴玠传》。

二人推其后，前者死，后者被其甲以进，又死则又代之”。[①]由此看来，新兴的金军所以一时所向无敌，战之必胜，攻之必克，严酷的军法无疑是其战斗力的重要支柱。

宋朝文臣邓肃评论说：“金人不足畏，但其信赏必罚，不假文字，故人各用命。”[②]可见这支悍勇的军队尚带有若干原始性和野蛮性，“不假文字”，即尚无繁文缛节，尚未制订严密而繁琐的军法，只凭若干简易的赏罚条令，“信赏必罚”，而使军中“人各用命”。金军“文字极简”，将帅们“与人论谈，言皆成文，而檄书文字浅陋”，使汉人文士们“几不可读”。[③]

金初简易的军法旨在阻绝将士们临阵畏敌怯战之念，强制他们犯死求生，奋勇作战，而对金军烧杀抢掠等行径，则非但不加约束，反而采取激励的政策。当金军灭辽破宋之初，“止知杀敌，不知畏死，战胜则财物、子女、玉帛尽均分之，其所以每战辄胜也”。[④]在历史上，侵略性的军队往往需要以烧杀抢掠维系其士气和战斗力，初兴的金军便是此种类型的军队。

宋方记载说：“虏骑所至，唯务杀戮生灵，劫掠财物，驱虏妇人，焚毁舍屋产业。”[⑤]从东北、华北至江南，金军铁蹄所至之处，无不经历了惨重的劫难。

金军破濮州，“城中无少长良贱，大肆杀戮，仍火焚其庐舍俱尽”。金军陷开德府，“怒其拒战，杀戮无孑遗”。[⑥]完颜宗弼

① 《宋史》卷三七〇《刘子羽传》。

② 《宋史》卷三七五《邓肃传》。

③ 《会编》卷九九《北记》。

④ 《会编》卷二三〇崔淮夫等《上两府札子》。

⑤ 《会编》卷一〇六《赵子崧家传》。

⑥ 《会编》卷一一九。

（兀术）率军渡江后，在临安府“大肆焚戮”。[①]由于金军未能俘获宋高宗，只能宣称“搜山检海已毕”，准备退军，便在明州大纵屠戮，“遍州之境，深山穷谷，平时人迹不到处，皆为金人搜剔杀掠，不可胜数”。[②]退到临安府后，又“纵火，三日夜烟焰不绝”，“纵兵大掠”。[③]金军沿着运河北撤，“入平江，驻兵府治，掳金帛子女既尽，乃纵火燔城，烟焰见百余里，火五日乃灭”。[④]最后在建康府，“纵火大掠，越三日，府寺、民庐皆尽，乃拥众去。凡驱而与俱者十之五，逃而免者十之一，死于锋镝敲掠者盖十之四。城中头颅、手、足相枕藉，血流通道，伤残者宛转于煨烬之间，犹有数日而绝者”。[⑤]另一支完颜拔离速（拔束）、完颜彀英（挞懒）、耶律马五等所率偏师，占领江西路首府洪州“月余，取索金银宝物、百工伎艺之属皆尽”，然后实行“屠城”。[⑥]金军攻入湖南路后，“掠潭州六日，屠其城而去”。[⑦]以上仅是一些片断的记载，也足以证明金军破坏之惨烈和残酷。

金初女真族尚处于奴隶制的发展阶段，故大量掳掠良人为奴，便成为金军破坏性的一大特点。尚在金太祖称帝前，他率军“攻破留可城，城中渠帅皆诛之，取其孥累、资产而还”。[⑧]在灭辽战争中，金将完颜斡鲁古“攻显州，获生口”，“多自取”，“孛

① 《挥麈后录》卷九。
② 《要录》卷三一建炎四年二月丙子。
③ 《要录》卷三一建炎四年二月丙戌。
④ 《要录》卷三一建炎四年二月戊戌。
⑤ 《石林居士建康集》卷四《建康掩骼记》。
⑥ 《要录》卷三〇建炎三年十二月乙未。
⑦ 《要录》卷三一建炎四年二月乙亥。
⑧ 《金史》卷六七《留可传》。

堇菅葛、麻吉、窝论、赤闰、阿剌本、乙剌等多取生口”。[①]当金军侵入中原地区后，“其所得汉人，并削发，使控马荷担，得妇女，好者掠去，老丑者杀之”。[②]很多汉人被驱虏到燕山府，“燕山有市，卖人充□□（奴婢?），凡军兵虏得南人，视人立价卖之”。[③]完颜宗翰（粘罕）曾下令各地同日“大索南人，及拘之于路”，“籍客户拘之入〔官〕”，“以铁索锁之雲中，于耳上刺‘官’字以志之，散养民间，既而立价卖之，余者驱之达靼、夏国以易马，亦有卖于蒙古、室韦、高丽之域者”。[④]因军事胜利而俘略的奴婢，其数额之多，已达大量出口“易马”的地步。

总之，金初军内军法的严酷和军外军纪的放纵，不但并行不悖，更可相得益彰。

但是，随着金朝武运的衰落，军法废弛、军政败坏的状况便自然而然地滋生和发展起来。

金海陵王准备攻宋时，金朝“正军动是四五个月不支钱粮，虽遇支给之时，往往被本军官吏瞒昧，北军亦自时出怨言”。[⑤]金世宗大定初所制订的金军赏格，传到南宋，宋高宗说：“朕熟知金国用兵始末，自粘罕（完颜宗翰）、斡离不（完颜宗望）等在时，军政极严，不用赏典，止以威刑胁制其下，而人自畏服。今赏格如此之重，必是人不用命也。”[⑥]曹望之在大定中，“论守边将帅及沿边州县官渔剥军民，擅兴力役”。移剌福僧在金章宗时，

① 《金史》卷七一《斡鲁古勃堇传》。
② 《会编》卷三六《靖康遗录》。
③ 《会编》卷九八《燕雲录》。
④ 《要录》卷四〇建炎四年十二月辛未，《大金国志校证》卷六。
⑤ 《会编》卷二三〇崔淮夫等《上两府札子》。
⑥ 《会编》卷二五〇。

也上言议论“沿边军官私役军人，边防不治”的弊端。[①]

耶律楚材后来有诗论述金卫绍王时的军情和政情，说：“大安之季君政乖，屯爻用事符云雷。边军骄懦望风溃，燕南赵北飞兵埃。民财已竭转输困，元元思治如望梅。”[②]“民财已竭转输困”一句固然反映了后勤供应和军费的紧张，而“边军骄懦望风溃”一句，更反映军政的败坏，已至不可收拾的地步。

大安三年（公元1211年）的乌沙堡、会河堡之役，金平章政事独吉思忠（千家奴）和参知政事完颜承裕（胡沙）“坐覆全军”，“识者谓金之亡决于是役。卫绍王犹薄其罪，除名而已”。[③]纥石烈执中（胡沙虎）“以劲兵七兵遇大兵，战于定安之北，薄暮，先以麾下遁去，众遂溃。行次蔚州，擅取官库银五千两及衣币诸物，夺官民马，与从行私人入紫荆关，杖杀涞水令。至中都，朝廷皆不问，乃迁右副元帅，权尚书左丞”。[④]对败军之将如此姑息，确为金朝历史上前所未见。最后，纥石烈执中居然发动兵变，杀死了金卫绍王。

金宣宗南渡后，左副元帅抹撚尽忠（彖多）抛弃都元帅完颜承晖（福兴），“弃中都南奔”，“凡在中都妃嫔，闻尽忠出奔，皆束装至通玄门，尽忠谓之曰：‘我当先出，与诸妃启途。’诸妃以为信然。尽忠乃与爱妾及所亲者先出城，不复顾矣。中都遂不守。尽忠行至中山，谓所亲曰：‘若与诸妃偕来，我辈岂能至此！’

① 《金史》卷九二《曹望之传》，卷一〇四《移剌福僧传》。

② 《湛然居士文集》卷一一《用张道亨韵》。

③ 《金史》卷一三《卫绍王纪》，卷九二《独吉思忠传》、《承裕传》。关于两人的处分，《卫绍王纪》作“千家奴除名，胡沙责授咸平路兵马总管”，与《承裕传》异。

④ 《金史》卷一三二《纥石烈执中传》。

尽忠至南京，宣宗释不问弃中都事，仍以为平章政事”。[1]右副元帅蒲察阿里不孙“膺国重寄，握兵数万，未阵而溃，委弃虎符”，御史中丞完颜伯嘉为此上奏说：“此而不惩，朝纲废矣。乞尸诸市，以戒为臣之不忠者!”金宣宗却说：“中丞言是，业已赦之矣。”只将蒲察阿里不孙“除名”，后又予以“录用”。[2]

对于当时金朝朝纲和军律之弛废，臣僚们也有过不少议论。侯挚说：

> 从来掌兵者多用世袭之官，此属自幼骄惰，不任劳苦，且心胆懦怯，何足倚办！[3]

刘炳说：

> 承平日久，人不知兵，将帅非才，既无靖难之谋，又无效死之节，外托持重之名，而内为自安之计，择骁果以自随，委疲懦以临阵，阵势稍动，望尘先奔，士卒从而大溃。朝廷不加诘问，辄为益兵。是以法度日紊，仓庾日虚，闾井日凋，土地日蹙。[4]

陈规说：

---

① 《金史》卷一〇一《抹撚尽忠传》。

② 《金史》卷一四《宣宗纪》贞祐四年十一月，卷一五《宣宗纪》兴定二年四月、兴定三年三月，卷一〇〇《完颜伯嘉传》。

③ 《金史》卷一〇八《侯挚传》。

④ 《金史》卷一〇六《刘炳传》。

> 自北兵入境，野战则全军俱殁，城守则阖郡被屠，岂皆士卒单弱，守备不严哉？特以庸将不知用兵之道而已。……今之将帅大抵先论出身、官品，或门阀膏粱之子，或亲故假托之流，平居则意气自高，遇敌则首尾退缩。将帅既自畏怯，士卒夫谁肯前！又居常裒刻，纳其馈献，士卒因之以扰良民，而莫可制。及率之应敌，在途则前后乱行，顿次则排门择屋，恐逼小民，恣其求索，以此责其畏法死事，岂不难哉！[①]

在众多臣僚的议论之下，迫于严峻和危急的形势，金廷亦并非不懂得重振朝纲和军律之必要性。史称："金自胡沙虎（纥石烈执中）、（术虎）高琪用事，风俗一变，朝廷矫宽厚之政，好为苛察。然为之不果，反成姑息。将帅鄙儒雅之风，好为粗豪，然用非其宜，终至跋扈。"[②]金宣宗于兴定三年（公元1219年）杀权臣术虎高琪，于其在位最后四年中，确定"矫宽厚之政，好为苛察"。他"惩权臣之祸，恒恐为人所摇，故大臣、宿将有罪，必除去不贷"。金哀宗即位后，大体沿袭此种作风，但"其将相止取从来贵戚，虽不杀大臣，其骄将多难制不驯"。[③]金季君臣尽管为整饬军政，申严军纪做过一些努力，但此种努力在相当程度上归于徒劳。

总的说来，金朝军政的败坏，是与金朝女真贵族政治的腐败趋向平行而进的。金朝建国后，女真人不断吸取和仿效辽、宋

① 《金史》卷一〇九《陈规传》。
② 《金史》卷一一一《纥石烈牙吾塔传》赞。
③ 《归潜志》卷一二《辩亡》。

文明，相当快地摆脱了其原始落后状态。迁入中原的女真军人自称："今之世界，比之他时国里面，已是十倍好过。"[①]但是，中原富裕奢华的生活，也使这类胜利的征服者迅速腐化。金朝军政的败坏，军法的废弛，其实不过是政治腐败的一个方面而已。

① 《会编》卷二三〇崔淮夫等《上两府札子》。

后　论

自中国战国、秦、汉时代的匈奴，到明代的东北女真，一些北方民族不断勃兴，凭借其武力，或雄踞漠北，或入主中原。但是，这些民族所建立的政权，哪一个亦未逃脱腐败和衰亡之厄运。东北女真族作为统治民族的金朝，勃兴于白山黑水之间，灭辽破宋，在很短时期内就建成东亚最强大的国家。然而立国仅百余年，又在新兴蒙古族摧枯拉朽般的攻势下，走向衰亡。

落后就要挨打，这大致可作为现代的一条军事规律。然而在古代，经济和文化先进的民族和国家，因政治腐败、军备废弛等原因，也可能挨打。金朝女真族初兴之时，不仅落后于宋朝的汉族，也落后于辽朝的契丹族。但是，正因为女真族经济和文化的落后，倒反而成就其武功。《金史》卷四四《兵志》说：

> 金兴，用兵如神，战胜攻取，无敌当世，曾未十年，遂定大业。原其成功之速，俗本鸷劲，人多沉雄，兄弟子姓，才皆良将，部落保伍，技皆锐兵。加之地狭产薄，无事苦耕，可给衣食，有事苦战，可致俘获，劳其筋骨，以能寒暑，征发调遣，事同一家。是故将勇而志一，兵精而力齐，一旦奋起，变弱为强，以寡制众，用是道也。

落后困苦的生活条件，反而造就了女真骑兵的刻苦耐劳、坚忍不拔和骁勇敢战，刺激其俘获子女玉帛的贪欲和斗志。金朝作为一个落后的“新造之邦”，反而没有“礼仪之邦”繁琐的军制和腐朽的政治，却有简单而有效的军事指挥和军事编制，整肃的军政，严酷的军法。金军在对辽军与宋军的作战中，居于压倒性的优势，固然有很多方面的原因，而其军制建设的成功，也是不容忽视的因素。

金朝军制带有若干原始社会的烙印，在进行灭辽破宋战争之际，金朝军制已逐渐由简入繁，并且吸收和参用了辽朝与宋朝的军制，形成了具有本朝特色的各项具体制度。

金朝军制不可能是一项孤立的制度，它是时代的产物。金朝军制受本朝的政治、经济、军事等诸方面的影响和制约，也对本朝的政治、经济、军事等诸方面产生重大的影响。

如果说，宋朝军制往往贯串以文制武的原则，偏重于对内防范，甚至宁愿以牺牲军事效能为代价，那么，金朝军制却偏重于对外侵略和作战，以维护和提高军事效能为目的，也根本不存在以文制武的因素。

大致自金熙宗始，金朝开始大力加强文治。其军制大致固定以后，也趋向繁琐。金朝加强文治的步伐，是与女真人汉化的进程相平行的，也是与女真人逐渐抛弃尚武旧俗，金朝军制趋向繁琐，军政和军纪逐渐败坏相平行的。金朝女真人的汉化程度高于辽朝契丹人，而金朝武运由盛转衰的时限也比辽朝短促。上述情况，在某种意义上也反映了金朝政治、经济对军事的影响，整个政治制度对作为其组成部分的军制的影响。

当然，金朝在一定程度上的崇尚文治，与宋朝的崇文抑武、以文制武，仍不可同日而语。事实上，金朝的武人，特别是女真武人，始终在国家权力结构中据有最大的优势和比重。金朝最高的行政宰执官，大多可随时改任军职，统兵出战。金朝军制在整个国家政治制度中的地位和重要性，是相当突出的。金朝统治者对武备始终十分重视。总的说来，金朝仍是以武立国。

元世祖曾将所谓"金以儒亡"之说询问僚属，张德辉说："金季乃所亲睹，宰执中虽用一二儒臣，余皆武弁世爵，及论军国大事，又不使预闻。大抵以儒进者三十之一，国之存亡，自有任其责者，儒何咎焉!"[①]这是很中肯的评论。

金朝季年，民族矛盾和阶级矛盾都十分尖锐，军制繁琐，军政衰败，军纪纵弛，"将帅携离，兵士骄惰"，[②]"军士欲代其偏裨，偏裨欲代其主将，即群起而偾之，无复忌惮"。[③]"骄将悍卒倚外敌为重。"[④]在丧师蹙土的危难形势下，皇帝对文臣武将们猜忌益甚，转而宠任近侍，"近侍权太重，将相大臣不敢与之相抗"，[⑤]"方面之柄虽委将帅，又差一奉御在军中，号监战。每临机制变，多为所牵制，辄遇敌先奔，故其军多丧败"。[⑥]以武立国的金朝，最后终于在蒙古和宋的夹攻中灭亡。

金朝军制是中国军制史的一个组成部分，有一定的历史地位。

① 《元史》卷一六三《张德辉传》。

② 《金史》卷四四《兵志》。

③ 《金史》卷一一七《王宾传》论。

④ 《金史》卷一一〇《雷渊传》。

⑤ 《金史》卷一一四《斜卯爱实传》。又见卷一〇四《移剌福僧传》，卷一〇九《陈规传》。

⑥ 《归潜志》卷七。按金朝之"近侍"或"近习"并非宦官，"多以贵戚、世家、恩倖居其职，士大夫不预焉"。

当女真人初兴之时，其简单而有效的军制，从军制学的角度看，是有其成功之处的，也显然比当时的辽、宋军制优胜。但是，金朝军力的由盛转衰，金朝军制的由简入繁，恰好又是一个落后民族跃升为统治民族，而为被征服、被统治民族的先进文明所征服的一个重要的消极面。在某种意义上说，女真人的汉化即是腐化，而专制主义中央集权的等级授职制又在其腐化中起了重大作用。

金朝主要亡于蒙古，但元朝的军制建设，其不少具体的制度，却又很明显地受到金朝军制的影响，有其因袭和仿效的成分。

附录：金朝都元帅府和枢密院长贰年表

此表使用“长贰”一词，而不用“大臣”一词。因为金季如权元帅左、右都监之类，官品不高，似不足以“大臣”相称。据宋赵昇《朝野类要》卷二《长贰》：“正官与副官之总名。”又据《金史》卷五五《百官志》：“京府尹牧、留守、知州、县令、详稳、群牧为‘长官’，同知、签院、副使、少尹、通判、丞曰‘佐贰官’。”按金朝设“签院”者，唯有枢密院和宣徽院。宋洪迈《容斋三笔》卷四《枢密称呼》、卷五《枢密名称更易》说，“国朝枢密之名，其长为使，则其贰为副使，其长为知院，则其贰为同知院”，可以合称“长贰”。看来宋、金两朝“长贰”之意相近，今姑以此词为年表之名。

关于金朝都元帅府和枢密院历任长贰年表，已有万斯同《金将相大臣年表》和黄大华《金宰辅年表》传世，两表被列入《二十五史补编》之中。两表有一些错误和缺漏，并无资料出处，而且仅有历任都元帅、左副元帅、右副元帅和枢密使、枢密副使名单，至于历任元帅左监军、元帅右监军、元帅左都监、元帅右都监和签书枢密院事、同签枢密院事都不予统计。为便于治史者检索，确有重新列表之必要。

此表以金朝都元帅府和枢密院历任长贰为限，两个机构中如经历、都事、知事、检法、知法等属官，无列表之可能和必要。因传世史料之不足，两个机构的历任长贰的统计，亦不无缺漏，而无法补苴。此表的附注中有史料出处，也有一些必要的考订文字。

年代	都元帅	左副元帅	右副元帅	元帅左监军	元帅右监军	元帅左都监	元帅右都监
天会三年（1125）	完颜杲（斜也）十月就任	完颜宗翰（粘罕）十月就任			完颜希尹（谷神、兀室、悟室、骨捨）十月就任		耶律余睹十月就任[①]
天会四年（1126）	完颜杲	完颜宗翰	完颜宗望（斡离不）六月就任[②]		完颜希尹		耶律余睹
天会五年（1127）	完颜杲	完颜宗翰	完颜宗望六月死。完颜宗辅（讹里朵、窝里嗢）八月就任	完颜昌（挞懒）四月就任	完颜希尹	完颜阇母四月就任[③]	耶律余睹
天会六年（1128）	完颜杲	完颜宗翰	完颜宗辅	完颜昌	完颜希尹	完颜阇母是年罢。完颜昂（吾都补）是年就任[④]	耶律余睹

① 天会三年任命都元帅府长贰参据《金史》卷三《太宗纪》，卷七三《希尹传》，卷七四《宗翰传》，卷七六《杲传》，卷一三三《耶律余睹传》。

② 《金史》卷三《太宗纪》，卷七四《宗望传》。

③ 天会五年都元帅府长贰变动参据《金史》卷三《太宗纪》，卷一九《世纪补》，卷七一《阇母传》，卷七七《昌传》。

④ 《金史》卷三《太宗纪》载，天会七年正月，“吴国王阇母薨”。同书卷六五《昂传》：“天会六年，权元帅左都监。”同书卷七一《阇母传》原作“天会六年，薨”，标点本《金史》改作“天会七年”，看来完颜昂当于天会六年接替完颜阇母任元帅左都监。

续表

年代	都元帅	左副元帅	右副元帅	元帅左监军	元帅右监军	元帅左都监	元帅右都监
天会七年（1129）	完颜杲	完颜宗翰	完颜宗辅	完颜昌	完颜希尹	完颜昂	耶律余覩
天会八年（1130）	完颜杲九月死[①]	完颜宗翰	完颜宗辅	完颜昌	完颜希尹	完颜昂	耶律余覩
天会九年（1131）		完颜宗翰	完颜宗辅	完颜昌	完颜希尹	完颜昂	耶律余覩
天会十年（1132）	左副元帅完颜宗翰四月升任	完颜宗翰四月罢。右副元帅完颜宗辅四月升任	完颜宗辅四月罢	完颜昌	完颜希尹	完颜宗弼（兀术）是年春就任	耶律余覩九月谋叛，后被杀[②]
天会十一年（1133）	完颜宗翰	完颜宗辅		完颜昌	完颜希尹	完颜宗弼	

① 《金史》卷三《太宗纪》，卷七六《杲传》。

② 天会十年都元帅府长贰变动参据《金史》卷三《太宗纪》，卷一九《世纪补》，卷七四《宗翰传》，卷一三三《耶律余覩传》。《要录》卷五二绍兴二年春："金人以完颜宗弼为元帅府右都监。"同书卷七一绍兴三年、卷七三绍兴四年二月辛丑、卷七四绍兴四年三月辛亥朔所载其官衔相同，而卷五八绍兴二年秋、卷八〇绍兴四年九月乙丑作元帅左都监。按耶律余覩谋叛前的官衔推断，完颜宗弼应任元帅左都监。又《金史》卷六五《昂传》："天会六年，权元帅左都监。十五年，为西京留守。"疑其军职于天会十年被完颜宗弼取代，而《金史》记载有所遗漏。

续表

年代	都元帅	左副元帅	右副元帅	元帅左监军	元帅右监军	元帅左都监	元帅右都监
天会十二年（1134）	完颜宗翰	完颜宗辅	元帅左监军完颜昌是年秋升任①	完颜昌是年秋罢	完颜希尹	完颜宗弼	完颜阿离补（阿鲁补、阿庐补）六月就任②
天会十三年（1135）	完颜宗翰三月罢	完颜宗辅五月死	完颜昌	元帅右监军完颜希尹升任，十一月罢。元帅右监军完颜宗弼是年升任	元帅左都监完颜宗弼升任，是年罢。完颜杲（撒离喝）是年（？）就任③		完颜阿离补

① 《要录》卷八〇绍兴四年九月乙丑载完颜昌升“权右副元帅”，卷八一绍兴四年十月甲辰，卷八三绍兴四年十二月戊子、庚子所载官衔相同。《会编》卷一六二《绍兴甲寅通和录》载完颜昌部下“赵校尉”，“是副元帅处翻译人”。《要录》卷八四绍兴五年正月载金熙宗即位后，完颜昌升右副元帅，系误。《金史》卷七七《昌传》：“后为右副元帅，天会十五年，迁左副元帅。”同书卷四《熙宗纪》天会十五年，“以元帅左监军挞懒为左副元帅”。参照宋方记载，应以《昌传》所载为准，《熙宗纪》天会十二年后仍是“元帅左监军”，系误。

② 《金史》卷三《太宗纪》，卷八〇《阿离补传》。

③ 天会十三年都元帅府长贰变动参据《金史》卷四《熙宗纪》、卷一九《世纪补》、卷七四《宗翰传》，《会编》卷一六六《金虏节要》，《要录》卷八四绍兴五年正月。《满洲金石志》卷三《贞宪王完颜希尹神道碑》和《金史》卷七三《希尹传》不载他曾升任元帅左监军，而《熙宗纪》载：“以元帅左监军完颜希尹为尚书左丞相兼侍中。”《要录》载金熙宗即位后，完颜宗弼自元帅右监军升左监军，却不载他何时升右监军。两人当是在完颜昌升右副元帅后，依次递迁左、右监军，而当年十一月完颜希尹罢，完颜宗弼再次递迁。《金史》卷九一《石抹卞传》：“天会末，宗弼为右监军。”“右”应为“左”之误。《金史》卷八四《杲传》：“天会十四年，为元帅右监军。”比《会编》和《要录》所载晚一年。又《要录》卷九三绍兴五年秋载完颜昌、完颜宗弼升迁左、右〔副〕元帅，系误，应以《金史》卷四《熙宗纪》所载天会十五年的升迁为准。

续表

年代	都元帅	左副元帅	右副元帅	元帅左监军	元帅右监军	元帅左都监	元帅右都监
天会十四年（1136）			完颜昌	完颜宗弼	完颜杲		完颜阿离补
天会十五年（1137）		右副元帅完颜昌十月升任	完颜昌十月罢。元帅左监军完颜宗弼十月升任	完颜宗弼十月罢。元帅右都监完颜阿离补是年升任	完颜杲	完颜拔离速（拔束）是年就任	完颜阿离补是年罢。大臭（挞不野、挞不也）是年就任[①]
天眷元年（1138）		完颜昌	完颜宗弼	完颜阿离补	完颜杲	完颜拔离速	大臭
天眷二年（1139）	右副元帅完颜宗弼七月升任	完颜昌七月罢，后被杀	完颜宗弼七月罢[②]	完颜阿离补	完颜杲	完颜拔离速	大臭

① 天会十五年都元帅府长贰变动参据《金史》卷四《熙宗纪》，卷七二《拔离速传》，卷七七《宗弼传》、《昌传》，卷八〇《大臭传》、《阿离补传》，《会编》卷一八二《金虏节要》，《要录》卷一一七绍兴七年十一月乙巳。《伪齐录》卷下《金虏废伪齐指挥》载当年冬都元帅府长官名衔："太子太保、右都监、开国公，武平军节度使、左都监，左御上将军、右〔监军〕，金吾卫上将军、左监军，皇叔、右副元帅、瀋王，左副元帅、鲁国〔王〕，都元帅。"除都元帅一官空缺外，其他六员即是表中所列者。

② 天眷二年都元帅府长贰变动参据《金史》卷四《熙宗纪》，卷七七《宗弼传》、《昌传》。

续表

年代	都元帅	左副元帅	右副元帅	元帅左监军	元帅右监军	元帅左都监	元帅右都监
天眷三年（1140）	完颜宗弼	元帅左监军完颜阿离补十二月升任	元帅右监军完颜杲十二月升任	完颜阿离补十二月罢。元帅左都监完颜拔离速是年升任。完颜突合速是年就任	完颜杲十二月罢。元帅右都监大臭是年升任	完颜拔离速是年罢	大臭是年罢。完颜活女（鹘眼）是年就任[1]
皇统元年（1141）	完颜宗弼	完颜阿离补	完颜杲	完颜拔离速、[2]完颜突合速	大臭		完颜活女
皇统二年（1142）	完颜宗弼	完颜阿离补	完颜杲	完颜突合速	大臭	完颜突葛速[3]	完颜活女

---

① 天眷三年都元帅府长贰变动参据《金史》卷四《熙宗纪》，卷七二《活女传》、《拔离速传》，卷八〇《突合速传》、《大臭传》、《阿离补传》，卷八四《杲传》。又《宋会要》兵一四之三一至三二载当年七月，完颜活女名衔为“镇国上将军、左军都统、利涉军路万户孛堇鹘眼郎君”，完颜活女任元帅右都监当在此后。

② 《金史》卷七二《拔离速传》：“陕西平，迁元帅左监军，加金吾卫上将军，卒。”“陕西平”为天眷三年，此传不载其卒年，今姑以皇统元年为限。

③ 《金史》卷五《海陵纪》载完颜亮于天眷三年，“赴梁王宗弼军前任使”，皇统四年改任“中京留守”。同书卷六三《昭妃阿里虎传》载：“再嫁宗室南家。南家死，是时南家父突葛速为元帅都监，在南京。海陵亦从梁王宗弼在南京，欲取阿里虎，突葛速不从，遂止。”据此，则完颜突葛速任元帅都监当在宋金和议后至皇统四年时，估计应任元帅左都监。

续表

年代	都元帅	左副元帅	右副元帅	元帅左监军	元帅右监军	元帅左都监	元帅右都监
皇统三年（1143）	完颜宗弼	完颜阿离补	完颜杲	完颜突合速	大臭	完颜突葛速	完颜活女
皇统四年（1144）	完颜宗弼	完颜阿离补	完颜杲	完颜突合速	大臭	完颜突葛速	完颜活女
皇统五年（1145）	完颜宗弼	完颜阿离补	完颜杲	完颜突合速	大臭		完颜活女
皇统六年（1146）	完颜宗弼	完颜阿离补四月死。完颜宗敏（阿鲁补）是年（？）就任①	完颜杲	完颜突合速	大臭		完颜活女

①《金史》卷四《熙宗纪》、卷八〇《阿离补传》载其卒年相同。同书卷六九《宗敏传》："皇统三年，为东京留守，拜左副元帅，兼会宁牧。"不载其任左副元帅年月，估计应在完颜阿离补死后继任。

续表

年代	都元帅	左副元帅	右副元帅	元帅左监军	元帅右监军	元帅左都监	元帅右都监
皇统七年（1147）	完颜宗弼	完颜宗敏	完颜杲	完颜突合速	大臭		完颜活女
皇统八年（1148）	完颜宗弼十月死。左副元帅完颜宗贤（赛里）十二月升任	完颜宗敏。完颜宗贤十一月就任，十二月罢	完颜杲	完颜突合速是年罢。元帅右监军大臭是年升任。元帅右都监完颜活女是年（?）升任	大臭是年罢。完颜阿鲁补是年（?）就任		完颜活女是年（?）罢。完颜谋衍是年就任①

① 皇统八年都元帅府长贰变动参据《金史》卷四《熙宗纪》，卷七〇《宗贤传》，卷七七《宗弼传》，卷八〇《突合速传》、《大臭传》。《金史》卷六八《阿鲁补传》载，“皇统五年，为行台参知政事，授世袭猛安，兼合扎谋克。改元帅右监军，婆速路统军，归德军节度使”，“论死”。《金史》卷五《海陵纪》载完颜阿鲁补“赐死”于天德三年闰四月。估计其任元帅右监军应是接替大臭，今姑以天德元年截止。《金史》卷七二《活女传》不载他“迁左监军”年月，同卷《谋衍传》载皇统“八年，为元帅右都监”，两人乃兄弟，估计其兄升迁后，原军职由其弟继任。

续表

年代	都元帅	左副元帅	右副元帅	元帅左监军	元帅右监军	元帅左都监	元帅右都监
天德元年（1149）	完颜宗贤正月罢。完颜亮（迪古乃）正月就任，旋罢。左副元帅完颜宗敏正月升任，六月罢。完颜宗贤六月就任，十二月被杀	完颜宗敏正月罢。完颜宗贤正月就任，旋罢。都元帅完颜宗敏六月改任，十二月被杀。完颜秉德（乙辛）十二月就任	完颜杲	大臭、完颜活女	完颜阿鲁补	完颜彀英（挞懒）①	完颜谋衍

① 天德元年都元帅府长贰变动参据《金史》卷四《熙宗纪》，卷五《海陵纪》，卷六九《宗敏传》，卷七〇《宗贤传》，卷一三二《秉德传》。《金史》卷七二《彀英传》载："转元帅左都监，天德二年，迁右监军。"则天德元年时已任元帅左都监。

续表

年代	都元帅	左副元帅	右副元帅	元帅左监军	元帅右监军	元帅左都监	元帅右都监
天德二年（1150）	完颜宂三月就任。十二月罢	完颜秉德正月罢。右副元帅完颜杲是年升任，十月被杀	完颜杲是年罢。元帅左监军大臭是年升任，十二月罢	大臭、完颜活女是年罢。元帅右都监完颜昂（奔睹）是年升任，十二月罢	元帅左都监完颜彀英是年升任，十二月罢	完颜彀英是年罢。徒单合喜是年就任，是年罢	完颜谋衍是年罢。完颜昂是年就任，是年罢①

① 天德二年都元帅府长贰变动参据《金史》卷五《海陵纪》，卷七二《活女传》、《谋衍传》、《彀英传》，卷七六《宂传》，卷八〇《大臭传》，卷八四《杲传》、《昂传》，卷八七《徒单合喜传》，卷一三二《秉德传》。关于完颜杲和大臭升迁左、右副元帅时间，据《海陵纪》，应在当年五月以前。

年代	枢密使	枢密副使	签书枢密院事	同签枢密院事
天德二年（1150）	都元帅完颜充十二月改任	元帅左监军完颜昂十二月改任①		
天德三年（1151）	完颜充	完颜昂		
天德四年（1152）	完颜充十二月死②	完颜昂		
贞元元年（1153）	枢密副使完颜昂三月升任，十一月罢。枢密副使仆散师恭（忽土）十一月升任	仆散师恭三月就任，十一月罢。签书枢密院事南撒十二月升任	南撒十二月罢③	
贞元二年（1154）	仆散师恭	南撒是年罢。萧怀忠（好胡）二月就任④		
贞元三年（1155）	仆散师恭二月罢。完颜昂二月就任	萧怀忠	白彦恭（遥设）是年（?）就任⑤	

① 天德二年任命枢密院长贰参据《金史》卷五《海陵纪》，卷七六《充传》，卷八四《昂传》。

② 《金史》卷五《海陵纪》，卷七六《充传》。

③ 贞元元年枢密院长贰变动参据《金史》卷五《海陵纪》，卷八四《昂传》，卷一三二《仆散师恭传》。南撒为名，其姓不见记载。

④ 《金史》卷五《海陵纪》，卷九一《萧怀忠传》。《金史》不载南撒罢任年月，估计萧怀忠当是接替南撒者。

⑤ 贞元三年枢密院长贰变动参据《金史》卷五《海陵纪》，卷八四《昂传》、《白彦敬传》，卷一三二《仆散师恭传》。《金史》不载白彦恭任签书枢密院事年月。据《海陵纪》，贞元二年十月，“以刑部侍郎白彦恭等为贺宋正旦使”。又据《金史》卷一二九《李通传》，正隆二年正月，已有“签书枢密遥设”，则白彦恭应于使宋回后，即贞元三年或正隆元年任签书枢密院事。《要录》卷一六七绍兴二十四年十二月乙巳载白彦恭出使时已任“签书枢密院事”，与《金史》异，此乃借官。

续表

年代	枢密使	枢密副使	签书枢密院事	同签枢密院事
正隆元年（1156）	完颜昂正月罢。仆散师恭正月就任	萧怀忠正月罢。耶律安礼（纳合）正月就任，六月罢。乌古论当海六月就任①	白彦恭	
正隆二年（1157）	仆散师恭	乌古论当海	白彦恭	
正隆三年（1158）	仆散师恭	乌古论当海四月罢。赤盏（张）晖四月就任，十二月罢。高彪（召和失）十二月就任②	白彦恭	
正隆四年（1159）	仆散师恭	高彪是年死。徒单贞（特思）四月就任③	白彦恭	

① 正隆元年枢密院长贰变动参据《金史》卷五《海陵纪》，卷八三《耶律安礼传》，卷九一《萧怀忠传》，卷一三二《仆散师恭传》。

② 《金史》卷五《海陵纪》，卷八〇《赤盏晖传》，卷八一《高彪传》。

③ 《金史》卷五《海陵纪》，卷八一《高彪传》，卷一三二《徒单贞传》。

续表

年代	枢密使	枢密副使	签书枢密院事	同签枢密院事
正隆五年（1160）	仆散师恭	徒单贞八月罢。徒单永年八月就任[①]	白彦恭	
大定元年（1161）	仆散师恭八月被杀。完颜昂九月就任，旋罢	徒单永年正月罢。纥石烈志宁（撒曷辇）正月就任，七月罢。白彦恭七月就任，八月罢[②]	白彦恭是年罢。高景山四月已就任	

① 《金史》卷五《海陵纪》，卷一三二《徒单贞传》。

② 大定元年枢密院长贰变动参据《金史》卷五《海陵纪》，卷八四《昂传》、《白彦敬传》，卷八七《纥石烈志宁传》，卷一三二《仆散师恭传》。白彦恭乃罢签书枢密院事后，“改吏部尚书”，又“迁枢密副使”。

年代	都元帅	左副元帅	右副元帅	元帅左监军	元帅右监军	元帅左都监	元帅右都监
大定元年（1161）	完颜晏（斡论）十一月就任	完颜毂英十月就任	完颜谋衍十月就任	高忠建十月就任	完颜福寿十月就任	完颜吾扎忽十一月已摄元帅左都监	完颜神土懑十月就任①
大定二年（1162）	完颜晏是年罢。完颜昂二月就任	完颜毂英十月罢。元帅右监军纥石烈志宁十月升任	完颜谋衍五月罢。仆散忠义（乌者）六月就任，十月罢。元帅右都监完颜思敬（撒改）九月升任	高忠建是年（?）罢。元帅左都监徒单合喜九月升任	完颜福寿五月罢。纥石烈志宁五月就任，十月罢	完颜吾扎忽是年罢。元帅右都监徒单合喜三月已升任，九月罢	完颜神土懑是年罢。完颜思敬六月就任，九月罢。徒单合喜与陁满讹里也是年就任，旋罢②

① 大定元年任命都元帅府长贰参据《金史》卷六《世宗纪》，卷七一《吾扎忽传》，卷七二《谋衍传》、《毂英传》，卷七三《晏传》，卷八六《完颜福寿传》，卷九一《神土懑传》。完颜吾扎忽之军职，《吾扎忽传》作“摄元帅左都监”，《世宗纪》作“权元帅左都监”。又《金史》卷九一《温迪罕移室懑传》作“右监军神土懑”，系误。

② 大定二年都元帅府长贰变动参据《金史》卷六《世宗纪》，卷七〇《思敬传》，卷七一《吾扎忽传》，卷七二《谋衍传》、《毂英传》，卷七三《晏传》，卷八二《光英传》，卷八四《昂传》，卷八六《完颜福寿传》，卷八七《纥石烈志宁传》、《仆散忠义传》、《徒单合喜传》，卷九一《神土懑传》，《要录》卷一九六绍兴三十二年正月己丑，卷一九八绍兴三十二年闰二月癸巳。《宋会要》兵一四之四二载绍兴三十二年三月，“金贼元帅左都监”统兵与吴璘军交战，即是指徒单合喜，可知当时已升元帅左都监，与《世宗纪》三月记事可互相印证。

续表

年代	都元帅	左副元帅	右副元帅	元帅左监军	元帅右监军	元帅左都监	元帅右都监
大定三年（1163）	完颜昂二月死。仆散忠义五月就任	纥石烈志宁	完颜思敬四月罢，五月复任	徒单合喜	完颜宗叙（德寿）是年（?）就任	完颜璋（胡麻愈）是年（?）就任	完颜方是年就任①
大定四年（1164）	仆散忠义	纥石烈志宁	完颜思敬	徒单合喜	完颜宗叙	完颜璋	完颜方
大定五年（1165）	仆散忠义	纥石烈志宁	完颜思敬四月罢	徒单合喜	完颜宗叙是年罢	完颜璋七月罢。完颜宗尹（崇尹、阿里罕）是年（?）就任②	完颜方

① 大定三年都元帅府长贰变动参据《金史》卷六《世宗纪》，卷七〇《思敬传》，卷八〇《方传》，卷八四《昂传》，卷八七《仆散忠义传》。《金史》卷七一《宗叙传》不载其任元帅右监军年月，据《仆散忠义传》大定“四年正月，忠义使右监军宗叙入奏”，则完颜宗叙任此军职不晚于大定三年。《金史》卷六五《璋传》载其任元帅左都监时间为金军重占陕西后，应在大定三年或四年。

② 大定五年都元帅府长贰变动参据《金史》卷六《世宗纪》，卷六五《璋传》，卷七〇《思敬传》。《世宗纪》载，当年七月，“罢陕西都统府，复置统军司京兆”，《璋传》载，“五年，宋人约和”，“复置陕西路统军司，璋为统军使”，则其罢元帅左都监当在此时。《金史》卷七一《宗叙传》：“明年，宋人请和，军还，除河南统军使。”则其罢元帅右监军亦在当年。《金史》卷七三《宗尹传》：“复取汝州，除大名尹，副统如故。顷之，为河南路统军使，迁元帅左都监，除南京留守。”据《世宗纪》，完颜宗尹“取汝州”为大定二年九月，按完颜宗尹可能是接替完颜璋任元帅左都监。

续表

年代	都元帅	左副元帅	右副元帅	元帅左监军	元帅右监军	元帅左都监	元帅右都监
大定六年（1166）	仆散忠义二月死	纥石烈志宁十二月罢		徒单合喜。元帅右都监完颜方是年（？）升任		完颜宗尹	完颜方是年（？）罢①
大定七年（1167）				徒单合喜正月罢②			

① 大定六年都元帅府长贰变动参据《金史》卷六《世宗纪》，卷八七《纥石烈志宁传》、《仆散忠义传》。《金史》卷八〇《方传》不载其升任元帅左监军年月，今姑系于当年罢都元帅府前。

② 《金史》卷六《世宗纪》，卷八七《徒单合喜传》。

年代	枢密使	枢密副使	签书枢密院事	同签枢密院事
大定六年（1166）	左副元帅纥石烈志宁十二月改任[①]			
大定七年（1167）	纥石烈志宁	元帅左监军徒单合喜正月改任，十一月罢[②]		
大定八年（1168）	纥石烈志宁			
大定九年（1169）	纥石烈志宁十月罢。完颜思敬十月就任[③]			
大定十年（1170）	完颜思敬		移剌子敬（屋骨朵鲁）九月已就任[④]	
大定十一年（1171）	完颜思敬	移剌成（落兀）五月就任[⑤]	移剌子敬	

① 《金史》卷六《世宗纪》，卷八七《纥石烈志宁传》。

② 《金史》卷六《世宗纪》，卷八七《徒单合喜传》。

③ 《金史》卷六《世宗纪》，卷七〇《思敬传》，卷八七《纥石烈志宁传》。

④ 《金史》卷六《世宗纪》，卷八九《移剌子敬传》。时移剌子敬使宋，据《宋史》卷三四《孝宗纪》十月丁卯，“金遣耶律子敬等来贺会庆节”。按“耶律”即“移剌”，移剌子敬任期姑以大定十一年为限。

⑤ 《金史》卷六《世宗纪》，卷九一《移剌成传》。

续表

年代	枢密使	枢密副使	签书枢密院事	同签枢密院事
大定十二年（1172）	完颜思敬	移剌成十二月罢。徒单克宁（习显）十二月就任①		
大定十三年（1173）	完颜思敬六月死。完颜永中（实鲁剌）八月就任②	徒单克宁		
大定十四年（1174）	完颜永中	徒单克宁十二月罢③		
大定十五年（1175）	完颜永中			
大定十六年（1176）	完颜永中	完颜宗尹四月就任④		
大定十七年（1177）	完颜永中	完颜宗尹		纥石烈奥也⑤

① 《金史》卷七《世宗纪》，卷九一《移剌成传》，卷九二《徒单克宁传》。

② 《金史》卷七《世宗纪》，卷七〇《思敬传》，卷八五《永中传》。

③ 《金史》卷七《世宗纪》，卷九二《徒单克宁传》。

④ 《金史》卷七《世宗纪》："以东京留守崇尹为枢密副使。"卷七三《宗尹传》："八年，置山东路统军使，宗尹为使，迁枢密副使。"《金史人名索引》第169页以"宗尹"即"崇尹"，《金史》卷四六《食货志》大定二十年有"枢密副使宗尹"，两名确为同一人，只是《宗尹传》失载其曾任东京留守。

⑤ 《金史》卷八八《唐括安礼传》载大定十七年有"同签枢密院事纥石烈奥也"，其任期姑以当年为限。

续表

年代	枢密使	枢密副使	签书枢密院事	同签枢密院事
大定十八年（1178）	完颜永中	完颜宗尹		
大定十九年（1179）	完颜永中	完颜宗尹		
大定二十年（1180）	完颜永中	完颜宗尹		
大定二十一年（1181）	完颜永中七月罢，徒单克宁七月就任①	完颜宗尹		
大定二十二年（1182）	徒单克宁	完颜宗尹		
大定二十三年（1183）	徒单克宁	完颜宗尹十一月罢。粘割斡特剌闰十一月就任②		
大定二十四年（1184）	徒单克宁	粘割斡特剌是年（?）罢		
大定二十五年（1185）	徒单克宁			
大定二十六年（1186）	徒单克宁五月罢。完颜永中五月就任③			

---

① 《金史》卷八《世宗纪》，卷八五《永中传》，卷九二《徒单克宁传》。

② 《金史》卷八《世宗纪》，卷七三《宗尹传》，卷九五《粘割斡特剌传》。《世宗纪》载，闰十一月，“参知政事粘割斡特剌为右丞”。《粘割斡特剌传》载：“二十三年，进尚书右丞、兼枢密副使，表乞解一职，诏许解枢密。”粘割斡特剌任期姑以大定二十四年为限。

③ 《金史》卷八《世宗纪》，卷八五《永中传》，卷九二《徒单克宁传》。

续表

年代	枢密使	枢密副使	签书枢密院事	同签枢密院事
大定二十七年（1187）	完颜永中			
大定二十八年（1188）	完颜永中	唐括贡（达可）是年就任[①]		
大定二十九年（1189）	完颜永中是年罢	唐括贡闰五月罢。夹谷清臣（阿不沙）是年就任[②]		
明昌元年（1190）		夹谷清臣	把德固十一月已就任[③]	

---

① 《金史》卷一二〇《唐括贡传》。终金世宗之世，任枢密院要员而不知其具体年代者，今附注于此。《金史》卷八〇《方传》载其“入为同签大宗正事，签书枢密院事”，据卷六一《交聘表》，完颜方大定二十三年任同签大宗正事，任签书枢密院事当在此后。《金史》卷八二《乌古论三合传》载：“召为签书枢密院事，卒。（大定）十八年，世宗追录三合旧劳。”《金史》卷九〇《移剌道传》载，“迁刑部尚书”，“寻起为大理卿、兼签书枢密院事”，据卷六《世宗纪》、卷一三二《徒单贞传》，大定十一年，审讯徒单贞贪污案，“遣刑部尚书移剌道”“征其赃还主”，则移剌道任签书枢密院事当在此后。《金史》卷九一《石抹荣传》载他曾“召为签书枢密院事”。《金史》卷九三《宗浩传》载他“累迁同签枢密院事”，“二十三年，征为大理卿”。以上四任签书枢密院事，一任同签枢密院事均无以列入年表。

② 大定二十九年枢密院长贰变动参据《金史》卷九《章宗纪》，卷八五《永中传》，卷九四《夹谷清臣传》，卷一二〇《唐括贡传》。《永中传》载：“章宗即位，起复判西京留守，进封汉王。”据《章宗纪》，完颜永年当年闰五月进封汉王，则罢枢密使应在此以前。《夹谷清臣传》载，大定“二十六年，改西京留守。阅三岁，迁枢密副使”，他应为接替唐括贡者。

③ 《金史》卷九《章宗纪》，《宋史》卷三六《光宗纪》载，把德固十一月使宋，十二月至宋，归金应在明昌二年，其任期姑以明昌二年为限。

续表

年代	枢密使	枢密副使	签书枢密院事	同签枢密院事
明昌二年（1191）		夹谷清臣二月罢①	把德固	
明昌三年（1192）				
明昌四年（1193）	完颜襄（唵）七月就任②			
明昌五年（1194）	完颜襄	唐括贡（？）③		
明昌六年（1195）	完颜襄四月罢。枢密副使唐括贡六月升任	唐括贡六月罢	完颜匡（撒速）④	
承安元年（1196）	唐括贡		完颜匡	斡勒忠（宋浦）⑤

① 《金史》卷九《章宗纪》，卷九四《夹谷清臣传》。

② 《金史》卷一〇《章宗纪》，卷九四《襄传》。

③ 《金史》卷一〇《章宗纪》载，明昌六年六月，“以枢密副使唐括贡为枢密使”，则唐括贡再任枢密副使应于明昌五年或更早，今姑以明昌五年为限。

④ 明昌六年枢密院长贰变动参据《金史》卷一〇《章宗纪》，卷九四《襄传》，卷九八《完颜匡传》，卷一二〇《唐括贡传》。《完颜匡传》载他在承安元年前“迁签书枢密院事”，今姑以明昌六年为限。

⑤ 《金史》卷九七《斡勒忠传》：“入为同签枢密院事、兼沂王傅。承安二年，拜武宁军节度使，致仕。”斡勒忠任同签枢密院事应于承安元年或更早，今姑以承安元年为限。

续表

年代	枢密使	枢密副使	签书枢密院事	同签枢密院事
承安二年（1197）	唐括贡八月罢。完颜襄八月就任[①]	胥持国九月就任，是年（？）死。夹谷衡（阿里不）是年就任[②]	完颜匡。完颜安国（阇母）是年就任。纥石烈执中（胡沙虎）是年就任，旋罢[③]	斡勒忠是年罢。独吉思忠（千家奴）[④]
承安三年（1198）	完颜襄十一月罢。	夹谷衡	完颜匡、完颜安国	独吉思忠是年罢[⑤]
承安四年（1199）	完颜宗浩（老）三月就任	夹谷衡正月罢	完颜安国（？）。完颜匡正月罢[⑥]	

① 《金史》卷一〇《章宗纪》，卷九四《襄传》，卷一二〇《唐括贡传》。

② 《金史》卷一〇《章宗纪》，卷九四《夹谷衡传》，卷一二九《胥持国传》。《胥持国传》载，“改枢密副使，佐枢密使襄治军于北京”，“寻卒于军”，大约死于当年。

③ 《金史》卷九四《完颜安国传》，卷一三二《纥石烈执中传》。

④ 《金史》卷九三《独吉思忠传》，卷九七《斡勒忠传》。《独吉思忠传》载：“累迁同签枢密院事。承安三年，除兴平军节度使。”独吉思忠任同签枢密院事应于承安二年或更早，今姑以承安二年为限。

⑤ 承安三年枢密院长贰变动参据《金史》卷一一《章宗纪》，卷九三《独吉思忠传》，卷九四《襄传》。

⑥ 承安四年枢密院长贰变动参据《金史》卷一一《章宗纪》，卷九三《宗浩传》，卷九四《夹谷衡传》，卷九八《完颜匡传》。

续表

年代	枢密使	枢密副使	签书枢密院事	同签枢密院事
承安五年（1200）	完颜宗浩	签书枢密院事完颜安国是年（？）升任①		
泰和元年（1201）	完颜宗浩五月罢②	完颜安国		
泰和二年（1202）	完颜宗浩十一月就任	完颜安国③		
泰和三年（1203）	完颜宗浩正月罢	完颜安国是年罢	独吉思忠十一月已就任④	
泰和四年（1204）		完颜匡是年就任⑤	独吉思忠是年罢⑥	
泰和五年（1205）		完颜匡		
泰和六年（1206）		完颜匡五月罢⑦		

① 《金史》卷九四《完颜安国传》载他在泰和元年前已“进拜枢密副使”，其升任枢密副使应于承安五年或更早，今姑以承安五年为限。

② 《金史》卷一一《章宗纪》，卷九三《宗浩传》。

③ 泰和二年枢密院长贰变动参据《金史》卷一一《章宗纪》、卷九三《宗浩传》，又《金史》卷九六《李愈传》载泰和二年有“枢密副使阇母”，即是完颜安国。

④ 泰和三年枢密院长贰变动参据《金史》卷一一《章宗纪》，卷九三《独吉思忠传》、《宗浩传》，卷九四《完颜安国传》。

⑤ 《金史》卷九八《完颜匡传》载他“改枢密副使”在泰和五年前，《金史》卷一二《章宗纪》泰和四年五月，“尚书左丞完颜匡罢”，完颜匡改任枢密副使当在此后。

⑥ 《金史》卷九三《独吉思忠传》：“入为签书枢密院事，转吏部尚书，拜参知政事。”《金史》卷一一、卷一二《章宗纪》，《宋史》卷三八《宁宗纪》载，独吉思忠于泰和三年十一月使宋，十二月至宋，泰和四年八月，“吏部尚书独吉思忠为参知政事”，则其罢签书枢密院事当在泰和四年归金后，八月前。

⑦ 《金史》卷一二《章宗纪》，卷九八《完颜匡传》。

年代	都元帅	左副元帅	右副元帅	元帅左监军	元帅右监军	元帅左都监	元帅右都监
泰和六年（1206）		仆散揆（临喜）五月就任	枢密副使完颜匡五月改任	纥石烈执中十月已就任，后罢	完颜充五月就任	乌古论谊（雄名）五月就任	蒲察贞九月已就任[①]
泰和七年（1207）	完颜宗浩正月就任，九月死	仆散揆二月死。右副元帅完颜匡三月升任	完颜匡三月罢。纥石烈子仁四月就任	元帅左都监乌古论谊六月升任	完颜充	乌古论谊六月罢。完颜撒剌六月升任[②]	蒲察贞
泰和八年（1208）		完颜匡	纥石烈子仁	乌古论谊六月罢	完颜充	完颜撒剌正月罢	蒲察贞[③]

---

① 泰和六年任命都元帅府长贰参据《金史》卷一二《章宗纪》，卷九三《仆散揆传》，卷九八《完颜匡传》，卷一二〇《乌古论谊传》，卷一三二《纥石烈执中传》。《金史》不载纥石烈执中罢元帅左监军年月，据《章宗纪》和《纥石烈执中传》，可能是在当年十二月金廷得知其“纵下虏掠”之后。

② 泰和七年都元帅府长贰变动参据《金史》卷一二《章宗纪》，卷九三《仆散揆传》、《宗浩传》，卷九八《完颜匡传》，卷一二〇《乌古论谊传》。

③ 据《金史》卷一二《章宗纪》泰和八年五月，因宋金和议，“更元帅府为枢密院”。但都元帅府官长之罢或早或晚，除乌古论谊外，余者已不知其年月日。

年代	枢密使	枢密副使	签书枢密院事	同签枢密院事
泰和八年（1208）	纥石烈子仁十一月就任①			
大安元年（1209）				
大安二年（1210）				
大安三年（1211）	徒单某是年罢②			
崇庆元年（1212）				

① 《金史》卷一二《章宗纪》。

② 据《南迁录》，辛未年，即大安三年，有“枢密完颜忠”，壬申年有“枢密完颜律明”，后乌陵用章任枢密使，外有“知枢密院完颜律明”，甲戌年，即贞祐二年，有“枢密完颜宇、乌陵用章”。其记载难以凭信，今附注于此。《金史》卷一二三《徒单航传》载：“驸马、枢密使某之子也。父号九驸马，卫王有事北边，改授都元帅。”按金蒙战争始于大安三年，则其时徒单某已任枢密使。

年代	都元帅	左副元帅	右副元帅	元帅左监军	元帅右监军	元帅左都监	元帅右都监
大安三年（1211）	枢密使徒单某是年改任，后罢①	抹撚尽忠（彖多）十一月就任②	纥石烈执中十一月就任，旋罢③				完颜定奴、④乌古孙兀屯是年就任⑤

① 《金史》卷一二三《徒单航传》："驸马、枢密使某之子也。父号九驸马，卫王有事北边，改授都元帅，仍权平章，殊不允人望。张僧时为吏部侍郎，力劝其父请辞帅职，遂拜平章。至宁元年，胡沙虎（纥石烈执中）弑逆，降航为安州刺史。"则徒单某罢都元帅或在本年，或在崇庆元年。

② 《金史》卷一〇一《抹撚尽忠传》："及执中自紫荆关走还中都，诏尽忠为左副元帅、兼西京留守。"据《金史》卷一三《卫绍王纪》，纥石烈执中逃还中都大兴府，时为十一月，抹撚尽忠应与纥石烈执中同时任左、右副元帅。

③ 《金史》卷一三《卫绍王纪》，卷一三二《纥石烈执中传》。

④ 《金史》卷九八《完颜定奴传》："大安二年，迁元帅右都监，救西京，改震武军节度使。"此处"二年"应为"三年"之误。

⑤ 《金史》卷一二一《乌古孙兀屯传》："大安三年，将兵二万，入卫中都，迁元帅右都监。"据《金史》卷一三《卫绍王纪》，"上京留守徒单镒遣同知乌古孙兀屯将兵二万，卫中都"在十月，其任元帅右都监当在十月后。

续表

年代	都元帅	左副元帅	右副元帅	元帅左监军	元帅右监军	元帅左都监	元帅右都监
崇庆元年（1212）		抹撚尽忠（？）	纥石烈执中正月复任，旋罢[①]	元帅左都监乌古孙兀屯是年（？）升任[②]		奥屯襄（添寿）是年就任，旋罢。[③]元帅右都监乌古孙兀屯是年升任，旋罢	完颜定奴、[④]乌古孙兀屯是年罢。蒲察阿里是年就任。[⑤]术虎高琪（高乞）是年权元帅右都监[⑥]

---

① 《金史》卷一三《卫绍王纪》，卷一三二《纥石烈执中传》。

② 据《金史》卷一二一《乌古孙兀屯传》，在贞祐元年闰九月前，乌古孙兀屯“转左都监”，又“迁元帅左监军”，大约都为本年事。

③ 《金史》卷一〇三《奥屯襄传》，《元史》卷一《太祖纪》。

④ 《金史》卷九八《完颜定奴传》：“救西京，改震武军节度使。元帅奥屯襄败绩，定奴坐失期及不以军败实奏，降河州防御使。”据《元史》卷一《太祖纪》，蒙古军于是年“秋，围西京”，完颜定奴罢元帅右都监，“改震武军（代州）节度使”即在此时。

⑤ 《金史》卷一〇三《蒲察阿里传》。

⑥ 《金史》卷一〇六《术虎高琪传》载，术虎高琪“权元帅右都监”在至宁元年前，应即是崇庆元年。又《金史》卷一〇一《孛术鲁德裕传》载他在贞祐二年前，曾任“元帅左都监，迁左监军、兼临潢府路兵马都总管”，估计应在大安末至贞祐初，今附注于此。

年代	枢密使		枢密副使		签书枢密院事		同签枢密院事
							完颜赛不是年就任①
	都元帅	左副元帅	右副元帅	元帅左监军	元帅右监军	元帅左都监	元帅右都监
贞祐元年（1213）	右副元帅纥石烈执中八月发动政变，自任都元帅，十月被杀。②完颜承晖（福兴）十二月就任③	抹撚尽忠是年（？）罢。④元帅右监军术虎高琪十月升任⑤	纥石烈执中五月复任，八月罢	乌古孙兀屯是年死。⑥完颜弼（达吉不）是年就任，旋罢⑦	元帅右都监术虎高琪是年升任，旋罢。完颜承裕（胡沙）是年就任，旋罢⑧	元帅右都监蒲察阿里是年升任。⑨仆散安贞（阿海）是年就任⑩	术虎高琪、蒲察阿里是年罢

---

① 《金史》卷一一三《完颜赛不传》。

② 《金史》卷一三《卫绍王纪》，卷一四《宣宗纪》，卷一〇六《术虎高琪传》，卷一三二《纥石烈执中传》。

③ 《金史》卷一四《宣宗纪》，卷一〇一《承晖传》。

④ 《金史》卷一〇一《抹撚尽忠传》载，他“以保全西京功，进官三阶”，“未几，拜尚书右丞，行省西京。贞祐初，进拜左丞”。据《元史》卷一《太祖纪》，蒙古军“复攻西京，帝中流矢，遂撤围”在崇庆元年秋。又据《金史》卷一三《卫绍王纪》：“十月，曲赦西京。”则抹撚尽忠罢左副元帅，“拜尚书右丞”应在崇庆元年冬或贞祐元年春，今姑系于贞祐元年。

⑤ 《金史》卷一四《宣宗纪》，卷一〇六《术虎高琪传》，卷一三二《纥石烈执中传》。

⑥ 《金史》卷一二一《乌古孙兀屯传》：“贞祐元年闰月，以兵入卫中都。诏以兵万六千人守定兴，军败，兀屯战没。”据《金史》卷一四《宣宗纪》，当年十月，“大元兵下涿州”，乌古孙兀屯守涿州定兴，大致在此时战死。

⑦ 《金史》卷一〇二《完颜弼传》。

⑧ 《金史》卷九三《承裕传》。

⑨ 《金史》卷一〇三《蒲察阿里传》。

⑩ 《金史》卷一〇二《仆散安贞传》。

续表

<table>
<tr><th>年代</th><th colspan="2">枢密使</th><th colspan="2">枢密副使</th><th colspan="2">签书枢密院事</th><th>同签枢密院事</th></tr>
<tr><td rowspan="3">贞祐二年（1214）</td><td colspan="2">徒单度移剌①</td><td colspan="2"></td><td colspan="2">孛术鲁德裕（蒲剌都）十月就任。②完颜蒲剌都是年就任③</td><td>完颜赛不</td></tr>
<tr><td>都元帅</td><td>左副元帅</td><td>右副元帅</td><td>元帅左监军</td><td>元帅右监军</td><td>元帅左都监</td><td>元帅右都监</td></tr>
<tr><td>完颜承晖。完颜守纯（盘都）三月权都元帅府事。④抹撚尽忠是年就任，旋罢⑤</td><td>术虎高琪、⑥移剌都。⑦都元帅抹撚尽忠是年改任</td><td>蒲察七斤⑧</td><td></td><td>元帅左都监完颜弼五月已升任，后罢⑨</td><td>蒲察阿里是年死。⑩完颜弼是年（？）就任。仆散安贞是年罢⑪</td><td>奥屯襄二月就任，后罢。⑫乌古论庆寿是年就任。⑬乌林荅乞住是年就任⑭</td></tr>
</table>

① 《金史》卷一〇三《完颜铁哥传》。

② 《金史》卷一四《宣宗纪》，卷一〇二《孛术鲁德裕传》。

③ 《金史》卷一〇三《完颜蒲剌都传》载，“就充西面经略使”，“遂罢经略官，入为签枢密院事”。据《金史》卷二六《地理志》，代州“贞祐二年四月侨置西面经略司，八月罢”。完颜蒲剌都当于本年八月后任签书枢密院事。

④ 《金史》卷一四《宣宗纪》，卷九三《守纯传》。

⑤ 《金史》卷一〇一《抹撚尽忠传》。

⑥ 《金史》卷一四《宣宗纪》、卷一〇六《术虎高琪传》载，贞祐元年十二月，“左副元帅术虎高琪进平章政事兼前职”，但此后又“不兼枢密、元帅”，其任期姑以贞祐二年为限。

⑦ 《元史》卷一四九《耶律留哥传》。

⑧ 《金史》卷一四《宣宗纪》，《元史》卷一《太祖纪》载，贞祐三年正月，“金右副元帅蒲察七斤以通州降”，则在贞祐二年已就任。

⑨ 《金史》卷一四《宣宗纪》，卷一〇二《完颜弼传》。

⑩ 《金史》卷一〇二《完颜弼传》，卷一〇三《蒲察阿里传》。

⑪ 《金史》卷一〇二《仆散安贞传》。

⑫ 《金史》卷一〇三《奥屯襄传》。

⑬ 《金史》卷一〇一《乌古论庆寿传》。

⑭ 《金史》卷一二二《乌林荅乞住传》载：“就充东面经略使。寻罢经略司，改元帅右都监。”据《金史》卷二四《地理志》，平州“贞祐二年四月置东面经略司，八月罢”。乌林荅乞住当于本年八月后“改元帅右都监”。

续表

年代	枢密使		枢密副使		签书枢密院事		同签枢密院事
贞祐三年（1215）	枢密副使仆散端（七斤）是年升任，后罢。①权都元帅府事完颜守纯是年改任②		仆散端是年就任，旋罢。仆散安贞十月就任③		完颜蒲剌都是年（？）罢。④孛术鲁德裕是年罢。⑤完颜合打八月就任⑥		完颜赛不是年罢。⑦阿勒根讹论四月已就任⑧
	都元帅	左副元帅	右副元帅	元帅左监军	元帅右监军	元帅左都监	元帅右都监
	完颜承晖五月死。⑨完颜守纯是年罢。仆散端十月就任	抹撚尽忠是年罢。⑩乌古论礼（六斤）是年就任⑪	蒲察七斤正月降蒙古⑫	完颜合周（永锡）八月罢。⑬阿典宋阿是年就任。⑭乌古论德升（六斤）是年权元帅左监军⑮	完颜瞻（合达）是年权元帅右监军，六月降蒙古⑯	乌古论庆寿是年就任，旋罢。⑰必兰阿鲁带是年权元帅左都监⑱	乌林荅乞住是年死。⑲完颜赛不、女奚烈胡论出、完颜承立（庆山奴）是年就任。⑳蒙古纲（胡里纲）是年权元帅右都监㉑

① 《金史》卷一四《宣宗纪》，卷一〇一《仆散端传》。

② 《金史》卷九三《守纯传》。

③ 《金史》卷一四《宣宗纪》，卷一〇二《仆散安贞传》。

④ 《金史》卷一〇三《完颜蒲剌都传》："入为签枢密院事，改左副点检。四年，迁兵部尚书。"大约在本年"改左副点检"。

⑤ 《金史》卷一〇一《孛术鲁德裕传》载其因救援中都，“坐弛慢兵期”罢官，应为本年事。

⑥ 《金史》卷一四《宣宗纪》。

⑦ 《金史》卷一一三《完颜赛不传》载，“贞祐初，拜同签枢密院事。三年，迁知临洮府事、兼陕西路副统军”。“八月，知凤翔府事、兼本路兵马都总管，俄为元帅右都监。”完颜赛不本年任元帅右都监不另作注。

⑧ 《金史》卷一〇八《侯挚传》。

⑨ 《金史》卷一四《宣宗纪》，卷一〇一《承晖传》。

⑩ 《金史》卷一四《宣宗纪》，卷一〇一《抹撚尽忠传》。

⑪ 《金史》卷一〇三《乌古论礼传》。

⑫ 《金史》卷一四《宣宗纪》、卷一〇一《承晖传》，《元史》卷一《太祖纪》、卷一五〇《石抹明安传》。又《金史》卷一二二《完颜六斤传》称“元帅右都监蒲察七斤”，其官衔系误。

⑬ 《金史》卷一四《宣宗纪》，卷一〇一《承晖传》、《李英传》，卷一一四《合周传》。

⑭ 《金史》卷一〇一《承晖传》载，当年“以刑部侍郎阿典宋阿为左监军”，“同知真定府女奚烈胡论出为右都监”，救援中都。估计此两人都因“终无一兵至中都者”而罢官。女奚烈胡论出任元帅右都监不另作注。

⑮ 《金史》卷一二二《乌古论德升传》不载“权元帅左监军”年月，《金史》卷一四《宣宗纪》贞祐四年正月载“太原元帅左监军乌古论德升”，又贞祐三年十月时，乌古论德升任“权参知政事”，因“论近侍局预政”而外任，可知其权元帅左监军应在本年。

⑯ 《金史》卷一一二《完颜合达传》。

⑰ 《金史》卷一四《宣宗纪》，卷一〇一《承晖传》、《抹撚尽忠传》、《李英传》、《乌古论庆寿传》，《元史》卷一五〇《石抹明安传》。《乌古论庆寿传》未载其女真名，《抹撚尽忠传》中金宣宗说：“若乌古论石虎乃汝等共举之。”疑“石虎”即是其女真名。抹撚尽忠等共同保举乌古论庆寿救援中都，而以“兵溃”告终。

⑱ 《金史》卷一〇二《必兰阿鲁带传》。

⑲ 《金史》卷一二二《乌林荅乞住传》载：“赴援中都，战殁。”当为本年事。

⑳ 《金史》卷一一六《承立传》。

㉑ 《金史》卷一〇二《蒙古纲传》。

续表

年代	枢密使		枢密副使		签书枢密院事		同签枢密院事
贞祐四年（1216）	完颜守纯正月罢。[①]完颜守礼（后改名守绪，宁甲速）正月就任[②]		仆散安贞。胥鼎二月就任[③]		完颜合打十月被杀。[④]完颜合周二月就任，九月罢。[⑤]蒲察阿里不孙十月罢。[⑥]元帅左监军完颜伯嘉十一月就任，旋罢[⑦]		
	都元帅	左副元帅	右副元帅	元帅左监军	元帅右监军	元帅左都监	元帅右都监
	仆散端	乌古论礼	签书枢密院事蒲察阿里不孙十月改任，十一月败，后罢。元帅左都监完颜阿里不孙权右副元帅[⑧]	乌古论德升。完颜伯嘉三月就任，十一月罢。乌古论庆寿八月已就任。[⑨]元帅左都监必兰阿鲁带十月已升任。[⑩]王质十一月权元帅左监军[⑪]	完颜瞻十一月归金，旋改官。[⑫]陀满胡土门十月就任。[⑬]完颜僧家奴十一月权元帅右监军[⑭]	必兰阿鲁带十月前已罢。纥石烈志（牙吾塔）十月就任[⑮]	完颜赛不、蒙古纲、完颜承立。郭（完颜）仲元十月权元帅右都监[⑯]

① 《金史》卷一四《宣宗纪》，卷九三《守纯传》。

② 《金史》卷一四《宣宗纪》，卷一七《哀宗纪》。

③《金史》卷一四《宣宗纪》，卷一〇八《胥鼎传》。

④《金史》卷一四《宣宗纪》载本年十月，“行枢密院、知河南府事完颜合打以征兵失应，坐诛”。按完颜合打当以签书枢密院事而行院于河南府者。

⑤《金史》卷一四《宣宗纪》中作“永锡”，据卷一一四《合周传》，“合周者一名永锡”。

⑥《金史》卷一四《宣宗纪》贞祐四年十一月，卷一五《宣宗纪》兴定二年四月，卷一〇〇《完颜伯嘉传》。

⑦《金史》卷一四《宣宗纪》，卷一〇〇《完颜伯嘉传》载其本年先后任元帅左监军和签书枢密院事，其任元帅左监军不另作注。

⑧《金史》卷一〇三《完颜阿里不孙传》载，他在兴定元年前，“迁元帅左都监”，又“权右副元帅”，今附于贞祐四年表中。

⑨《金史》卷一四《宣宗纪》，卷一〇一《乌古论庆寿传》。

⑩《金史》卷一四《宣宗纪》，卷一〇八《胥鼎传》。按《金史》卷一〇二《必兰阿鲁带传》不载其兴定前迁元帅左监军事。

⑪《金史》卷一四《宣宗纪》，卷一〇八《胥鼎传》。

⑫《金史》卷一四《宣宗纪》，卷一一二《完颜合达传》。

⑬《金史》卷一二三《陀满胡土门传》。

⑭《金史》卷一四《宣宗纪》，卷一〇八《胥鼎传》。

⑮《金史》卷一一一《纥石烈牙吾塔传》。

⑯《金史》卷一〇三《完颜仲元传》。

续表

年代	枢密使		枢密副使		签书枢密院事		同签枢密院事
兴定元年（1217）	完颜守绪		仆散安贞、胥鼎		元帅右都监完颜赛不二月改任。[①] 纳坦谋嘉是年摄签书枢密院事。[②] 元帅左监军必兰阿鲁带是年改任，数月罢[③]		
	都元帅	左副元帅	右副元帅	元帅左监军	元帅右监军	元帅左都监	元帅右都监
	仆散端六月死[④]	乌古论礼。元帅左监军蒲察移剌都是年（？）权左副元帅[⑤]	完颜阿里不孙九月被杀。[⑥] 元帅左监军蒲察五斤十二月升任。[⑦] 元帅右监军蒙古纲是年升任[⑧]	乌古论德升、王质。[⑨] 乌古论庆寿是年（？）罢。[⑩] 必兰阿鲁带是年罢，后复任，九月再罢。蒲察五斤十二月罢。蒲察移剌都是年就任，后罢。完颜从坦是年（？）权元帅左监军。[⑪] 温迪罕哥不霭是年已就任[⑫]	陀满胡土门、完颜僧家奴。[⑬] 元帅右都监蒙古纲是年升任，后罢	纥石烈志。完颜寓（讹出）四月权元帅左都监，十二月死。[⑭] 完颜承裔（白撒）八月已就任。[⑮] 元帅右都监完颜承立是年升任。[⑯] 纳合（纳坦？）裕是年已权元帅左都监，九月后改真授[⑰]	郭仲元。完颜赛不二月罢。完颜承立、蒙古纲是年罢。郭（完颜）赟（阿邻）是年就任。[⑱] 完颜闾山是年冬权元帅右都监[⑲]

① 《金史》卷一五《宣宗纪》，卷一一三《完颜赛不传》。

② 《金史》卷一〇四《纳坦谋嘉传》。

③ 《金史》卷一五《宣宗纪》、卷一〇二《必兰阿鲁带传》载其于本年改任签书枢密院事，复任元帅左监军。他复任元帅左监军不另作注。

④ 《金史》卷一五《宣宗纪》，卷一〇一《仆散端传》。

⑤ 《金史》卷一五《宣宗纪》，卷一〇四《蒲察移剌都传》载其于贞祐时“兼左副元帅”，但无年月。本年五月，蒲察移剌都“弃隆安，赴南京”，“降知河南府事”，“俄改元帅左监军、权左副元帅”，权左副元帅在兴定二年四月前。

⑥ 《金史》卷一五《宣宗纪》，卷一〇三《完颜阿里不孙传》。

⑦ 《金史》卷一五《宣宗纪》。蒲察五斤任元帅左监军已不知其时。

⑧ 《金史》卷一〇二《蒙古纲传》。

⑨ 王质自贞祐四年十一月权元帅左监军后，不见记载，其任期姑以本年为限。

⑩ 《金史》卷一五《宣宗纪》载，兴定元年四月，命乌古论庆寿等“经略南边”。“行枢密院事乌古论庆寿南伐还，奏不以实，诏鞫之。”《金史》卷一〇一《乌古论庆寿传》载，金宣宗“已而释之，历镇南、集庆军节度使，卒”。可知乌古论庆寿大约于“南伐”前后罢元帅左监军。《金史》本传不载其曾任“行枢密院事”，《宋史》卷四〇三《赵方传》载，“金相（术虎）高琪及其枢密乌古论庆寿”发兵攻宋，可与《宣宗纪》互相印证。

⑪ 《金史》卷一二二《从坦传》载权元帅左监军在兴定元年至兴定二年十月前。

⑫ 《金史》卷一五《宣宗纪》兴定二年三月有“左监军哥不靄”。据《金史》卷一〇三《完颜阿里不孙传》，兴定元年九月，完颜阿里不孙被杀时，已有“监军温迪罕哥不靄”，盖《宣宗纪》不载其姓，实为一人。

⑬ 完颜僧家奴自贞祐四年十一月权元帅右监军后，不见记载，其任期姑以本年为限。

⑭ 《金史》卷一五《宣宗纪》，卷一〇四《完颜寓传》。

⑮ 《金史》卷一五《宣宗纪》，卷一一三《白撒传》。

⑯ 《金史》卷一一六《承立传》。

⑰ 《金史》卷一〇三《完颜阿里不孙传》。

⑱ 《金史》卷一〇三《完颜阿邻传》。

⑲ 《金史》卷一〇〇《完颜闾山传》。

续表

年代	枢密使		枢密副使		签书枢密院事		同签枢密院事
兴定二年（1218）	完颜守绪		仆散安贞、胥鼎		纳坦谋嘉、完颜赛不。权左副元帅蒲察移剌都四月改任，兼权右副元帅，十二月被杀。[①]权元帅右都监纥石烈桓端十一月权签书枢密院事[②]		温迪罕达（谋古鲁）十二月权同签枢密院事[③]
	都元帅	左副元帅	右副元帅	元帅左监军	元帅右监军	元帅左都监	元帅右都监
		乌古论礼。蒲察移剌都四月罢。把胡鲁六月权左副元帅。[④]枢密副使仆散安贞十二月兼任[⑤]	蒲察五斤、[⑥]蒙古纲。权左副元帅蒲察移剌都四月改签书枢密院事、权右副元帅，十二月被杀	温迪罕哥不霭。[⑦]乌古论德升是年真授元帅左监军，九月死。[⑧]完颜从坦十月死。[⑨]元帅右监军陀满胡土门十月升任。[⑩]完颜伯嘉十二月就任[⑪]	陀满胡土门十月罢。纳合蒲剌都九月就任，十一月死。[⑫]抹撚胡鲁剌十二月权元帅右监军[⑬]	纥石烈志、[⑭]完颜承裔、完颜承立。粘割贞（抄合）是年权元帅左都监[⑮]	郭仲元、完颜闾山。郭赟三月死。[⑯]术甲臣嘉七月就任。[⑰]完颜讹可十一月已权元帅右都监。[⑱]纥石烈桓端是年权元帅右都监，十一月罢。张（完颜）甫是年权元帅右都监[⑲]

① 《金史》卷一五《宣宗纪》，卷一〇四《蒲察移剌都传》。蒲察移剌都改任权右副元帅不另作注。

② 《金史》卷一五《宣宗纪》，卷一〇三《纥石烈桓端传》。纥石烈桓端本年权元帅右都监不另作注。又《金史》卷九八《完颜定奴传》载，完颜定奴自贞祐二年至兴定三年期间，曾两任“签枢密院事”，但不知就任年月，今附注于此。

③ 《金史》卷一五《宣宗纪》，卷一〇四《温迪罕达传》。

④ 《金史》卷一五《宣宗纪》，卷一〇八《把胡鲁传》。

⑤ 《金史》卷一五《宣宗纪》，卷一〇二《仆散安贞传》。

⑥ 据《金史》卷一五《宣宗纪》，蒲察五斤自本年三月后不见记载，其任期姑以本年为限。

⑦ 据《金史》卷一五《宣宗纪》，温迪罕哥不霭自本年三月后不见记载，其任期姑以本年为限。

⑧ 《金史》卷一五《宣宗纪》，卷一二二《乌古论德升传》。

⑨ 《金史》卷一五《宣宗纪》，卷一二二《完颜从坦传》。

⑩ 《金史》卷一二三《陀满胡土门传》。

⑪ 《金史》卷一五《宣宗纪》，卷一〇〇《完颜伯嘉传》。

⑫ 《金史》卷一五《宣宗纪》，卷一二二《纳合蒲剌都传》。

⑬ 《金史》卷一五《宣宗纪》。

⑭ 《金史》卷一〇四《纥石烈胡失门传》。

⑮ 《金史》卷一二二《粘割贞传》。

⑯ 《金史》卷一五《宣宗纪》、卷一〇三《完颜阿邻传》载，完颜阿邻死于皂郊堡。据《宋史》卷四〇《宁宗纪》嘉定十一年三月：“利州统制王逸等率忠义人复皂郊，金副统军完颜赟、包长寿遁去，沔州军士郭雄追斩赟首。”按郭阿邻赐姓完颜，其正名应为郭赟，阿邻乃其小名或女真名。又据《金史》卷一〇三《乌古论长寿传》，乌古论长寿本姓包。

⑰ 《金史》卷一〇三《术甲臣嘉传》。

⑱ 《金史》卷一五《宣宗纪》。

⑲ 《金史》卷一一八《张甫传》。

续表

年代	枢密使		枢密副使		签书枢密院事		同签枢密院事
兴定三年（1219）	完颜守绪		仆散安贞、胥鼎		完颜赛不、纥石烈桓端。纳坦谋嘉是年罢。[1]元帅左监军陀满胡土门八月权签书枢密院事[2]		温迪罕达。[3]完颜讹可十一月已就任[4]
	都元帅	左副元帅	右副元帅	元帅左监军	元帅右监军	元帅左都监	元帅右都监
		仆散安贞、把胡鲁。乌古论礼是年死[5]	蒙古纲。签书枢密院事完颜赛不二月已兼任[6]	陀满胡土门八月罢。完颜伯嘉是年罢[7]	抹撚胡鲁剌是年罢[8]	纥石烈志、完颜承立。完颜承裔是年罢。[9]粘割贞十一月死。[10]赤盏（石盏）合喜四月就任。[11]权元帅右都监完颜闾山八月已升任，十月死。[12]权元帅右都监郭仲元九月已升任。[13]张（完颜）开十月权元帅左都监。[14]移剌塔不也是年就任，后死。[15]胡天作是年权元帅左都监[16]	术甲臣嘉、完颜讹可、张甫。完颜闾山八月前已罢。郭仲元九月前已罢。完颜瞻正月就任。[17]石盏女鲁欢（十六）六月就任。[18]纥石烈德九月已就任。[19]郭文振十月权元帅右都监。[20]王福是年权元帅右都监。[21]移剌（完颜）众家奴是年（?）权元帅右都监。[22]柴茂是年已权元帅右都监[23]

① 《金史》卷一〇四《纳坦谋嘉传》。

② 《金史》卷一二三《陀满胡土门传》。

③ 《金史》卷一〇四《温迪罕达传》不载其罢任年月，其任期姑以本年为限。

④ 《金史》卷一五《宣宗纪》。按元帅右都监完颜讹可称“板子讹可”，同签枢密院事完颜讹可称“草火讹可”，为两人同名，参见《金史》卷一七《哀宗纪》正大八年十二月，卷一一一《完颜讹可传》。

⑤ 《金史》卷一〇三《乌古论礼传》。

⑥ 《金史》卷一五《宣宗纪》。

⑦ 《金史》卷一〇〇《完颜伯嘉传》载其于本年“召还，罢为中丞”，卷一五《宣宗纪》兴定三年六月“诏御史中丞完颜伯嘉行枢密院于许州”，则其罢元帅左监军当在此前。

⑧ 《金史》卷一五《宣宗纪》兴定二年十二月：“以礼部侍郎抹撚胡鲁剌为汾阳军节度使、权元帅右监军，与岚州元帅古里甲石伦完复河东。”《金史》卷一一一《古里甲石伦传》载，兴定三年二月，“石伦奏”，“会汾州权元帅右都监抹撚胡鲁剌复太原”。按汾阳军节度使即汾州知州，正如《金史人名索引》第322页所载，抹撚胡鲁即是抹撚胡剌。两处所载军职有异，今姑从《宣宗纪》。《金史》卷一五《宣宗纪》兴定三年十一月，“礼部郎中抹撚胡鲁剌上疏言时事”，应是其兵败回朝，贬降为礼部郎中，《金史人名索引》认为乃另一抹撚胡鲁剌，疑误。

⑨ 《金史》卷一一三《白撒传》。

⑩ 《金史》卷一五《宣宗纪》，卷一二二《粘割贞传》。

⑪ 《金史》卷一五《宣宗纪》，卷一一三《赤盏合喜传》。

⑫ 《金史》卷一〇〇《完颜闾山传》，卷一〇八《胥鼎传》。

⑬ 《金史》卷一五《宣宗纪》，卷一〇三《完颜仲元传》，卷一二八《纥石烈德传》。

⑭ 《金史》卷一五《宣宗纪》，卷一一八《张开传》。

⑮ 《金史》卷一〇六《移剌塔不也传》。

⑯ 《金史》卷一一八《胡天作传》。

⑰ 《金史》卷一一二《完颜合达传》。《金史》卷一五《宣宗纪》兴定三年三月亦载其军职。

⑱ 《金史》卷一五《宣宗纪》，卷一一六《石盏女鲁欢传》。

⑲ 《金史》卷一五《宣宗纪》，卷一二八《纥石烈德传》。

⑳ 《金史》卷一五《宣宗纪》，卷一一八《郭文振传》。

㉑ 《金史》卷一一八《王福传》。

㉒ 《金史》卷一一八《移剌众家奴传》。

㉓ 《金史》卷一一八《张甫传》。

续表

年代	枢密使		枢密副使		签书枢密院事		同签枢密院事
兴定四年（1220）	完颜守绪		仆散安贞。胥鼎三月罢。①签书枢密院事完颜赛不四月升任②		纥石烈桓端、陀满胡土门。完颜赛不四月罢		完颜讹可
	都元帅	左副元帅	右副元帅	元帅左监军	元帅右监军	元帅左都监	元帅右都监
		仆散安贞。把胡鲁四月真授左副元帅③	蒙古纲。完颜赛不四月罢	靖安民是年权元帅左监军，旋罢④	元帅左都监完颜承立四月升任。⑤王庭玉是年已就任⑥	纥石烈志、赤盏合喜、郭仲元。完颜承立四月罢。张开、胡天作是年罢。⑦权元帅右都监柴茂十一月升权元帅左都监。⑧纥石烈鹤寿是年权元帅左都监⑨	术甲臣嘉、完颜讹可、完颜瞻、石盏女鲁欢。⑩纥石烈德、⑪张甫、郭文振、王福、移剌众家奴是年罢。⑫柴茂十一月罢。盖仁贵十一月摄元帅右都监。⑬武仙是年权元帅右都监，旋罢。⑭蒲察娄室是年（？）权元帅右都监⑮

① 《金史》卷一六《宣宗纪》，卷一〇八《胥鼎传》。按胥鼎自贞祐四年“拜尚书左丞、兼枢密副使”后，又“进拜平章政事”，当仍兼枢密副使，于本年三月致仕。

② 《金史》卷一一三《完颜赛不传》。

③ 《金史》卷一六《宣宗纪》，卷一〇八《把胡鲁传》。

④ 《金史》卷一一八《靖安民传》。

⑤ 《金史》卷一六《宣宗纪》。

⑥ 《金史》卷一六《宣宗纪》，卷一〇二《蒙古纲传》。

⑦ 《金史》卷一一八《胡天作传》、《张开传》。

⑧ 《金史》卷一六《宣宗纪》。

⑨ 《金史》卷一二二《纥石烈鹤寿传》。

⑩ 《金史》卷一一六《石盏女鲁欢传》。按石盏女鲁欢后“迁昌武军节度使”，其任期姑以本年为限。

⑪ 《金史》卷一二八《纥石烈德传》。

⑫ 《金史》卷一一八《王福传》、《移剌众家奴传》、《张甫传》、《郭文振传》。

⑬ 《金史》卷一六《宣宗纪》。

⑭ 《金史》卷一一八《武仙传》。

⑮ 《金史》卷一二二《蒲察娄室传》。《金史》不载其权元帅右都监年月，按蒲察娄室明年战死，今姑系于本年。

续表

年代	枢密使		枢密副使		签书枢密院事		同签枢密院事
兴定五年（1221）	完颜守绪		完颜赛不。仆散安贞六月被杀[1]		陀满胡土门。纥石烈桓端是年死。[2]纳合降福二月权签书枢密院事[3]		时全正月已就任。[4]完颜惟弼二月权同签枢密院事。[5]权元帅右都监斡勒合打是年（?）权同签枢密院事[6]
	都元帅	左副元帅	右副元帅	元帅左监军	元帅右监军	元帅左都监	元帅右都监
		把胡鲁。仆散安贞六月被杀	蒙古纲	完颜鼎（斜烈）是年已就任。[7]元帅右监军王庭玉是年（?）升任[8]	完颜承立。[9]王庭玉是年（?）罢	纥石烈志、赤盏合喜、郭仲元、柴茂。[10]纥石烈鹤寿闰十二月死。[11]元帅右都监术甲臣嘉是年升任[12]	完颜讹可、完颜瞻、盖仁贵。[13]蒲察娄室闰十二月死。[14]术甲臣嘉是年罢。斡勒合打二月权元帅右都监，后罢。孛术鲁达阿二月权元帅右都监。[15]完颜讹论（兀论、兀里）二月任元帅副右都监[16]

① 《金史》卷一六《宣宗纪》，卷一〇二《仆散安贞传》。

② 《金史》卷一〇三《纥石烈桓端传》。

③ 《金史》卷一六《宣宗纪》。纳合降福此后不见记载，其任期姑以本年为限。

④ 《金史》卷一一七《时青传》。

⑤ 《金史》卷一六《宣宗纪》兴定五年二月。又元光元年正月，“元帅惟弼破红袄贼于张骞店”，可知在此以前已罢权同签枢密院事。

⑥ 《金史》卷一六《宣宗纪》，卷一〇四《斡勒合打传》。斡勒合打二月权元帅右都监，后“权同签枢密院事”，“元光元年，卒”，其改任权同签枢密院事姑系于本年。

⑦ 《辛巳泣蕲录》载本年有金朝元帅左监军完颜鼎，《金史》卷一二三《斜烈传》不见记载，其任期姑以本年为限。

⑧ 《金史》卷一〇二《蒙古纲传》。

⑨ 据《金史》卷一六《宣宗纪》、卷一七《哀宗纪》、卷一一六《承立传》，自兴定四年六月后，无完颜承立活动记载，至正大四年八月，方“以庆山奴为元帅，同总帅完颜讹可将兵守盱眙”。其间当曾贬官无疑，其任期姑以本年为限。

⑩ 《金史》卷一六《宣宗纪》自兴定四年十一月后，柴茂不见记载，其任期姑以本年为限。

⑪ 《金史》卷一六《宣宗纪》，卷一二二《纥石烈鹤寿传》。

⑫ 《金史》卷一〇三《术甲臣嘉传》。

⑬ 《金史》卷一六《宣宗纪》自兴定四年十一月后，盖仁贵不见记载，其任期姑以本年为限。

⑭ 《金史》卷一六《宣宗纪》，卷一二二《蒲察娄室传》。

⑮ 《金史》卷一六《宣宗纪》。

⑯ 《金史》卷一六《宣宗纪》。

续表

年代	枢密使		枢密副使		签书枢密院事		同签枢密院事
元光元年（1222）	完颜守绪		完颜赛不		陀满胡土门。完颜讹可四月就任①		时全五月被杀。②斡勒合打是年死。③完颜撒合辇是年（？）就任④
	都元帅	左副元帅	右副元帅	元帅左监军	元帅右监军	元帅左都监	元帅右都监
		把胡鲁正月罢⑤	蒙古纲	王庭玉。元帅右都监完颜瞻正月升任。⑥元帅右都监完颜讹可二月已升任⑦	杨（兀林荅）沃衍（斡烈）六月就任⑧	赤盏合喜、郭仲元。纥石烈志五月罢。⑨术甲臣嘉是年死。⑩古里甲石伦十月权元帅左都监⑪	完颜讹论。完颜瞻正月罢。完颜讹可二月罢。孛术鲁达阿是年（？）死。⑫侯小叔十二月权元帅右都监。⑬术甲脱鲁灰是年就任⑭

① 《金史》卷一六《宣宗纪》元光元年四月："以金吾卫上将军、劝农使讹可签枢密院事。"按完颜讹可原任同签枢密院事，在就任签书枢密院事前已改任劝农使，今姑于兴定五年表中未列完颜讹可为同签枢密院事。

② 《金史》卷一六《宣宗纪》，卷一一七《时青传》。

③ 《金史》卷一〇四《斡勒合打传》。

④ 《金史》卷一一一《撒合辇传》载其于“宣宗朝，累迁同签枢密院事”，至元光二年十二月，帮助金哀宗夺取帝位。完颜撒合辇就任同签枢密院事姑系于本年。

⑤ 《金史》卷一〇八《把胡鲁传》载：“上由是恶之。元光元年正月，遂罢参知政事，以知河中府事权安抚使。”当连左副元帅官衔一并取消。

⑥ 《金史》卷一一二《完颜合达传》。

⑦ 《金史》卷一六《宣宗纪》元光元年二月作“元帅左监军”，卷一一一《完颜讹可传》作“元帅右监军”，今姑从前者。

⑧ 《金史》卷一二三《杨沃衍传》。

⑨ 《金史》卷一一一《纥石烈牙吾塔传》。

⑩ 《金史》卷一〇三《术甲臣嘉传》。

⑪ 《金史》卷一一一《古里甲石伦传》。

⑫ 《金史》卷一六《宣宗纪》元光元年五月、卷一一七《时青传》载，“讹可、时全军大败”，其军中有“从宜达阿”，应即是孛术鲁达阿。《宋史》卷四〇三《贾涉传》载，“金将时全、合连、孛术鲁答哥率细军及众军三道渡淮，涉以合连善战，乃命张惠当之”，“金人大败，答哥溺死”。《金史人名索引》第261页以为孛术鲁达阿即答哥，疑是。

⑬ 《金史》卷一六《宣宗纪》，卷一二二《侯小叔传》。

⑭ 《金史》卷一二四《术甲脱鲁灰传》：“宋人略南鄙，命同签枢密院事时全将大军南伐，脱鲁灰率本部屡摧宋兵，破城寨，以功遥授昌武军节度使，元帅右都监，行蔡、息等路元帅府事。”据《金史》卷一六《宣宗纪》、卷一一七《时青传》，“时全将大军南伐”即本年事，术甲脱鲁灰任元帅右都监当在本年。

续表

<table>
<tr><th>年代</th><th colspan="2">枢密使</th><th colspan="2">枢密副使</th><th colspan="2">签书枢密院事</th><th>同签枢密院事</th></tr>
<tr><td rowspan="3">元光二年（1223）</td><td colspan="2">完颜守绪十二月即帝位[①]</td><td colspan="2">完颜赛不</td><td colspan="2">完颜讹可。陀满胡土门二月罢。[②]元帅左监军赤盏合喜是年改任[③]</td><td>完颜撒合辇。徒单牙剌哥是年已就任[④]</td></tr>
<tr><td>都元帅</td><td>左副元帅</td><td>右副元帅</td><td>元帅左监军</td><td>元帅右监军</td><td>元帅左都监</td><td>元帅右都监</td></tr>
<tr><td></td><td></td><td>蒙古纲八月死[⑤]</td><td>王庭玉、[⑥]完颜瞻、完颜讹可。元帅左都监赤盏合喜二月升任，后罢。张（完颜）进二月就任。[⑦]纳合陆哥（六哥）八月权元帅左监军，后降宋被杀[⑧]</td><td>杨沃衍。元帅左都监郭仲元二月升任。[⑨]王佐四月就任，七月死。[⑩]乌古论老汉八月权元帅右监军，后罢[⑪]</td><td>赤盏合喜、郭仲元二月罢。古里甲石伦是年（？）罢[⑫]</td><td>完颜讹论、术甲脱鲁灰。侯小叔正月死。[⑬]籍阿外三月权元帅右都监[⑭]</td></tr>
</table>

① 《金史》卷一六《宣宗纪》，卷一七《哀宗纪》。

② 《金史》卷一二三《陀满胡土门传》："元光二年二月，坐上书不实，削一官。正大三年七月，复为临洮府总管。"《金史》卷一七《哀宗纪》正大四年五月："大元兵平临洮府，总管陀满胡土门死之。"估计陀满胡土门于本年二月，应罢签书枢密院事。

③ 《金史》卷一六《宣宗纪》，卷一一三《赤盏合喜传》。元帅左都监赤盏（石盏）合喜本年二月升元帅左监军不另作注。

④ 《金史》卷一〇二《蒙古纲传》。徒单牙剌哥此后不见记载，其任期姑以本年为限。

⑤ 《金史》卷一六《宣宗纪》，卷一〇二《蒙古纲传》。

⑥ 《金史》卷一〇二《蒙古纲传》载，本年仍有"监军王庭玉"，此后不见记载，其任期姑以本年为限。

⑦ 《金史》卷一一八《张甫传》。张进此后不见记载，其任期姑以本年为限。

⑧ 《金史》卷一六《宣宗纪》，卷一〇二《蒙古纲传》，《宋会要》兵一六之一八。

⑨ 《金史》卷一六《宣宗纪》，卷一〇三《完颜仲元传》。

⑩ 《金史》卷一六《宣宗纪》，卷一二二《王佐传》。参见标点本《金史》第2677页校勘记〔九〕。

⑪ 《金史》卷一〇二《蒙古纲传》。

⑫ 《金史》卷一一一《古里甲石伦传》。

⑬ 《金史》卷一六《宣宗纪》，卷一二二《侯小叔传》。

⑭ 《金史》卷一六《宣宗纪》，卷一二二《侯小叔传》。籍阿外此后不见记载，其任期姑以本年为限。

续表

年代	枢密使		枢密副使		签书枢密院事		同签枢密院事
正大元年（1224）			完颜赛不五月罢。[1]签书枢密院事赤盏合喜正月权枢密副使[2]		完颜讹可。赤盏合喜正月罢		完颜撒合辇。师安石、[3]完颜仲德（忽斜虎）是年就任[4]
	都元帅	左副元帅	右副元帅	元帅左监军	元帅右监军	元帅左都监	元帅右都监
				完颜瞻、完颜讹可	杨沃衍、郭仲元[5]		完颜讹论。术甲脱鲁灰是年罢[6]

① 《金史》卷一七《哀宗纪》，卷一一三《完颜赛不传》。
② 《金史》卷一七《哀宗纪》，卷一一三《赤盏合喜传》。
③ 《金史》卷一〇八《师安石传》。
④ 《金史》卷一一九《完颜仲德传》。
⑤ 《金史》卷一〇三《完颜仲元传》："正大间，为兵部尚书、皇太后卫尉，卒。"其元帅右监军任期姑以本年为限。
⑥ 《金史》卷一二四《术甲脱鲁灰传》。

续表

年代	枢密使		枢密副使		签书枢密院事		同签枢密院事
正大二年（1225）			赤盏合喜		完颜讹可		完颜撒合辇、完颜仲德。师安石是年罢[1]
	都元帅	左副元帅	右副元帅	元帅左监军	元帅右监军	元帅左都监	元帅右都监
				完颜瞻、完颜讹可。元帅右监军杨沃衍是年升任[2]	杨沃衍是年罢		完颜讹论
正大三年（1226）	枢密使		枢密副使		签书枢密院事		同签枢密院事
			赤盏合喜		完颜讹可		完颜撒合辇、完颜仲德
	都元帅	左副元帅	右副元帅	元帅左监军	元帅右监军	元帅左都监	元帅右都监
				完颜讹可、杨沃衍。完颜瞻是年罢[3]			完颜讹论

① 《金史》卷一〇八《师安石传》。
② 《金史》卷一二三《杨沃衍传》。
③ 《金史》卷一一二《完颜合达传》。

续表

年代	枢密使		枢密副使		签书枢密院事		同签枢密院事
正大四年（1227）			赤盏合喜		完颜讹可		完颜撒合辇、完颜仲德
	都元帅	左副元帅	右副元帅	元帅左监军	元帅右监军	元帅左都监	元帅右都监
				完颜讹可、杨沃衍			完颜讹论
正大五年（1228）	枢密使		枢密副使		签书枢密院事		同签枢密院事
			赤盏合喜		完颜讹可		完颜撒合辇七月罢。[1]完颜仲德是年罢[2]
	都元帅	左副元帅	右副元帅	元帅左监军	元帅右监军	元帅左都监	元帅右都监
				完颜讹可、杨沃衍			完颜讹论

① 《金史》卷一七《哀宗纪》，卷一一一《撒合辇传》。又《金史》卷一一五《崔立传》载，蒲察世达曾任“同签枢密院事”，据《撒合辇传》，正大四年，有“直学士蒲察世达”，估计蒲察世达任同签枢密院事应在此后，但无以系年列表。

② 《金史》卷一一九《完颜仲德传》。

续表

<table>
<tr><td>年代</td><td colspan="2">枢密使</td><td colspan="2">枢密副使</td><td colspan="2">签书枢密院事</td><td>同签枢密院事</td></tr>
<tr><td rowspan="3">正大
六年
（1229）</td><td colspan="2"></td><td colspan="2">赤盏合喜。移剌蒲阿二月权枢密副使[①]</td><td colspan="2">完颜讹可</td><td></td></tr>
<tr><td>都元帅</td><td>左副元帅</td><td>右副元帅</td><td>元帅左监军</td><td>元帅右监军</td><td>元帅左都监</td><td>元帅右都监</td></tr>
<tr><td></td><td></td><td></td><td>完颜讹可、杨沃衍</td><td></td><td></td><td>完颜讹论</td></tr>
<tr><td rowspan="4">正大
七年
（1230）</td><td colspan="2">枢密使</td><td colspan="2">枢密副使</td><td colspan="2">签书枢密院事</td><td>同签枢密院事</td></tr>
<tr><td colspan="2"></td><td colspan="2">赤盏合喜、移剌蒲阿。完颜瞻七月权枢密副使[②]</td><td colspan="2">完颜讹可</td><td></td></tr>
<tr><td>都元帅</td><td>左副元帅</td><td>右副元帅</td><td>元帅左监军</td><td>元帅右监军</td><td>元帅左都监</td><td>元帅右都监</td></tr>
<tr><td></td><td></td><td></td><td>杨沃衍。完颜讹可九月罢[③]</td><td></td><td></td><td>完颜讹论。完颜素兰七月权元帅右都监，是年罢[④]</td></tr>
</table>

① 《金史》卷一七《哀宗纪》，卷一一二《移剌蒲阿传》。

② 《金史》卷一七《哀宗纪》，卷一一二《完颜合达传》。

③ 《金史》卷一一一《完颜讹可传》。完颜讹可之军职，《金史》卷一六《宣宗纪》元光元年二月作“元帅左监军”，《完颜讹可传》作“元帅右监军”，今姑从前者。

④ 《金史》卷一〇九《完颜素兰传》。

续表

<table>
<tr><th>年代</th><th colspan="2">枢密使</th><th colspan="2">枢密副使</th><th colspan="2">签书枢密院事</th><th>同签枢密院事</th></tr>
<tr><td rowspan="3">正大八年（1231）</td><td colspan="2"></td><td colspan="2">赤盏合喜、移剌蒲阿、完颜瞻。纳合买住是年降宋[1]</td><td colspan="2">完颜讹可十二月死[2]</td><td></td></tr>
<tr><td>都元帅</td><td>左副元帅</td><td>右副元帅</td><td>元帅左监军</td><td>元帅右监军</td><td>元帅左都监</td><td>元帅右都监</td></tr>
<tr><td></td><td></td><td></td><td>杨沃衍</td><td></td><td></td><td>完颜讹论。郭恩是年就任[3]</td></tr>
<tr><td rowspan="4">天兴元年（1232）</td><td colspan="2">枢密使</td><td colspan="2">枢密副使</td><td colspan="2">签书枢密院事</td><td>同签枢密院事</td></tr>
<tr><td colspan="2">赤盏合喜七月就任，八月罢。[4]
完颜赛不十月就任。[5]
完颜承裔十月权枢密使[6]</td><td colspan="2">移剌蒲阿、完颜瞻正月死。[7]赤盏合喜四月罢。武仙三月就任。[8]完颜讹出、完颜奴申、完颜习捏阿不（习涅阿不、斜捻阿不）十月就任。[9]完颜仲德是年就任[10]</td><td colspan="2"></td><td></td></tr>
<tr><td>都元帅</td><td>左副元帅</td><td>右副元帅</td><td>元帅左监军</td><td>元帅右监军</td><td>元帅左都监</td><td>元帅右都监</td></tr>
<tr><td>国安用（完颜用安）闰九月就任[11]</td><td>枢密使完颜赛不十月兼任</td><td>权枢密使完颜承裔、枢密副使完颜讹出十月兼任</td><td>杨沃衍正月死。[12]任守贞（守真）八月死。[13]徒单百家十月就任。[14]赵传（三三）十一月就任，旋降蒙古[15]</td><td></td><td>众僧奴是年就任[16]</td><td>郭恩。完颜讹论二月死[17]</td></tr>
</table>

① 《金史》卷一一四《白华传》载，本年“总帅纳合买住亦以盱眙降宋”。《宋史》卷四一三《赵善湘传》载其“受金枢密副使纳合买住降，复盱眙军，泗、寿二州”。

② 《金史》卷一七《哀宗纪》，卷一一一《完颜讹可传》。

③ 《金史》卷一一四《白华传》。

④ 《金史》卷一七《哀宗纪》，卷一一三《赤盏合喜传》。《归潜志》卷一一称赤盏合喜八月仍为“副枢”，疑误。

⑤ 《金史》卷一八《哀宗纪》，卷一一三《完颜赛不传》、《白撒传》。

⑥ 《金史》卷一八《哀宗纪》，卷一一三《白撒传》。《归潜志》卷一一称完颜承裔年初已兼枢密使，疑误。

⑦ 《金史》卷一七《哀宗纪》，卷一一二《完颜合达传》、《移剌蒲阿传》。

⑧ 《金史》卷一一八《武仙传》。

⑨ 《金史》卷一八《哀宗纪》、卷一一三《白撒传》、卷一一五《完颜奴申传》，《归潜志》卷一一。

⑩ 《金史》卷一一九《完颜仲德传》。

⑪ 《金史》卷一八《哀宗纪》，卷一一七《国用安传》。

⑫ 《金史》卷一七《哀宗纪》，卷一二三《杨沃衍传》。

⑬ 《金史》卷一七《哀宗纪》。《金史》卷一一一《强伸传》、《思烈传》作“任守真”。

⑭ 《金史》卷一八《哀宗纪》，卷一一三《白撒传》。

⑮ 《金史》卷一八《哀宗纪》，卷一一六《徒单兀典传》。

⑯ 《金史》卷一一七《国用安传》，众僧奴不知其姓，其任期姑以本年为限。

⑰ 《金史》卷一六《宣宗纪》载，兴定五年二月，“完颜讹论副右都监，行元帅府于唐、邓”。三月，“宋人围唐、邓，行元帅府事完颜讹论力战，却之”。五月，“唐州守将讹论为元帅赛不犹子，与宋人战唐州境上，为宋人所败，死者七百余人，匿之，而以捷闻。御史纳兰发其事，上以赛不故，亦不之罪，而以是意谕之”。《金史》卷一一六《承立传》，“徐帅完颜兀论”于天兴元年二月“战死”，“兀论，丞相赛不之侄，元光间，例以诸帅为总领，兀论以丞相故，独不罢”。《金史》卷一七《哀宗纪》天兴元年二月，“徐帅完颜兀里力战而死”。可知完颜讹论、兀论、兀里为同音歧译。他自兴定五年任元帅副右都监，始于唐州战败，后于徐州战死。

续表

年代	枢密使		枢密副使		签书枢密院事		同签枢密院事
天兴二年（1233）	完颜赛不正月罢。[①]完颜承裔正月死[②]		武仙、完颜仲德、完颜讹出。[③]完颜奴申和完颜习捏阿不正月被杀。[④]石盏女鲁欢二月就任，三月被杀。[⑤]蒲察官奴三月就任，六月被杀[⑥]		完颜娄室、抹撚兀典（阿典）七月就任[⑦]		
	都元帅	左副元帅	右副元帅	元帅左监军	元帅右监军	元帅左都监	元帅右都监
	国安用。崔立正月发动政变，自称都元帅[⑧]	完颜赛不正月罢	完颜讹出。完颜承裔正月死		乌古论黑汉八月死[⑨]	纥石烈善住九月死。[⑩]夹谷当哥九月已就任[⑪]	乌古论蒲鲜七月权元帅右都监。[⑫]李居仁九月已就任。郭恩九月叛[⑬]

① 《金史》卷一八《哀宗纪》，卷一一三《完颜赛不传》。
② 《金史》卷一八《哀宗纪》，卷一一三《白撒传》。
③ 《金史》自天兴元年十二月后，不见完颜讹出之记载，其任枢密副使、右副元帅以本年为限。
④ 《金史》卷一八《哀宗纪》，卷一一五《完颜奴申传》、《崔立传》，《归潜志》卷一一。
⑤ 《金史》卷一八《哀宗纪》，卷一一六《石盏女鲁欢传》、《蒲察官奴传》。
⑥ 《金史》卷一八《哀宗纪》，卷一一六《蒲察官奴传》。
⑦ 《金史》卷一八《哀宗纪》。《金史》卷一一九《完颜娄室传》作完颜娄室任“同签枢密院事”，与《哀宗纪》异。《金史》卷一一九《完颜仲德传》作“抹撚阿典”，阿典即兀典。
⑧ 《金史》卷一八《哀宗纪》，卷一一五《崔立传》。
⑨ 《金史》卷一八《哀宗纪》。
⑩ 《金史》卷一一三《完颜赛不传》。
⑪ 《金史》卷一八《哀宗纪》。
⑫ 《金史》卷一八《哀宗纪》。《汝南遗事》卷一作“权元帅左监军”，今姑从《金史》。
⑬ 《金史》卷一一三《完颜赛不传》。

续表

年代	枢密使	枢密副使	签书枢密院事	同签枢密院事
天兴三年（1234）		完颜仲德正月死。[①] 武仙五月死[②]	抹撚兀典、完颜娄室金亡后下落不明[③]	

① 《金史》卷一一九《完颜仲德传》。

② 《金史》卷一一八《武仙传》。

③ 按本年正月，金朝灭亡，不少官员都下落不明，如《金史》卷一一九《完颜娄室传》未载抹撚兀典和完颜娄室两人下落。

征引史料目录

三朝北盟会编	宋　徐梦莘	清光绪刻本 上海古籍出版社影印本
建炎以来系年要录	宋　李心传	文渊阁四库全书本 清广雅书局本
金史	元　脱脱等	中华书局标点本
辽史	元　脱脱等	中华书局标点本
宋史	元　脱脱等	中华书局标点本
元史	明　宋濂等	中华书局标点本
大金国志校证	宋　宇文懋昭 崔文印校证	中华书局标点本
大金吊伐录		四部丛刊本
金文最	清　张金吾辑	中华书局本
靖康稗史笺证	崔文印笺证	中华书局标点本
北风扬沙录		说郛本
鄂国金佗稡编续编校注	宋　岳珂 王曾瑜校注	中华书局标点本
宋朝南渡十将传	宋　章颖	碧琳琅馆丛书本
宋会要辑稿		中华书局影印本
琬琰集删存	宋　杜大珪辑 洪业、聂崇岐等 删存	哈佛燕京学社排印本

中兴小纪	宋 熊克	福建人民出版社校点本
续资治通鉴长编	宋 李焘	上海古籍出版社影印本
宋史全文续资治通鉴		宋史资料萃编
历代名臣奏议	明 杨士奇等辑	上海古籍出版社影印本
永乐大典	明 解缙等辑	中华书局影印本
建炎以来朝野杂记	宋 李心传	中华书局标点本
靖康纪闻拾遗		全宋笔记第四编 大象出版社标点本
中兴御侮录		全宋笔记第五编 大象出版社标点本
辽东行部志	金 王寂	藕香零拾本
裔夷谋夏录	宋 刘忠恕 胡潜作序	全宋笔记第五编 大象出版社标点本
伪齐录	宋 杨尧弼	藕香零拾本
南迁录	金 张师颜	学海类编本
汝南遗事	金 王鹗	指海本
归潜志	金 刘祁	中华书局标点本
蒙鞑备录笺证	宋 赵珙 王国维笺证	王国维遗书
金石萃编	清 王昶辑	石刻史料新编
山左金石志	清 毕沅辑	石刻史料新编
山右石刻丛编	清 胡聘之辑	石刻史料新编
满洲金石志	罗福颐辑	石刻史料新编
常山贞石志	清 沈涛辑	石刻史料新编
陇右金石录	张维辑	石刻史料新编
淮阴金石仅存录	罗振玉辑	石刻史料新编

北辕录	宋　周辉	全宋笔记第五编 大象出版社标点本
北行日录	宋　楼钥	全宋笔记第六编 大象出版社标点本
使金录	宋　程卓	全宋笔记第六编 大象出版社标点本
松漠记闻	宋　洪皓	广文书局影印本
襄阳守城录	宋　赵万年	全宋笔记第六编 大象出版社标点本
辛巳泣蕲录	宋　赵与褰	全宋笔记第七编 大象出版社标点本
心史	宋　郑思肖	广智书局校印丛书
朝野类要	宋　赵昇	全宋笔记第八编 大象出版社标点本
挥麈录	宋　王明清	全宋笔记第六编 大象出版社标点本
雲麓漫钞	宋　赵彦卫	全宋笔记第六编 大象出版社标点本
容斋随笔	宋　洪迈	全宋笔记第五编 大象出版社标点本
夷坚志	宋　洪迈	中华书局标点本
齐东野语	宋　周密	中华书局标点本
遗山先生文集	金　元好问	四部丛刊本
中州集	金　元好问	中华书局标点本
闲闲老人滏水文集	金　赵秉文	四部丛刊本
庄靖集	金　李俊民	石莲盦汇刻九金人集本
梁溪全集	宋　李纲	宋名家集汇刊
栟榈先生文集	宋　邓肃	宋集珍本丛刊本

松隐文集	宋　曹勋	嘉业堂丛书本
忠正德文集	宋　赵鼎	文渊阁四库全书本
石林居士建康集	宋　叶梦得	石林遗书本
石林奏议	宋　叶梦得	清光绪刻本
北海集	宋　綦崇礼	文渊阁四库全书本
浮溪集	宋　汪藻	文渊阁四库全书本
苕溪集	宋　刘一止	文渊阁四库全书本
九华集	宋　员兴宗	文渊阁四库全书本
翠微先生北征录	宋　华岳	贵池先哲遗书本
水心文集、水心别集	宋　叶適	中华书局叶適集
静修先生文集	元　刘因	四部丛刊本
秋涧先生大全集	元　王恽	四部丛刊本
湛然居士文集	元　耶律楚材	中华书局标点本
郝文忠公陵川集	元　郝经	北京图书馆古籍珍本丛刊
元文类	元　苏天爵编	四部丛刊本
馀冬序录摘抄	明　何孟春	纪录汇编本
钦定金史语解	清	文渊阁四库全书本
癸巳存稿	清　俞正燮	连筠簃丛书本